A
CRITICAL CONCORDANCE
OF THE
TIBULLAN CORPUS

PHILOLOGICAL MONOGRAPHS

PUBLISHED BY THE
AMERICAN PHILOLOGICAL ASSOCIATION

NUMBER XXI

Edited by
DONALD W. PRAKKEN
The Pennsylvania State University

Committee on the Publication of Monographs

J. FRANK GILLIAM, *Chairman*

FREDERICK M. COMBELLACK JOHN L. HELLER
CHRISTOPHER M. DAWSON GORDON M. KIRKWOOD

A CRITICAL CONCORDANCE OF THE TIBULLAN CORPUS

Compiled by
EDWARD N. O'NEIL
University of Southern California

PUBLISHED BY
THE AMERICAN PHILOLOGICAL ASSOCIATION
1963
Distributed for the Association by the
CORNELL UNIVERSITY PRESS
124 Roberts Place
Ithaca, New York

Library of Congress Catalog Card Number: 63-23321

Made and printed in Great Britain by
William Clowes and Sons, Limited, London and Beccles

To
CHRISTOPHER BUSH
Qui mihi per longas solacia praebuit horas,
Pro multis grates hic liber unus agat.

ACKNOWLEDGEMENT

To the University of Southern California and its Committee on Faculty Research and Publication I offer my sincere thanks for their repeated and continuous generosity which has made this book possible.

Introduction

ONE of the most useful tools of classical scholarship is the *index verborum* or concordance. Yet, strangely enough, many authors still remain without a serviceable one.

Most of the major Latin poets have been indexed: Lucretius, Catullus, Horace, Vergil, Propertius, Tibullus, Seneca, Juvenal, Valerius Flaccus, and concordances exist for a few: Ovid, Lucan, Statius. For the most part, however, the indices are woefully out of date. New editions have appeared, new ideas have been approved, new requirements are expected of such tools.

W. A. Oldfather (*TAPA* 68 [1937] 1–10) published "Suggestions for Guidance in the Preparation of a Critical *Index Verborum* for Latin and Greek Authors," in which he set forth some useful ideas on the construction of indices. Unfortunately, however, few scholars have ventured on such arduous and thankless tasks.

Although Oldfather seems to have considered concordances of secondary importance, it would seem that they are more useful than an *index verborum* for checking the words of a poet.

R. J. Defferari and those who have worked with him have certainly been of inestimable service to classical scholarship with their concordances of Ovid, Lucan, and Statius. It must be said, however, that often these works are difficult to use, especially if one is checking rapidly a series of passages.

The present concordance of Tibullus has attempted to profit by experience and to present a format different from that of the usual concordance. Here the line number is placed in front of the context in order to afford easy access to the location of an entry. This should be convenient for the user who does not need the context. For the same purpose the actual word for which the context is given is printed in italics. Thus the work may rightly be called an index-concordance.

The only *index verborum* for the Tibullan corpus is that compiled by Adolf Brinck for Hiller's edition of 1885. It is now not only out of print and almost unobtainable, but, because of its age, inadequate for present-day needs.

Much work has been done on the text of Tibullus since 1885, and some of it deserves to be included in such a work as this. Furthermore, a good *index* or concordance, to be useful, should be complete. It should give in convenient form not only the readings of a particular text but also some

INTRODUCTION

indication of the reliability of those readings and any variants that may deserve attention.

The text of the Tibullan corpus offers an excellent opportunity to put these ideas into action: the relatively small size of the corpus allows for the inclusion of all the traditional Tibullan corpus, including the two *Priapea* and even the little poem commonly attributed to Domitius Marsus, and the important variants for the whole.

The rules for the amount of context to be given for each word have necessarily been made flexible. Generally, however, the minimum amount which offers the essential sense of a word has been given, but where it has not been inconsistent with this basic principle, the whole line has been given.

In accordance with the usual pattern, some words have been listed as they are in an *index verborum*: such words as *a*, *ab*, *cum*, *et*, *ille*, etc. A few, however, even if colorless and relatively unimportant, have been considered important enough to have context simply because they occur but once in the Tibullan corpus: e.g., *autem*, *igitur*, *nisi*, *ob*, *sicut*, *utrumque*.

Naturally all proper names have been listed with context.

The latest edition of F. W. Lenz (Leiden, 1959) has been used as the basic text, but variant readings from many sources have been gathered, evaluated, and included. To facilitate the listing of readings in Lenz's text and *apparatus* as well as those from other sources, the following signs have been used:

(   ) = Word in Lenz's text for which there is a variant in his *apparatus*.
(*) = Word in Lenz's text for which there is a variant in the introduction to the concordance. There may also be a variant in Lenz's *apparatus*.
[   ] = Word in Lenz's *apparatus*.
[[   ]] = Word in the introduction to the concordance.

The following readings, which are also listed in the concordance itself, are those which Lenz omitted from his text and *apparatus* but which deserve some mention in a critical concordance. Naturally all variants have not been included; but the rule has been, "If in doubt, include the reading."

ADDITIONAL VARIANTS

1	1.3	labor] pavor	Markland
1	1.3	terreat] deterat	Huschke
1	1.5	vita] vitam	Haase
1	1.5	traducat] detrudat	Francken

2

INTRODUCTION

I	1.5	inerti] inertem Haase
I	1.7–8	deleted by Prien
I	1.10	pinguia] spumea Heinsius
I	1.13	pomum] donum L. Mueller
I	1.14	libatum] libandum Francken
I	1.15	sit] fit Lambinus
I	1.17	ponatur] donatur Lambinus
I	1.23	cadet] cadit Havet
I	1.25	iam modo] iam mihi Schneidewin
I	1.27	ortus] ictus Bentley
I	1.28	rivos] rivum Burmann
I	1.33–34	deleted by Prien
I	1.35–36	deleted by Fritzsche
I	1.39–40	deleted by R. Richter
I	1.43	satis est²] noto Cartault
I	1.43	lecto] tecto ψ (cf. Postgate)
I	1.44	si licet] sei licet Rossbach; si libet Graef
I	1.46	continuisse] tum tenuisse Baehrens
I	1.48	iuvante] sonante Baehrens; crepante Rothstein
I	1.49	iure] ferre Francken
I	1.50	tristes] caeli *Par.* (cf. Postage)
I	1.50	pluvias] Hyadas Heinsius
I	1.51	potiusque] pereatque Heinsius
I	2.8	missa] iusta Bolle
I	2.19	derepere] descendere (cf. Mueller)
	post 25	ille deus certae dat mihi signa viae / usque meum custos ad latus haeret amor (cf. Johnson, *Latin MSS.*, page 82)
I	2.61	quid] quin Baehrens
I	2.67	fuit] suam R. Richter
I	2.74	solito] solo Scaliger
I	2.79–80	R. Richter considers spurious
I	2.90	non uni] non mi uni Deutsch; non unis F. W. Richter; uni is Goerenz; non vacuus Huschke; non ullus Rabus; nam durus Fr. A. Rigler; iam lusus Kemper.
I	3.3	ignotis] ingratis Cornelissen
I	3.7	dedat] reddat Heyne
I	3.12	triviis] cistis R. Richter
I	3.14	respiceretque] prospiceretque Rossbach
I	3.17	omina dira] omine diro Cartault
I	3.18	sacram] sacra Scaliger
I	3.18	diem] die Scaliger
I	3.25	quidve] quodve Postgate

INTRODUCTION

I	3.25	lavari] lavaris	Francken
I	3.26	et] Francken omits	
I	3.28	picta] fixa	Cornelissen
I	3.37	nondum] nondum in	Drenckhahn
I	3.37	contempserat] temptaverat	R. Richter
I	3.47	acies] rabies Burmann; arces S. Allen; macies Wölfflin	
I	3.50	viae] via est	L. Mueller
I	3.54	fac] et	C. Hartung
I	3.54	stet] stat	C. Hartung
I	3.57	sed] fac	C. Hartung
I	3.58	ducet] ducat	C. Hartung
I	3.69	feros] gerens	Goetz
I	3.71–72	Heyne considers spurious	
I	3.71	niger] vigil	Gruppe
I	3.71	in porta] intorto	Heinsius
I	3.71	serpentum] serpens tum Scaliger; per centum Palmer	
I	3.71	ore] ora	Palmer
I	3.77–78	deleted by Wisser	
I	3.93	illum] utinam ψ (apud Hiller); olim Schrader	
I	4.9	tenerae] temere	Cornelissen
I	4.12	placidam] facilem	Markland
I	4.15	sed] sin	Vahlen
I	4.26	crines] gryphes	Rigler
I	4.27	tardus eris] tardueris	Lachmann
I	4.28	segnis] segni	Rigler
I	4.33	iam] olim	Ritschel
I	4.33	serior] segnior	Cornelissen (but cp. Lenz's *apparatus*)
I	4.38	nam] quam Schrader; hinc Ritschel	
I	4.41	neu] ne	Ritschel
I	4.43	praetexens] praetexat	Rigler
I	4.44	amiciat] moneat S. Allen; minitans Rigler	
I	4.48	opera] operi ψ (cf. Hiller)	
I	4.54	tamen apta] tibi rapta Santen; tamen arte C P. Schulze	
I	4.54	dabit] dabis	Zingerle
I	4.55	rapta] apta	Lachmann
I	4.55	dabit] dabis	Zingerle
I	4.56	post etiam] p. e. ut	Havet
I	4.63–64	Deskowsky thinks spurious	
I	4.65	tellus] saltus	Cornelissen
I	4.80	senem] domum	Scaliger

INTRODUCTION

I	5.8	caput] latus Cornelissen
I	5.11	circum] lectum Hiller
I	5.14	deveneranda] devenerata Guyetus
I	5.16	Triviae] Cyrnae Bergk
I	5.20	sed] et Santen
I	5.33	virum] decus Postgate
I	5.33	hunc] tunc ψ (Hiller); bene S. Allen
I	5.34	gerat] ferat Burmann
I	5.41	discedens] descendens ψ (Postgate)
I	5.42	et] ei O. Richter
I	5.42	pudet et] pubi Drenckhahn; pudet a Baehrens; pudet ei Scaliger; pudet id Havet
I	5.45–46	deleted by Gruppe and Prien
I	5.47	quod] sed Gruppe
I	5.49	edat] edit Francken
I	5.65	ad occultos] adhuc luteos Postgate
I	5.65	furtim] suris Postgate
I	5.65	amicos] amores Kraffert; amictus ψ, which Postgate approves
I	5.73	et] aut Francken
I	5.76	in] it Cartault
I	5.76	nat] stat Guyet; nunc Rossberg; non Cartault
I	5.76	aqua] aqua est Deutsch
I	6.3	saevitiae] saeve rei Postgate
I	6.3	mecum] in me Rigler
I	6.3	an] num Rigler
I	6.7	tam multa] per multa Deutsch; iam multa Scaliger; insimulata Burmann; delicta Santen; sua furta Heyne; mihi cuncta Hiller; quam multa Cartault; rem multa Havet
I	6.7	sed] et Kraffert
I	6.10	heu heu] eheu Baehrens
I	6.16	me quoque] me duce C. Hartung; nunc quoque Riese
I	6.17	neu] nei Havet
I	6.21	quam] cum ψ (Postgate); quom Francken
I	6.23	si] sic Cartault
I	6.23	credas] cedas L. Mueller
I	6.24	tunc mihi non] nec mihi tunc Rigler
I	6.25–26	Paldamus suspected
I	6.32	Instabat] latrabet Baehrens
I	6.37	credas] cedas Riese, L. Mueller
	6.40	et fluit] afluit Havet

INTRODUCTION

1	6.42	†stet procul†] se occulat	Rabus
1	6.54	ut hic] hic ut Cartault; ut it	Havet
1	6.55	nescio quas . . . poenas] nescio quam . . . poenam	Baehrens
1	6.56	illa] ira	Wagner
1	6.69	et mihi sint] ei mihi sunt	Havet
1	6.71	ducarque] ductorque φ (Mueller), but Hiller gives reading to Scaliger	
1	6.72	pronas] pronus Francken; propere	Rigler
1	6.72	proripiarque] per rapiarque Heinsius (but cp. Lenz's *apparatus*)	
1	6.72	vias] foras	Havet
1	7.3	Hunc] Hoc	Ayrmann
1	7.3	fore] dare	Lachmann
1	7.3	qui] quo	Francken
1	7.4	quem] cum *or* quom	Postgate
1	7.9	me est tibi] Marte ibi	Baehrens
1	7.12	caerula] garrula	Gruppe
1	7.13	tacitis . . . undis] tactis . . . ulvis	Lachmann
1	7.14	caeruleus placidis] caeruleis placidus	Statius
1	7.14	placidis . . . aquis] placidae . . . aquae	Voss
1	7.17	crebras] celebres	Postgate
1	7.49	et Genium] ad cantum	Francken
1	7.53	tibi dem] deus, tibi Francken; Geni tibi	Postgate
1	7.58	candidaque] candida quem Broukhusius; candidave L. Mueller	
1	8.14	conligat] corrigit	Francken
1	8.16	tarda] nardo	Cornelissen
1	8.25–26	deleted by Wisser	
1	8.35–40	deleted by Wisser	
1	8.35	at] et Dreckhahn; ac	Baehrens
1	8.45	tollere] vellere	Cornelissen
1	8.49	neu] sei	Rossbach
1	8.49	torque] torques	Rossbach
1	8.53	vel] ah	Heinsius
1	8.59	quamvis] quavis *or* quovis	Kraffert
1	8.67–68	deleted by Fritzsche	
1	9.1	miseros] nostros	Cornelissen
1	9.25	tacito permisit] tormentum admovit Cartault; tacito persuasit Havet	
1	9.25	ministro] magister	Guyet
1	9.36	puras] rubras Postgate; pronas	Heyne
1	9.39–44	deleted by Fritzsche	

INTRODUCTION

I	9.41	verbis] nobis	Statius
I	9.44	et latuit clausas] et iacui clausas	Cartault
I	9.69	auroque] auro atque	Rigler
I	9.75	hunc] una	Havet
I	9.82	palma] parma *or* lamna	Scaliger
I	10.11–12	deleted by Prien	
I	10.11	vulgi] facilis Reid; vel si Fürth; vigili Postgate	
I	10.15	et idem] eidem Baehrens; ut idem Postgate	
I	10.16	Cursarem] curarer Cornelissen	
I	10.26	hostiaque e] hostia sit *or* postque cadet Graef	
I	10.36	turpis] tristis Havet	
I	10.36	aquae] atrox Cartault	
I	10.37	percussisque] percisisque Scaliger; pertusisque Livineius; peresisque Goerenz; percoctisque Rabus; praescissisque Belling; exustisque B. Fabricus	
I	10.37	ustoque] tostoque Némethy	
I	10.43	sic] hic Martkland	
I	10.51–52	deleted by Drenckhahn	
II	1.1	adest] ades Broukhusius	
II	1.1	faveat] faveas Broukhusius	
II	1.39–42	deleted by Wisser	
II	1.51–60	deleted by Wisser	
II	1.53–54	deleted by Graef	
II	1.57–58	deleted by Graef	
II	1.57	Huic] Hinc Graef	
II	1.58	hircus¹] vilis Bergk; scaenae Baehrens; meritus Cartault; surclos Havet; parcas S. Allen; parvas Postgate	
II	1.58	auxerat] tunc erat Bergk; causa erat Baehrens; laus erat Cartault	
II	1.62	gerit] gerens Francken	
II	1.63–66	deleted by Graef	
II	1.67	ipse quoque inter agros] ipse greges inter Havet; ipse quoque inter oves Hiller; ipse quoque inter apros R. Klotz; ipse interque agnos Otto	
II	1.78	cui] dum Heyne	
II	2.1	venit] tuas Hiller	
II	2.17	cadunt] cadant Haupt	
II	2.17	utinam] ut iam Baehrens; tibi nam Postgate	
II	2.17	strepitantibus] trepitantibus Brouckhusius	
II	2.17	advolet] advolat Baehrens	
II	2.18	portet] portat Baehrens	

INTRODUCTION

II	2.21	hic veniat] Interea Graef	
II	2.21	avis] ades Deutsch; ave Graef	
II	2.21	ministret] ministra Graef	
II	3.5	cum] ut Voss; dum Heyne	
II	3.10	pussula] passula, see under pustula (L & S)	
II	3.17–24	deleted by Wisser	
II	3.19	dum] qum Havet; cum ψ (Hiller)	
II	3.27	Pytho] Python L. Mueller	
II	3.34	imperat ut] imperat, i Rigler	
II	3.41–46	deleted by Wisser	
II	3.43	urbisque tumultu] urbique tremenda Francken	
II	3.49	heu heu] eheu Baehrens	
II	3.50	veniant] venient Kraffert	
II	3.59	nota] vana *or* vota Rossbach	
II	3.59	ipse] ecce Havet	
II	3.61	at] sit Rossbach	
II	3.61	qui abducis] quia ducit Belling	
II	3.61	Nemesim] Venerem Joh. Schrader	
II	3.62	terra] tecta Statius	
II	3.65–66	deleted by Fritzsche	
II	4.4	et numquam] enunquam Havet	
II	4.5	et] haec Havet	
II	4.10	vasti] Libyci Postgate	
II	4.13–14	deleted by Graef	
II	4.17–18	deleted by Graef	
II	4.21	at] a L. Mueller	
II	4.29–30	deleted by Wisser	
II	4.29	et] set Kraffert	
II	4.35–38	deleted by Wisser	
II	4.38	hic deus] vel deus Rigler; candidus Fürth	
II	4.43	seu] seic Havet; sed Deutsch	
II	4.43	nec erit] neque sit Scaliger; nec sit Belling	
II	4.44	maestas] maestus Havet	
II	4.57–58	deleted by Fürth	
II	4.60	alias] malas Burmann	
II	5	Wisser thinks the whole elegy is spurious	
II	5.18	ipse precor] eventus Postgate	
II	5.21–38	deleted by Bubendey	
II	5.21	Romam] Troiam Leo	
II	5.22	deos] domos Baehrens	
II	5.35	illa] illac Rossbach	
II	5.47	castris] classis Carlo Pascal	
II	5.51	placitura] paritura Postgate	

II	5.59	patent] rubent	S. Allen; tepent Postgate
II	5.71	cometen] cometae	Postgate
II	5.72	multus ut in terras] in terras multus	Postgate
II	5.72	deplueretque] depluit usque Baehrens; deplueratque Postgate	
II	5.82	sacer] satur	Cornelissen
II	5.84	plena] flava	Cornelissen
II	5.109	et] ei	Havet
II	5.109	cum] iam	Wisser
II	6.10	facta] flata	Cornelissen; laeta Postgate
II	6.16	si] sei	Rossbach
II	6.23–24	deleted by Heyne	
II	6.36	illius ut verbis] illius verbis	Rigler
II	6.45	necat] vocat	Lachmann
III	1.8	tuis] novis	Postgate
III	1.11	tenuis] titulus	Birt
III	1.11	chartae] charta	Becker
III	1.12	facta] festa	L. Mueller; pacta Tuscanella
III	1.12	tuom] puer	Lachmann
III	1.26	sive sibi] sive's tu	Havet
III	2.15	precatae] rogatam *or* vocatam Cartault; recentem Postgate	
III	2.23	illic] illuc	ψ, which Postgate approves
III	2.23	dives] didant	Havet
III	3.23	sit] sic	Havet
III	3.35	tristes] triplices	S. Allen
III	3.36	neunt] canunt	Heinsius
III	4.3	falsumque] falsique	Bolle
III	4.3	visum] visus	Bolle
III	4.4	nobis] sanctis	"doubtfully" Postgate
III	4.9	et natum in curas] an verum monitura Postgate	
III	4.11	moneri] monere	Bolle
III	4.12	mendaci] mendaces	Bolle
III	4.12	somno] somni	Bolle
III	4.12	credere] prodere	Bolle
III	4.12	volent] solent	Postgate
III	4.13	timores MSS.] tremores L. Mueller (Lenz's reading is a misprint)	
III	4.21	summo] leimo	Havet
III	4.22	languentis] languenti	Havet
III	4.26	videt] dedit	Postgate (?)
III	4.32	rubente] nitente	Baehrens
III	4.33–34	et ... et] ut ... ut	Havet

INTRODUCTION

III	4.50	quodque] quique	Havet; quamque Postgate
III	4.50	feram] ferar	Postgate and Havet
III	4.65	validos] vastos	Baehrens; varios L. Mueller
III	4.65	labores] leones	Huschke
III	4.87	anguinea] anguina	Postgate
III	5.8	docere] movere	ψ (cf. Hiller)
III	5.11	aegros] ergo	ψ (cf. Mueller)
III	5.12	facta] furta	Baehrens
III	5.17–18	deleted by Vulpius	
III	6.3	aufer et] huc ades	Belling
III	6.3	ipse] atque	Belling
III	6.3	patera] pater O	Baehrens; pariles Postgate
III	6.3	medicante] temptate	Belling; medica arte Deutsch
III	6.5	care] curre	Havet
III	6.6	et] en	Scaliger
III	6.8	hic niveis Delius] Idaliis hic Venus	Housman
III	6.8	Delius] Idalis	Postgate
III	6.17	Amor] pater *or* ille	Du Mesnil
III	6.19	convenit] non venit	Postgate
III	6.20	vina] verba	Bolle
III	6.20	colunt] bibunt	Postgate; colant Kraffert
III	6.25	illaque] iraque	Huschke
III	6.25	si qua est] si quis	Bolle
III	6.26	ira] illa	Huschke
III	6.55	inimica] et amica	Postgate
III	7.2	ut] ne Voss; an	Birt; et Rothstein
III	7.3	at] ad	Cartault
III	7.4	sim conditor] si comprimor	Friebel; sum conditor Havet
III	7.13	laeta] lenta	L. Mueller
III	7.21	et] ut	Heinsius
III	7.21	qua] qui	Rigler
III	7.22	contextus] praetextus	Postgate
III	7.25	seu²] id	Havet
III	7.37	quis] qui	Cuiacianus
III	7.60	quos] qua se	Cartault
III	7.63	aptaque vel cantu] captas or cantu	Baehrens; vel cantu victas Postgate
III	7.68	discurreret] ius diceret	Postgate
III	7.92	possit et] possitve	Haupt
III	7.94	curvo] curvom	Francken
III	7.94	gryo] gyrum	Francken
III	7.100	desit] derit (=deerit)	Havet

III	7.125	curva] torva Cornelissen
III	7.129	quin] quis (=quibus) Havet
III	7.140	vel Nilus] aut Eulaeus S. Allen
III	7.144	nec] qua Havet
III	7.145	Phoebo] Phoebo ut Bergk
III	7.146	Magynos] Macrones L. Mueller; Sigynos Voss
III	7.155	et] hinc Havet
III	7.155	liquore] tenore Postgate
III	7.156	densam] lentam Cornelissen
III	7.166	huic adversa] illa aversa Havet
III	7.173	pontus confunditur] pontus proscinditur Némethy; Neptunus finditur Postgate
III	7.175	ierint] tulerint Bergk; noscent *or* scierint Postgate
III	7.181	non] nec (see Postgate L. C. L.)
III	7.184	sulci] culmi Cornelissen
III	7.199	Gylippi] Philippi (see Postgate L. C. L.)
III	7.207	rigidos] virides Cornelissen
III	8.13–14	deleted by Eberz
III	8.20	aquis] equis Scaliger
III	8.23	hoc] huic Rigler
III	8.23	sumet] fumat Doederlin; sumite Lachmann; durat Eberz; solvite Rigler
III	9.5–6	deleted by Prien
III	9.7	quae mens] demens Dousa
III	10.6	pallida] languida Rigler
III	10.6	color] calor Cornelissen
III	10.23	laetus] lautus Haupt
III	10.24	laetus] gratus Martinon; lotus Broukhusius
III	11.1	qui mihi te] te qui te Havet
III	11.10	calet] vovet Havet
III	11.16	quam] ut Havet
III	12.15	praecipit et] praecipit it (=id) Havet; praecipit en Heinsius
III	12.16	iam sua] clam sibi ψ (Hiller); iam tua Baehrens
III	12.19	sis iuveni] sternuit illa Herel; diva veni Baehrens
III	12.19	grata] gratis Heinsius; ratum est Herel; placeat Huschke; cara Dissen; huic et Havet; grata ut Baehrens
III	12.19	veniet] verteret (?) Baehrens
III	12.20	votis] in vobis Havet
III	13.2	fama] Fama (voc.) Némethy

INTRODUCTION

III 14.6	saepe propinque] spem rape opemque Havet; semper amice Postgate; perge monere Baehrens; quae procul urbe Rigler	
III 15.3	dies] bonis Housman	
III 15.3	natalis] tam laetus Baehrens	
III 15.3	omnibus] optimus Havet	
III 15.3	nobis] non bis Havet; annis Postgate; dives Housman	
III 15.4	qui] quod Drenckhahn; quam Postgate; hoc Baehrens	
III 15.4	opinanti] opinata Housman	
III 15.4	forte] sorte Housman	
III 19.17	heu heu] eheu Baehrens	
III 20.3	facta] ficta *or* iacta ψ (cf. Postgate)	
Pr II 19	at O sceleste penis, O] Sceleste penis, O cave L. Mueller	
Pr II 20	lege] tege BM (according to L. Mueller)	
Pr II 28	latet] patet L. Mueller	
Pr II 39	licebit] libebit *nescioquis* (read by Hiller)	
Pr II 42	rigente] recente L. Mueller	

A CRITICAL CONCORDANCE OF THE TIBULLAN CORPUS

A

a (*interj.*)
    I 5, [42], [[42]]; 9, (3), [45]; 10, 59. II (1, 79); [[4.21]]. III 4, (61, 62), 82; 6, 27; (17.3). *Pr* II 34.

a (*prep.*)
    I 5.54; [7.61]; 8.45 [9.51]; 10.66. II 1.2, (57*), [66]; [2, 4]; (3.22*); 5.88; 6.47. III 6.25, 52; [7.3, 21]. **ab** I 5.4; 7.32; 8.19; 9.66. II 1.11, (56*); 3.61; (4.58*); 5.21, 50; 6.39. III [3.38]. 4. 21; 7.42.

abdo
(I 2.22)	docet . . . /// blanda(que) conpositis *abdere* verba notis
I 3.68	at scelerata iacet sedes in nocte profunda / *abdita*
II 1.82	et procul ardentes hinc precor *abde* faces
(II 3.66*)	haud inpune licet formosas tristibus agris / *abdere*
[II 4.36]	*abdidit pro* adtulit
II 5.16	Sibylla, / *abdita* quae senis fata canit pedibus
(II 6.24*)	haec captat arundine pisces, / cum tenues hamos *abdidit* ante cibus
Pr II 3	candidus mihi puer / tepente cum iaceret *abditus* sinu
(*Pr* II 28)	inter atra cuius inguina / latet iacente pantice *abditus* specus

abduco
(II 3.61*)	dura seges, Nemesim qui *abducis* ab urbe
(III 9.5*)	sed procul *abducit* venandi Delia cura
III 14.7	hic animum sensusque meos *abducta* relinquo

abeo
I 6.13	tum sucos herbasque dedi, quis livor *abiret*
II 1.43	tum victus *abiere* feri
III 9.17	tunc veniat licet ad casses, inlaesus *abibit*, / . . . aper

abigo
    Pr II 11   *abegimus*que voce saepe, cum tibi / senexve corvos impigerve graculus / sacrum feriret ore corneo caput

abluo
    II 5.60   qua fluitantibus undis / solis anhelantes *abluit* amnis equos

abnuo
    III 7.25   audere Camenae, / seu tibi par poterunt seu, quod spes *abnuit*, ultra

abscondo
    III 7.154   illic et densa tellus *absconditur* umbra

abstineo
    I 2.59   tu tamen *abstineas* aliis: nam cetera cernet / omnia
    I 3.4   *abstineas* avidas, Mors, modo, nigra manus
    I 3.5   *abstineas*, Mors atra, precor

absum
    I 2.65   non ego, totus *abesset* amor, sed mutuos esset, / orabam
    I 5.2   at mihi nunc longe gloria fortis *abest*.
    I 6.35   te tenet, *absentes* alios suspirat amores
    I 6.39   tum procul *absitis*, quisquis colit arte capillos
    I 6.76   mutuos *absenti* te mihi servet amor
    I 8.53   vel miser *absenti* maestas quam saepe querelas / conicit
    (I 9.51)   tu procul hinc *absis*, cui formam vendere cura est
    II 1.11   vos quoque *abesse* procul iubeo.
    II 1.32   nomen et *absentis* singula verba sonent
    III 19.7   nil opus invidia est, procul *absit* gloria volgi

abundo
    I 7.22   (quid referam) qualis ... / fertilis aestiva Nilus *abundet* aqua?

ac
    I 3 (63), [87]; 5 [30], (72, 72); [6, 34], [[8.35]]; [10.41]. (II 5.87). III [4.80]; [7.3]; [10.17]; [12.19]; (18.2). **atque** I 5.34, 49; 6.[42], 58; 7.27; [[9.69]]; 10.23. II (1.65*); 2.8; 4.47; 5.73*bis*; 6.6. III 1.13, 22; 2.22, 28; 4.72; 5.27, [29]; [[6.3]]; 7.79, 146, 153; 11.2; 14.4; 19.5.

accedo
    [II 1.89]   accedit *pro* postque venit
    III 7.64   Cimmerion etiam obscuras *accessit* ad arces

accendo
    II 5.90   ille levis stipulae sollemnis potus acervos / *accendet*
    III 8.6   illius ex oculis ... / *accendit* geminas lampadas acer Amor

accerso
    (I 10.33)   quis furor est atram bellis *accersere* mortem?

accingo
    III 7.179   est tibi, qui possit magnis se *accingere* rebus, / Valgius.
accio
    [III 7.189]   accitos *pro* ante actos
accipio
    III 1.24   *accipias* munera parva rogat.
    III 4.49   quare, ego quae dico non fallax, *accipe*, vates
accitus
    [III 7.189]   accitus *pro* ante actos
accumbo *v.* **adcumbo**
acer
    (I 3.77*)   sed *acrem* / iam iam poturi deserit unda sitim.
    I 6.45   nec *acrem* / flammam, non amens verbera torta timet
    II 6.15   *acer* Amor, fractas utinam, tua tela, sagittas, / ... adspiciam!
    III 8.6   illius ex oculis ... / accendit geminas lampadas *acer* Amor.
acerbus
    I 2.100   at mihi parce, Venus ... / ... quid messes uris *acerba* tuas?
    I 6.84   Venus ex alto ... sublimis Olympo / ..., infidis quam sit *acerba*, monet.
    II 6.41   desino, ne dominae luctus renoventur *acerbi*
    III 20.4   quid miserum torques, rumor *acerbe*? tace.
acervus
    I 1.9   nec spes destituat sed frugum semper *acervos* / praebeat.
    I 1.77   ego conposito securus *acervo* / despiciam dites despiciamque famem.
    II 5.89   ille levis stipulae sollemnis potus *acervos* / accendet.
    III 7.134   additus aris / laetior eluxit structos super ignis *acervos*.
    III 12.1   Natalis Iuno, sanctos cape turis *acervos*
acies
    (I 3.47*)   non *acies*, non ira fuit, non bella
    II 3.37   praeda feras *acies* cinxit discordibus armis
    III 7.99   adversisque parent *acies* concurrere signis
    III 7.101   seu sit opus quadratum *acies* consistat in agmen
actum
    III 7.4   si ... / ... humilis tantis sim conditor *actis*
    III 7.38   sim victor in illis, / ut nostrum tantis inscribam nomen in *actis*.
acuo
    III 9.3   nec tibi sit duros *acuisse* in proelia dentes

ad

    I 1.28; 2.[[*post* 25]], 34, 64; [3.58]; 4.70; 5.(45*, 65*); 6.23; 7.38, 46, [[49]]; 9.30, 46; 10.5, 13, 38.

    II 1.7, 15, 31, 74, 76; 2.1; 3.79; 4.19; 5.4, 6, 36, 46, 54; 6.4, 13, 33, 40.

    III 7.[[3]], 64, 177, (185); 9.17; 19.23.

    Dom. Mar. 2.

adcumbo

    I 9.75   huic tamen *adcubuit* noster puer

addo

    I 2.1   *adde* merum vinoque novos compesce dolores

    [I 2.22]   addere *pro* abdere

    [II 4.29]   addit *pro* hic dat

    [II 4.36]   addidit *pro* adtulit

    II 4.42   nec quisquam flammae sedulus *addat* aquam

    III 6.62   tu puer, i, liquidum fortius *adde* merum

    III 7.133   *additus* aris / laetior eluxit structos super ignis acervos

adduco

    I 6.59   haec mihi te *adducit* tenebris

adeo (*vb.*)

    I 2.83   num feror incestus sedes *adiisse* deorum

    I 5.39   sed iam cum gaudia *adirem*, / admonuit dominae deseruitque Venus

    I 5.61   te pauper *adibit* / primus et in tenero fixus erit latere,

    I 6.22   time, seu visere dicet / sacra Bonae maribus non *adeunda* Deae

    III 5.2   unda sub aestivom non *adeunda* Canem

    III 7.59   incultos *adiit* Laestrygonas Antiphatenque

adfero

    (I 4.55)   rapta dabit primo, post *adferet* ipse roganti

    (I 7.41)   Bacchus et adflictis requiem mortalibus *adfert*

    (II 4.36*)   quale bonum multis *adtulit* ille malis!

    III 13.4   exorata meis illum Cytherea Camenis / *adtulit* in nostrum...sinum

adfigo

    I 3.87   at circa gravibus pensis *adfixa* puella / . . . remittat opus

    I 6.61   haec foribus(que) manet noctu me *adfixa*

adfirmo

    I 4.26   perque suas inpune sinit Dictynna sagittas / *adfirmes*

adfligo

    I 7.41   Bacchus et *adflictis* requiem mortalibus adfert

adflo

    II 1.80   at ille / felix, cui placidus leniter *adflat* Amor

    (II 4.57*)   ubi indomitis gregibus Venus *adflat* amores

adfrico *v.* **affrico**
adgnosco
    II 6.48   cum dominae dulces a limine duro / *adgnosco* voces
adhibeo
    III 4.75   ergo ne dubita blandas *adhibere* querelas
adhuc
    [[I 5.65]]   adhuc luteos *pro* ad occultos
aditus
    II 4.19   ad dominam faciles *aditus* per carmina quaero
    III 7.87   ut facilisque tuis *aditus* sit et arduos hosti
adiungo
    I 7.33   hic docuit teneram palis *adiungere* vitem
    I 9.7   lucra petens habili tauros *adiungit* aratro
adiuvo
    I 2.16   audendum est: fortes *adiuvat* ipsa Venus
    [I 5.30]   adiuvet *pro* at iuvet
Admetus
    (II 3.11)   pavit et *Admeti* tauros formonsus Apollo
    III 4.67   me quondam *Admeti* niveas pavisse iuvencas / non est in vanum fabula ficta iocum
admiror
    (II 3.24*)   (capilli), / quos *admirata est* ipsa noverca prius
admitto
    [I 4.44]   admittat *pro* amiciat
    I 6.56   si tamen *admittas*, sit precor illa levis
admoneo
    [I 4.44]   admoneat *pro* amiciat
    I 5.40   sed iam cum gaudia adirem, / *admonuit* dominae deseruitque Venus
    I 9.17   *admonui* quotiens 'auro ne pollue formam.'
    II 5.68   Phyto Graia quod *admonuit*.
    III 7.189   nam cura novatur, / cum memor ante actos semper dolor *admonet* annos
admoveo
    [I 4.44]   admoveat *pro* amiciat
    [[I 9.25]]   tormentum admovit *pro* tacito permisit
    II 3.56   illi sint comites fusci, quos ... / Solis ... *admotis* inficit ignis equis.
    [III 5.11]   admovimus *pro* amovimus
adnecto
    I 6.79   firmaque conductis *adnectit* licia telis
adnuntio *v.* **annuntio**

adnuo
  II 2.9   *adnuat* et, Cornute, tibi, quodcumque rogabis
  II 2.10   en age, quid cessas? *adnuit* ille: roga
  II 5.121   *adnue*: sic tibi sint intonsi, Phoebe, capilli
  III 7.133   Iuppiter... /// cuncta(que) veraci capite *adnuit*
  III 11.20   at tu, Natalis, quoniam deus omnia sentis, / *adnue*
  III 12.13   *adnue* purpureaque veni perlucida palla
adoperio
  I 1.70   iam veniet tenebris Mors *adoperta* caput
  (I 9.44*)   et latuit clausas post *adoperta* fores
  [II 3.36]   est adoperta *pro* est operata
adpareo
  III 7.65   quis numquam candente dies *adparuit* ortu
adpello
  [II 1.66]   appulso *pro* adplauso
adpeto
  I 6.70   laudare nec ullam / possim ego, quin oculos *adpetat* illa meos.
adplaudo
  (II 1.66*) atque aliqua... textrix.../... *adplauso* tela sonat latere.
adplico
  III 10.4   nec te iam, Phoebe, pigebit / formonsae medicas *adplicuisse* manus.
adpono
  [I 8.76]   apposita *pro* obposita
  II 1.64   fusus et *adposito* pollice versat opus
adscendo
  III 7.12   Alcides, deus *adscensurus* Olympum
adsideo
  I 3.84   sanctique pudoris / *adsideat* custos sedula semper anus
adsiduus
  I 1.3   quem labor *adsiduus* vicino terreat hoste
  (I 1.6)   dum meus *adsiduo* luceat igne focus
  I 3.64   *adsidue* proelia miscet Amor.
  I 3.76   Tityos... / *adsiduas* atro viscere pascit aves.
  I 9.54   at te... / rideat *adsiduis* uxor inulta dolis
  (II 1.51*) agricola *adsiduo* primum satiatus aratro / cantavit
  (II 1.65*) atque aliqua *adsidue* textrix operata Minervam / cantat
  III 7.88   laudis et *adsiduo* vigeat certamine miles
  Pr I 4   *adsiduos* custos ruris ut esse velis
adsigno
  II 5.41   iam tibi Laurentes *adsignat* Iuppiter agros

adspergo
    I 2.50   iam tenet infernas magico stridore catervas, / iam iubet *adspersas* lacte referre pedem

adspicio
    I 2.39   siquis et inprudens *adspexerit*, occulat ille
    II 3.5   O ego, cum *adspicerem* dominam, quam fortiter illic / versarem valido pingue bidente solum.
    II 3.26   quisquis inornatumque caput crinesque solutos / *adspiceret*, Phoebi quaereret ille comam
    II 6.16   acer Amor, fractas utinam, tua tela, sagittas, / . . . extinctas *adspiciam*que faces!

adspiro
    II 1.35   huc ades *adspira*que mihi.
    II 3.71   tum, quibus *adspirabat* Amor, praebebat aperte / mitis in umbrosa gaudia valle Venus.

adsto
    I 10.8   nec bella fuerunt, / faginus *adstabat* cum scyphus ante dapes.
    [III 12.20]   astet *pro* extet

adsuesco
    I 4.58   iam tener *adsuevit* munera velle puer
    I 5.4   turben / quem celer *adsueta* versat ab arte puer
    III 7.125   curva nec *adsuetos* egerunt flumina cursus

adsum
    (I 1.37)   *adsitis*, divi, neu vos e paupere mensa / dona . . . spernite
    [*post* I 2.25]   praesidio noctis sentio *adesse* deam
    I 3.90   sed videar caelo missus *adesse* tibi
    I 4.13   hic, quia fortis *adest* audacia, cepit
    I 5.21   rura colam, frugumque *aderit* mea Delia custos
    I 5.47   haec nocuere mihi, quod *adest* huic dives amator
    I 7.49   huc *ades* et Genium ludis Geniumque choreis / concelebra.
    (II 1.1*)   quisquis *adest*, faveat
    [II 1.34]   ades *pro* avis
    II 1.35   huc *ades* aspiraque mihi
    II 2.2   quisquis *ades*, lingua, vir mulierque, fave
    II 2.5   ispe suos Genius *adsit* visurus honores
    [[II 2.21]]   ades *pro* avis
    (II 3.46*)   lentus ut intra / neglegat hibernas piscis *adesse* minas
    III 3.33   *adsis* et timidis faveas, Saturnia, votis
    III 6.1   candide Liber, *ades*.
    [[III 6.3]]   huc ades *pro* aufer et
    III 7.131   Iuppiter ipse levi vectus per inania curru / *adfuit*
    III 10.1   huc *ades* et tenerae morbos expelle puellae

adsum (*cont'd*)
    III 10.2   huc *ades*, intonsa Phoebe superbe coma
    III 11.6   si tibi de nobis mutuos ignis *adest*
    III 11.7   mutuos *adsit* amor, per te dulcissima furta / . . . rogo.
    [III 12.20]   adsit *pro* extet
    III 14.1   invisus natalis *adest*
aderto
    I 4.48   nec te paeniteat . . . / . . . opera insuetas *adteruisse* manus
adtingo
    I 6.53   *adtigerit*, labentur opes, ut volnere nostro / sanguis
adtonitus
    I 9.47   quin etiam *adtonita* laudes tibi mente canebam
advenio
    [III 12.19]   adveniet *pro* veniet
adversus
    (I 10.30)   sternat et *adversos* Marte favente duces
    [III 3.28]   adversa *pro* aversa
    III 5.14   nec nos . . . / inpia in *adversos* solvimus ora deos.
    III 7.54   nam Ciconumque manus *adversis* reppulit armis
    III 7.84   deceat . . . / qualiter *adversos* hosti defigere cervos
    [III 7.98]   adversi *pro* audacis
    III 7.99   *adversis*que parent acies concurrere signis
    III 7.148   nulla tibi *adversis* regio sese offeret armis
    (III 7.166*)   nostraque et huic *adversa* solo pars altera nostro
    III 7.182   quamvis / Fortuna, ut mos est illi, me *adversa* fatiget
    III 7.194   *adversis* hiberna licet tumeant freta ventis
advigilo
    II 5.93   nec taedebit avum parvo *advigilare* nepoti
advolo
    (II 2.17*)   utinam strepitantibus *advolet* alis / . . . Amor
aedes
    I 10.20   cum paupere cultu / stabat in exigua ligneus *aede* deus
Aegaeus
    I 3.1   ibitis *Aegaeas* sine me, Messalla, per undas
aeger
    I 3.3   me tenet ignotis *aegrum* Phaeacia terris
    III 4.19   nec me sopierat menti deus utilis *aegrae*
    (III 5.11*)   nec nos sacrilegi templis amovimus *aegros*
    (Pr II 33)   licebit *aeger* angue lentior cubes
aemulus
    [III 5.3]   aemula nunc *pro* nunc autem
Aeneas
    II 5.19   haec dedit *Aeneae* sortes
    II 5.39   inpiger *Aenea*, volitantis frater Amoris

Aeolius
    III 7.58   vexit et *Aeolios* placidum per Nerea ventos
aequalis
    [II 4.17]   aequalis *pro* et qualis
aequo
    [III 7.43]   aequatum *pro* inaequatum
    III 7.102   rectus ut *aequatis* decurrat frontibus ordo
aequor
    I 7.19   quid referam... // ut(que) maris vastum prospectet turribus *aequor* / ... Tyros
    II 5.80   prodigia indomitis merge sub *aequoribus*
    II 6.4   et seu longa virum terrae via seu vaga ducent / *aequora*
    III 4.85   nam te nec vasti genuerunt *aequora* ponti
aequus
    I 9.5   parcite, caelestes: *aequum* est inpune licere / numina formonsis laedere vestra semel
    [III 2.5]   aequo *pro* nostro
    III 6.19   convenit ex *aequo* nec torvos Liber in illis
    III 11.13   vel serviat *aeque* / vinctus uterque tibi, vel mea vincla leva
    III 18.1   ne tibi sim, mea lux, *aeque* iam fervida cura
    Dom. Mar. 1 te quoque Vergilio comitem non *aequa*, Tibulle, / Mors iuvenem campos misit ad Elysios
aer
    III 7.19   alter dicat... / qualis in inmenso desederit *aere* tellus
    III 7.21   alter dicat... /// ... vagus, e terris qua surgere nititur, *aer*
    III 7.151   nam circumfuso consistit in *aere* tellus
    III 7.168   alter et alterius vires necat *aer*
    III 7.209   sive ego per liquidum volucris vehar *aera* pennis
aerarium
    (Pr 1 1)   vilicus *aerari* quondam, nunc cultor agelli
aeratus
    (I 3.72*)   Cerberus... / ... *aeratas* excubat ante fores
    I 10.25   at nobis *aerata*, Lares, depellite tela
aereus
    [III 7.127]   aereas *pro* aerias
aerius
    [I 7.15]   aerio *pro* aetherio
    III 6.28   venti temeraria vota, / *aeriae* et nubes diripienda ferant
    (III 7.127)   nulla nec *aerias* volucris perlabitur auras
aes
    I 3.24   quid mihi prosunt / illa tua totiens *aera* repulsa manu
    I 8.22   si non *aera* repulsa sonent

aes (cont'd)
[III	5.11]	aera *pro* aegros
III	7.173	et ferro tellus, pontus confunditur *aere*

aestivus
I	1.27	Canis *aestivos* ortus vitare sub umbra / arboris
I	2.52	cum libet, *aestivo* convocat orbe nives
I	4.6	producis ... / nudus (et) *aestivi* tempora sicca Canis
I	7.22	(quid referam) qualis ... / fertilis *aestiva* Nilus abundet aqua?
III	5.2	unda sub *aestivom* non adeunda Canem
III	7.159	seu proprior terris *aestivom* fertur in orbem

aestus
[I	1.27]	aestus *pro* ortus
II	1.47	rura ferunt messes, calidi cum sideris *aestu* / deponit flavas annua terra comas
III	5.27	atque utinam vano nequiquam terrear *aestu*!

aetas
I	1.71	iam subrepet iners *aetas*
I	4.27	at si tardus eris, errabis: transiet *aetas*
I	4.33	vidi iam iuvenem, premeret cum serior *aetas*,/maerentem stultos praeteriisse dies
I	8.47	at tu, dum primi floret tibi temporis *aetas*, / utere
III	4.26	non illo quicquam formonsius ulla priorum / *aetas* ... videt
III	7.11	ut puro testantur sidera caelo / ... neget ne longior *aetas*
III	7.111	quem siquis videat vetus ut non fregerit *aetas*
III	7.210	quandocumque hominem me longa receperit *aetas*

aeternus
I	4.37	solis *aeterna* est Baccho Phoeboque iuventas
II	3.30	felices olim, Veneri cum fertur aperte / servire *aeternos* non puduisse deos
II	5.23	Romulus *aeternae* nondum formaverat urbis / moenia
II	5.64	*aeternum* sit mihi virginitas
III	7.34	*aeterno* sed erunt tibi magna volumina versu
III	7.180	est tibi ... / Valgius: *aeterno* propior non alter Homero
(III	8.13*)	talis in *aeterno* felix Vertumnus Olympo / mille habet ornatus
III	10.14	dicit in *aeternos* aspera verba deos

aether
III	7.22	(alter dicat) ... huic ... contextus passim fluat igneus *aether*

aetherius
 (I 7.15) *aetherio* contingens vertice nubes
 III 4.17 iam Nox *aetherium* nigris emensa quadrigis / mundum caeruleo laverat amne rotas
Aetnaeus
 III 7.56 cessit et *Aetnaeae* Neptunius incola rupis
 III 7.196 vel parvom *Aetnaeae* corpus conmittere flammae
aevum
 (III 4.47) at mihi ... *aevi*(que) futuri / eventura pater posse videre dedit
affero *v.* **adfero**
affigo *v.* **adfigo**
affirmo *v.* **adfirmo**
affrico
 Pr II 18 canisque saeva susque ligneo tibi / lutosus *affricabit* oblitum latus.
afluo
 [[I 6.40]] afluit *pro* et fluit
Africa
 II 3.58 illi selectos certent praebere colores / *Africa* puniceum purpureumque Tyros
agellus
 Pr I 1 vilicus aerari quondam, nunc cultor *agelli*
 Pr I 5 improbus ut si quis nostrum violabit *agellum*,
ager
 I 1.11 nam veneror, seu stipes habet desertus in *agris* / seu vetus in trivio florida serta lapis
 I 1.19 vos quoque, felicis quondam, nunc pauperis *agri* / custodes, ... Lares
 [I 1.42] agro *pro* avo
 I 3.43 non fixus in *agris*, / qui regeret certis finibus arva, lapis
 I 3.61 totosque per *agros* / floret odoratis terra benigna rosis
 I 7.21 arentes cum findit Sirius *agros*
 I 8.19 cantus vicinis fruges traducit ab *agris*
 I 9.34 daretur / non tibi si, Bacchi cura, Falernus *ager*
 II 1.1 fruges lustramus et *agros*
 II 1.17 di patrii, purgamus *agros*, purgamus agrestes
 II 1.21 tunc nitidus plenis confisus rusticus *agris* / ingeret ardenti grandia ligna foco
 (II 1.67*) ipse quoque inter *agros* interque armenta Cupido / natus ... dicitur
 II 3.3 ipsa Venus latos iam nunc migravit in *agros*
 (II 3.17*) O quotiens illo vitulum gestante per *agros* / dicitur occurrens erubuisse soror!

ager (*cont'd*)
- (II 3.65*)   haud inpune licet formonsas tristibus *agris* / abdere
- II 3.79   ducite: ad imperium dominae sulcabimus *agros*
- II 5.41   iam tibi Laurentes adsignat Iuppiter *agros*
- II 6.22   Spes sulcis credit aratis / semina, quae magno faenore reddat *ager*
- III 14.4   an villa sit apta puellae / atque Arretino frigidus amnis *agro*?

agito
- I 6.45   ubi Bellonae motu *est agitata*,
- III 4.59   diversasque suas *agitat* mens inpia curas

agmen
- I 5.63   pauper in angusto fidus comes *agmine* turbae
- III 7.101   seu sit opus quadratum acies consistat in *agmen*
- III 7.186   cuique pecus denso pascebant *agmine* colles

agna
- I 1.22   nunc *agna* exigui est hostia parva soli
- I 1.23   *agna* cadet vobis, quam circum rustica pubes / clamet
- I 1.31   non *agnam*(ve) sinu pigeat . . . / . . . referre domum
- II 1.20   neu timeat celeres tardior *agna* lupos

agnosco *v*. **adgnosco**

agnus
- I 10.41   ipse suas sectatur oves, at filius *agnos*
- II 1.15   cernite, fulgentes ut eat sacer *agnus* ad aras
- [[II 1.67]]   agnos *pro* agros
- II 5.38   munera ruris, / caseus et niveae candidus *agnus* ovis

ago
- I 2.69   ille licet Cilicum victas *agat* ante catervas
- I 4.20   annus *agit* certa lucida signa vice
- I 5.3   namque *agor* ut per plana citus sola verbere turben
- I 5.56   post *agat* e triviis aspera turba canum
- I 6.66   quicquid *agit*, sanguis est tamen illa tuos
- I 8.57   nota venus furtiva mihi est, ut lenis *agatur* / spiritus
- II 2.10   en *age*, quid cessas? adnuit ille: roga
- II 5.2   huc *age* cum cithara carminibusque veni
- [II 6.20]   agit *pro* ait
- III 7.125   curva nec adsuetos *egerunt* flumina cursus
- III 7.157   quippe ubi non umquam Titan super *egerit* ortus
- (III 7.189)   nam cura novatur, / cum memor ante *actos* semper dolor admonet annos
- III 8.7   illam, quicquid *agit*, . . . / conponit furtim subsequiturque Decor
- III 14.2   invisus natalis adest, qui . . . / . . . tristis *agendus erit*
- III 15.3   omnibus ille dies nobis natalis *agatur*

agrestis
- (I 1.39*) fictilia antiquus primum sibi fecit *agrestis* / pocula
- II 1.17 di patrii, purgamus agros, purgamus *agrestes*
- II 5.28 suberat Pan ilicis umbrae / et facta *agresti* lignea falce Pales
- II 5.117 lauro devinctus *agresti* / miles 'io' magna voce 'triumphe' canet

agricola
- (I 1.14) libatum *agricolae* ponitur ante deo
- I 5.27 illa deo sciet *agricolae* pro vitibus uvam / ... ferre
- I 7.39 Bacchus et *agricolae* magno confecta labore / pectora tristitiae dissoluenda dedit
- I 7.61 te canit *agricola*, magna cum venerit Urbe / serus
- II 1.36 dum carmine nostro / redditur *agricolis* gratia caelitibus
- (II 1.51*) *agricola* adsiduo primum satiatus aratro / cantavit certo rustica verba pede
- II 1.55 *agricola* ... / primus inexperta duxit ab arte choros
- II 3.7 *agricola*eque modo curvom sectarer aratrum
- II 6.21 Spes alit *agricolas*

ah
[I 6.34]; [[8.53]]; [9.3]. [II 1.79]. [III 4, 61, 62; 17.3, 5].

aio
- I 8.55 'quid me spernis?' *ait*. 'poterat custodia vinci'
- (II 6.20) sed credula vitam / Spes fovet et fore cras semper *ait* melius
- III 20.1 rumor *ait* crebro nostram peccare puellam

ala
- II 1.89 postque venit tacitus furvis circumdatus *alis* / Somnus
- II 2.17 utinam strepitantibus advolet *alis* / ... Amor

Alba Longa
- I 7.58 nec taceat monumenta viae, quem Tuscula tellus / candidaque antiquo detinet *Alba* Lare
- II 5.50 ante oculos ... est / *Alba*(que) ab Ascanio condita *Longa* duce

Albanus
- [II 5.69] Albana *pro* Aniena

albus
- [I 4.30] alba *pro* alta
- I 7.18 *alba* Palaestrino sancta columba Syro
- I 8.45 tollere tum cura est *albos* a stirpe capillos
- III 4.33 cum contexunt amarantis *alba* puellae / lilia

Alcides
- III 7.12 *Alcides*, deus adscensurus Olympum

ales
    III 6.8   fulserit hic niveis Delius *alitibus*
aliquis
    I 10.23; II 4.47.   **aliqua** (*fem.*) II 1.65.   **alicui** (*masc.*) III 13.2.
    aliquas II 6.50.
alius
    I 1.1; 10.29.   III 7.(46), 82.   **alium** (*masc.*) III 4.80.   **aliam** I 5.39.
    aliud III 12.16.   **alia** (*abl.*) I 6.42.   **alii** III 3.31.   **aliis** (*masc.*)
    I 6.85; 9.77, 78.   III 7.136; 19.6.   **alios** I 6.35.   II 4.24.   III 7.17*bis*;
    11.11; 19.16.   **alias** (II 4.60*).   III 4.93; 11.5.   **aliis** (*masc.*) I 2.59.
    alias (*adv.*) III 7.116.   **aliter** III 17.3.
allicio
    [I 4.44]   alliciat *pro* amiciat
almus
    I 10.67   at nobis, Pax *alma*, veni spicamque teneto
    [III 11.9]   alme *pro* mane
alo
    (I 7.16)   canam . . . // quantus . . . / frigidus intonsos Taurus *alat*
                    Cilicas
    I 10.15   *aluistis* et idem, / cursarem vestros cum tener ante pedes
    I 10.47   pax *aluit* vites et sucos condidit uvae
    II 3.68   glans *alat*, et prisco more bibantur aquae
    II 3.69   glans *aluit* veteres, et passim semper amarunt
    II 6.21   Spes *alit* agricolas
Alpes
    III 7.109   Pannonius gelidas passim disiectus in *Alpes*
altaria
    III 12.17   uritur, ut celeres urunt *altaria* flammae
alter
    I 5.17; 9.79.   III 4.94; 7.18, (168), 180.   **altera** (*fem.*) III 7.150, 166.
    alterius (*masc.*) III 4.58; 6.44; 7.168.
alternus
    III 7.44   instabilis natat *alterno* depressior orbe
altus
    (I 4.30)   deperdit . . . / quam cito formonsas populus *alta* comas
    I 4.49   velit insidiis *altas* si claudere valles
    I 6.83   hanc Venus ex *alto* flentem sublimis Olympo / spectat
    (II 3.19*)   caneret dum valle sub *alta*,
    II 5.21   cum maestus ab *alto* / Ilion ardentes respiceretque deos
    II 5.99   at sibi quisque dapes . . . extruet *alte*
    III 7.183   cum magnis opibus domus *alta* niteret
alveus
    II 1.49   rure levis verno flores apis ingerit *alveo*

amabilis
    III 4.94   isque pater quo non alter *amabilior*
Amalthea
    (II 5.67)   quicquid *Amalthea*, quicquid Marpesia dixit / Herophile
amarantus
    III 4.33   cum contexunt *amarantis* alba puellae / lilia
amarus
    II 4.11*bis*   nunc et *amara* dies et noctis *amarior* umbra est
amator
    I 5.47   haec nocuere mihi, quod adest huic dives *amator*
    I 8.29   munera ne poscas: det munera canus *amator*
amens
    (I 6.46)   nec acrem / flammam, non *amens* verbera torta timet
amica
    III 19.13   nunc licet e caelo mittatur *amica* Tibullo
amicio
    (I 4.44*)   venturam *amiciat* imbrifer arcus aquam
amictus
    [[I 5.65]]   amictus *pro* amicos
    I 8.13   frustra iam vestes, frustra mutantur *amictus*
    III 4.55   cum te fusco Somnus velavit *amictu*
amicus (*adj.*)
    [III 6.55]   nec (et *Postgate*) amica *pro* inimica
    Pr II 26   bidens *amica* Romuli senis memor / paratur
amicus (*subst.*)
    (I 5.65*)   pauper ad occultos furtim deducet *amicos*
    III 6.9   vos modo proposito dulces faveatis *amici*
    [[III 14.6]]   amice *pro* propinque
amnis
    I 4.66   quem referent Musae, vivet . . . / . . . dum vehet *amnis* aquas
    I 9.50   illa velim . . . carmina . . . / . . . liquida deleat *amnis* aqua
    II 5.60   qua fluitantibus undis / Solis anhelantes abluit *amnis* equos.
    [II 5.76]   amnis *pro* annus
    III 3.29   nec me regna iuvant nec Lydius aurifer *amnis*
    III 3.37   me vocet in vastos *amnes* nigramque paludem / . . .Orcus
    III 4.18   Nox . . . / . . . caeruleo laverat *amne* rotas
    III 10.8   quicquid triste timemus, / in pelagus rapidis evehat *amnis* aquis
    (III 14.4)   an villa sit apta puellae / atque Arretino frigidus *amnis* agro?

amo

I	1.71	iam subrepet iners aetas, nec *amare* decebit
[I	2.4]	amans *pro* amor
I	3.65	illic est, cuicumque rapax mors venit *amanti*
I	4.61	Pieridas, pueri, doctos et *amate* poetas
I	4.77	me, qui spernentur, *amantes* / consultent
I	5.25	consuescet *amantis* / garrulus in dominae ludere verna sinu
I	5.57	eveniet: dat signa deus: sunt numina *amanti*
[I	5.60]	amans *pro* amor
[I	6.46]	et amans *pro* amens
I	6.65	te semper natamque tuam te propter *amabo*
I	8.1	non ego celari possum, quid nutus *amantis* / quidve ferant miti lenia verba sono
I	8.61	quid prosunt artes, miserum si spernit *amantem*
I	8.71	hic Marathus quondam miseros ludebat *amantes*
(I	9.45)	tum miser interii, stulte confisus *amari*
II	3.69	glans aluit veteres, et passim semper *amarunt*
II	4.15	ite procul, Musae, si non prodestis *amanti*
II	4.39	quae pretio victos excludis *amantes*
III	3.20	falso plurima volgus *amat*
III	6.49	periuria ridet *amantum* / Iuppiter
III	6.57	Naida Bacchus *amat*
III	10.15	pone metum, Cerinthe; deus non laedit *amantes*
III	10.16	tu modo semper *ama*: salva puella tibi est
III	12.7	at tu, sancta, fave, neu quis divellat *amantes*

amor

I	1.69	interea, dum fata sinunt, iungamus *amores*
(I	2.4)	infelix dum requiescit *amor*
[[*post* I	2.25]]	usque meum custos ad latus haeret *amor*
I	2.29	quisquis *amore* tenetur, eat tutusque sacerque / qualibet
I	2.61	nempe haec eadem se dixit *amores* / cantibus aut herbis solvere posse meos
I	2.65	non ego, totus abesset *amor*, sed mutuos esset / orabam
I	2.77	quid Tyrio recubare toro sine *amore* secundo / prodest
I	2.91	vidi ego, qui iuvenum miseros ludisset *amores* / post Veneris vinclis subdere colla senem
[I	3.55]	amore *pro* morte
I	3.81	illic sit, quicumque meos violavit *amores*
I	4.10	nam causam iusti semper *amoris* habent
I	4.24	vetuit pater ipse valere, / iurasset cupide quidquid ineptus *amor*
I	4.40	obsequio plurima vincet *amor*
I	4.67	qui vendit *amorem*, / Idaeae currus ille sequatur Opis

amor *(cont'd)*

I	4.81	heu heu quam Marathus lento me torquet *amore*!
I	5.17	omnia persolvi: fruitur nunc alter *amore*
(I	5.60)	nam donis vincitur omnis *amor*
[[I	5.65]]	*amores pro* amicos
I	5.75	nescio quid furtivus *amor* parat
I	6.35	te tenet, absentes alios suspirat *amores*
I	6.76	mutuos absenti te mihi servet *amor*
I	6.85	nos, Delia, *amoris* / exemplum cana simus uterque coma
I	7.44	tibi sunt..., Osiri, / ... chorus et cantus et levis aptus *amor*
I	8.41	heu sero revocatur *amor* seroque iuventas
I	8.52	sed nimius luto corpora tingit *amor*
I	9.1	si fueras miseros laesurus *amores*
I	9.19	divitiis captus siquis violavit *amorem*
(I	9.39*)	quid faciam, nisi et ispe fores in *amore* puellae?
[I	9.45]	*amori pro* amari
I	9.83	hanc tibi fallaci resolutus *amore* Tibullus / dedicat
II	2.11	auguror, uxoris fidos optabis *amores*
II	3.14	quidquid erat medicae vicerat artis *amor*
II	3.32	sed cui sua cura puella est, / fabula sit mavolt quam sine *amore* deus
II	4.47	atque aliquis senior veteres veneratus *amores* / annua constructo serta dabit tumulo
(II	4.57*)	ubi indomitis gregibus Venus adflat *amores*
III	4.73	nescis quid sit *amor*, iuvenis
(III	6.4)	saepe tuo cecidit munere victus *amor*
(III	7.77)	non ... sileantur ... ! ... *amor* et fecunda Atlantidos arva Calypsus
III	9.21	et quaecumque meo furtim subrepit *amori*
III	11.7	mutuos adsit *amor*, per te dulcissima furta / ... rogo
III	11.11	quodsi forte alios iam nunc suspiret *amores*
III	12.20	hic idem votis iam vetus extet *amor*
III	13.1	tandem venit *amor*, qualem texisse pudori / quam nudasse alicui sit mihi fama magis
Dom. Mar.	3	ne foret ... elegis molles qui fleret *amores*

Amor

I	3.21	audeat invito ne quis discedere *Amore*
I	3.57	quod facilis tenero sum semper *Amori*
I	3.64	absidue proelia miscet *Amor*
I	6.2	semper, ut inducar, blandos offers mihi voltus, / ... *Amor*
I	6.30	iussit *Amor*: contra quis ferat arma deos?
I	6.51	parcite, quam custodit *Amor*, violare puellam

Amor (*cont'd*)
    I 10.57   at lascivus *Amor* rixae mala verba ministrat
    II 1.80   at ille / felix, cui placidus leniter adflat *Amor*
    II 2.18   utinam strepitantibus advolet alis / flavaque coniugio vincula portet *Amor*
    II 3.4   verbaque aratoris rustica discit *Amor*
    II 3.28   nempe *Amor* in parva te iubet esse casa
    II 3.71   tum, quibus adspirabat *Amor*, praebebat aperte / mitis in umbrosa gaudia valle Venus
    II 4.4   et numquam misero vincla remittit *Amor*
    (II 4.38*)   haec denique causa / fecit ut infamis hic deus esset *Amor*
    II 4.52   illius est nobis lege colendus *Amor*
    II 5.39   inpiger Aenea, volitantis frater *Amoris*
    II 5.106   modo in terris erret inermis *Amor*
    II 6.1   castra Macer sequitur: tenero quid fiet *Amori*?
    II 6.15   acer *Amor*, fractas utinam, tua tela, sagittas, / ... aspiciam
    III 4.65   saevos *Amor* docuit validos temptare labores
    III 4.66   saevos *Amor* docuit verbera posse pati
    [III 6.4]   Amor *pro* amor
    (III 6.17*)   haec *Amor* et maiora valet
    III 8.6   illius ex oculis ... / accendit geminas lampadas acer *Amor*
    III 9.4   incolumem custos hunc mihi servet *Amor*
    III 12.12   fallendique vias mille ministret *Amor*

amoveo
    (III 5.11)   nec nos sacrilegi templis *amovimus* aegros

amplexus
    I 8.32   carior est auro iuvenis, cui levia fulgent / ora nec *amplexus* aspera barba terit
    I 9.74   senis *amplexus* culta puella fugit

amplus
    (III 7.97)   *amplior* ... signata cita loca tangere funda

Amythaonius
    III 7.120   quis *Amythaonius* nequeat certare Melampus

an
    I (6.3*); (7.13); (10.5).   III 1.20*bis*; [[4.9; 7.2]]; 14.3; [17.5].

ancilla
    I 2.96   stare nec ante fores puduit caraeve puellae / *ancillam* medio detinuisse foro

anguineus
    (III 4.87*)   canis *anguinea* redimitus terga caterva

anguinus
    [[III 4.87]]   anguina *pro* anguinea

anguis
    I 3.69   Tisiphoneque inpexa feros pro crinibus *angues* / saevit
    I 8.20   cantus et iratae detinet *anguis* iter
  (Pr II 33)   licebit aeger *angue* lentior cubes
angustus
    I 4.11   hic placet, *angustis* quod equom conpescit habenis
    I 5.63   pauper in *angusto* fidus comes agmine turbae
  [III 7.91]   angusto *pro* -ve arto
anhelo
  (I 8.37*)   Venus invenit... // ... dare *anhelanti* pugnantibus umida linguis / oscula
   II 5.60   qua fluitantibus undis / Solis *anhelantes* abluit amnis equos
Anienus
  (II 5.69)   quasque *Aniena* sacras Tiburs per flumina sortes / portarit
anima
    I 5.51   hanc volitent *animae* circum sua fata querentes
  III 2.15   praefatae ante meos manes *animam*que precatae
animal
  III 7.164   nulla nec exustas habitant *animalia* partes
animus
    I 6.81   hanc *animo* gaudente vident iuvenum(que) catervae
  III 6.13   ille facit dites *animos* deus
  III 14.7   hic *animum* sensusque meos abducta relinquo
  III 15.1   scis iter ex *animo* sublatum triste puellae?
annosus
  III 2.19   ossa // ... primum *annoso* spargent collecta Lyaeo
  III 6.58   temperet *annosum* Marcia lympha merum
annuntio
  [I 4.44]   annuntiet *pro* amiciat
annus
    I 1.13   et quodcumque mihi pomum novos educat *annus*
    I 3.53   quodsi fatales iam nunc explevimus *annos*
    I 4.19   *annus* in apricis maturat collibus uvas
    I 4.20   *annus* agit certa lucida signa vice
    I 4.35   crudeles divi! serpens novus exuit *annos*
    I 6.64   proprios ego tecum, / sit modo fas, *annos* contribuisse velim
    I 7.63   natalis multos celebrande per *annos*
    I 8.43   coma tum mutatur, ut *annos* / dissimulet
   II 4.45   centum licet *annos* / vixerit, ardentem flebitur ante rogum

annus (*cont'd*)
(II	5.76)	ipsum etiam Solem defectum lumine vidit / iungere pallentes nubilus *annus* equos
II	5.82	omine quo felix et sacer *annus* erit
II	5.109	iaceo cum saucius *annum* // usque cano Nemesim
III	1.2	exoriens nostris hic fuit *annus* avis
III	7.113	centum fecundos Titan renovaverit *annos*
III	7.122	fulgentem Tyrio subtegmine vestem / indueras oriente die duce fertilis *anni*
III	7.169	hinc placidus nobis per tempora vertitur *annus*
III	7.189	nam cura novatur, / cum memor ante actos semper dolor admonet *annos*
III	8.23	hoc sollemne sacrum multos haec sumet in *annos*
III	12.19	sis iuveni grata, veniet cum proximus *annus*
[III	14.4]	*annus pro* amnis
[[III	15.3]]	*annis pro* nobis

annuus
II	1.48	deponit flavas *annua* terra comas
II	4.48	*annua* constructo serta dabit tumulo
III	7.172	tondeturque seges maturos *annua* partus
(*Pr* II 29)		*annuo* gelu / araneosus obsidet forem situs

ansa
I	8.14	frustra... / *ansa*(que) conpressos conligat arta pedes

ante (*prep.*)
I 1.[14], 16, 56; 2.95; 3.8, (10), 30, (72*); 4.14; 5.74; 10.8, 16. II (1.54*); 2.22; 4.22, 24, 46; 5.49, 66(*pp*.), 116; 6.38. III 2.11, 12; 4.20, 93; 9.16; 11.5; 12.4; 19.16. [*Pr* II 23].

ante (*adv.*)
I (1.14); 2.69; 3.[10], 89; 6.[42], (42); 10.68. II 1.(24), 71, 78; [5.98]; (6.24*). III 1.10; 2.15, 16; (7.189); 13.8; 18.2.

antea
[II	1.45]	*antea pro* aurea

Antiphates
III	7.59	incultos adiit Laestrygonas *Antiphaten*que

antiquus
(I	1.39*)	fictilia *antiquus* primum sibi fecit agrestis / pocula
I	1.42	fruetus... / quos tulit *antiquo* condita messis avo
I	3.34	at mihi contingat... / reddere(que) *antiquo* menstrua tura Lari
I	7.58	quem Tuscula tellus / candidaque *antiquo* detinet Alba Lare
II	1.60	rure puer verno primum de flore coronam / fecit et *antiquis* inposuit Laribus
II	5.96	arboris *antiquae* qua levis umbra cadit
III	7.28	nam quamquam *antiquae* gentis superant tibi laudes

anus
    I 3.84   sanctique pudoris / adsideat custos sedula semper *anus*
    I 5.12   carmine cum magico praecinuisset *anus*
    I 6.58   sed tua mater / me movet atque iras aurea vincit *anus*
    I 6.63   vive diu mihi, dulcis *anus*
    I 8.18   num te pallentibus herbis / devovit tacito tempore noctis *anus*?

anxius
    I 2.25   en ego cum tenebris tota vagor *anxius* urbe
    I 3.16   quaerebam tardas *anxius* usque moras
    II 6.53   satis *anxia* vivas, / moverit e votis pars quotacumque deos

aper
    [I 10.41]   apros *pro* oves
    [[II 1.67]]   apros *pro* agros
    III 9.2   parce meo iuveni, ... / seu colis umbrosi devia montis *aper*
    III 9.18   tunc veniat licet ad casses, inlaesus abibit, / ... *aper*
    [*Pr* II 18]   latus aper *pro* latus

aperio
    I 2.10   neu furtim verso cardine *aperta* sones
    I 6.18   caveto, / neve cubet laxo pectus *aperta* sinu
    I 9.58   et pateat cupidis semper *aperta* domus
    I 10.4   tum brevior dirae mortis *aperta* via est
    II 3.29   Veneri cum fertur *aperte* / servire aeternos non puduisse deos
    II 3.71   praebebat *aperte* / mitis in umbrosa gaudia valle Venus

apis
    II 1.49   rure levis verno flores *apis* ingerit alveo

Apollo
    II 3.11   pavit et Admeti tauros formonsus *Apollo*
    (II 4.13*)   nec prosunt elegi nec carminis auctor *Apollo*
    II 5.79   sed tu iam mitis, *Apollo*, / prodigia indomitis merge sub aequoribus

appareo *v.* **adpareo**

appello *v.* **adpello**

appeto *v.* **adpeto**

applaudo *v.* **adplaudo**

applico *v.* **adplico**

apprimo
    Pr II 25   puella nec iocosa te levi manu / fovebit *apprimet*ve lucidum femur

apricus
    I 4.19   annus in *apricis* maturat collibus uvas
apto
  [I 10.8]   aptabat *pro* astabat
aptus
  (I 4.54*)   rapias tum cara licebit / oscula: pugnabit, sed tamen *apta* dabit
  [[I 4.55]]   apta *pro* rapta
  I 7.44   tibi sunt..., Osiri, / ... chorus et cantus et levis *aptus* amor
  I 7.60   hic *apta* iungitur arte silex
  I 9.70   ista haec persuadet facies... / ... et Tyrio prodeat *apta* sinu?
  III 7.62–(63*)   *apta* vel herbis / *apta*que vel cantu veteres mutare figuras
  III 7.82   nam te non alius belli tenet *aptius* artes
  [III 7.97]   aptior *pro* amplior
  III 10.21   lacrimis erit *aptius* uti, / si quando fuerit tristior illa tibi
  III 14.3   dulcius urbe quid est? an villa sit *apta* puellae?
aqua
  I 1.28   sub umbra / arboris ad rivos praetereuntis *aquae*
  I 1.47   gelidas hibernus *aquas* cum fuderit Auster
  I 2.32   (nocet) non mihi, cum multa decidit imber *aqua*
  (I 2.80*)   soporem / nec sonitus placidae ducere posset *aquae*
  I 3.80   et Danai proles... / in cava Lethaeas dolia portat *aquas*
  I 4.12   hic placidam niveo pectore pellit *aquam*
  I 4.18   longa dies molli saxa peredit *aqua*
  I 4.44   quamvis praetexens picta ferrugine caelum / venturam amiciat imbrifer arcus *aquam*
  I 4.66   quem referent Musae, vivet,... / ... dum vehet amnis *aquas*
  I 5.76   in liquida nat tibi linter *aqua*
  I 6.28   at ipse bibebam / sobria subposita pocula victor *aqua*
  (I 7.14*)   tacitis qui leniter undis / caeruleus placidis per vada serpis *aquis*
  I 7.22   (quid referam) qualis... / fertilis aestiva Nilus abundet *aqua*?
  I 9.12   at deus illa / in cinerem et liquidas munera vertat *aquas*
  I 9.50   illa velim... carmina... / ... liquida deleat amnis *aqua*
  (I 10.36*)   non seges est infra, non vinea culta, sed audax / Cerberus et Stygiae navita turpis *aquae*
  I 10.42   et calidam fesso conparat uxor *aquam*
  II 1.14   et manibus puris sumite fontis *aquam*

aqua (*cont'd*)
II	1.44	tum bibit inriguas fertilis hortus *aquas*
II	3.68	glans alat et prisco more bibantur *aquae*
II	4.42	nec quisquam flammae sedulus addat *aquam*
II	5.34	ire solebat / exiguos pulsa per vada linter *aqua*
II	6.8	ipse levem galea qui sibi portet *aquam*
III	1.28	huius spem nominis illi / auferet extincto pallida Ditis *aqua*
(III	3.38)	me vocet ... / dives in ignava luridus Orcus *aqua*
(III	8.20*)	et quascumque ... gemmas / proximus Eois colligit Indus *aquis*
III	10.8	quicquid triste timemus, / in pelagus rapidis evehat amnis *aquis*

Aquitanus
I	7.3	cecinere diem Parcae ... // hunc fore, *Aquitanas* posset qui fundere gentes
II	1.33	gentis *Aquitanae* celeber Messalla triumphis

ara
I	6.23	at mihi si credas, illam sequar unus ad *aras*
II	1.11	discedat ab *aris* / cui tulit hesterna gaudia nocte Venus
II	1.15	cernite, fulgentes ut eat sacer agnus ad *aras*
II	2.1	dicamus bona verba: venit Natalis ad *aras*
II	5.6	dum cumulant *aras*, ad tua sacra veni
III	7.133	additus *aris* / laetior eluxit structos super ignis acervos
III	19.23	sed Veneris sanctae considam vinctus ad *aras*

Arabs
II	2.4	urantur odores, / quos tener e terra divite mittit *Arabs*
III	2.24	illic quas mittit dives Panchaia merces / Eoique *Arabes*
III	8.18	cultor odoratae dives *Arabs* segetis

Araccaeus
[III	7.142]	Araccaeis *pro* Arecteis

araneosus
Pr II 30		annuo gelu / *araneosus* obsidet forem situs

Arar
(I	7.11)	testis *Arar* Rhodanusque celer magnusque Garunna

arator
[I	10.46]	aratores *pro* araturos
II	1.5	luce sacra requiescat humus, requiescat *arator*
II	3.4	verbaque *aratoris* rustica discit Amor

aratrum
I	7.29	primus *aratra* manu sollerti fecit Osiris
I	9.7	lucra petens habili tauros adiungit *aratro*
(II	1.51*)	agricola adsiduo primum satiatus *aratro* / cantavit
II	3.7	agricolaeque modo curvom sectarer *aratrum*
III	7.161	non igitur presso tellus exsurgit *aratro*

Araxes
    III 7.143   nec qua regna vago Tamyris finivit *Araxe*
arbitrium
    III 6.14   ille ferocem / contudit et dominae misit in *arbitrium*
    III 14.8   *arbitrio* quamvis non sinis esse meo
arbor
    I 1.28   Canis aestivos ortus vitare sub umbra / *arboris*
    I 5.32   cui dulcia poma / Delia selectis detrahat *arboribus*
    I 7.32   pomaque non notis legit ab *arboribus*
    II 5.29   pendebatque vagi pastoris in *arbore* votum
    II 5.96   *arboris* antiquae qua levis umbra cadit
    Pr II 6   Priape, qui sub *arboris* coma / soles ... / ... sedere
arcesso
    [I 10.33]   arcessere *pro* accersere
arcus
    I 4.44   quamvis praetexens picta ferrugine caelum / venturam amiciat imbrifer *arcus* aquam
    II 1.69   illic indocto primum se exercuit *arcu*
    II 5.105   pace tua pereant *arcus* pereantque sagittae, / Phoebe
ardeo
    I 1.61   flebis et *arsuro* positum me, Delia, lecto
    II 1.22   rusticus ... / ingeret *ardenti* grandia ligna foco
    II 1.82   et procul *ardentes* hinc precor abde faces
    II 4.46   centum licet annos / vixerit, *ardentem* flebitur ante rogum
    II 5.22   cum maestus ab alto / Ilion *ardentes* respiceretque deos
    [III 7.142]   ardet *pro* aret
ardor
    III 18.6   *ardorem* cupiens dissimulare meum
arduus
    III 7.87   ut facilisque tuis aditus sit et *arduos* hosti
area
    I 5.22   *area* dum messes sole calente teret
Areccaeus
    [III 7.142]   Areccaeis *pro* Arecteis
Arecteus
    (III 7.142)   aret *Arecteis* haud una per ostia campis
areo
    I 4.42   neu comes ire neges, quamvis ... / ... Canis *arenti* torreat arva siti
    I 7.21   *arentes* cum findit Sirius agros
    (II 1.53*)   et satur *arenti* primum est modulatus avena / carmen
    (III 7.142)   nec qua ... / ... rapidus, Cyri dementia, Gyndes, / *aret*

argentum
    I 2.71   totus et *argento* contextus, totus et auro / insideat celeri conspiciendus equo.

arguo
    III 9.16   si, lux mea, tecum / *arguar* ante ipsas concubuisse plagas

aridus
    I 7.26   te propter ... / *arida* nec pluvio supplicat herba Iovi

arma
    I 2.68   ferreus ille fuit qui, te cum posset habere, / maluerit praedas stultus et *arma* sequi
    I 4.51   si volet *arma*, levi temptabis ludere dextra
    I 6.30   iussit Amor: contra quis ferat *arma* deos?
    I 10.12   nec tristia nossem / *arma* nec audissem corde micante tubam
    I 10.29   sic placeam vobis: alius sit fortis in *armis*
    I 10.50   at tristia duri / militis in tenebris occupat *arma* situs
    II 3.37   praeda feras acies cinxit discordibus *armis*
    II 5.54   iam video ... /// (et) cupidi ad ripas *arma* relicta dei
    II 5.73   atque tubas atque *arma* ferunt strepitantia caelo / audita
    II 6.2   sit comes et collo fortiter *arma* gerat?
    III 7.54   nam Ciconum(que) manus adversis reppulit *armis*
    [III 7.110]   *armis pro* arvis
    III 7.148   nulla tibi adversis regio sese offeret *armis*
    III 8.4   at tu, violente, caveto / ne tibi miranti turpiter *arma* cadant

Armenius
    I 5.36   quae nunc Eurusque Notusque / iactat odoratos vota per *Armenios*
    (III 6.15)   *Armenias* tigres et fulvas ille leaenas / vicit

armentum
    II 1.67   ipse quoque inter agros interque *armenta* Cupido / natus ... dicitur
    [II 3.11]   *armenti pro* Admeti

Armenus
    [III 6.15]   *Armenas pro* Armenias

armo
    I 4.8   tum ... respondit ... / *armatus* curva sic mihi falce deus

Arnus
    [III 14.4]   *Arnus pro* amnis

aro
    [I 7.16]   *arat pro* alat
    (I 10.46)   pax candida primum / duxit *araturos* sub iuga curva boves

aro (*cont'd*)
    II 2.14   quaecumque ... / fortis *arat* valido rusticus arva bove
    (II 6.21)   Spes sulcis credit *aratis* / semina
Arpinus
    [III 7.110]   et Arpinis *pro* Arupinis
Arretinus
    (III 14.4)   an villa sit apta puellae / atque *Arretino* frigidus amnis agro?
arrigo
    (*Pr* II 43)   et inquietus inguina *arrigat* tumor
ars
    I 3.48   nec ensem / inmiti saevus duxerat *arte* faber
    [[I 4.54]]   arte *pro* apta
    I 4.57   heu male nunc *artes* miseras haec saecula tractant
    I 4.76   vos me celebrate magistrum, / quos male habet multa callidus *arte* puer
    I 4.82   deficiunt *artes*, deficiuntque doli
    I 5.4   turben, / quem celer adsueta versat ab *arte* puer
    I 6.10   heu heu nunc premor *arte* mea
    I 6.39   tum procul absitis, quisquis colit *arte* capillos
    I 7.60   hic apta iungitur *arte* silex
    [I 8.14]   arte *pro* arta
    I 8.16   nec nitidum tarda compserit *arte* caput
    I 8.61   quid prosunt *artes*, miserum si spernit amantem
    I 9.66   nec tu, stultissime, sentis, / cum tibi non solita corpus ab *arte* movet
    [II 1.24]   arte *pro* ante
    (II 1.56*)   agricola ... / primus inexperta duxit ab *arte* choros
    II 3.14   quidquid erat medicae vicerat *artis* amor
    II 5.107–8   *ars* bona, sed postquam sumpsit sibi tela Cupido, / heu heu quam multis *ars* dedit ista malum!
    [III 4.26]   artis *pro* illud
    III 4.37   *artis* opus rarae, fulgens testudine et auro / ... garrula ... lyra
    [[III 6.3]]   medica arte *pro* medicante
    (III 7.82)   nam te non alius belli tenet aptius *artes*
    III 10.26   optabunt *artes* et sibi quisque tuas
    Pr II 10   saepe floribus novis / tuas sine *arte* deligavimus comas
    (*Pr* II 23)   iuvante verset *arte* mobilem natem
Artacie
    (III 7.60)   nobilis *Artacie* gelida quos inrigat unda
artifex
    I 8.12   (prodest) quid ungues / *artificis* docta subsecuisse manu?

arto
    [III 7.91]   celerem arctato *pro* celeremve arto
artus (*adj.*)
    I 2.97   hunc puer, hunc iuvenis turba circumterit *arta*
    (I 8.14)   frustra ... / ansa(que) conpressos conligat *arta* pedes
    [III 7.82]   artos *pro* artes
    (III 7.91)   aut quis equom celeremve *arto* conpescere freno / possit
artus (*subst.*)
    II 3.9   nec quererer, quod sol graciles exureret *artus*
    III 10.5   effice ne macies pallentes occupet *artus*
arundo
    (II 5.31)   fistula, cui semper decrescit *arundinis* ordo
    (II 6.23*)   haec laqueo volucres, haec captat *arundine* pisces
Arupinus
    (III 7.110)   testis *Arupinis* et pauper natus in arvis
arvum
    I 3.44   non fixus in agris, / qui regeret certis finibus *arva*, lapis
    I 4.42   neu comes ire neges, quamvis ... / ... Canis arenti torreat *arva* siti
    I 10.45   interea pax *arva* colat
    II 2.14   quaecumque ... / fortis arat valido rusticus *arva* bove
    II 3.8   dum subigunt steriles *arva* serenda boves
    II 5.58   qua sua de caelo prospicit *arva* Ceres
    III 3.12   quid prodest ... / *arva*(que) si findant pinguia mille boves?
    III 7.77   sileantur ... / non amor et fecunda Atlantidos *arva* Calypsus
    (III 7.110)   testis Arupinis et pauper natus in *arvis*
    III 7.145   ultima vicinus Phoebo tenet *arva* Padaeus
    III 7.163   non illic colit *arva* deus, Bacchusve Ceresve
    III 8.17   possideatque, metit quicquid bene olentibus *arvis* / ... dives Arabs
    Pr II 16   iacebis inter *arva* pallidus situ
arx
    [[I 3.47]]   arces *pro* acies
    I 10.9   non *arces*, non vallus erat
    II 5.26   et stabant humiles in Iovis *arce* casae
    III 7.64   Cimmerion etiam obscuras accessit ad *arces*
    [III 7.82]   arces *pro* artes
Ascanius
    II 5.50   ante oculos ... est / Alba(que) ab *Ascanio* condita Longa duce
ascendo *v.* **adscendo**

asper

I	5.1	*asper* eram et bene discidium me ferre loquebar
I	5.56	post agat e triviis *aspera* turba canum
I	6.2	post tamen es misero tristis et *asper*, Amor
I	8.32	nec amplexus *aspera* barba terit
I	9.20	*aspera*que est illi difficilisque Venus
III	7.128	nec quadrupes densas depascitur *aspera* silvas
III	7.190	sed licet *asperiora* cadant spolierque relictis
III	10.14	dicit in aeternos *aspera* verba deos

aspergo *v.* **adspergo**
aspicio *v.* **adspicio**
aspiro *v.* **adspiro**
assidius *v.* **adsidius**
Assyria

III	2.24	illic quas mittit dives Panchaia merces / Eoique Arabes, dives et *Assyria*

Assyrius

I	3.7	non soror, *Assyrios* cineri quae dedat odores

ast

[I 10.41]	ast *pro* at

asto *v.* **adsto**
at

I (1.33*); 2,(89), 99; 3.33, [63], 67, (83, 87); 4.13, 27, (59), 67; 5.2, 19, (30), 38, 59, 69; 6.15, 23, 27, 37, [69], 77; 7.7, [13], 55, 63; 8.(35*), 47, 77; 9.11, 37, [48], 53, 65, 81; 10.[5], 25, (41, 49), 57, 67.
II 1.79; 3.33, 47, (61*); 4.(21*), 39, 45; 5.33, [87], 99, 113.
III 3.(24), 27, [35]; 4.47; 5.5, (29); 6.[11], 31; 7.(3*, 24), 33, 106, 158; 8.3; 9.[21], 23; (10.17); 11.19; 12.7; (17.5); [18.2].
Pr II 9, (19*).

Atax

(I 7.4)	cecinere diem Parcae ... /// quem tremeret forti milite victus *Atax*

ater

[I	3.4]	precor atra *pro* modo nigra
I	3.5	abstineas, Mors *atra*, precor
I	3.76	Tityos ... / adsiduas *atro* viscere pascit aves
I	10.33	quis furor est *atram* bellis accersere mortem?
III	19.11	tu mihi curarum requies, tu nocte vel *atra* / lumen
Pr II 27	inter *atra* cuius inguina / latet iacente pantice abditus specus

Atlantis

III	7.77	sileantur ... / non amor et fecunda *Atlantidos* arva Calypsus

atque *v.* **ac**
atrox
    [[I 10.36]]   atrox *pro* aquae
attero *v.* **adtero**
attingo *v.* **adtingo**
attonitus *v.* **adtonitus**
Atur
    [I 7.4]   Atur *pro* Atax
    [I 7.11]   Atur *pro* Arar
auctor
    (II 4.13*)   nec prosunt elegi nec carminis *auctor* Apollo
    III 1.15   per vos, *auctores* huius mihi carminis, oro
audacia
    I 4.13   hic, quia fortis adest *audacia*, cepit
audax
    I 10.35   non seges est infra, non vinea culta, sed *audax* / Cerberus
    II 1.72   fixisse puellas / gestit et *audaces* perdomuisse viros
    III 5.8   non ego temptavi ... / *audax* laudandae sacra docere deae
    III 7.52   ille per ignotas *audax* erraverit urbes
    (III 7.98)   iam simul *audacis* venient certamina Martis
    III 7.138   non te vicino remorabitur ... Marte / ... latis *audax* Hispania terris
    III 19.19   nunc tu fortis eris, nunc tu me *audacius* ures
audeo
    I 2.16   tu quoque ne timide custodes, Delia, falle, / *audendum est*.
    I 3.21   *audeat* invito ne quis discedere Amore
    I 3.73   Illic Iunonem temptare Ixionis *ausi* / versantur celeri noxia membra rota
    I 9.53   qui puerum donis corrumpere *es ausus*
    I 9.77   blanditiasne meas aliis tu vendere *es ausus*?
    II 1.9   non *audeat* ulla / lanificam pensis inposuisse manum
    (II 3.19*)   O quotiens *ausae* ... / rumpere mugitu carmina docta boves!
    III 7.24   at, quodcumque meae poterunt *audere* Camenae
    (III 7.115)   ipse tamen velox celerem super edere corpus / *audet* equom
    (III 7.193)   pro te vel rapidas *ausim* maris ire per undas
audio
    (I 1.45)   quam iuvat inmites ventos *audire* cubantem
    I 4.67   at qui non *audit* Musas, ... / Idaeae currus ille sequatur Opis

audio (cont'd)
I	10.12	nec tristia nossem / arma nec *audissem* corde micante tubam
II	5.74	atque tubas atque arma ferunt strepitantia caelo / *audita*
III	3.28	at si . . . / *audiat* aversa non meus aure deus

aufero
III	1.28	huius spem nominis illi / *auferet* extincto pallida Ditis aqua
(III	6.3*)	*aufer* et ipse meum patera medicante dolorem
Pr II	39	licebit hoc inultus *auferas* semel

augeo
I	7.56	at tibi succrescat proles, quae facta parentis / *augeat*
(II	1.58*)	dux pecoris †hircus *auxerat* hircus oves

augur
II	5.11	tibi deditus *augur* / scit bene, quid fati provida cantet avis

auguror
II	2.11	*auguror*, uxoris fidos optabis amores

aura
III	7.127	nulla nec aerias volucris perlabitur *auras*

aureus
I	4.62	*aurea* nec superent munera Pieridas
I	6.58	sed tua mater / me movet atque iras *aurea* vincit anus
I	9.82	Venerique merenti / fixa notet casus *aurea* palma meos
(II	1.45)	*aurea* tum pressos pedibus dedit uva liquores
Pr II	40	sed ille cum redibit *aureus* puer

aurifer
III	3.29	nec me regna iuvant nec Lydius *aurifer* amnis

auris
II	5.92	natusque parenti / oscula conprensis *auribus* eripiet
III	3.28	at si . . . / audiat aversa non meus *aure* deus
III	7.132	Iuppiter . . . // intenta(que) tuis precibus se praebuit *aure*
III	20.2	nunc ego me surdis *auribus* esse velim

auro
II	3.54	illa gerat vestes tenues, quas femina Coa / texuit, *auratas* disposuitque vias
III	3.16	(quid prosunt) *auratae*que trabes marmoreumque solum?

Aurora
I	3.93	hoc precor, hunc illum nobis *Aurora* nitentem / Luciferum roseis candida portet equis

aurum
I	1.1	divitias alius fulvo sibi congerat *auro*

aurum (*cont'd*)
- I 1.51 O quantum est *auri* pereat... / quam fleat ob nostras ulla puella vias!
- I 2.71 totus et argento contextus, totus et *auro* / insideat celeri conspiciendus equo
- I 8.31 carior est *auro* iuvenis, cui levia fulgent / ora
- I 9.17 admonui quotiens '*auro* ne pollue formam.'
- I 9.18 saepe solent *auro* multa subesse mala
- I 9.31 tum mihi iurabas nullo te divitis *auri* / pondere, non gemmis, vendere velle fidem
- I 9.69 ista haec persuadet facies, *auro*que lacertos / vinciat
- I 10.7 divitis hoc vitium est *auri*
- III 3.11 nam grave quid prodest pondus mihi divitis *auri*?
- III 4.37 fulgens testudine et *auro* / pendebat laeva garrula parte lyra

Auster
- I 1.47 gelidas hibernus aquas cum fuderit *Auster*

aut
I 1.30, (47); 2.28, 62, [89]; 3.17, (17), [18], 22; 4.48; 5.23, [72], [[73]]; (6.42); 7.24; 9.64, 68.
II 1.85; 4.23; 5.97, 112; 6.50.
III 3.5, (35); 4.[26, 33]; (6.11, 45, 46); 7.40, 48, 90, (91, 97), [[140]], 141, [142]; [9.7]; 12.10.
Dom. Mar. 3, 4.
Pr II [18], 31, [33].

autem
- (III 5.3) nunc *autem* sacris Baiarum proxima lymphis

autumnus
- III 4.34 *autumno* candida mala rubent

auxilium
- I 8.24 forma nihil magicis utitur *auxiliis*

avaritia
- (II 4.29*) hic dat *avaritiae* causas et Coa puellis / vestis

avarus
- (II 4.35*) heu quicumque dedit formam caelestis *avarae*
- II 4.45 at bona quae nec *avara* fuit
- (III 1.7) carmine formonsae, pretio capiuntur *avarae*

avena
- (II 1.53*) et satur arenti primum est modulatus *avena* / carmen
- III 4.71 sed perlucenti cantum meditabar *avena*

aveo
- [[II 2.21]] ave *pro* avis

averto
    (III   3.28)   at si . . . / audiat *aversa* non meus aure deus
    III   4.3   ite procul, vani, falsumque *avertite* visum
    (III   7.55)   nec valuit lotos coeptos *avertere* cursus
    [[III   7.166]]   aversa *pro* adversa

avidus
    (I   3.4)   abstineas *avidas*, Mors, modo, nigra manus

avis
    I   1.18   terreat ut saeva falce Priapus *aves*
    I   3.17   aut ego sum causatus *aves* aut omina dira
    I   3.60   passimque vagantes / dulce sonant tenui gutture carmen / *aves*
    I   3.76   Tityos . . . / adsiduas atro viscere pascit *aves*
    I   8.4   praecinit eventus nec mihi cantus *avis*
    (II   2.21*)   hic veniat Natalis *avis* prolemque ministret
    II   5.12   tibi deditus augur / scit bene, quid fati provida cantet / *avis*

avitus
    II   4.53   quin etiam sedes iubeat si vendere *avitas*

avus
    (I   1.42)   quos tulit antiquo condita messis *avo*
    I 10.18   sic veteris sedes incoluistis *avi*
    II   1.2   ritus ut a prisco traditus extat *avo*
    (II   1.34)   Messalla / . . . magna intonsis gloria victor *avis*, / huc ades
    [II   1.58]   avis *pro* oves
    II   5.93   nec taedebit *avum* parvo advigilare nepoti
    III 1.2   exoriens nostris hic fuit annus *avis*

B

bacchus
    I   2.3   neu quisquam multo percussum tempora *baccho* / excitet
    III 6.5   care puer, madeant generoso pocula *baccho*
    III 7.57   cessit . . . Neptunius incola . . . / victa Maroneo foedatus lumina *baccho*

Bacchus
    I   4.7   tum *Bacchi* respondit rustica proles
    I   4.37   solis aeterna est *Baccho* Phoeboque inventas
    I   7.39   *Bacchus* et agricolae magno confecta labore / pectora tristitiae dissoluenda dedit

Bacchus (*cont'd*)
I	7.41	*Bacchus* et adflictis requiem mortalibus adfert
I	9.34	daretur / non tibi si, *Bacchi* cura, Falernus ager
I	9.61	illam saepe ferunt convivia ducere *Baccho*
II	1.3	*Bacche*, veni, dulcisque tuis e cornibus uva / pendeat
II	1.55	agricola et minio subfusus, *Bacche*, rubenti / primus inexperta duxit ab arte choros
II	3.63	et tu, *Bacche* tener, iucundae consitor uvae,
II	3.64	tu quoque devotos, *Bacche*, relinque lacus
II	5.87	ac madidus *Baccho* sua festa Palilia pastor / concinet
III	4.44	casto nam rite poetae / Phoebusque et *Bacchus* Pieridesque favent
III	4.45	sed proles Semeles *Bacchus* doctaeque sorores / dicere non norunt, quid ferat hora sequens
III	6.17	sed poscite *Bacchi* / munera
III	6.57	Naida *Bacchus* amat
III	7.9	et cunctis *Baccho* iucundior hospes / Icarus
III	7.163	non illic colit arva deus, *Bacchus*ve Ceresve

Baiae
III	5.3	unda ... / nunc autem sacris *Baiarum* proxima lymphis

balbus
II	5.94	nec taedebit avum ... / *balba*(que) cum puero dicere verba senem

barba
I	4.4	certe / non tibi *barba* nitet, non tibi culta coma est
I	8.32	nec amplexus aspera *barba* terit

barbarus
I	7.28	pubes ... / *barbara*, Memphiten plangere docta bovem
II	3.60	quem saepe coegit / *barbara* gypsatos ferre catasta pedes
II	5.48	iam tibi praedico, *barbare* Turne, necem
III	4.91	te conceptam ... tulit, / *barbara* nec Scythiae tellus horrendave Syrtis

beatus
I	10.63	quater ille *beatus* / quo tenera irato flere puella potest

bellicus
II	3.40	*bellica* cum dubiis rostra dedit ratibus

bello
I	1.53	te *bellare* decet terra, Messalla, marique

Bellona
I	6.45	ubi *Bellonae* motu est agitata

bellum
I	3.47	non acies, non ira fuit, non *bella*
[I	7.9]	tua bella *pro* Tarbella

bellum (*cont'd*)
I 10.7		nec *bella* fuerunt, / faginus adstabat cum scyphus ante dapes
I 10.13		nunc ad *bella* trahor
I 10.33		quis furor est atram *bellis* accersere mortem
I 10.53		sed Veneris tum *bella* calent
II 4.16		non ego vos, ut sint *bella* canenda, colo
II 5.71		haec fore dixerunt *belli* mala signa cometen
II 5.115		cum praemia *belli* / ante suos currus oppida victa feret
III 7.82		nam te non alius *belli* tenet aptius artes
III 7.107		nam *bellis* experta cano
Dom. Mar. 4		ne foret ... qui ... / ... caneret forti regia *bella* pede

bellus
I 9.71		non tibi, sed iuveni cuidam volt *bella* videri
[II 6.28]		*bella pro* dura
III 4.52		tantum cara tibi ... / quantum nec cupido *bella* puella viro
III 19.5		atque utinam posses uni mihi *bella* videri

benignus
I 3.62		totosque per agros / floret odoratis terra *benigna* rosis
III 3.6		ut ... / ... magnas messes terra *benigna* daret

bibo
I 5.50		ore cruento / tristia cum multo pocula felle *bibat*
I 6.27		at ipse *bibebam* / sobria subposita pocula victor aqua
I 9.59		nec lasciva soror dicatur plura *bibisse* / pocula
II 1.44		tum *bibit* inriguas fertilis hortus aquas
II 3.68		glans alat, et prisco more *bibantur* aquae
II 4.60		mille alias herbas misceat illa, *bibam*.
[[III 6.20]]		*bibunt pro* colunt
III 6.22		qui timet irati numina magna, *bibat*

bidens
(I 1.29)		nec tamen interdum pudeat tenuisse *bidentem*
(I 10.49)		pace *bidens* vomerque nitent
II 3.6		quam fortiter illic / versarem valido pinge *bidente* solum
Pr II 26		*bidens* amica Romuli senis memor / paratur

bipennis
I 6.47		ipsa *bipenne* suos caedit violenta lacertos

bis

I 3.31. III 8.16; [[15.3]]

blanditia
I 1.72		nec amare decebit, / dicere nec cano *blanditias* capite
I 2.93		vidi ego ... / ... senem / ... sibi *blanditias* tremula conponere voce
I 4.71		*blanditiis* volt esse locum Venus ipsa
I 9.77		*blanditias*ne meas aliis tu vendere es ausus?

blandus

I 2.22	*blanda*que conpositis abdere verba notis
I 6.1	semper, ut inducar, *blandos* offers mihi voltus, / ..., Amor
(III 3.2)	quid prodest... / *blanda*(que) cum multa tura dedisse prece?
III 4.75	ergo ne dubita *blandas* adhibere querelas
III 6.46	nec vos... / ... fallat *blanda* sordida lingua fide

Bona Dea

I 6.22	time, seu visere dicet / sacra *Bonae* maribus non adeunda *Deae*

bonus

(I 1.75). **bona** II 4.45; 5.107; 6.44. **bonum** (*acc. neu.*) II 4.36. **bona** (*nom. neu.*) II 1.23. (*acc.*) I 1.24; 6.33. II 2.1; 5.83. III 9.1. **bonis** (*masc.*) [[III 15.3]]. **melius** (*acc.*) II 6.20. III 4.95. **meliora** (*acc.*) III 4.1. **bene** I 3.35; 5.1, [[33]]. II 1.31; 4.49; 5.(8), 12, 62, 81; 6.14, 30. III 6.35, 36; 7.202; 8.17; 12.9; 19.9. **melius** I 9.63; 10.19. III 7.85, 89. **optimus** [[III 15.3]].

bos

I 1.30	nec... pudeat... / ... stimulo tardos increpuisse *boves*
I 2.73	ipse *boves* mea si tecum modo Delia possim / iungere
I 7.28	pubes... / barbara, Memphiten plangere docta *bovem*
I 10.46	pax candida primum / duxit araturos sub iuga curva *boves*
II 1.8	nunc ad praesepia debent / plena coronato stare *boves* capite
II 2.14	quaecumque... / fortis arat valido rusticus arva *bove*
II 3.8	dum subigunt steriles arva serenda *boves*
(II 3.20*)	O quotiens ausae... / rumpere mugitu carmina docta *boves*
II 5.78	vidit / ... nubilus annus... // fata(que) vocales praemonuisse *boves*
III 3.12	quid prodest... / arva(que) si findant pinguia mille *boves*?

bracchium

I 7.6	pubes Romana... / vidit (et) evinctos *bracchia* capta duces
I 8.5	ipsa Venus magico religatum *bracchia* nodo / perdocuit multis non sine verberibus
III 4.64	tu modo cum multa *bracchia* tende fide
III 6.45	nec vos (aut) capiant pendentia *bracchia* collo

brevis

I 10.4	tum *brevior* dirae mortis aperta via est
III 7.94	quis... / possit... // seu libeat, curvo *brevius* convertere gyro

Britannus
    III   7.149   te manet invictus Romano Marte *Britannus*
bruma
    I   4.5   nudus et hibernae producis frigora *brumae*

C

Cadmeus
    III   6.24   *Cadmeae* matris praeda cruenta docet
cado
    (I   1.23*)   agna *cadet* vobis, quam circum rustica pubes / clamet
    I   6.85   haec aliis maledicta *cadant*
    [[I 10.26]]   postque cadet *pro* hostiaque e
    (II   2.17*)   vota *cadunt*: utinam strepitantibus advolet alis / ... Amor
    II   5.96   arboris antiquae qua levis umbra *cadit*
    III   3.8   ut ... / in(que) tuo *caderet* nostra senecta sinu
    (III   5.18*)   cum *cecidit* fato consul uterque pari
    III   6.4   saepe tuo *cecidit* munere victus amor
    III   7.15   nec illis / semper inaurato taurus *cadit* hostia cornu
    III   7.190   sed licet asperiora *cadant* spolierque relictis
    III   8.4   at tu, violente, caveto, / ne tibi miranti turpiter arma *cadant*
    III   16.2   gratum est, securus multum quod iam tibi de me / permittis, subito ne male inepta *cadam*
cadus
    II   1.28   Chio solvite vincla *cado*
caecus
    II   1.78   explorat *caecas* cui manus ante vias
caedes
    I   3.49   nunc Iove sub domino *caedes* et vulnera semper
    I 10.3   tum *caedes* hominum generi, tum proelia nata
    II   3.38   hinc cruor, hinc *caedes* mors propiorque venit
    II   4.21   at mihi per *caedem* et facinus sunt dona paranda
caedo
    I   1.21   tunc vitula innumeros lustrabat *caesa* iuvencos
    I   6.47   ipsa bipenne suos *caedit* violenta lacertos
    I   7.34   docuit ... / hic viridem dura *caedere* falce comam
caeles
    II   1.36   dum carmine nostro / redditur agricolis gratia *caelitibus*

caelestis
    I 9.5   parcite, *caelestes*: aequum est inpune licere / numina formonsis laedere vestra semel
   (II 4.35*)   heu quicumque dedit formam *caelestis* avarae
   III 4.53   pro qua sollicitas *caelestia* numina votis
   III 7.14   parvaque *caelestis* placavit mica

caelum
  [[I 1.50]]   caeli *pro* tristes
    I 2.45   hanc ego de *caelo* ducentem sidera vidi
    I 2.51   cum libet, haec tristi depellit nubila *caelo*
    I 3.90   sed videar *caelo* missus adesse tibi
    I 4.43   quamvis praetexens picta ferrugine *caelum* / venturam amiciat imbrifer arcus aquam
    I 4.66   quem referent Musae, vivet, . . . / dum *caelum* stellas, dum vehet amnis aquas
    I 9.35   illis eriperes verbis mihi sidera *caeli* / lucere
    I 10.60   e *caelo* deripit ille deos
   II 5.44   illic sanctus eris, cum te veneranda Numici / unda deum *caelo* miserit Indigetem
   II 5.58   qua sua de *caelo* prospicit arva Ceres
   II 5.73   atque tubas atque arma ferunt strepitantia *caelo* / audita
   III 3.1   quid prodest *caelum* votis inplesse, Neaera?
   III 7.10   ut puro testantur sidera *caelo*
   III 7.23   alter dicat . . . ///// pendenti(que) super claudantur omnia *caelo*
   III 7.131   Iuppiter . . . / . . . *caelo* vicinum liquit Olympum
   III 7.167   quas similes utrimque tenens vicinia *caeli* / temperat
   III 8.2   spectatum e *caelo,* si sapis, ipse veni
   III 19.13   nunc licet e *caelo* mittatur amica Tibullo

caeruleus
    I 3.37   nondum *caeruleas* pinus contempserat undas
    I 4.45   vel si *caeruleas* puppi volet ire per undas
   (I 7.14*)   an te, Cydne, canam, tacitis qui leniter undis / *caeruleus* placidis per vada serpis aquis
   III 4.18   Nox . . . / . . . *caeruleo* laverat amne rotas

caerulus
   (I 5.46*)   vecta est frenato *caerula* pisce Thetis
   (I 7.12*)   testis . . . / Carnutis et flavi *caerula* lympha Liger

caespes
   II 5.100*bis* at sibi quisque . . . festas extruet alte / *caespitibus* mensas *caespitibus*que torum

calamus
  (II 5.32)   nam *calamus* cera iungitur usque minor

caleo
    I 5.22   area dum messes sole *calente* teret
    I 10.53   sed Veneris tum bella *calent*
  (III 11.10*) si modo, cum de me cogitat, ille *calet*
calidus
    I 10.42   et *calidam* fesso conparat uxor aquam
    II 1.47   rura ferunt messes, *calidi* cum sideris aestu / deponit flavas annua terra comas
calix
    II 5.98   coronatus stabit et ipse *calix*
callidus
    I 4.76   vos me celebrate magistrum, / quos male habet multa *callidus* arte puer
    I 5.48   venit in exitium *callida* lena meum
    I 6.6   iam Delia furtim / nescio quem tacita *callida* nocte fovet
  [*Pr* II 16] callidus *pro* pallidus
calor
    III 7.158 at media est Phoebi semper subiecta *calori*
  [[III 10.6]] calor *pro* color
    III 17.2   quod mea nunc vexat corpora fessa *calor*
Calypso
  (III 7.77) sileantur ... / non amor et fecunda Atlantidos arva *Calypsus*
Camena
    III 7.24   at quodcumque meae poterunt audere *Camenae*
    III 7.191 non te deficient nostrae memorare *Camenae*
    III 13.3   exorata meis illum Cytherea *Camenis* / adtulit
Campanius
    I 9.33   non tibi si pretium *Campania* terra daretur
campus
    I 3.58   sed me ... / ipsa Venus *campos* ducet in Elysios
  (II 3.41*) praedator cupit inmensos obsidere *campos*
    III 5.23   Elysios olim liceat cognoscere *campos*
    III 7.142 nec qua ... // aret Arecteis ... una per ostia *campis*
    III 7.207 seu me finget equom rigidos percurrere *campos* / doctum
  (III 9.1)   parce meo iuveni, seu quis bona pascua *campi* / ... colis ... aper
  Dom. Mar. 2 te quoque ..., Tibulle, / Mors iuvenem *campos* misit ad Elysios
candeo
    I 8.33   huic tu *candentes* umero subpone lacertos
    III 7.65   quis numquam *candente* dies adparuit ortu
candesco
    I 10.43   liceatque caput *candescere* canis

candidus

I 3.94	hoc precor, hunc illum nobis Aurora nitentem / Luciferum roseis *candida* portet equis
I 5.24	aut mihi servabit ... / pressa(que) veloci *candida* musta pede
I 7.58	quem Tuscula tellus / *candida*que antiquo detinet Alba Lare
I 7.64*bis*	At tu, Natalis multos celebrande per annos / *candidior* semper *candidior*que veni
I 10.45	pax *candida* primum / duxit araturos sub iuga curva boves
I 10.68	perfluat et pomis *candidus* ante sinus
II 1.16	cernite ... ut eat ... / vincta(que) post olea *candida* turba comas
[[II 4.38]]	candidus *pro* hic deus
II 5.38	munera ruris, / caseus et niveae *candidus* agnus ovis
III 2.10	cum ... / *candida*(que) ossa super nigra favilla teget
III 2.18	ossa / incinctae nigra *candida* veste legent
III 4.34	autumno *candida* mala rubent
III 6.1	*candide*, Liber, ades
III 6.30	sis felix, et sint *candida* fata tua
III 8.12	urit, seu nivea *candida* veste venit
III 9.10	quidve iuvat ... / *candida*(que) hamatis crura notare rubis?
[III 10.6]	candida *pro* pallida
III 10.17	at nunc tota tua est, te solum *candida* secum / cogitat
Pr II 2	*candidus* mihi puer / tepente cum iaceret abditus sinu

candor

III 4.29	*candor* erat, qualem praefert Latonia Luna

canis

I 2.54	dicitur ... / sola feros Hecates perdomuisse *canes*
I 5.56	post agat e triviis aspera turba *canum*
I 6.32	ille ego sum ... / instabat tota cui tua nocte *canis*
II 4.32	et coepit custos liminis esse *canis*
II 4.34	nec prohibent claves, et *canis* ipse tacet
(III 4.87)	nec *canis* anguinea redimitus terga caterva
III 4.89	Scyllaque virgineam *canibus* succincta figuram
III 7.72	(Scylla) cum *canibus* rabidas inter fera serperet undas
(III 9.6*)	O pereant silvae deficiantque *canes*!
III 9.14	et demam celeri ferrea vincla *cani*
Pr II 17	*canis*que saeva susque ligneo tibi / lutosus affricabit oblitum latus

Canis

I 1.27	contentus ... // ... *Canis* aestivos ortus vitare sub umbra / arboris

Canis *(cont'd)*

I	4.6	producis... / nudus... aestivi tempora sicca *Canis*
I	4.42	neu comes ire neges, quamvis... / ... *Canis* arenti torreat arva siti
III	5.2	unda sub aestivum non adeunda *Canem*
III	7.11	ut puro testantur sidera caelo / Erigoneque *Canis*que

canistrum

I	10.27	myrtoque *canistra* / vincta geram

cano

I	2.56	ter *cane*, ter dictis despue carminibus
I	4.73	haec mihi, quae *canerem* Titio, deus edidit ore
I	5.52	et e tectis strix violenta *canat*
I	5.67	heu *canimus* frustra, nec verbis victa patescit / ianua
I	6.50	et *canit* eventus quos dea magna monet
I	7.1	hunc *cecinere* diem Parcae fatalia nentes / stamina
I	7.13	an te, Cydne, *canam*?
I	7.27	te *canit* atque suum pubes miratur Osirim / barbara
(I	7.61)	te *canit* agricola, magna cum venerit urbe / serus
I	9.47	quin etiam adtonita laudes tibi mente *canebam*
(II	1.37)	rura *cano* rurisque deos
(II	3.19*)	O quotiens ausae, *caneret* dum valle sub alta, / rumpere mugitu carmina docta boves
II	4.16	non ego vos, ut *sint* bella *canenda*, colo
II	5.16	Sibylla / abdita quae senis fata *canit* pedibus
(II	5.18)	et ipse precor quid *canat* illa doce
II	5.63	vera *cano*: sic usque sacras innoxia laurus / vescar
II	5.65	haec *cecinit* vates et te sibi, Phoebe, vocavit
II	5.111	usque *cano* Nemesim, sine qua versus mihi nullus / verba potest... reperire
II	5.118	lauro devinctus agresti / miles 'io' magna voce 'triumphe' *canet*
II	6.26	crura sonant ferro, sed *canit* inter opus
[[III	3.36]]	canunt *pro* neunt
III	4.77	quod si vera *canunt* sacris oracula templis
III	6.41	sic *cecinit* pro te doctus, Minoi, Catullus
III	7.1	Te, Messalla, *canam*, quamquam me cognita virtus / terret
III	7.26	at quodcumque meae poterunt audere Camenae, // ... certeque *canent* minus
III	7.36	convenientque... / undique quique *canent* vincto pede quique soluto
III	7.107	nam bellis experta *cano*
III	7.203	nulla mihi statuent finem te fata *canendi*
III	11.3	te nascente novom Parcae *cecinere* puellis / servitium
Dom. Mar.	4	ne foret... qui... / ... *caneret* forti regia bella pede

canorus
    [III 4.69]   canora *pro* sonora
canto
    (II 1.52*)   agricola... primum... / *cantavit* certo rustica verba pede
    (II 1.66*)   atque aliqua adsidue textrix operata Minervam / *cantat*
    II 1.83   vos celebrem *cantate* deum pecorique vocate / voce
    II 5.12   tibi deditus augur / scit bene, quid fati provida *cantet* avis
    III 8.21   hanc vos, Pierides, festis *cantate* kalendis
cantus
    I 2.47   haec *cantu* finditque solum Manesque sepulcris / elicit
    I 2.55   haec mihi conposuit *cantus*, quis fallere posses
    I 2.62   nempe haec eadem se dixit amores / *cantibus* aut herbis solvere posse meos
    I 3.59   hic choreae *cantus*que vigent
    I 7.37   ille liquor docuit voces inflectere *cantu*
    I 7.44   tibi sunt..., Osiri, / ... chorus et *cantus* et levis aptus amor
    I 7.47   tibi sunt..., Osiri, //// ... Tyriae vestes et dulcis tibia *cantu*
    [[I 7.49]]   ad cantum *pro* et Genium
    I 8.4   praecinit eventus nec mihi *cantus* avis
    I 8.19   *cantus* vicinis fruges traducit ab agris
    I 8.20   *cantus* et iratae detinet anguis iter
    I 8.21   *cantus* et e curru Lunam deducere temptat
    III 4.40   felices *cantus* ore sonante dedit
    (III 4.71)   sed perlucenti *cantum* meditabar avena
    III 7.63   apta vel herbis / aptaque vel *cantu* veteres mutare figuras
    III 10.10   sancte, veni, tecumque feras... / quicumque... *cantus* corpora fessa levant
canus
    I 1.72   nec amare decebit, / dicere nec *cano* blanditias capite
    I 2.94   vidi ego... / ... senem // ... manibus *canas* fingere velle comas
    I 6.86   nos, Delia, amoris / exemplum *cana* simus uterque coma
    I 8.29   munera ne poscas: det munera *canus* amator
    I 8.42   cum vetus infecit *cana* senecta caput
    I 10.43   liceatque caput candescere *canis*
    III 1.10   pumex et *canas* tondeat ante comas
    III 5.15   et nondum *cani* nigros laesere capillos
capella
    I 1.31   non... pigeat fetum(ve) *capellae* / desertum oblita matre referre domum

capillus

I	3.91	tunc mihi, qualis eris longos turbata *capillos* / obvia nudato, Delia, curre pede
I	6.39	tum procul absitis, quisquis colit arte *capillos*
I	6.71	et siquid peccasse putet, ducarque *capillis* / inmerito
I	7.51	illius et nitido stillent unguenta *capillo*
I	8.9	quid tibi nunc molles prodest coluisse *capillos*
I	8.45	tollere tum cura est albos a stirpe *capillos*
I	9.15	uretur facies, urentur sole *capilli*
I	10.37	illic percussisque genis ustoque *capillo* / errat ad obscuros pallida turba lacus
I	10.53	scissosque *capillos* / femina, perfractas conqueriturque fores.
(II	3.23*)	saepe horrere sacros doluit Latona *capillos*
II	5.121	adnue: sic tibi sint intonsi, Phoebe, *capilli*
III	2.11	veniat longos incompta *capillos* / ... maesta Neaera
III	5.15	et nondum cani nigros laesere *capillos*
III	8.9	seu soluit crines, fusis decet esse *capillis*

capio

I	2.70	ponat et in *capto* Martia castra solo
I	4.3	quae tua formonsos *cepit* sollertia?
I	4.13	hic, quia fortis adest audacia, *cepit*
I	4.15	sed ne te *capiant*, primo si forte negabit / taedia
I	7.6	pubes Romana ... / vidit (et) evinctos bracchia *capta* duces
I	9.11	muneribus meus *est captus* puer
I	9.19	divitiis *captus* siquis violavit amorem
[II	5.20]	captos *pro* raptos
III	1.7	carmine formonsae, pretio *capiuntur* avarae
(III	6.45)	nec vos (aut) *capiant* pendentia bracchia collo
[III	6.46]	capiat *pro* fallat
III	7.33	at tua non titulus *capiet* sub nomine facta
[III	7.55]	captos *pro* coeptos
[[III	7.63]]	captas *pro* aptaque
III	11.9	mane Geni, *cape* tura libens votisque faveto
III	12.1	Natalis Iuno, sanctos *cape* turis acervos

capto

(II	6.23*)	haec *captat* arundine pisces, / cum tenues hamos abdidit ante cibus

caput

I	1.70	iam veniet tenebris Mors adoperta *caput*
(I	1.72)	nec amare decebit, / dicere nec cano blanditias *capite*
I	2.12	*capiti* sint precor illa meo

caput *(cont'd)*

I	2.88	non ego ... dubitem ... /// ... miserum sancto tundere poste *caput*
I	4.2	Priape, / ne *capiti* soles, ne noceantque nives
(I	5.8*)	parce tamen, ... / per venerem quaeso compositumque *caput*
I	6.36	et simulat subito condoluisse *caput*
I	7.24	Nile pater, quanam possim te dicere causa / aut quibus in terris occuluisse *caput*?
I	7.52	et *capite* et collo mollia serta gerat
I	8.16	nec nitidum tarda compserit arte *caput*
I	8.42	cum vetus infecit cana senecta *caput*
I	8.72	nescius ultorem post *caput* esse deum
I	9.21	ure meum potius flamma *caput* et pete ferro / corpus
I	10.28	myrtoque canistra / vincta geram, myrto vinctus et ipse *caput*
I	10.43	liceatque *caput* candescere canis
(II	1.8)	nunc ad praesepia debent / plena coronato stare boves *capite*
II	3.25	quisquis inornatumque *caput* crinesque solutos / adspiceret
II	5.66	iactavit fusas et *caput* ante comas
III	4.88	canis ... / cui tres sunt linguae tergeminumque *caput*
III	7.123	splendidior liquidis cum Sol *caput* extulit undis
III	7.133	Iuppiter ... /// cuncta(que) veraci *capite* adnuit
Pr II	5	Venus fuit quieta nec viriliter / iners senile penis extulit *caput*
Pr II	7	Priape, qui sub arboris coma / soles sacrum revincte pampino *caput* / ruber sedere
Pr II	13	cum tibi / senexve corvos impigerve graculus / sacrum feriret ore corneo *caput*
Pr II	32	tibi haec paratur, ut tuom ter aut quater / voret profunda fossa lubricum *caput*
Pr II	37	simul / vagum sonante merseris luto *caput*

carbaseus

III	2.21	parent, / post haec *carbaseis* umorem tollere velis

carcer

I	4.32	qui prior Eleo est *carcere* missus equos

cardo

I	2.10	neu furtim verso *cardine* aperta sones
I	6.12	didicit ... / *cardine* nunc tacito vertere posse fores

careo

I	2.66	nec te posse *carere* velim
[III	6.44]	carere *pro* cavere
III	7.27	nec tanto *careat* mihi carmine charta

caristia
[III 7.142] caristia *pro* per ostia
carmen
 I 2.46 fluminis haec rapidi *carmine* vertit iter
 I 2.56 ter cane, ter dictis despue *carminibus*
 I 3.60 passimque vagantes / dulce sonant tenui gutture *carmen* aves
(I 4.63*bis**) *carmine* purpurea est Nisi coma: *carmine* ni sint, / ex umero Pelopis non nituisset ebur
 I 5.12 *carmine* cum magico praecinuisset anus
 I 8.17 num te *carminibus* ... / devovit tacito tempore noctis anus?
 I 8.23 quid queror heu misero *carmen* nocuisse, quid herbas?
 I 9.49 illa velim rapida Volcanus *carmina* flamma / torreat
 II 1.35 dum *carmine* nostro / redditur agricolis gratia caelitibus
(II 1.54*) et satur arenti primum est modulatus avena / *carmen*
(II 3.20*) O quotiens ausae ... / rumpere mugitu *carmina* docta boves
(II 4.13*) nec prosunt elegi nec *carminis* auctor Apollo
 II 4.19 ad dominam faciles aditus per *carmina* quaero
 II 5.2 huc age cum cithara *carminibus*que veni
 III 1.7 *carmine* formonsae, pretio capiuntur avarae
 III 1.15 per vos, auctores huius mihi *carminis*, oro
 III 2.28 atque haec in celebri *carmina* fronte notet
 III 4.57 *carminibus* celebrata tuis formonsa Neaera
 III 7.3 at meritas si *carmina* laudes / deficiant
(III 7.27) nec tanto careat mihi *carmine* charta
 III 7.106 at non per dubias errant mea *carmina* laudes
 III 7.178 ipse mihi non si praescribat *carmina* Phoebus
 III 7.211 inceptis de te subtexam *carmina* chartis
Carnutes
(I 7.12) testis ... / *Carnutis* et flavi caerula lympha Liger
carpo
 II 5.55 *carpite* nunc, tauri, de septem montibus herbas / dum licet
carus
 I 2.95 stare nec ante fores puduit *carae*ve puellae / ancillam medio detinuisse foro
 I 4.53 tunc tibi mitis erit, rapias tum *cara* licebit / oscula
 I 8.31 *carior* est auro iuvenis, cui levia fulgent / ora
[II 3.31] cara *pro* cura
 III 1.6 quonam donetur honore / seu mea, seu fallor. *cara* Neaera tamen
 III 1.25 teque suis iurat *caram* magis esse medullis

carus (*cont'd*)
III	2.1*bis*	qui primus *caram* iuveni *carum*que puellae / eripuit iuvenem, ferreus ille fuit
III	2.13	sed veniat *carae* matris comitata dolore
(III	3.32)	liceat mihi paupere cultu / securo *cara* coniuge posse frui
III	4.51	tantum *cara* tibi, quantum nec filia matri
(III	6.5*)	*care* puer, madeant generoso pocula baccho
III	6.12	fallat eum tecto *cara* puella dolo
III	6.56	perfida, sed quamvis perfida, *cara* tamen
III	8.15	cui mollia *caris* / vellera det sucis bis madefacta Tyros
[[III	12.19]]	cara *pro* grata

Carystus
(III	3.14)	quidve domus prodest Phrygiis innixa columnis, / Taenare sive tuis, sive *Caryste* tuis?

casa
I	10.40	quem prole parata / occupat in parva pigra senecta *casa*
II	1.24	turbaque vernarum ... / ludet et ex virgis extruet ante *casas*
II	3.28	nempe Amor in parva te iubet esse *casa*
II	5.26	et stabant humiles in Iovis arce *casae*

caseus
II	5.38	munera ruris, / *caseus* et niveae candidus agnus ovis

casia
I	3.61	fert *casiam* non culta seges

cassis
I	6.5	nam mihi tenduntur *casses*
III	9.17	tunc veniat licet ad *casses*, inlaesus abibit, / ... aper

Castalius
III	1.16	per vos ... oro / *Castaliam*que umbram Pieriosque lacus

castra
I	2.70	ponat et in capto Martia *castra* solo
I	10.32	ut ... possit ... / miles ... in mensa pingere *castra* mero
II	3.34	cui tristia fronte Cupido / imperat, ut nostra sint tua *castra* domo
(II	5.47*)	ecce mihi lucent Rutulis incendia *castris*
II	6.1	*castra* Macer sequitur: tenero quid fiet Amori?
II	6.9	*castra* peto, valeatque Venus valeantque puellae
(III	7.39)	nam quis te maiora gerit *castris*ve forove?
III	7.83	qua deceat tutam *castris* praeducere fossam

castrum
(II	5.49)	ante oculos Laurens *castrum* murusque Lavini est

castus
    I   3.83   at tu *casta* precor maneas
    I   6.67   sit modo *casta*, doce, quamvis non vitta ligatos / impediat crines
    I   6.75   nec saevo sis *casta* metu, sed mente fideli
    II 1.13   *casta* placent superis: pura cum veste venite
    II 5.122   sic tua perpetuo sit tibi *casta* soror
    III 1.23   haec tibi vir quondam, nunc frater, *casta* Neaera, / mittit
    III 4.23   hic iuvenis *casta* redimitus tempora lauro / est visus
    III 4.43   *casto* nam rite poetae / Phoebusque et Bacchus Pieridesque favent
    III 4.60   nec gaudet *casta* nupta Neaera domo
    III 9.20*bis* sed lege Dianae, / *caste* puer, *casta* retia tange manu
    III 12.14   ter tibi fit libo, ter, dea *casta*, mero
casus
    I   9.82   Venerique merenti / fixa notet *casus* aurea palma meos
    III 7.105   sitque duplex gemini victoria *casus*
catasta
    II 3.60   quem saepe coegit / barbara gypsatos ferre *catasta* pedes
catena
    II 4.3   servitium sed triste datur, teneorque *catenis*
    III 7.117   domator / libera Romanae subiecit colla *catenae*
    III 11.15   sed potius valida teneamur uterque *catena*
caterva
    I   2.49   iam tenet infernas magico stridore *catervas*
    I   2.69   ille licet Cilicum victas agat ante *catervas*
    I   6.81   iuvenumque *catervae* / conmemorant merito tot mala ferre senem
    III 4.87   canis anguinea redimitus terga *caterva*
Catullus
    III 6.41   sic cecinit pro te doctus, Minoi, *Catullus*
causa
    I   4.10   nam *causam* iusti semper amoris habent
    I   6.11   fingere nunc didicit *causas*, ut sola cubaret
  (I 6.26*)   per *causam* memini me tetigisse manum
    I   7.23   Nile pater, quanam possim te dicere *causa*/ . . . occuluisse caput?
    I   8.51   parce precor tenero: non illi sontica *causa* est
  [[II 1.58]]   causa erat *pro* auxerat
  (II 4.29*) hic dat avaritiae *causas* et Coa puellis / vestis
  (II 4.37*) haec denique *causa* / fecit ut infamis hic deus esset Amor
    III 2.27   sed tristem mortis demonstret littera *causam*
  [III 2.29]   causa *pro* cura

causa (cont'd)
III	2.30	dolor huic et cura Neaerae, / ... *causa* perire fuit
III	12.5	illa quidem ornandi *causas* tibi, diva, relegat
(III	16.6)	quibus illa dolori est / ne cedam ignoto, maxima *causa*, toro

causor
I	3.17	aut ego *sum causatus* aves aut omina dira

cautes
II	4.9	quam mallem ... / stare vel insanis *cautes* obnoxia ventis

cautus
I	9.46	nam poteram ad laqueos *cautior* esse tuos

caveo
I	2.89	at tu, qui laetus rides mala nostra, *caveto* / mox tibi
I	6.17	neu iuvenes celebret multo sermone, *caveto*
(III	6.44)	felix, quicumque dolore / alterius disces posse *cavere* tuo
III	8.3	at tu, violente, *caveto*, / ne tibi miranti turpiter arma cadant
[[Pr	II 19]]	sceleste penis, O cave *pro* at O sceleste penis

cavus
I	3.80	et Danai proles ... / in *cava* Lethaeas dolia portat aquas
(II	4.14*)	illa *cava* pretium flagitat usque manu

cedo
(I	4.40)	tu, puero quodcumque tuo temptare libebit, / *cedas*
[[I	6.23]]	cedas *pro* credas
[[I	6.37]]	cedas *pro* credas
III	7.56	*cessit* et Aetnaeae Neptunius incola rupis
(III	16.6)	quibus illa dolori est / ne *cedam* ignoto maxima causa toro
(III	19.17)	quid facio demens? heu heu mea pignora *cedo*

celeber
[[I	7.17]]	celebras *pro* crebras
II	1.33	gentis Aquitanae *celeber* Messalla triumphis, // huc ades
II	1.83	vos *celebrem* cantate deum pecorique vocate / voce
III	2.28	atque haec in *celebri* carmina fronte notet
III	10.23	iam *celeber*, iam laetus eris

celebro
I	3.33	at mihi contingat patrios *celebrare* Penates
I	4.75	vos me *celebrate* magistrum, / quos male habet multa callidus arte puer
I	6.17	neu iuvenes *celebret* multo sermone, caveto
I	7.63	Natalis multos *celebrande* per annos
(II	1.29)	vina diem *celebrent*: non festa luce madere / est rubor
II	5.115	vati parce, puella, sacro, / ut Messalinum *celebrem*

celebro (*cont'd*)
    III 4.57   carminibus *celebrata* tuis formonsa Neaera
    III 5.29   at vobis Tuscae *celebrantur* numina lymphae
    III 7.144   inpia nec saevis *celebrans* convivia mensis
    [III 8.23]   celebretur *pro* haec sumet
celer
    I 2.72   insideat *celeri* conspiciendus equo
    I 3.74   Ixionis ... / versantur *celeri* noxia membra rota
    I 5.4   turben / quem *celer* adsueta versat ab arte puer
    I 5.70   versatur *celeri* Fors levis orbe rotae
    I 7.11   testis Arar Rhodanusque *celer* magnusque Garunna
    II 1.20   neu timeat *celeres* tardior agna lupos
    III 7.89   quis tardamve sudem melius *celerem*ve sagittam / iecerit
    III 7.91   aut quis equom *celerem*(ve) arto conpescere freno / possit
    III 7.114   ipse tamen velox *celerem* super edere corpus / audet equom
    III 7.160   seu *celer* hibernas properat decurrere luces
    (III 7.205)   seu matura dies *celerem* properat mihi mortem
    III 9.14   et demam *celeri* ferrea vincla cani
    III 9.24   et *celer* in nostros ipse recurre sinus
    III 12.17   uritur, ut *celeres* urunt altaria flammae
celo
    I 2.36   *celari* volt sua furta Venus
    (I 8.1)   non ego *celari* possum, quid nutus amantis / quidve ferant miti lenia verba sono
    I 9.3   et siquis primo periuria *celat* / sera tamen tacitis Poena venit pedibus
    (I 9.23)   nec tibi *celandi* spes sit peccare paranti
centenus *v.* **tercentenus**
centum
    [[I 3.71]]   per centum *pro* serpentum
    [I 7.49]   centum *pro* Genium
    II 4.45   *centum* licet annos / vixerit, ardentem flebitur ante rogum
    III 7.113   *centum* fecundos Titan renovaverit annos
cera
    (II 5.32)   nam calamus *cera* iungitur usque minor
Cerberus
    (I 3.71*)   tum niger in porta serpentum *Cerberus* ore / stridet
    I 10.36   est infra ... audax / *Cerberus* et Stygiae navita turpis aquae
Ceres
    I 1.15   flava *Ceres*, tibi sit nostro de rure corona / spicea
    II 1.4   spicis tempora cinge, *Ceres*

Ceres *(cont'd)*
    [II 3.61]   Ceres *pro* seges
    II 5.58   qua sua de caelo prospicit arva *Ceres*
    II 5.84   distendet spicis horrea plena *Ceres*
    III 7.163   non illic colit arva deus, Bacchusve *Ceres*ve

Cerinthus
    [II 2.9]   Cerinthe *pro* Cornute
    [II 3.1]   Cerinthe *pro* Cornute
    III 9.11   ut tecum liceat, *Cerinthe*, vagari
    III 10.15   pone metum, *Cerinthe*: deus non laedit amantes
    III 11.1   qui mihi te, *Cerinthe*, dies dedit, hic mihi sanctus
    III 11.5   iuvat hoc, *Cerinthe*, quod uror, / si tibi de nobis mutuos ignis adest
    III 14.2   invisus natalis adest, qui rure molesto / et sine *Cerintho* tristis agendus erit
    III 17.1   estne tibi, *Cerinthe*, tuae pia cura puellae?

cerno
    I 2.59   tu tamen abstineas aliis: nam cetera *cernet* / omnia
    II 1.15   *cernite*, fulgentes ut eat sacer agnus ad aras
    III 7.103   seu libeat duplicem seiunctim *cernere* Martem

certamen
    III 6.11   aut siquis vini *certamen* mite recusat
    III 7.37   quis potius, *certamen* erit
    III 7.88   laudis et adsiduo vigeat *certamine* miles
    III 7.98   iam simul audacis venient *certamina* Martis

certatim
    III 10.24   cum debita reddet / *certatim* sanctis laetus uterque focis

certo
    II 3.57   illi selectos *certent* praebere colores
    III 7.120   quis Amythaonius nequeat *certare* Melampus

certus
    [[*post* I 2.25]]   ille deus *certae* dat mihi signa viae
    I 3.12   illi / rettulit e triviis omina *certa* puer
    I 3.44   non fixus in agris, / qui regeret *certis* finibus arva, lapis
    I 4.3   *certe* / non tibi barba nitet, non tibi culta coma est
    I 4.20   annus agit *certa* lucida signa vice
    I 7.38   movit et ad *certos* nescia membra modos
    I 9.10   ducunt instabiles sidera *certa* rates
    (II 1.52*)   agricola ... primum ... / cantavit *certo* rustica verba pede
    [II 3.62]   certa *pro* Terra
    III 1.3   et vaga nunc *certa* discurrunt undique pompa / ... munera
    [III 5.10]   certa *pro* trita
    III 7.26   *certe*que canent minus

cervix
  III 4.27 intonsi crines longa *cervice* fluebant
cervus
  (III 7.84) deceat . . . / qualiter adversos hosti defigere *cervos*
  III 9.13 ipsa ego velocis quaeram vestigia *cervi*
cesso
  II 1.6 et grave suspenso vomere *cesset* opus
  II 2.10 en age, quid *cessas*? adnuit ille: roga
  III 6.57 *cessas*, o lente minister?
  (Pr II 44) et inquietus inguina arrigat tumor / neque incitare *cesset* usque
(ceterus)
  I 2.59 nam *cetera* cernet / omnia, de me uno sentiet ipse nihil
charta
  II 5.17 Phoebe, sacras Messalinum sine tangere *chartas* / vatis
  (III 1.11*) summaque praetexat tenuis fastigia *chartae*
  III 7.5 si . . . // nec tua praeter te *chartis* intexere quisquam / facta queat
  III 7.27 nec tanto careat mihi carmine *charta*
  [III 7.39] *chartis* pro castris
  III 7.200 posse Meleteas nec mallem vincere *chartas*
  III 7.211 inceptis de te subtexam carmina *chartis*
Charybdis
  III 7.73 illum . . . /// nec violenta suo consumpsit more *Charybdis*
Chimaera
  III 4.86 flammam volvens ore *Chimaera* fero
Chius
  II 1.28 *Chio* solvite vincla cado
Choaspes
  (III 7.140) nec qua vel Nilus vel regia lympha *Choaspes* / profluit
chorda
  II 5.3 nunc te vocales impellere pollice *chordas*, / . . . precor
  III 4.70 poteram . . . / nec similes *chordis* reddere voce sonos
chorea
  I 3.59 hic *choreae* cantusque vigent
  (I 7.49) huc ades et Genium ludis Geniumque *choreis* / concelebra
chorus
  I 7.44 tibi sunt . . ., Osiri, / . . . *chorus* et cantus et levis aptus amor
  (II 1.56*) agricola . . . / primus inexperta duxit ab arte *choros*
  (II 1.88) currumque sequuntur / matris lascivio sidera fulva *choro*
  (III 8.24) dignior est vestro nulla puella *choro*

cibus
    (II 6.24*)   haec captat arundine pisces / cum tenues hamos abdidit ante *cibus*

Cicones
    III 7.54   nam *Ciconum* (que) manus adversis reppulit armis

cieo
    [I 2.49]   ciet *pro* tenet
    I 4.28   transiet aetas, / quam *cito* non segnis stat remeatque dies
    I 4.29   quam *cito* purpureos deperdit terra colores
    I 4.30   quam *cito* formonsas populus alta comas
    [I 4.44]   cieat *pro* amiciat
    I 5.3   namque agor ut per plana *citus* sola verbere turben
    [I 5.70]   cito *pro* rotae
    [I 6.42]   det cito *pro* stet procul
    III 7.69   praeteriitque *cita* Sirenum litora puppi
    III 7.97   amplior ... signata *cita* loca tangere funda
    [III 7.175]   cierint *pro* poscent

Cilix
    I 2.69   ille licet *Cilicum* victas agat ante catervas
    I 7.16   canam ... // quantus ... / frigidus intonsos Taurus alat *Cilicas*?

Cimmerius
    III 5.24   olim liceat cognoscere ... / Lethaeamque ratem *Cimmerios*que lacus
    III 7.64   *Cimmerion* etiam obscuras accessit ad arces

cingo
    II 1.4   spicis tempora *cinge*, Ceres
    II 3.37   praeda feras acies *cinxit* discordibus armis

cinis
    I 3.7   non soror, Assyrios *cineri* quae dedat odores
    I 6.54   ut hic ventis deripiturque *cinis*
    I 9.12   at deus illa / in *cinerem* et liquidas munera vertat aquas
    II 6.34   et mea cum muto fata querar *cinere*

circa (*prep.*)
    I [3.68 *pro* circum]; 7.56.

circa (*adv.*)
    I 3.87   at *circa* gravibus pensis adfixa puella / ... remittat opus

Circe
    II 4.55   quidquid habet *Circe*, quidquid Medea veneni
    III 7.61   solum nec doctae verterunt pocula *Circes*

circum (*prep. semper postpositum*)
    I 1.23; (3.68); (5.11*).

circum (*adv.*)
    I (3.77*); 5.51.
circumdo
    [I 2.97]   circumdedit *pro* circumterit
    II 1.89   postque venit tacitus furvis *circumdatus* alis / Somnus
circumfundo
    III 7.151   nam *circumfuso* consistit in aere tellus
circumtero
    (I 2.97)   hunc puer, hunc iuvenis turba *circumterit* arta
cista
    [[I 3.12]]   cistis *pro* triviis
    I 7.48   (tibi est, Osiri) levis occultis conscia *cista* sacris
cithara
    II 3.12   nec *cithara* intonsae profueruntve comae
    II 5.2   huc age cum *cithara* carminibusque veni
    III 4.69   tunc ego nec *cithara* poteram gaudere sonora
cito *v.* **cieo**
clam
    I 6.60; 8.60; 9.2; 10.34.   II 1.84.   III 11.20; [[12.16]].
clamo
    (I 1.24)   rustica pubes / *clamet* 'io messes et bona vina date'.
clarus
    III 3.4   insignis *clara* conspicuosque domo
    (III 7.175)   ergo ubi per *claros* ierint tua facta triumphos
classicum
    I 1.4   Martia cui somnos *classica* pulsa fugent
classis
    [[II 5.47]]   classis *pro* castris
claudo
    I 2.6   *clauditur* et dura ianua firma sera
    I 4.49   velit insidiis altas si *claudere* valles
    (I 9.44*)   et latuit *clausas* post adoperta fores
    (II 3.45*)   *claudit* et indomitum moles mare
    II 3.77   nunc si *clausa* mea *est*, si copia rara videndi
    II 4.22   ne iaceam *clausam* flebilis ante domum
    II 6.12   sed magnifice mihi magna locuto / excutiunt *clausae* fortia verba fores
    III 7.23   alter dicat... ///// pendentique super *claudantur* ut omnia caelo
    III 7.85   quemve locum ducto melius sit *claudere* vallo
    III 9.8   quis furor est, quae mens, densos indagine colles / *claudentem* teneras laedere velle manus

clavis
    I   6.34   tua si bona nescis / servare, frustra *clavis* inest foribus
  (II 4.31)   haec fecere malas: hinc *clavim* ianua sensit
   II 4.34   nec prohibent *claves*, et canis ipse tacet

cliens
   II 6.35   non feret usque suom te propter flere *clientem*

coagulum
   II 3.14b   et miscere novo docuisse *coagula* lacte

coepi
   II 4.32   et *coepit* custos liminis esse canis
 (III 7.55)   nec valuit lotos *coeptos* avertere cursus

cogito
  III 10.18   at nunc tota tua est, te solum candida secum / *cogitat*
  III 11.10   si modo, cum de me *cogitat*, ille calet

cognosco
    I 6.62   proculque / *cognoscit* strepitus me veniente pedum
  III 5.23   Elysios olim liceat *cognoscere* campos
  III 7.1   Te, Messalla, canam, quamquam me *cognita* virtus / terret
  III 7.79   atque haec seu nostras inter *sunt cognita* terras

cogo
   II 3.59   regnum ipse tenet, quem saepe *coegit* / barbara gypsatos
                    ferre catasta pedes
   II 6.18   tu miserum torques, tu me mihi dira precari / *cogis*
  III 3.10   tum cum ... / nudus Lethaea *cogerer* ire rate

cohors
    I 3.2   O utinam memores ipse *cohors*que mei

colligo
  (I 8.14*)   frustra ... / ansa(que) conpressos *conligat* arta pedes
  III 2.19   ossa // ... primum annoso spargent *collecta* lyaeo
  III 8.20   et quascumque niger Rubro de litore gemmas / proximus
                    Eois *colligit* Indus aquis

collis
    I 4.19   annus in apricis maturat *collibus* uvas
  III 7.186   cuique pecus denso pascebant agmine *colles*
  III 9.7   quis furor est, quae mens, densos indagine *colles* /
                    claudentem teneras laedere velle manus

collum
    I 2.92   vidi ego ... / ... Veneris vinclis subdere *colla* senem
    I 4.16   paulatim sub iuga *colla* dabit
    I 4.56   post etiam *collo* se inplicuisse velit
    I 7.52   et capite et *collo* mollia serta gerat
  (I 8.38*)   Venus invenit ... /// ... in *collo* figere dente notas
   II 6.2   sit comes et *collo* fortiter arma gerat?

collum *(cont'd)*

III	6.45	nec vos (aut) capiant pendentia bacchia *collo*
III	7.117	domator / libera Romanae subiecit *colla* catenae
III	7.170	hinc et *colla* iugo dedicit submittere taurus

colo

I	1.2	alius ... / ... teneat *culti* iugera multa soli
I	3.25	pie dum sacra *colis*
I	3.61	fert casiam non *culta* seges
I	4.4	certe / non tibi barba nitet, non tibi *culta* coma *est*
I	5.21	rura *colam*, frugumque aderit mea Delia custos
(I	6.39)	tum procul absitis, quisquis *colit* arte capillos
I	8.9	quid tibi nunc molles prodest *coluisse* capillos
I	9.74	et senis amplexus *culta* puella fugit
I	10.35	non seges est infra, non vinea *culta*
I	10.45	interea pax arva *colat*
[II	1.37]	colo *pro* cano
II	4.16	non ego vos, ut sint bella canenda, *colo*
II	4.52	illius *est* nobis lege *colendus* Amor
III	1.17	ite domum *cultum*que illi donate libellum
III	4.92	*culta* et duris non habitanda domus
(III	6.20*)	qui se quique una vina iocosa *colunt*
III	7.163	non illic *colit* arva deus, Bacchusve Ceresve
III	8.1	Sulpicia *est* tibi *culta* tuis, Mars magne, kalendis
III	9.2	seu *colis* umbrosi devia montis aper

colonus

II	1.23	turbaque vernarum, saturi bona signa *coloni*, / ludet
II	5.83	laurus ubi bona signa dedit, gaudete *coloni*
III	7.139	te ... remorabitur ... // nec fera Theraeo tellus obsessa *colono*

color

I	4.29	quam cito purpureos deperdit terra *colores*
II	3.57	illi selectos certent praebere *colores*
III	1.18	nullus defluat inde *color*
III	4.30	candor erat ... / et *color* in niveo corpore purpureus
(III	10.6*)	effice ne ... / ... notet informis pallida membra *color*

columba

I	7.18	alba Palestino sancta *columba* Syro

columna

(II	3.44*)	urbisque tumultu / portatur validis mille *columna* iugis
III	3.13	quidve domus prodest Phrygiis innixa *columnis*?

colus

(I	3.86)	positaque lucerna / deducat plena stamina longa *colu*
(II	1.63*)	hinc et femineus labor est, hinc pensa *colus*que

coma

I	2.94	vidi ego ... / ... senem // ... manibus canas fingere velle *comas*
I	3.8	non soror ... / ... fleat effusis ante sepulcra *comis*
I	3.31	(ut) bisque die resoluta *comas* tibi dicere laudes / ... debeat
I	3.66	et gerit insigni myrtea serta *coma*
I	4.4	certe / non tibi barba nitet, non tibi culta *coma* est
I	4.30	deperdit ... / quam cito formonsas populus alta *comas*
(I	4.63*)	carmine purpurea est Nisi *coma*
I	5.44	devovet et flavis nostra puella *comis*
I	6.86	nos, Delia, amoris / exemplum cana simus uterque *coma*
I	7.34	docuit ... / hic viridem dura caedere falce *comam*
I	8.10	quid tibi nunc molles prodest coluisse capillos / saepeque mutatas disposuisse *comas*
[I	8.11]	comas *pro* genas
I	8.43	tum studium formae est: *coma* tum mutatur ut annos / dissimulet
I	9.14	pulvisque decorem / detrahet et ventis horrida facta *coma*
I	9.68	tune putas illam pro te ... / ... tenues denso pectere dente *comas*?
I	10.22	hic placatus erat, ... / seu dederat sanctae spicea serta *comae*
I	10.62	sit satis ornatus dissoluisse *comae*
II	1.16	cernite ... ut eat ... / vincta(que) post olea candida turba *comas*
II	1.48	deponit flavas annua terra *comas*
II	2.6	cui decorent sanctas mollia serta *comas*
II	2.20	dum tarda senectus / inducat rugas inficiatque *comas*
II	3.12	nec cithara intonsae profueruntve *comae*
II	3.26	quisquis inornatumque caput crinesque solutos / adspiceret, Phoebi quaereret ille *comam*
II	5.8	longas nunc bene pecte *comas*
II	5.66	iactavit fusas et caput ante *comas*
III	1.10	pumex et canas tondeat ante *comas*
III	4.28	stillabat Syrio myrtea rore *coma*
III	6.64	iam dudum ... / debueram sertis inplicuisse *comas*
III	8.10	seu compsit, comptis est veneranda *comis*
III	10.2	huc ades, intonsa Phoebe superbe *coma*
(*Pr*	II 6)	Priape, qui sub arboris *coma* / soles ... / ... sedere
Pr	II 10	saepe floribus novis / tuas sine arte deligavimus *comas*

comes

I	4.41	neu *comes* ire neges, quamvis via longa paretur
I	5.63	pauper in angusto fidus *comes* agmine turbae
(I	9.42*)	O quotiens . . . / ipse *comes* multa lumina nocte tuli!
I	10.24	ferebat / post(que) *comes* purum filia parva favum
II	3.55	illi sint *comites* fusci, quos India torret
II	6.2	sit *comes* et collo fortiter arma gerat?
III	6.10	neve neget quisquam me duce se *comitem*
Dom. Mar.	1	te quoque Vergilio *comitem* non aequa, Tibulle / mors iuvenem campos misit ad Elysios

cometes

(II 5.71*)   haec fore dixerunt belli mala signa *cometen*

comitor

III 2.13   sed veniat carae matris *comitata* dolore

comm- *v.* **conm-**

como

I	8.16	illa placet, quamvis inculto venerit ore / nec nitidum tarda *compserit* arte caput
III	1.14	sic etenim *comptum* mittere oportet opus
III	8.10*bis*	seu *compsit*, *comptis* est veneranda comis
III	12.3	tota tibi est hodie, tibi se laetissima *compsit*

comp- *v.* **conp-**

compello

[III 7.94]   compellere *pro* convertere

compes

(I	7.42)	crura licet dura *compede* pulsa sonent
II	6.25	spes etiam valida solatur *compede* vinctum

compos

I 10.23   atque aliquis voti *compos* liba ipse ferebat

concedo

III 9.23   at tu venandi studium *concede* parenti

concelebro

I 7.50   huc ades et Genium ludis Geniumque choreis / *concelebra*

concha

(II	4.30*)	hic dat avaritiae causas . . . puellis / . . . e Rubro lucida *concha* mari
III	3.17	quidve in Erythraeo legitur quae litore *concha* / . . . iuvat?
III	3.34	et faveas *concha*, Cypria, vecta tua

concido

I 2.64   et nocte serena / *concidit* ad magicos hostia pulla deos

concino

II	5.10	qualem te memorant Saturno rege fugato / victori laudes *concinuisse* Iovi
II	5.88	ac madidus Baccho sua festa Palilia pastor / *concinet*

concipio
    III 4.90   nec te *conceptam* saeva leaena tulit
concubitus
    II 5.53   iam video ... // *concubitus*que tuos furtim vittasque iacentes
concumbo
    (I 8.35*)   at Venus invenit puero *concumbere* furtim
    III 9.16   si, lux mea, tecum / arguar ante ipsas *concubuisse* plagas
concurro
    III 7.99   iam simul ... / adversis(que) parent acies *concurrere* signis
conditor
    (III 7.4*)   si ... / ... humilis tantis sim *conditor* actis
condo
    I 1.42   quos tulit antiquo *condita* messis avo
    I 10.47   pax aluit vites et sucos *condidit* uvae
    II 5.50   ante oculos ... est / Alba(que) ab Ascanio *condita* Longa duce
condolesco
    I 6.36   et simulat subito *condoluisse* caput
conduco
    I 6.79   firmaque *conductis* adnectit licia telis
confero
    I 2.21   docet ... // illa viro coram nutus *conferre* loquaces
conficio
    I 7.39   Bacchus et agricolae magno *confecta* labore / pectora tristitiae dissoluenda dedit
confido
    (I 9.45)   tum miser interii, stulte *confisus* amari
    II 1.21   tunc nitidus plenis *confisus* rusticus agris
    [III 19.23]   confidam *pro* considam
configo
    [I 9.45]   confixus *pro* confisus
confindo
    [III 7.173]   confinditur *pro* confunditur
confinium
    III 7.70   illum inter geminae nantem *confinia* mortis / nec Scyllae saevo conterruit impetus ore
confluo
    III 7.20   alter dicat ... // qualis (et) in curvom pontus *confluxerit* orbem
confundo
    (III 7.173*)   et ferro tellus, pontus *confunditur* aere
congero
    (I 1.1)   divitias alius fulvo sibi *congerat* auro
    I 7.59   namque opibus *congesta* tuis hic glarea dura / sternitur

conicio
    I 8.54   vel miser absenti maestas quam saepe querelas / *conicit*
coniugium
    II 2.18   utinam strepitantibus advolet alis / flavaque *coniugio* vincula portet Amor
    III 4.74   si ferre recusas / inmitem dominam *coniugium*que ferum
    III 4.79   hoc tibi *coniugium* promittit Delius ipse
coniungo
    I 6.60   multoque timore / *coniungit* nostras clam taciturna manus
coniunx
    I 2.43   nec tamen huic credet *coniunx* tuos
    [I 3.83]   casta precor coniunx maneas *pro* at tu casta precor maneas
    I 4.74   sed Titium *coniunx* haec meminisse vetat
    I 6.15   at tu, fallacis *coniunx* incaute puellae, / me quoque servato
    I 6.33   quid tenera tibi *coniuge* opus?
    III 1.26   sive sibi *coniunx* sive futura soror
    III 1.27   sed potius *coniunx*
    III 2.4   durus et ille fuit, ... / vivere (et) erepta *coniuge* qui potuit
    III 2.30   dolor huic et cura Neaerae, / *coniugis* ereptae, causa perire fuit
    (III 3.32)   liceat mihi paupere cultu / securo cara *coniuge* posse frui
conmemoro
    I 6.82   iuvenumque catervae / *conmemorant* merito tot mala ferre senem
conmitto
    I 7.31   primus inexpertae *conmisit* semina terrae
    III 7.196   vel parvom Aetnaeae corpus *conmittere* flammae
    III 18.3   si quicquam tota *conmisi* stulta iuventa
conparo
    I 10.42   et calidam fesso *conparat* uxor aquam
conpendium
    I 3.39   nec vagus ignotis repetens *conpendia* terris / presserat externa navita merce ratem
conperio
    III 7.119   maiora peractis / instant, *conpertum est* veracibus ut mihi signis
conpesco
    I 2.1   adde merum vinoque novos *conpesce* dolores
    I 4.11   hic placet, angustis quod equom *conpescit* habenis
    III 7.91   aut quis equom celerem(ve) arto *conpescere* freno / possit

conpleo
II	1.50	rure levis verno flores apis ingerit alveo, / *conpleat* ut dulci sedula melle favos
(II	4.18*)	nec refero ... qualis, ubi orbem / *conplevit*, versis Luna recurrit equis
Pr II	35	donec, a miser miser, / triplexque quadruplexque *compleas* specum

conpono
(I	1.40*)	fictilia antiquus primum sibi fecit agrestis / pocula, de facili *conposuit*que luto
I	1.77	ego *conposito* securus acervo / despiciam dites despiciamque famem
I	2.22	docet ... /// blanda(que) *conpositis* abdere verba notis
I	2.55	haec mihi *conposuit* cantus, quis fallere posses
I	2.93	vidi ego ... / ... senem / ... sibi blanditias tremula *conponere* voce
I	5.8	parce tamen, ... / per venerem quaeso *conpositum*que caput
I	6.4	an gloria magna est / insidias homini *conposuisse* deum?
(II	1.39*)	illi *conpositis* primum docuere tigillis / exiguam viridi fronde operire domum
III	2.26	sic ego *conponi* versus in ossa velim
III	6.35	nec bene mendaci risus *conponitur* ore
III	7.17	sit gratus ... labor, ut tibi possim / inde alios aliosque memor *conponere* versus
III	7.35	convenientque tuas cupidi *conponere* laudes
III	7.100	tum tibi non desit faciem *conponere* pugnae
III	8.8	illam ... / *conponit* furtim subsequiturque Decor
III	12.9	sic bene *conpones*: ullae non ille puellae / servire aut cuiquam dignior illa viro
III	13.9	sed peccasse iuvat, voltus *conponere* famae / taedet

conprendo
(II	5.92)	natusque parenti / oscula *conprensis* auribus eripiet

conprimo
I	8.14	frustra ... / ansa(que) *compressos* conligat arta pedes
[II	5.92]	compressis *pro* conprensis
[[III	7.4]]	si comprimor *pro* sim conditor

conqueror
I	10.54	scissosque capillos / femina, perfractas *conqueritur*que fores
III	6.52	ergo quid totiens fallacis verba puellae / *conqueror*?

consanguineus
[III	4.87]	consanguinea *pro* canis anguinea

conscendo
[I 3.37] conscenderat *pro* contempserat
III 7.171 didicit . . . / et lenta excelsos vitis *conscendere* ramos
conscius
I 7.48 et levis occultis *conscia* cista sacris
I 8.3 nec mihi sunt sortes nec *conscia* fibra deorum
(I 9.41*) verbis ne quisquam *conscius* esset
consero
[I 1.1] conserat *pro* congerat
[I 1.74] conseruisse *pro* inseruisse
(I 8.26*) nocet . . . / . . . sed femori *conseruisse* femur
(I 8.36*) dum timet et teneros *conserit* usque sinus
(II 1.43) tum victus abiere feri, tum *consita* pomus
consido
[III 7.151] considit *pro* consistit
(III 19.23) sed Veneris sanctae *considam* vinctus ad aras
consisto
III 7.101 seu sit opus quadratum acies *consistat* in agmen
(III 7.151) nam circumfuso *consistit* in aere tellus
consitor
II 3.63 et tu, Bacche tener, iucundae *consitor* uvae
consors
II 5.24 Romulus aeternae nondum formaverat urbis / moenia, *consorti* non habitanda Remo
conspicio
I 2.72 insideat celeri *conspiciendus* equo
[I 3.37] conspexerat *pro* contempserat
II 3.52 utque per urbem / incedat donis *conspicienda* meis
III 12.4 staret ut ante tuos *conspicienda* focos
conspicuus
III 3.4 insignis clara *conspicuos*que domo
consto
III 7.126 quin rapidum placidis etiam mare *constitit* undis
construo
II 4.48 annua *constructo* serta dabit tumulo
consuesco
I 5.25*bis* *consuescet* numerare pecus; *consuescet* amantis / garrulus in dominae ludere verna sinu
consul
II 1.28 nunc mihi fumosos veteris proferte Falernos / *consulis*
(III 5.18*) cum cecidit fato *consul* uterque pari
consulo
I 3.10 Delia . . . / dicitur ante omnes *consuluisse* deos
II 5.62 et sibi dicet / vos bene tam longa *consuluisse* via

consulto
    I 4.78   me, qui spernentur, amantes / *consultent*
consumo
    I 3.55   hic iacet inmiti *consumptus* morte Tibullus
    I 9.63   illa nulla queat melius *consumere* noctem
    III 7.73   illum . . . /// nec violenta suo *consumpsit* more Charybdis
consurgo
    III 7.74   vel si sublimis fluctu *consurgeret* imo
contego
    [I 2.71]   contectus *pro* contextus
    [III 7.204] contexerit *pro* cum texerit
contemno
    (I 3.37*)   nondum caeruleas pinus *contempserat* undas
contendo
    III 7.31   sed generis priscos *contendis* vincere honores
    III 7.93   quis . . . / possit . . . / in(que) vicem modo derecto
                    contendere passu
    [III 7.94]   contendere *pro* convertere
conterreo
    III 7.71   illum . . . / nec Scyllae saevo *conterruit* impetus ore
contexo
    (I 2.71*)   totus et argento *contextus*, totus et auro / insideat celeri
                    conspiciendus equo
    III 4.33   et cum *contexunt* amarantis alba puellae / lilia
    (III 7.22*) alter dicat . . . //// huic . . . *contextus* passim fluat igneus
                    aether
contineo
    I 1.25   iam modo, iam possim *contentus* vivere parvo
    (I 1.46*)   quam iuvat . . . / . . . dominam tenero *continuisse* sinu
    III 7.29   non tua maiorum *contenta est* gloria fama
    III 7.118   nec tamen his *contentus eris*
    III 7.147   Oceanus ponto qua *continet* orbem
contingo
    I 1.49   hoc mihi *contingat*
    I 3.33   at mihi *contingat* patrios celebrare Penates
    I 4.1   sic umbrosa tibi *contingant* tecta, Priape
    I 7.15   aetherio *contingens* vertige nubes
contra
    I 6.30   *contra* quis ferat arma deos?
contrarius
    III 4.83   nec tibi crediderim votis *contraria* vota
contribuo
    I 6.64   propios ego tecum, / sit modo fas, annos *contribuisse*
                    velim

contundo
    III 6.14   ille ferocem / *contudit* et dominae misit in arbitrium
convenio
    (III 6.19*)   *convenit* ex aequo nec torvos Liber in illis
    (III 6.21)   *convenit* iratus nimium nimiumque severos
    III 7.35   *convenient*que tuas cupidi conponere laudes
converto
    [III 7.55]   convertere *pro* avertere
    (III 7.94)   quis ... / possit ... // seu libeat, curvo brevius *convertere* gyro
    III 7.116   te duce non alias *conversus* terge †domator / libera Romanae subiecit colla catenae
convivium
    I 9.61   illam saepe ferunt *convivia* ducere Baccho
    II 3.47   at tibi laeta trahant Samiae *convivia* testae
    III 6.59   si fugit nostrae *convivia* mensae / ... vana puella
    III 7.144   inpia nec saevis celebrans *convivia* mensis
convoco
    I 2.52   cum libet, aestivo *convocat* orbe nives
copia
    II 3.77   si *copia* rara videndi, / heu miserum, laxam quid iuvat esse togam?
Copratius
    [III 7.142]   Copratia *pro* per ostia
cor
    I 1.64   neque in tenero stat tibi *corde* silex
    I 10.12   nec tristia nossem / arma nec audissem *corde* micante tubam
    III 2.6   frangit fortia *corda* dolor
    (III 5.12)   nec *cor* sollicitant facta nefanda meum
    III 6.16   indomitis mollia *corda* dedit
coram
    I 2.21   docet ... // illa viro *coram* nutus conferre loquaces
corneus
    Pr II 13   cum tibi / senexve corvos impigerve graculus / sacrum feriret ore *corneo* caput
cornu
    II 1.3   Bacche, veni, dulcisque tuis e *cornibus* uva / pendeat
    III 1.13   atque inter geminas pingantur *cornua* frontes
    III 7.15   nec illis / semper inaurato taurus cadit hostia *cornu*
Cornutus
    (II 2.9)   adnuat et, *Cornute*, tibi, quodcumque rogabis
    (II 3.1)   rura meam, *Cornute*, tenent villaeque puellam

corona
I 1.15 flava Ceres, tibi sit nostro de rure *corona* / spicea
(II 1.59*) rure puer verno primum de flore *coronam* / fecit
corono
II 1.8 nunc ad praesepia debent / plena *coronato* stare boves capite
II 5.98 *coronatus* stabit et ipse calix
corpus
I 2.27 nec sinit occurat quisquam, qui *corpora* ferro / vulneret
(I 8.25*) sed *corpus* tetigisse nocet, sed longa dedisse / oscula
I 8.52 sed nimius luto *corpora* tingit amor
I 9.22 et pete ferro / *corpus* et intorto verbere terga seca
I 9.66 nec tu, stultissime, sentis, / cum tibi non solita *corpus* ab arte movet
I 9.73 sed *corpora* foeda podagra / et senis amplexus culta puella fugit
II 3.76 horrida villosa *corpora* veste tegant
III 2.17 pars quae sola mei superabit *corporis*, ossa / . . . legent
III 4.30 et color in niveo *corpore* purpureus
III 4.36 namque haec in nitido *corpore* vestis erat
(III 4.81) dixit, et ignavos defluxit *corpore* somnus
III 7.114 ipse tamen velox celerem super edere *corpus* / audet equom
III 7.196 vel parvom Aetnaeae *corpus* conmittere flammae
III 10.10 sancte, veni, tecumque feras . . . / quicumque . . . cantus *corpora* fessa levant
III 10.20 laus magna tibi tribuetur in uno / *corpore* servato restituisse duos
III 17.2 quod mea nunc vexat *corpora* fessa calor
corrigo
[[I 8.14]] corrigit *pro* conligat
corrumpo
I 9.53 qui puerum donis *corrumpere* es ausus
cortex
I 8.44 coma tum mutatur, ut annos / dissimulet viridi *cortice* tincta nucis
corvus
Pr II 12 cum tibi / senexve *corvos* impigerve graculus / sacrum feriret ore corneo caput
corymbus
(I 7.45) tibi sunt . . ., Osiri, // . . . varii flores et frons redimita *corymbis*
Cous
II 3.53 illa gerat vestes tenues, quas femina *Coa* / texuit
(II 4.29*) hic dat avaritiae causas (et) *Coa* puellis / vestis

cras
    II 6.20   sed credula vitam / Spes fovet et fore *cras* semper ait melius

creber
    I 5.72   in limine perstat / sedulus ac *crebro* prospicit ac refugit
    (I 7.17*)   quid referam, ut volitet *crebras* intacta per urbes / ... columba
    III 20.1   rumor ait *crebro* nostram peccare puellam

credo
    I 2.43   nec tamen huic *credet* coniunx tuos
    I 2.57   ille nihil poterit de nobis *credere* cuiquam
    I 2.61   quid, *credam*? nempe haec eadem se dixit amores / cantibus aut herbis solvere posse meos
    I 4.9   O fuge te tenerae puerorum *credere* turbae
    [I 4.40]   credas *pro* cedas
    I 6.7   illa quidem tam multa negat, sed *credere* durum est
    (I 6.23*)   at mihi si *credas*, illam sequar unus ad aras
    (I 6.37*)   at mihi servandam *credas*
    I 7.20   prima ratem ventis *credere* docta Tyros
    I 8.66   illius *credo* tunc sonuisse pedes
    I 9.75   hunc ego *credam* / cum trucibus venerem iungere posse feris
    II 5.21   nec fore *credebat* Romam
    II 6.21   Spes sulcis *credit* aratis / semina
    (III 4.12*)   sive illi vera moneri, / mendaci somno *credere* sive volent
    III 4.83   nec tibi *crediderim* votis contraria vota
    III 10.3   *crede* mihi, propera
    [III 16.6]   credam *pro* cedam
    [III 19.17]   credo *pro* cedo

credulus
    I 9.38   tergebam umentes *credulus* usque genas
    II 6.19   iam mala finissem leto, sed *credula* vitam / Spes fovet
    III 10.18   et frustra *credula* turba sedet

crepito
    (II 5.81)   et succensa sacris *crepitet* bene laurea flammis

crepo
    [[I 1.48]]   crepante *pro* iuvante

Cres
    III 7.9   etiam Phoebo gratissima dona / *Cres* tulit

cresco
    III 5.19   quid fraudare iuvat vitem *crescentibus* uvis?

Creteus
    [III 7.142]   Creteis ardet *pro* aret Arecteis

crimen
    I   6.41   ne possit *crimen* habere /stet procul
    III 4.84   crediderim... / nec tantum *crimen* pectore inesse tuo
    III 20.3   *crimina* non haec sunt nostro sine facta dolore

crinis
    I   1.68   tu manes ne laede meos, sed parce solutis / *crinibus*
    I   3.69   Tisiphoneque inpexa feros pro *crinibus* angues / saevit
    (I 4.26*)   inpune sinit... / adfirmes *crines* per(que) Minerva suos
    I   4.38   nam decet intonsus *crinis* utrumque deum
    I   6.68   sit modo casta, doce, quamvis non vitta ligatos / impediat *crines*
    I   9.67   tune putas illam pro te disponere *crines*?
    II 3.25   quisquis inornatumque caput *crines*que solutos / adspiceret, Phoebi quaereret ille comam
    III 4.27   intonsi *crines* longa cervice fluebant
    III 8.9   seu soluit *crines*, fusis decet esse capillis

crudelis
    I   4.35   *crudeles* divi! serpens novus exuit annos, / formae non ullam fata dedere moram
    I   8.7   deus *crudelius* urit, / quos videt invitos subcubuisse sibi
    III 4.61   a *crudele* genus nec fidum femina nomen!
    III 4.95   haec deus in melius *crudelia* somnia vertat

cruentus
    I   5.49   ore *cruento* / tristia cum multo pocula felle bibat
    III 6.24   Cadmeae matris praeda *cruenta* docet

cruor
    II 3.38   hinc *cruor*, hinc caedes mors propiorque venit

crus
    I   7.42   *crura* licet dura compede pulsa sonent
    II 6.26   *crura* sonant ferro, sed canit inter opus
    III 9.10   quidve iuvat... / candida(que) hamatis *crura* notare rubis?

cubo
    I   1.45   quam iuvat inmites ventos audire *cubantem*
    I   6.11   fingere nunc didicit causas, ut sola *cubaret*
    I   6.18   caveto, / neve *cubet* laxo pectus aperta sinu
    I   9.56   tecum interposita languida veste *cubet*
    Pr II 33   licebit aeger angue lentior *cubes*

culmus
    [[III 7.184]]   culmi *pro* sulci

cultor
    III 8.18   *cultor* odoratae dives Arabs segetis
    Pr I 1   vilicus aerari quondam, nunc *cultor* agelli

cultus *v.* **colo**
cultus (*subst.*)
    I 10.19   cum paupere *cultu* / stabat in exigua ligneus aede deus
    III 3.31   liceat mihi paupere *cultu* / securo cara coniuge posse frui

cum (*prep.*)
    I 5.50; 9.76; 10.27. II 1.13; 5.2, 37, 94; 6.4, 34. III 3.2; 4.41, 64; 13.10. Pr II 8.

-cum
    I 1.57; 2.73; 6.(3*), 63; 9.56. III 3.7, 23; 6.53, 54; 9.11, 15; 10.9, 17.

cum (*c. indic.*)
    I 1. 47, 59; 2.25, 32, 51, 52, 78; 4.[53], 84; [[6.21]]; 7.21, 61; 8.42, 63; 9.55, 66, 79; 10.8, 19.
    II 1. 47; 3.29, 40; 5.14, 43, (109*, 110), 115; 6.14, (24*), 47.
    III 2.9; 4.21, 33, 55; 5.4, (18*), 25; [6.21], 7.41, 123, 189, [204], (204); 8.5; 10.23; 11.10; 12.19; [17.5].
    Pr II 40.

cum (*c. subj.*)
    I 2.14, 67; 3.(9), [14], 15; 4.33, 79; 5.9, 12, 39; [[7.4]]; 10.16. II 3.(5*), [[19]]; 5.21. III 3.9; 7.72, 183, [204]. Pr II 3, 11.

Cumanus
    II 3.48   at tibi ... trahant ... / ficta(que) *Cumana* lubrica terra rota

cumulo
    II 5.6   dum *cumulant* aras, ad tua sacra veni

cunctus
    cuncta (*nom. neu.*) I 3.13. [III 7.129]. **cunctis** (*masc.*) I 4.78. **cunctos** I 5.29. **cuncta** [[I 6.7]]. III 7.133. **cunctis** (*masc.*) III 7.9.

Cupido
    II 1.67   ipse quoque inter agros interque armenta *Cupido* / natus et indomitas dicitur inter equas
    II 3.33   cui tristi fronte *Cupido* / imperat, ut nostra sint tua castra domo
    II 5.107   sed postquam sumpsit sibi tela *Cupido*

cupidus
    I 1.76   vos, signa tubaeque, / ite procul, *cupidis* volnera ferte viris
    I 4.24   vetuit pater ipse valere / iurasset *cupide* quidquid ineptus amor
    I 8.56   ipse dedit *cupidis* fallere posse deus
    I 8.74   saepe etiam ... fertur ... / ... *cupidum* ficta detinuisse mora
    I 9.58   et pateat *cupidis* semper aperta domus

cupidus (*cont'd*)

(II	4.58*)	et quod . . . / hippomanes *cupidae* stillat ab inguine equae
II	5.54	iam video . . . /// (et) *cupidi* ad ripas arma relicta dei
III	4.52	tantum cara tibi . . . / quantum nec *cupido* bella puella viro
III	7.35	convenientque tuas *cupidi* conponere laudes
III	9.18	ne Veneris *cupidae* gaudia turbet
III	12.11	nec possit *cupidos* vigilans deprendere custos

cupio

[I	1.57]	cupio *pro* curo
I	8.40	non lapis hanc gemmaeque iuvant, quae . . . / . . . nulli sit *cupienda* viro
I	8.78	quam *cupies* votis hunc revocare diem!
(II	3.41*)	praedator *cupit* inmensos obsidere campos
III	3.31	haec alii *cupiant*
III	6.60	ignotum *cupiens* vana puella torum
III	18.6	ardorem *cupiens* dissimulare meum

cura

I	5.29	illa regat cunctos, illi sint omnia *curae*
I	5.37	saepe ego temptavi *curas* depellere vino
I	7.43	non tibi sunt tristes *curae* nec luctus, Osiri
I	8.45	tollere tum *cura* est albos a stirpe capillos
I	9.34	daretur / non tibi si, Bacchi *cura*, Falernus ager
I	9.51	tu procul hinc absis, cui formam vendere *cura* est
II	1.61	rure etiam teneris *curam* exhibitura puellis / molle gerit tergo lucida vellus ovis
II	3.13	nec potuit *curas* sanare salubribus herbis
(II	3.31)	sed cui sua *cura* puella est, / fabula sit mavolt quam sine amore deus
(II	3.43*)	cui lapis externus *curae* est
II	6.51	tunc morior *curis*
III	1.19	illa mihi referet, si nostri mutua *cura* est
(III	2.29)	dolor huic et *cura* Neaera, / coniugis ereptae, causa perire fuit
III	3.21	non opibus mentes hominum *curae*que levantur
(III	4.9*)	et natum in *curas* hominum genus omina noctis / farre pio placant
III	4.43	salve, *cura* deum
III	4.59	diversasque suas agitat mens inpia *curas*
III	6.7	ite procul durum *curae* genus, ite labores.
III	6.29	quamvis nulla mei superest tibi *cura*, Neaera
III	6.37	quid queror infelix? turpes discedite *curae*.
III	7.188	nam *cura* novatur, / cum memor ante actos semper dolor admonet annos

cura (cont'd)
	III 7.197	nostri si parvola *cura* / sit tibi
	(III 9.5*)	sed procul abducit venandi Delia *cura*
	III 16.3	sit tibi *cura* togae potior... /... quam Servi filia Sulpicia
	[III 16.6]	cura *pro* causa
	(III 17.1)	estne tibi, Cerinthe, tuae pia *cura* puellae?
	III 18.1	ne tibi sim, mea lux,... iam fervida *cura*
	III 19.11	tu mihi *curarum* requies, tu nocte vel atra / lumen

curo
	(I 1.57)	non ego laudari *curo*, mea Delia
	I 5.33	et tantum venerata virum, hunc sedula *curet*
	[[I 10.16]]	curarer *pro* cursarem

curro
	I 3.92	tunc mihi... / obvia nudato, Delia, *curre* pede
	I 5.55	*currat* et inguinibus nudis ululetque per urbes
	[[III 6.5]]	curre *pro* care
	III 7.66	seu supra terras Phoebus seu *curreret* infra

currus
	I 4.68	Idaeae *currus* ille sequatur Opis
	I 7.8	at te..., Messalla,... / portabat nitidis *currus* eburnus equis
	I 8.21	cantus et e *curru* Lunam deducere temptat
	II 1.87	*currum*que sequuntur / matris lascivio sidera fulva choro
	II 5.116	cum praemia belli / ante suos *currus* oppida victa feret
	II 5.120	et plaudat *curru* praetereunte pater
	III 7.130	Iuppiter ipse levi vectus per inania *curru* / adfuit

curso
	(I 10.16*)	aluistis et idem, / *cursarem* vestros cum tener ante pedes

cursus
	(III 7.55)	nec valuit lotos coeptos avertere *cursus*
	III 7.125	curva nec adsuetos egerunt flumina *cursus*

curtus
	[II 1.58]	curtas *pro* hircus[1]

curvus
	I 4.8	tum Bacchi respondit rustica proles / armatus *curva* sic mihi falce deus
	(I 10.46)	pax candida primum / duxit araturos sub iuga *curva* boves
	II 1.86	nam turba iocosa / obstrepit et Phrygio tibia *curva* sono
	II 3.7	agricolaeque modo *curvom* sectarer aratrum
	III 5.16	nec venit tardo *curva* senecta pede
	III 7.20	alter dicat... // qualis (et) in *curvom* pontus confluxerit orbem

curvus *(cont'd)*
   (III 7.94*)   quis ... / possit ... / seu libeat, *curvo* brevius convertere gyro
   (III 7.125*)   *curva* nec adsuetos egerunt flumina cursus
cuspis
   [I 7.42]   cuspide *pro* compede
custodia
   I 2.5   nam posita est nostrae *custodia* saeva puellae
   I 8.55   'quid me spernis?' ait. 'poterat *custodia* vinci.'
   II 4.33   sed pretium si grande feras, *custodia* victa est
custodio
   I 6.51   parcite, quam *custodit* Amor, violare puellam
custos
   I 1.17   pomosisque ruber *custos* ponatur in hortis / ... Priapus
   I 1.20   Vos quoque, felicis quondam, nunc pauperis agri / *custodes* ..., Lares
   I 2.15   tu quoque ne timide *custodes*, Delia, falle
   [[*post* I 2.25]]   usque meum *custos* ad latus haeret amor
   I 3.84   sanctique pudoris / adsideat *custos* sedula semper anus
   I 5.21   rura colam, frugumque aderit mea Delia *custos*
   I 6.10   ipse miser docui, quo posset ludere pacto / *custodes*
   II 1.75   hoc duce *custodes* furtim transgressa iacentes / ad iuvenem tenebris sola puella venit
   II 3.73   nullus erat *custos*, nulla exclusura dolentes / ianua
   II 4.32   et coepit *custos* liminis esse canis
   III 9.4   incolumem *custos* hunc mihi servet Amor
   III 12.11   nec possit cupidos vigilans deprendere *custos*
   [*Pr* 1 1]   aerari quondam custos *pro* vilicus aerari quondam
   Pr 1 4   adsiduos *custos* ruris ut esse velis
Cyclops
   [III 7.55]   Cyclops *pro* lotos
Cydnus
   I 7.13   an te, *Cydne*, canam, tacitis qui leniter undis / caeruleus placidis per vada serpis aquis?
   [III 7.141]   Cydnus *pro* Gyndes
Cynthius
   III 4.50   accipe ... / quod(que) deus vero *Cynthius* ore feram
Cypria
   III 3.34   et faveas concha, *Cypria*, vecta tua
Cyrna
   [[I 5.16]]   Cyrnae *pro* Triviae
Cyrus
   III 7.141   nec qua ... / ... rapidus, *Cyri* dementia, Gyndes, / aret
Cytherea
   III 13.3   exorata meis illum *Cytherea* Camenis / adtulit

D

Dalmata
[III 7.116] Dalmata tergum *pro* terga †domator
damno
[I 2.91] damnasset *pro* lusisset
Danaus
    I 3.79 et *Danai* proles ... / in cava Lethaeas dolia portat aquas
daps
    I 5.28 illa deo sciet agricolae ... / pro segete spicas, pro grege ferre *dapem*
    I 5.49 sanguineas edat illa *dapes*
  (I 10.8) nec bella fuerunt, / faginus adstabat cum scyphus ante *dapes*
    II 1.81 sancte, veni *dapibus* festis, sed pone sagittas
    II 5.99 at sibi quisque *dapes* ... extruet alte
de
    I 1.15, (34*), [37], (40*), 65; 2.45, 57, 60, 84; 5.66; 6.8, 80. II 1.18, (59*); 5.55, 58. III 7.211; 8.19; 11.(6), 10; 16.1.
dea
[*post* I 2.25] praesidio noctis sentio adesse *deam*
    I 3.27 nunc, *dea*, nunc succurre mihi
    I 6.48 sanguineque effuso spargit inulta *deam*
    I 6.50 et canit eventus, quos *dea* magna monet
    I 9.84 et grata, sis, *dea*, mente rogat.
    II 6.28 ei mihi, ne vincas, dura puella, *deam*
    III 5.6 inmerito iuveni parce nocere, *dea*
    III 5.8 non ego temptavi ... / audax laudandae sacra docere *deae*
    III 12.14 ter tibi fit libo, ter, *dea* casta, mero
Dea
    I 6.22 time, seu visere dicet / sacra *Bonae* maribus non adeunda *Deae*
debeo
[I 2.99] debita *pro* dedita
    I 3.32 (ut) tibi dicere laudes / insignis turba *debeat* in Pharia
    II 1.7 nunc ad praesepia *debent* / plena coronato stare boves capite
[II 5.11] debitus *pro* deditus
    III 6.64 iam dudum ... / *debueram* sertis inplicuisse comas
    III 10.23 cum *debita* reddet / certatim sanctis laetus uterque focis
    Pr II 15 vale, Priape: *debeo* tibi nihil
decedo
[I 2.19] decedere *pro* derepere

decet
    (I 1.53)   te bellare *decet* terra, Messalla, marique
    (I 1.71)   iam subrepet iners aetas, nec amare *decebit*
    I 2.13   te meminisse *decet*, quae plurima voce peregi / supplice
    [I 2.23]   decet *pro* docet
    I 2.30   insidias non timuisse *decet*
    I 4.38   nam *decet* intonsus crinis utrumque deum
    III 7.83   qua *deceat* tutam castris praeducere fossam
    III 8.9   seu soluit crines, fusis *decet* esse capillis
    (III 8.14*)   Vertumnus ... / mille habet ornatus, mille *decenter* habet

decido
    I 2.32   cum multa *decidit* imber aqua
    III 1.20   illa mihi referet, si nostri mutua cura est, / an minor, an toto pectore *deciderim*.

decipio
    I 6.19   caveto // neu te *decipiat* nutu
    [III 6.45]   vos decipiant *pro* vos aut capiant

Decor
    III 8.8   illam ... / conponit furtim subsequiturque *Decor*

decoro
    II 2.6   cui *decorent* sanctas mollia serta comas

decresco
    (II 5.31)   fistula, cui semper *decrescit* arundinis ordo

decurro
    III 7.51   dum terna per orbem / saecula fertilibus Titan *decurreret* horis
    [III 7.94]   decurrere *pro* convertere
    III 7.102   rectus ut aequatis *decurrat* frontibus ordo
    III 7.160   seu celer hibernas properat *decurrere* luces

decus
    [[I 5.33]]   decus *pro* virum
    I 9.13   pulvisque *decorem* / detrahet et ventis horrida facta coma
    III 7.32   quam tibi maiores maius *decus* ipse futuris
    III 7.49   non Pylos aut Ithace tantos genuisse feruntur / Nestora vel parvae magnum *decus* urbis Ulixem

dedico
    I 9.84   hanc tibi fallaci resolutus amore Tibullus / *dedicat*

dedo
    I 1.26   iam possim contentus vivere ... / nec semper longae *deditus esse* viae
    (I 2.99)   at mihi parce, Venus: semper tibi *dedita* servit / mens mea

dedo *(cont'd)*
 (I 3.7*) non soror, Assyrios cineri quae *dedat* odores
 (II 5.11) tibi *deditus* augur / scit bene, quid fati provida cantet avis

deduco
 [I 2.19] deducere *pro* derepere
 I 3.86 positaque lucerna / *deducat* plena stamina longa colu
 (I 4.80) tempus erit, cum me Veneris praecepta ferentem / *deducat* iuvenum sedula turba senem
 I 5.65 pauper ad occultos furtim *deducet* amicos
 I 8.21 cantus et e curru Lunam *deducere* temptat
 III 4.31 ut iuveni primum virgo *deducta* marito / inficitur teneras ore rubente genas

defetiscor
 I 5.9 cum tristi morbo *defessa* iaceres

deficio
 I 1.60 te teneam moriens *deficiente* manu
 I 4.82*bis* *deficiunt* artes, *deficiunt*que doli
 II 5.75 ipsum etiam Solem *defectum* lumine vidit / iungere pallentes nubilus annus equos
 II 5.86 dolia dum magni *deficiant*que lacus
 III 4.20 Somnus sollicitas *deficit* ante domos
 III 7.4 at meritas si carmina laudes / *deficiant*
 (III 7.185) ditantes ordine sulci / horrea fecundas ad *deficientia* messis
 III 7.191 non te *deficient* nostrae memorare Camenae
 (III 9.6*) O pereant silvae, *deficiant*que canes!
 III 19.14 mittetur frustra *deficiet*que Venus

defigo
 III 7.84 deceat . . . / qualiter adversos hosti *defigere* cervos

defluo
 III 1.18 nullus *defluat* inde color
 III 4.81 dixit, et ignavos *defluxit* corpore somnus

defungor
 III 3.9 tum cum permenso *defunctus* tempore lucis / nudus Lethaea cogerer ire rate

deinde
 I 5.73 mox *deinde* recurrit / solus

delabor
 II 6.39 qualis ab excelsa praeceps *delapsa* fenestra / venit ad infernos sanguinolenta lacus

deleo
 (I 9.50) illa velim . . . carmina . . . / . . . liquida *deleat* amnis aqua

Delia
I	1.57	non ego laudari curo, mea *Delia*
I	1.61	flebis et arsuro positum me, *Delia*, lecto
I	1.68	Tu manes ne laede meos, sed parce solutis / crinibus, et teneris, *Delia*, parce genis
I	2.15	tu quoque ne timide custodes, *Delia*, falle
I	2.33	non labor hic laedit, reseret modo *Delia* postes
I	2.73	ipse boves mea si tecum modo *Delia* possim / iungere
I	3.9	*Delia* non usquam; quae me cum mitteret urbe, / dicitur ante omnes consuluisse deos
I	3.23	quid tua nunc Isis mihi, *Delia*,
I	3.29	mea votivas persolvens *Delia* voces
I	3.92	tunc mihi . . . / obvia nudato, *Delia*, curre pede
I	5.21	rura colam, frugumque aderit mea *Delia* custos
I	5.32	cui dulcia poma / *Delia* selectis detrahat arboribus
I	6.5	iam *Delia* furtim / nescio quem tacita callida nocte fovet
I	6.55	et tibi nescio quas dixit, mea *Delia*, poenas
I	6.85	nos, *Delia*, amoris / exemplum cana simus uterque coma

Delia (Diana)
(III 9.5*) sed procul abducit venandi *Delia* cura

delictum
[[I 6.7]] delicta *pro* tam multa

deligo
Pr II 10 saepe floribus novis / tuas sine arte *deligavimus* comas

Delius
III 4.79 hoc tibi coniugium promittit *Delius* ipse
(III 6.8*) fulserit hic niveis *Delius* alitibus

Delos
II 3.27 *Delos* ubi nunc, Phoebe, tua est, ubi Delphica Pytho?

Delphicus
II 3.27 Delos ubi nunc, Phoebe, tua est, ubi *Delphica* Pytho?

demens
I	5.20	at mihi felicem vitam . . . / fingebam *demens*
I	9.78	es ausus / tune aliis *demens* oscula ferre mea?
I	10.56	sed victor et ipse / flet sibi *dementes* tam valuisse manus
III	6.27	quid precor a, *demens*?
[[III	9.7]]	demens *pro* quae mens
III	19.17	quid facio *demens*? heu heu mea pignora cedo.

dementia
I 2.11 et mala siqua tibi dixit *dementia* nostra, / ignoscas
III 7.141 nec qua . . . / . . . rapidus, Cyri *dementia*, Gyndes, / aret

demo
I 8.46 tum cura est . . . / . . . faciem *dempta* pelle referre novam
III 9.14 et *demam* celeri ferrea vincla cani

demonstro
    III 2.27   sed tristem mortis *demonstret* littera causam
denique
    (II 4.37*) haec *denique* causa / fecit ut infamis hic deus esset Amor
dens
    I 2.18   illa favet ... / seu reserat fixo *dente* puella fores
    I 6.14   livor ... / quem facit inpresso mutua *dente* venus
    [I 6.80]   dente *pro* ducta
    I 8.38   Venus invenit ... /// ... in collo figere *dente* notas
    I 9.68   tune putas illam pro te ... / ... tenues denso pectere *dente* comas?
    III 9.3   nec tibi sit duros acuisse in proelia *dentes*
densus
    I 9.68   tune putas illam pro te ... / ... tenues *denso* pectere dente comas?
    III 7.128   nec quadrupes *densas* depascitur aspera silvas
    III 7.154   illic et *densa* tellus absconditur umbra
    (III 7.156*) sed (unda) durata riget *densam* in glaciemque nivemque
    III 7.186   cuique pecus *denso* pascebant agmine colles
    III 7.195   pro te vel *densis* solus subsistere turmis
    III 9.7   quis furor est, quae mens, *densos* indagine colles / claudentem teneras laedere velle manus?
denuntio
    III 5.5   at mihi Persephone nigram *denuntiat* horam
depascor
    III 7.128   nec quadrupes densas *depascitur* aspera silvas
depello
    I 2.51   cum libet, haec tristi *depellit* nubila caelo
    I 5.37   saepe ego temptavi curas *depellere* vino
    I 10.25   at nobis aerata, Lares, *depellite* tela
    [II 5.72]   depuleritque *pro* deplueretque
deperdo
    (I 4.29)   quam cito purpureos *deperdit* terra colores!
depluo
    (II 5.72*) multus ut in terras *depluer*etque lapis
depono
    II 1.48   rura ferunt messes, calidi cum sideris aestu / *deponit* flavas annua terra comas
    III 13.4   exorata meis illum Cytherea Camenis / adtulit in nostrum *deposuit*que sinum
deprendo
    III 12.11   nec possit cupidos vigilans *deprendere* custos
deprimo
    III 7.44   libra // qualis ... / instabilis natat alterno *depressior* orbe

derepo
  (I 2.19*) illa docet molli furtim *derepere* lecto
derigo
  (III 7.93) quis... / possit... / in(que) vicem modo *derecto* contendere passu
deripio
  (I 2.84) num feror incestus... / serta(que) de sanctis *deripuisse* focis?
  (I 10.60) e caelo *deripit* ille deos
descendo
  [[I 2.19]] descendere *pro* derepere
  [[I 5.41]] descendens *pro* discedens
  [III 7.19] descenderit *pro* desederit
desero
  I 1.11 nam veneror, seu stipes habet *desertus* in agris / seu vetus in trivio florida serta lapis
  I 1.32 non agnamve sinu pigeat fetumve capellae / *desertum* oblita matre referre domum
  (I 3.78*) sed acrem / iam iam poturi *deserit* unda sitim
  I 5.40 saepe aliam tenui, sed iam cum gaudia adirem, / admonuit dominae *deseruit*que Venus
  I 5.60 at tu quam primum sagae praecepta rapacis / *desere*
  II 5.52 te quoque iam video... / Ilia, Vestales *deseruisse* focos
desideo
  (III 7.19) alter dicat... / qualis in inmenso *desederit* aere tellus
desiderium
  III 7.188 nunc *desiderium* superest, nam cura novatur
desino
  I 8.7 *desine* dissimulare:
  I 8.77 at te poena manet, ni *desinis* esse superba
  II 6.41 *desino*, ne dominae luctus renoventur acerbi
  III 4.4 *desinite* in nobis quaerere velle fidem
  III 4.80 felix hoc alium *desine* velle virum
desisto
  (I 8.67*) *desistas* lacrimare, puer: non frangitur illa
despicio
  I 1.78*bis* ego conposito securus acervo / *despiciam* dites *despiciam*que famem
  [I 3.14] despiceretque *pro* respiceretque
  I 8.34 et regum magnae *despiciantur* opes
despuo
  I 2.56 ter cane, ter dictis *despue* carminibus
  I 2.98 *despuit* in molles et sibi quisque sinus
  [I 3.14] despueretque *pro* respiceretque

destillo
    (II 2.7)   illius puro *destillent* tempora nardo
destituo
    I 1.9   nec spes *destituat* sed frugum semper acervos / praebeat
destitutor
    Pr II 14   vale, nefande *destitutor* inguinum, / vale, Priape
desuesco
    II 1.38   his vita magistris / *desuevit* querna pellere glande famem
desum
    (III 7.100*)   tum tibi non *desit* faciem conponere pugnae
detero
    [[I 1.3]]   deterat *pro* terreat
    I 9.16   *deteret* invalidos et via longa pedes
deterreo
    I 3.13   tamen *est deterrita* numquam / quin fleret nostras respiceretque vias
detexo
    II 3.15   tum fiscella levi *detexta est* vimine iunci
detineo
    [I 1.46]   detinuisse *pro* continuisse
    I 2.96   stare nec ante fores puduit caraeve puellae / ancillam medio *detinuisse* foro
    I 7.58   quem Tuscula tellus / candidaque antiquo *detinet* Alba Lare
    I 8.20   cantus et iratae *detinet* anguis iter
    I 8.74   saepe etiam ... fertur ... / ... cupidum ficta *detinuisse* mora
detraho
    (I 5.32)   cui dulcia poma / Delia selectis *detrahat* arboribus
    I 5.66   vinclaque de niveo *detrahet* ipse pede
    I 9.14   pulvisque decorem / *detrahet* et ventis horrida facta coma
    II 1.73   hic iuveni *detraxit* opes
detrecto
    (I 6.38)   non saeva recuso / verbera, *detrecto* non ego vincla pedum
detrudo
    [[I 1.5]]   detrudat *pro* traducat
deus
    (I 1.14)   quodcumque mihi pomum novos educat annus, / libatum agricolae ponitur ante *deo*
    [I 1.35]   deum *pro* meum
    [I 1.37]   vos quoque adeste dei *pro* adsitis, divi
    [[*post* I 2.25]] ille *deus* certae dat mihi signa viae

deus (*cont'd*)

I	2.40	occulat ille / perque *deos* omnes se meminisse neget
I	2.64	concidit ad magicos hostia pulla *deos*
I	2.83	num feror incestus sedes adiisse *deorum*?
I	2.90	non uni saeviet usque *deus*
I	3.10	Delia non usquam; quae me cum mitteret urbe, / dicitur ante omnes consuluisse *deos*
I	3.22	sciat egressum se prohibente *deo*
I	3.52	me . . . terrent / non dicta in sanctos inpia verba *deos*
I	4.8	respondit . . . / armatus curva sic mihi falce *deus*
I	4.38	nam decet intonsus crinis utrumque *deum*
I	4.73	haec mihi, quae canerem Titio, *deus* edidit ore
I	5.20	at mihi felicem vitam, si salva fuisses, / fingebam demens sed renuente *deo*
I	5.27	illa *deo* sciet agricolae pro vitibus uvam / . . . ferre
I	5.57	eveniet: dat signa *deus*; sunt numina amanti
I	6.4	an gloria magna est / insidias homini conposuisse *deum*?
I	6.30	iussit Amor: contra quis ferat arma *deos*?
I	6.43	sic fieri iubet ipse *deus*
I	7.2	hunc cecinere diem Parcae fatalia nentes / stamina, non ulli dissoluenda *deo*
[[I	7.53]]	deus tibi *pro* tibi dem
I	8.3	nec mihi sunt sortes, nec conscia fibra *deorum*
I	8.7	*deus* crudelius urit, / quos videt invitos subcubuisse sibi
I	8.56	ipse dedit cupidis fallere posse *deus*
I	8.72	nescius ultorem post caput esse *deum*
I	9.11	at *deus* illa / in cinerem et liquidas munera vertat aquas
I	9.24	est *deus*, occultos qui vetat esse dolos
I	9.25	ipse *deus* tacito permisit lene ministro
I	9.27	ipse *deus* somno domitos emittere vocem / iussit
I	10.20	cum paupere cultu / stabat in exigua ligneus aede *deus*
I	10.60	e caelo deripit ille *deos*
II	1.9	omnia sint operata *deo*
II	1.17	*di* patrii, purgamus agros, purgamus agrestes
II	1.26	viden ut felicibus extis / significet placidos nuntia fibra *deos*?
II	1.37	rura cano rurisque *deos*
(II	1.54*)	et satur arenti primum est modulatus avena / carmen, ut ornatos diceret ante *deos*
II	1.79	a miseri, quos hic graviter *deus* urget
II	1.83	vos celebrem cantate *deum* pecorique vocate / voce
II	2.12	iam reor hoc ipsos edidicisse *deos*
II	3.14a	ipse *deus* solitus stabulis expellere vaccas
II	3.30	Veneri cum fertur aperte / servire aeternos non puduisse *deos*

deus (*cont'd*)

II	3.32	fabula sit mavolt quam sine amore *deus*
(II	4.38*)	haec denique causa / fecit ut infamis hic *deus* esset Amor
II	5.14	lubrica signavit cum *deus* exta notis
[II	5.20]	deos *pro* Lares
(II	5.22*)	nec fore credebat Romam, cum maestus ab alto / Ilion ardentes respiceretque *deos*
II	5.30	garrula silvestri fistula sacra *deo*
[II	5.42]	deos *pro* Lares
II	5.44	illic sanctus eris, cum te veneranda Numici / unda *deum* caelo miserit Indigetem
II	5.54	iam video . . . /// (et) cupidi ad ripas arma relicta *dei*
II	5.77	vidit / . . . nubilus annus . . . / . . . simulacra *deum* lacrimas fudisse tepentes
II	5.95	tunc operata *deo* pubes discumbet in herba
II	6.54	satis anxia vivas, / moverit e votis pars quotacumque *deos*
III	3.28	at si . . . / audiat aversa non meus aure *deus*
III	4.1	*di* meliora ferant
III	4.16	nec laesit magnos inpia lingua *deos*
(III	4.19)	nec me sopierat menti *deus* utilis aegrae
III	4.43	salve, cura *deum*
III	4.50	accipe . . . / quod(que) *deus* vero Cynthius ore feram
III	4.95	haec *deus* in melius crudelia somnia vertat
[III	5.7]	deorum *pro* virorum
III	5.14	nec nos . . . / inpia in adversos solvimus ora *deos*
III	5.22	parcite, . . . / dura(que) sortiti tertia regna *dei*
III	6.13	ille facit dites animos *deus*
[III	6.23]	deus hic quantumque *pro* qualis quantusque
III	6.26	illaque, si qua est, / quid valeat laesi sentiat ira *dei*
III	7.12	Alcides, *deus* adscensurus Olympum
III	7.68	vidit, ut . . . / magna *deum* proles levibus discurreret umbris
III	7.135	quin hortante *deo* magnis insistere rebus / incipe
III	7.163	non illic colit arva *deus*, Bacchusve Ceresve
III	10.14	dicit in aeternos aspera verba *deos*
III	10.15	pone metum, Cerinthe; *deus* non laedit amantes
III	10.25	tum te felicem dicet pia turba *deorum*
III	11.19	at tu, Natalis, quoniam *deus* omnia sentis, / adnue
III	19.16	quae sola ante alios est mihi magna *deos*
Pr	II 1	quid hoc novi est? quid ira nuntiat *deum*?

deveho

[III	10.8]	devehat *pro* evehat

deveneror
    (I 5.14*)   ipse procuravi, ne possent saeva nocere / somnia, ter sancta *deveneranda* mola

devincio
    II 5.5   ipse triumphali *devinctus* tempora lauro / ..., ad tua sacra veni
    II 5.117   lauro *devinctus* agresti / miles 'io' magna voce 'triumphe' canet

devius
    III 9.2   parce meo iuveni, ... / seu colis umbrosi *devia* montis aper

devoco
    I 2.48   haec cantu ... / ... tepido *devocat* ossa rogo

devoveo
    I 5.41   tunc me discedens *devotum* femina dixit
    I 5.44   facie tenerisque lacertis / *devovet* et flavis nostra puella comis.
    I 8.18   num te pallentibus herbis / *devovit* tacito tempore noctis anus?
    I 9.72   *devoveat* pro quo remque domumque tuam
    II 3.64   tu quoque *devotos*, Bacche, relinque lacus

dexter
    I 4.51   si volet arma, levi temptabis ludere *dextra*
    III 5.10   nec mea mortiferis infecit pocula sucis / *dextera*
    III 7.95   quis parma, seu *dextra* velit seu laeva, tueri // amplior?
    (III 7.104), 104   *dexter* uti laevom teneat *dextrum*que sinister / miles

Diana
    III 9.19   sed lege *Dianae*, / caste puer, casta retia tange manu

dico, dicatum
    Pr 1 2   haec tibi Perspectus templa, Priape, *dico*

dico, dictum
    I 1.72   nec amare decebit, / *dicere* nec cano blanditias capite
    I 2.11   et mala siqua tibi *dixit* dementia nostra, / ignoscas
    I 2.53   sola tenere malas Medeae *dicitur* herbas
    I 2.56   ter cane, ter *dictis* despue carminibus
    I 2.61   nempe haec eadem se *dixit* amores / cantibus aut herbis solvere posse meos
    I 3.10   Delia ... quae ... / *dicitur* ante omnes consuluisse deos
    I 3.19   O quotiens ingressus iter mihi tristia *dixi* / offensum in porta signa dedisse pedem!
    I 3.31   (ut) bisque die resoluta comas tibi *dicere* laudes / ... debeat
    I 3.52   me ... terrent / non *dicta* in sanctos inpia verba deos

dico, dictum (cont'd)

I	5.5	ure ferum et torque, libeat ne *dicere* quicquam / magnificum post haec
I	5.10	ille ego ... / te *dicor* votis eripuisse meis
I	5.41	tunc me discedens devotum femina *dixit*
I	6.21	time, seu visere *dicet* / sacra Bonae maribus non adeunda Deae
I	6.31	nec me iam *dicere* vera pudebit
I	6.55	et tibi nescio quas *dixit*, mea Delia, poenas
I	7.23	Nile pater, quanam possim te *dicere* causa / ... occuluisse caput?
I	9.29	haec ego *dicebam*: nunc me flevisse loquentem / ... pudet
I	9.59	nec lasciva soror *dicatur* plura bibisse / pocula
I	10.31	ut mihi potanti possit sua *dicere* facta / miles
II	1.31	sed 'bene Messallam' sua quisque ad pocula *dicat*
(II	1.54*)	et satur arenti primum est modulatus avena / carmen, ut ornatos *diceret* ante deos
II	1.68	Cupido / natus ... indomitas *dicitur* inter equas
II	1.73	hic *dicere* iussit / limen ad iratae verba pudenda senem
II	2.1	*dicamus* bona verba: venit Natalis ad aras
(II	3.18*)	*dicitur* occurens erubuisse soror
II	4.49	et 'bene' discedens *dicet* 'placideque quiescas'
II	5.20	postquam ille parentem / *dicitur* et raptos sustinuisse Lares
[II	5.35]	dictis *pro* diti
II	5.61	et sibi *dicet* / vos bene tam longa consuluisse via
II	5.67	quicquid Amalthea, quicquid Marpesia *dixit* / Herophile
II	5.71	haec fore *dixerunt* belli mala signa cometen
II	5.94	nec taedebit avum ... / balba(que) cum puero *dicere* verba senem
III	1.5	*dicite*, Pierides, quonam donetur honore
III	1.22	atque haec submisso *dicite* verba sono
III	4.46	*dicere* non norunt quid ferat hora sequens
III	4.49	quare, ego quae *dico* non fallax, accipe, vates
III	4.78	haec illi nostro nomine *dicta* refer
III	4.81	*dixit*, et ignavos defluxit corpore somnus
III	7.6	*dictis* ut non maiora supersint
(III	7.18)	alter *dicat* opus magni mirabile mundi
III	7.30	nec quaeris, quid quaque index sub imagine *dicat*
[[III	7.68]]	ius diceret *pro* discurreret
III	7.176	solus utroque idem *diceris* magnus in orbe
III	10.14	*dicit* in aeternos aspera verba deos
III	10.25	tum te felicem *dicet* pia turba deorum
III	11.18	nam pudet haec illum *dicere* verba palam
III	13.6	mea gaudia narret, / *dicetur* siquis non habuisse sua

dicto
    [III 7.18]   dictat *pro* dicat
Dictynna
    I 4.25   perque suas inpune sinit *Dictynna* sagittas / adfirmes
dido
    [[III 2.23]]   didant *pro* dives
diduco
    [I 4.80]   diducat *pro* deducat
dies
    (I 3.18*)   aut ego sum causatus aves aut omina dira / Saturni sacram me tenuisse *diem*
    I 3.31   (ut) bisque *die* . . . tibi dicere laudes / . . . debeat
    I 4.17   longa *dies* homini docuit parere leones
    I 4.18   longa *dies* molli saxa peredit aqua
    I 4.28   quam cito non segnis stat remeatque *dies*
    I 4.34   vidi iam iuvenem, premeret cum serior aetas, / maerentem stultos praeteriisse *dies*
    I 7.1   hunc cecinere *diem* Parcae fatalia nentes / stamina
    I 8.78   quam cupies votis hunc revocare *diem*!
    I 9.62   dum rota Luciferi provocet orta *diem*
    II 1.29   vina *diem* celebrent: non festa luce madere / est rubor
    II 4.11   nunc et amara *dies* et noctis amarior umbra est
    II 5.36   illa . . . / ad iuvenem festa est vecta puella *die*
    III 3.26   O mihi felicem terque quaterque *diem*!
    III 4.54   quae tibi securos non sinit ire *dies*
    III 5.28   languent ter quinos sed mea membra *dies*
    III 6.32   venit post multos una serena *dies*
    III 6.54   quam vellem . . . / . . . tecum longos pervigilare *dies*
    III 7.65   quis numquam candente *dies* adparuit ortu
    III 7.122   fulgentem Tyrio subtegmine vestem / indueras oriente *die* duce fertilis anni
    III 7.205   seu matura *dies* celerem properat mihi mortem
    III 11.1   qui mihi te, Cerinthe, *dies* dedit, hic mihi sanctus
    III 11.16   catena, / nulla queat posthac quam soluisse *dies*
    (III 15.3*)   omnibus ille *dies* nobis natalis agatur
    III 18.2   ne tibi sim, mea lux, aeque iam fervida cura / ac videor paucos ante fuisse *dies*
difficilis
    I 2.7   ianua *difficilis*, domini te verberet imber
    I 8.27   nec tu *difficilis* puero tamen esse memento
    I 9.20   asperaque est illi *difficilis*que Venus
    III 6.33   ei mihi, *difficile* est imitari gaudia falsa
    III 6.34   *difficile* est tristi fingere mente iocum

digitus
    I 2.34   et vocet ad *digiti* me taciturna sonum
    I 6.19   *digito*que liquorem / ne trahat et mensae ducat in orbe notas
    III 4.41   sed postquam fuerant *digiti* cum voce locuti
dignus
    II 6.43   nec lacrimis oculos *digna* est foedare loquaces
    III 1.8   gaudeat, ut *digna* est, versibus illa tuis
    III 8.15   sola puellarum *digna* est
    III 8.24   *dignior* est vestro nulla puella choro
    III 12.10   ullae non ille puellae / servire aut cuiquam *dignior* illa viro
    III 13.10*bis* cum *digno digna* fuisse ferar
diluo
    [I 9.50]   diluat *pro* deleat
dirigo
    [III 7.93]   directo *pro* derecto
diripio
    [I 2.84]   diripuisse *pro* deripuisse
    I 6.54   adtigerit, labentur opes, . . . / . . . ut hic ventis *diripitur*-(que) cinis
    [I 10.60]   diripit *pro* deripit
    III 6.28   venti temeraria vota, / aeriae et nubes *diripienda* ferant
    III 9.22   incidat in saevas *diripienda* feras
dirus
    (I 3.17*)   aut ego sum causatus aves aut omina *dira* / . . . me tenuisse
    I 10.4   tum brevior *dirae* mortis aperta via est
    II 6.17   tu miserum torques, tu me mihi *dira* precari / cogis
    [II 6.47]   diro *pro* duro
    II 6.53   tunc tibi, lena, precor *diras*
    [III 4.92]   diris *pro* duris
    [III 5.22]   diraque *pro* duraque
dis
    I 1.78   ego conposito securus acervo / despiciam *dites* despiciamque famem
    (II 5.35)   illa saepe gregis *diti* placitura magistro
    (III 6.13)   ille facit *dites* animos deus
Dis
    III 1.28   huius spem nominis illi / auferet extincto pallida *Ditis* aqua
    [III 3.38]   Ditis *pro* dives
    III 5.33   interea nigras pecudes promittite *Diti*

discedo
[I 2.19]   discedere *pro* derepere
I 3.21   audeat invito ne quis *discedere* Amore
(I 5.41*) tunc me *discedens* devotum femina dixit
(II 1.11)   *discedat* ab aris, / cui tulit hesterna gaudia nocte Venus
II 4.49   et 'bene' *discedens* dicet 'placideque quiescas'
III 6.37   quid queror infelix? turpes *discedite* curae
discidium
(I 5.1)   asper eram et bene *discidium* me ferre loquebar
disco
I 6.11   fingere nunc *didicit* causas, ut sola cubaret
I 6.52   ne pigeat magno post *didicisse* malo
II 3.4   verbaque aratoris rustica *discit* Amor
III 4.62   a pereat, *didicit* fallere siqua virum
(III 6.44) felix, quicumque dolore / alterius *disces* posse cavere tuo
III 7.170   hinc et colla iugo *didicit* submittere taurus
discors
II 3.37   praeda feras acies cinxit *discordibus* armis
III 7.124   et fera *discordes* tenuerunt flamina venti
discumbo
II 5.95   tunc operata deo pubes *discumbet* in herba
discurro
III 1.3   et vaga nunc certa *discurrunt* undique pompa / ... munera
(III 7.68*) vidit, ut ... / magna deum proles levibus *discurreret* umbris
disicio
III 7.109   Pannonius, gelidas passim *disiectus* in Alpes
disperdo
[I 4.29]   disperdit *pro* deperdit
displiceo
I 8.75   nunc *displicet* illi / quaecumque obposita est ianua dura sera
III 19.6   *displiceas* aliis: sic ego tutus ero
dispono
I 8.10   quid tibi nunc molles prodest coluisse capillos / saepeque mutatas *disposuisse* comas
I 9.64   illa nulla queat melius ... / ... operum varias *disposuisse* vices
I 9.67   tune putas illam pro te *disponere* crines?
II 3.54   vestes ... quas femina Coa / texuit, auratas *disposuit*que vias
III 7.152   tellus / ... quinque in partes toto *disponitur* orbe

dissimulo
 i 8.7   desine *dissimulare*: deus crudelius urit, / quos videt invitos subcubuisse sibi
 (i 8.44)   coma tum mutatur, ut annos / *dissimulet* viridi cortice tincta nucis
 iii 18.6   ardorem cupiens *dissimulare* meum

dissolvo
 i 7.2   hunc cecinere diem Parcae fatalia nentes / stamina, non ulli *dissoluenda* deo
 i 7.40   Bacchus et agricolae magno confecta labore / pectora tristitiae *dissoluenda* dedit
 i 10.62   sit satis ornatus *dissoluisse* comae

distendo
 ii 5.84   *distendet* spicis horrea plena Ceres

dito
 iii 7.184   cui fuerant flavi *ditantes* ordine sulci / horrea

diu
 i 6.63   vive *diu* mihi, dulcis anus

diva
 ii 5.46   tandem ad Troianos *diva* superba venit
 iii 12.5   illa quidem ornandi causas tibi, *diva*, relegat
 [[iii 12.19]]   diva, veni grata, ut verteret (?) *pro* sis iuveni grata, veniet

divello
 iii 12.7   at tu, sancta, fave, neu quis *divellat* amantes

diversus
 iii 4.59   *diversas*que suas agitat mens inpia curas
 iii 7.45   nam seu *diversi* fremat inconstantia volgi, / non alius sedare queat

dives
 i 1.49   sit *dives* iure, furorem / qui maris et tristes ferre potest pluvias
 i 5.47   haec nocuere mihi, quod adest huic *dives* amator
 i 9.31   tum mihi iurabas nullo te *divitis* auri / pondere ... vendere velle fidem
 i 10.7   *divitis* hoc vitium est auri
 ii 2.4   urantur odores, / quos tener e terra *divite* mittit Arabs
 ii 3.49   heu heu *divitibus* video gaudere puellas
 (iii 2.23*)   illic quas mittit *dives* Panchaia merces
 (iii 2.24)   Eoique Arabes, *dives* et Assyria
 iii 3.11   nam grave quid prodest pondus mihi *divitis* auri
 (iii 3.38)   *dives* in ignava luridus Orcus aqua
 iii 8.18   cultor odoratae *dives* Arabs segetis
 [[iii 15.3]]   bonis dives *pro* dies nobis

divinus
    I 6.44   sic magna sacerdos / est mihi *divino* vaticinata sono

divitiae
    I 1.1   *divitias* alius fulvo sibi congerat auro
    (I 1.41*)   non ego *divitias* patrum fructusque requiro
    (I 9.19)   *divitiis* captus siquis violavit amorem

divus
    (I 1.37)   adsitis, *divi*, neu vos e paupere mensa / dona... spernite
    I 4.35   crudeles *divi*! serpens novus exuit annos / formae non ullam fata dedere moram
    I 8.69   oderunt, Pholoe, moneo, fastigia *divi*
    I 9.2   quid mihi... / foedera per *divos*, clam violanda, dabas?
    II 5.113   nam *divum* servat tutela poetas
    III 4.5   *divi* vera monent
    III 8.5   illius ex oculis, cum volt exurere *divos*, / accendit geminas lampadas acer Amor

do
    I 1.24   rustica pubes / clamet 'io messes et bona vina *date*'.
    I 1.62   tristibus et lacrimis oscula mixta *dabis*
    I 2.14   te meminisse decet quae plurima voce peregi / supplice cum posti florida serta *darem*
    [[*post* I 2.25]]   ille deus certae *dat* mihi signa viae
    I 2.86   non ego, si merui, dubitem... / ... *dare* sacratis oscula liminibus
    I 3.13   cuncta *dabant* reditus
    I 3.15   cum iam mandata *dedissem*, / quaerebam tardas anxius usque moras
    [I 3.17]   dant *pro* aut
    I 3.20   mihi tristia dixi / offensum in porta signa *dedisse* pedem
    I 3.45   ipsae mella *dabant* quercus
    I 4.16   paulatim sub iuga colla *dabit*
    I 4.36   formae non ullam fata *dedere* moram
    I 4.52   saepe *dabis* nudum, vincat ut ille, latus
    (I 4.54*)   rapias tum cara licebit / oscula: pugnabit, sed tamen apta *dabit*
    (I 4.55*)   rapta *dabit* primo, post adferet ipse roganti
    I 5.16   vota novem Triviae nocte silente *dedi*
    I 5.57   eveniet: *dat* signa deus; sunt numina amanti
    I 6.13   tum sucos herbasque *dedi*, quis livor abiret
    [I 6.42]   det *pro* stet
    [[I 7.3]]   dare *pro* fore
    I 7.36   illi iucundos primum matura sapores / expressa incultis uva *dedit* pedibus

do *(cont'd)*

I	7.40	Bacchus et agricolae magno confecta labore / pectora tristitiae dissolunda *dedit*
(I	7.53*)	sic venias hodierne: tibi *dem* turis honores
(I	8.25*)	sed corpus tetigisse nocet, sed longa *dedisse* / oscula
I	8.29	munera ne poscas: *det* munera canus amator
(I	8.37*)	Venus invenit ... // ... *dare* anhelanti pugnantibus umida linguis / oscula
I	8.56	ipse *dedit* cupidis fallere posse deus
I	8.58	ut nec *dent* oscula rapta sonum
I	8.70	nec prodest sanctis tura *dedisse* focis
I	9.2	quid mihi ... / foedera per divos, clam violanda, *dabas*?
I	9.33	non tibi si pretium Campania terra *daretur*
I	10.6	nos ad mala nostra / vertimus, in saevas quod *dedit* ille feras
I	10.22	seu *dederat* sanctae spicea serta comae
II	1.45	aurea tum pressos pedibus *dedit* uva liquores
II	1.57	huic *datus* a pleno memorabile munus, ovili / dux pecoris
II	3.40	bellica cum dubiis rostra *dedit* ratibus
II	4.3	servitium sed triste *datur*, teneorque catenis
II	4.26	illa malum facinus suadet dominamque rapacem / *dat* mihi
(II	4.29*)	hic *dat* avaritiae causas
(II	4.35*)	heu quicumque *dedit* formam caelestis avarae
II	4.44	nec erit qui lugeat ullus, / nec qui *det* maestas munus in exequias
II	4.48	annua constructo serta *dabit* tumulo
[II	4.56]	dedit *pro* gerit
II	5.19	haec *dedit* Aeneae sortes
II	5.83	laurus ubi bona signa *dedit*, gaudete coloni
II	5.91	et fetus matrona *dabit*
II	5.108	heu heu quam multis ars *dedit* ista malum!
II	5.119	tum Messalla meus pia *det* spectacula turbae
III	3.2	quid prodest ... / blanda(que) cum multa tura *dedisse* prece?
III	3.6	non, ut ... // ... magnas messes terra benigna *daret*
[[III	4.26]]	dedit *pro* videt
III	4.40	felices cantus ore sonante *dedit*
III	4.48	at mihi ... aevi(que) futuri / eventura pater posse videre *dedit*
III	5.10	nec mea ... / dextera ... cuiquam trita venena *dedit*
III	6.16	indomitis mollia corda *dedit*
III	7.80	fabula sive novom *dedit* his erroribus orbem
III	8.16	cui mollia caris / vellera *det* sucis bis madefacta Tyros

do (*cont'd*)
[III 9.18]	da *pro* ne	
III 11.1	qui mihi te, Cerinthe, dies *dedit*, hic mihi sanctus	
(III 11.4)	te nascente... Parcae... / ... *dederunt* regna superba tibi	
III 12.2	sanctos cape turis acervos, / quos tibi *dat* tenera docta puella manu	

doceo
I 2.19	illa *docet* molli furtim derepere lecto
(I 2.23)	nec *docet* hoc omnes
I 3.28	nam posse mederi / picta *docet* templis multa tabella tuis
I 4.17	longa dies homini *docuit* parere leones
I 4.59	qui venerem *docuisti* vendere primus
I 4.61	Pieridas, pueri, *doctos* et amate poetas
I 6.9	ipse miser *docui*, quo posset ludere pacto / custodes
I 6.67	sit modo casta, *doce*, quamvis non vitta ligatos / impediat crines
I 7.20	prima ratem ventis credere *docta* Tyros
I 7.28	pubes... / barbara, Memphiten plangere *docta* bovem
I 7.33	hic *docuit* teneram palis adiungere vitem
I 7.37	ille liquor *docuit* voces inflectere cantu
I 8.12	(prodest) quid ungues / artificis *docta* subsecuisse manu?
I 9.37	at non ego fallere *doctus* / tergebam umentes credulus usque genas
(II 1.39*)	illi conpositis primum *docuere* tigillis / exiguam viridi fronde operire domum
(II 1.41*)	illi etiam tauros primi *docuisse* feruntur / servitium
II 1.70	ei mihi, quam *doctas* nunc habet ille manus!
II 3.14b	ipse deus solitus... / (et) miscere novo *docuisse* coagula lacte
(II 3.20*)	O quotiens ausae... / rumpere mugitu carmina *docta* boves
II 5.18	et ipse precor quid canat illa *doce*
III 4.45	*doctae*que sorores / dicere non norunt, quid ferat hora sequens
III 4.65	saevos Amor *docuit* validos temptare labores
III 4.66	saevos Amor *docuit* verbera posse pati
(III 5.8*)	non ego temptavi... / audax laudandae sacra *docere* deae
III 6.24	quales his poenas qualis quantusque minetur, / Cadmeae matris praeda cruenta *docet*
III 6.41	sic cecinit pro te *doctus*, Minoi, Catullus
III 7.61	solum nec *doctae* verterunt pocula Circes
III 7.208	mutata figura / seu me finget equom rigidos percurrere campos / *doctum*
III 12.2	sanctos cape turis acervos, / quos tibi dat tenera *docta* puella manu

doleo
I	8.73	saepe etiam lacrimas fertur risisse *dolentis*
(II	3.23*)	saepe horrere sacros *doluit* Latona capillos
II	3.73	nullus erat custos, nulla exclusura *dolentes* / ianua
[Pr	II 33]	aut dolentior *pro* angue lentior

dolium
I	3.80	et Danai proles ... / in cava Lethaeas *dolia* portat aquas
II	5.86	*dolia* dum magni deficiantque lacus

dolor
(I	2.1)	adde merum vinoque novos conpesce *dolores*
I	5.38	at *dolor* in lacrimas verterat omne merum
II	4.7	O ego ne possim tales sentire *dolores*
(II	5.110)	et faveo morbo, cum iuvat ipse *dolor*
III	2.3	durus et ille fuit, qui tantum ferre *dolorem* / ... potuit
III	2.6	frangit fortia corda *dolor*
III	2.13	sed veniat carae matris comitata *dolore*
III	2.29	*dolor* huic et cura Neaerae, / coniugis ereptae, causa perire fuit
III	6.3	aufer et ipse meum patera medicante *dolorem*
III	6.43	felix, quicumque *dolore* / alterius disces posse cavere tuo
III	7.189	nam cura novatur, / cum memor ante actos semper *dolor* admonet annos
(III	16.5)	quibus illa *dolori* est / ne cedam ignoto, maxima causa, toro
III	20.3	crimina non haec sunt nostro sine facta *dolore*

dolus
I	4.82	deficiunt artes, deficiuntque *doli*
I	9.24	est deus, occultos qui vetat esse *dolos*
I	9.54	at te ... / rideat adsiduis uxor inulta *dolis*
III	6.12	fallat eum tecto cara puella *dolo*

domator
(†III	7.116)	*domator* / libera Romanae subiecit colla catenae

Domator
[III	7.116]	Domator *pro* domator

domina
I	1.46	quam iuvat ... / ... *dominam* tenero continuisse sinu
[I	2.7]	dominae *pro* domini
I	5.26	consuescet amantis / garrulus in *dominae* ludere verna sinu
I	5.40	admonuit *dominae* deseruitque Venus
II	3.5	O ego, cum aspicerem *dominam*, quam fortiter illic / versarem valido pingue bidente solum!
II	3.79	ducite: ad imperium *dominae* sulcabimus agros
II	4.1	sic mihi servitium video *dominam*que paratam

domina (*cont'd*)
II	4.19	ad *dominam* faciles aditus per carmina quaero
II	4.25	illa malum facinus suadet *dominam*que rapacem / dat mihi
II	6.41	desino, ne *dominae* luctus renoventur acerbi
II	6.47	cum *dominae* dulces a limine duro / adgnosco voces
[III	4.65]	dominae fera verba minantis *pro* validos temptare labores
III	4.74	si ferre recusas / inmitem *dominam* coniugiumque ferum
III	6.14	ille ferocem / contudit et *dominae* misit in arbitrium
III	10.12	votaque pro *domina* vix numeranda facit
III	19.22	nec fugiam notae servitium *dominae*

dominus
(I	2.7)	ianua difficilis, *domini* te verberet imber
I	3.49	nunc Iove sub *domino* caedes et vulnera semper
III	7.187	pecus... / et *domino* satis et nimium furique lupoque

domo
I	3.42	illo... tempore... / non *domito* frenos ore momordit equus
I	5.6	horrida verba *doma*
I	9.27	ipse deus somno *domitos* emittere vocem / iussit
[III	7.116]	domante *pro* domator

domus
I	1.32	fetumve capellae / desertum oblita matre referre *domum*
I	1.54	ut *domus* hostiles praeferat exuvias
I	1.66	illo non iuvenis poterit de funere quisquam / lumina, non virgo, sicca referre *domum*
I	3.43	non *domus* ulla fores habuit
[[I	4.80]]	domum *pro* senem
I	5.30	at iuvet in tota me nihil esse *domo*
I	5.73	et simulat transire *domum*, mox deinde recurrit / solus
I	9.58	et pateat cupidis semper aperta *domus*
I	9.72	devoveat pro quo remque *domum*que tuam
(I	10.52*)	rusticus... vehit... / uxorem plaustro progeniemque *domum*
(II	1.40*)	illi conpositis primum docuere tigillis / exiguam viridi fronde operire *domum*
(II	3.22*)	venit et a templis inrita turba *domum*
II	3.34	cui tristi fronte Cupido / imperat, ut nostra sint tua castra *domo*
II	4.22	ne iaceam clausam flebilis ante *domum*
[[II	5.22]]	domos *pro* deos
II	6.48	haec negat esse *domi*
III	1.4	discurrunt... / perque vias urbis munera perque *domos*
III	1.17	ite *domum* cultumque illi donate libellum

domus *(cont'd)*

III	2.22	parent // atque in marmorea ponere sicca (ossa) *domo*
III	3.4	insignis clara conspicuosque *domo*
III	3.13	quidve *domus* prodest Phrygiis innixa columnis?
III	3.15	(quid prosunt) nemora in *domibus* sacros imitantia lucos?
III	4.20	Somnus sollicitas deficit ante *domos*
[III	4.26]	ulla domus *pro* illud opus
III	4.60	nec gaudet casta nupta Neaera *domo*
III	4.92	sed culta et duris non habitanda *domus*
III	7.183	cum magnis opibus *domus* alta niteret

donec

Pr	II 34	*donec* ... / triplexque quadruplexque compleas specum

dono

[[I	1.17]]	donatur *pro* ponatur
III	1.5	quonam *donetur* honore / seu mea, seu fallor, cara Neaera tamen
III	1.17	ite domum cultumque illi *donate* libellum
III	1.21	sed primum meritam larga *donate* salute

donum

[[I	1.13]]	donum *pro* pomum
I	1.38	neu vos e paupere mensa / *dona* nec e puris spernite fictilibus
I	5.60	nam *donis* vincitur omnis amor
I	9.53	qui puerum *donis* corrumpere es ausus
II	3.52	utque per urbem / incedat *donis* conspicienda meis
II	4.21	at mihi per caedem et facinus sunt *dona* paranda
[II	4.23]	donis *pro* fanis
II	6.31	illius *dona* sepulcro / et madefacta meis serta feram lacrimis
III	7.8	etiam Phoebo gratissima *dona* / Cres tulit

dormio

(I	8.40*)	non lapis hanc gemmaeque iuvant, quae frigore sola / *dormiat*

dubito

I	2.85	non ego, si merui, *dubitem* procumbere templis
III	4.75	ergo ne *dubita* blandas adhibere querelas

dubius

II	3.40	bellica cum *dubiis* rostra dedit ratibus
III	7.106	at non per *dubias* errant mea carmina laudes

duco

I	2.45	hanc ego de caelo *ducentem* sidera vidi
(I	2.80*)	nam neque tum plumae nec stragula picta soporem / nec sonitus placidae *ducere* posset aquae
I	3.48	nec ensem / inmiti saevus *duxerat* arte faber

duco (*cont'd*)
- (I 3.58*)   sed me ... / ipsa Venus campos *ducet* in Elysios
- I 6.20   caveto // ... digito(que) liquorem / ne trahat et mensae *ducat* in orbe notas
- (I 6.71*)   et siquid peccasse putet, *ducar*(que) capillis / inmerito
- I 6.78   post victa senecta / *ducit* inops tremula stamina torta manu
- (I 6.80)   tractaque de niveo vellere *ducta* putat
- I 9.10   lucra petituras freta per parentia ventis / *ducunt* instabiles sidera certa rates
- I 9.61   illam saepe ferunt convivia *ducere* Baccho
- I 10.46   pax candida primum / *duxit* araturos sub iuga curva boves
- [II 1.54]   *duceret pro* diceret
- (II 1.56*)   agricola ... / primus inexperta *duxit* ab arte choros
- [II 1.58]   *duxerat pro* auxerat
- [[II 3.61]]   quia *ducis* (*ducit*) *pro* quae abducis
- II 3.79   *ducite*: ad imperium dominae sulcabimus agros
- II 6.3   et seu longa virum terrae via seu vaga *ducent* / aequora
- III 3.36   tristesque sorores, / stamina quae *ducunt* quaeque futura neunt
- III 7.85   quemve locum *ducto* melius sit claudere vallo

ducto
- [[I 6.71]]   *ducterque pro* ducarque

dudum
- III 6.63   iam *dudum* ... / debueram sertis inplicuisse comas

dulcis
- I 3.60   passimque vagantes / *dulce* sonant tenui gutture carmen aves
- I 5.31   cui *dulcia* poma / Delia selectis detrahat arboribus
- I 6.63   vive diu mihi, *dulcis* anus
- (I 7.47)   tibi sunt ..., Osiri, //// ... Tyriae vestes et *dulcis* tibia cantu
- I 7.54   liba et Mopsopio *dulcia* melle feram
- [I 10.11]   *dulcis pro* vulgi
- II 1.3   Bacche, veni, *dulcis*que tuis e cornibus uva / pendeat
- II 1.50   conpleat ut *dulci* sedula melle favos
- II 6.47   cum dominae *dulces* a limine duro / adgnosco voces
- III 3.27   pro *dulci* reditu quaecumque voventur
- (III 4.42)   edidit haec tristi *dulcia* verba modo
- III 6.9   vos modo proposito *dulces* faveatis amici
- III 7.86   fontibus ut *dulces* erumpat terra liquores
- III 11.7   mutuos adsit amor, per te *dulcissima* furta / ... rogo
- III 14.3   *dulcius* urbe quid est? an villa sit apta puellae?

dum (*c. indic.*)
 I 1.69, (73); 2.4; 3.(25), 56; 4.65, 66*bis*; 5.22, 76; 8.(36*), 47, 65.
 II 1.35, [[78]]; 3.8; 5.6, 56, [110].   III 7.112a.
dum (*c. subj.*)
 I 1.6, 58, [73]; 2.75; 4.50; 9.62, [81].   II 2.19; 3.[[5]], (19*); 5.86.
 III 7.50, 81. *Pr* II 44.
duo
  duae (*nom.*) III 7.153.   **duos** III 10.20.
duplex
  III 7.103 seu libeat *duplicem* seiunctim cernere Martem
  III 7.105 sitque *duplex* gemini victoria casus
Duranus
  [I 7.11] Duranus *pro* Rhodanus
duro
  III 7.156 (unda) *durata* riget densam in glaciemque nivemque
  [[III 8.23]] durat *pro* sumet
durus
  I 1.56   et sedeo *duras* ianitor ante fores
  I 1.63   flebis: non tua sunt *duro* praecordia ferro / vincta
  I 2.6   clauditur et *dura* ianua firma sera
  [[I 2.90]] durus *pro* uni
  I 4.47   nec te paeniteat *duros* subiisse labores
  [I 5.62] in duro limine fixus erit *pro* in tenero fixus erit latere
  I 6.7   illa quidem tam multa negat, sed credere *durum* est
  I 6.69   et mihi sint *durae* leges
  I 7.34   docuit... / hic viridem *dura* caedere falce comam
  I 7.42   crura licet *dura* compede pulsa sonent
  I 7.59   namque opibus congesta tuis hic glarea *dura* / sternitur
  I 8.50   in veteres esto *dura*, puella, senes
  I 8.76   nunc displicet illi / quaecumque obposita est ianua *dura*
           sera
  I 9.8   et *durum* terrae rusticus urget opus
  I 10.49 at tristia *duri* / militis in tenebris occupat arma situs
  II 3.61 at tibi *dura* seges, Nemesim qui abducis ab urbe, /
           persolvat nulla semina terra fide
  (II 6.28) ei mihi, ne vincas, *dura* puella, deam
  (II 6.47) cum dominae dulces a limine *duro* / adgnosco voces
  (III 2.3) *durus* et ille fuit, qui tantum ferre dolorem / ... potuit
  III 4.76   vincuntur molli pectora *dura* prece
  (III 4.92) sed culta et *duris* non habitanda domus
  (III 5.22) parcite..., / *dura*(que) sortiti tertia regna dei
  III 6.7   ite procul *durum* curae genus, ite labores
  III 9.3   nec tibi sit *duros* acuisse in proelia dentes

dux
    I 1.75   hic ego *dux* milesque bonus
  [[I 6.16]]   duce *pro* quoque
    I 7.6   pubes Romana . . . / vidit . . . evinctos bracchia capta *duces*
  (I 10.10)   somnumque petebat / securus sparsas *dux* gregis inter oves
    I 10.30   sternat et adversos Marte favente *duces*
  (II 1.58)   ovili / *dux* pecoris †hircus auxerat hircus oves
   II 1.75   hoc *duce* custodes furtim transgressa iacentes / ad iuvenem tenebris sola puella venit
  (II 3.21*)   saepe *duces* trepidis petiere oracula rebus
   II 5.15   te *duce* Romanos numquam frustrata Sibylla
   II 5.50   ante oculos . . . est / Alba(que) ab Ascanio condita Longa *duce*
  III 6.10   neve neget quisquam me *duce* se comitem
  III 7.116   te *duce* . . . domator / libera Romanae subiecit colla catenae
  III 7.122   fulgentem Tyrio subtegmine vestem / indueras oriente die *duce* fertilis anni

Dyaspes
  [III 7.140]   Dyaspes *pro* Choaspes

E

e
    I 1.(37), 38; 2.42; 3.12; 5.52, 56; [7.51, 61]; 8.21; 10.17, (26*), (51*), 60, 61. II 1.3; (2.4); (4.30*); 5.97; 6.54. III 3.3; (7.21); 8.2; 19.13. **ex** I (4.64*); 6.83; 8.62. II 1.24. III 6.19; 8.5; 15.1.
ebrius
  III 6.36   nec bene sollicitis *ebria* verba sonant
ebur
  (I 4.64*)   carmina ni sint, / ex umero Pelopis, non nituisset *ebur*
eburnus
    I 7.8   at te . . . / portabat nitidis currus *eburnus* equis
  III 4.39   hanc primum veniens plectro modulatus *eburno*
ecce
  II [[3.59]]; 5.45, 47.
edisco
  II 2.12   iam reor hoc ipsos *edidicisse* deos

edo, esum
    (I 5.49*)   sanguineas *edat* illa dapes
edo, editum
  I 4.73   haec mihi, quae canerem Titio, deus *editit* ore
  I 9.26   *ederet* ut multo libera verba mero
  III 4.42   *edidit* haec tristi dulcia verba modo
  III 7.114   ipse tamen velox celerem super *edere* corpus / audet equom
educo
  I 1.13   et quodcumque mihi pomum novos *educat* annus
effero
  III 7.123   splendidior liquidis cum Sol caput *extulit* undis
  Pr II 5   Venus fuit quieta, nec viriliter / iners senile penis *extulit* caput
efficio
  I 5.64   pauper in angusto fidus comes agmine turbae / subicietque manus *efficiet*que viam
  III 4.13   *efficiat* vanos noctis Lucina timores
  III 10.5   *effice* ne macies pallentes occupet artus
effluo
  [I 6.40]   effluit *pro* et fluit
effundo
  I 3.8   non soror ... quae ... / ... fleat *effusis* ante sepulcra comis
  I 3.38   nondum caeruleas pinus contempserat undas, / *effusum* ventis praebueratque sinum
  I 6.40   tum procul absitis ... / ... fluit *effuso* cui toga laxa sinu
  I 6.48   sanguineque *effuso* spargit inulta deam
  III 7.92   quis ... / possit ... *effusas* tardo permittere habenas
ego
  I 1[25], (35*), (41*), 57, 75, 77; 2.25, 45, 65, 85, 87, 91; 3.15, 17; 4.7; 5.9, [11], 15, 37; 6.29, 31, 38, 57, 63, 70, 73; 8.1; 9.29, 37, 75; 10.43. II 3.5, 80; 4.7, 16; 6.42, 47. III 2.5, [9], 26; 4.49, 69, 72, 82; 5.7; 6.43, 59; 7.177, 209; 9.12, 13; 11.5; 13.7; 17.3; 19.6, 9; 20.2. **mei** I 3.2. III 6.29; 14.5. **mihi** I 1.13, [[25]], 49, 59; 2.9, [[*post* 25]], 31, 32, 43, 55, 76, 99; 3.5, 19, 23*bis*, 27, 33, 82, 91; 4.8, [53], 73; 5.2, 19, 23, 35, 47; 6.1, 5, [[7]], 23, 24, 37, [42], 44, 59, 63, 69, 76; 8.3, 4, 57, 64, 65; 9.1, 13, 31, 35; 10.11, 31. II 1.27, 35, 70; [3.47]; 4.1, 2, 21, 24, 26, 51; 5.47, 64, 109, 111; 6.10*bis*, 11, 17, 27, 28, 31, 36, 49, (51). III 1.15, 19; 2.7; 3.(11), 23, 25, 26, 31; 4.(1), 47; 5.5; (6.33); 7.27, 107, 119, 178, 183, 198, 203, 205; 9.4, 15; 10.3; 11.(1*), 1; 13.2; [16.1]; 17.5; 19.(3), 5, 11, 12, (16). *Pr* II 2, 44. **mi** [[I 2.90]]. **me** (*acc.*) I 1.5, 55, 61; 2.[*post* 25], 34, 63, [90]; 3.3, 9, 18, 51, 57; 4.75, 77, 79, 81; 5.1, 30, 41; 6.[[3]], (16*), (26*), 31, 58, 61; 8.55; 9.29, 48, 79, 81. II 3.80; 4.59; 6.17. III 3.29, 37;

ego (*cont'd*)
    4.19, 67; 7.(1), 182, 207, 210; [13.8]; 18.4; 19.19; (20.2). **me** (*abl.*)
    I 2.60; 3.1; 6.(3*), 8, [[16]], 62; (7.9*). III 6.10, 52; 9.19; 11.10;
    16.1. **nos** I 6.85; 10.5. III 5.11, 13; 6.31; 11.17. **nostri** I 9.48.
    III 1.19; 2.25; 5.31; 7.197. **nobis** I 3.93; [[9.41]]; 10.25, 67. II
    4.52; 6.44. III 6.6, 55; 7.7, 169; [12.20]; (15.3*); 19.1. **nos** [I 2.90].
    III 5.[1], 32; [6.45]; [11.16]; [12.7]. **nobis** I 2.57; [9.51]. III
    (4.4*); [5.29]; 6.25; 11.6; 16.5.
egredior
    I 3.22   aut sciat *egressum* se prohibente deo
eheu
    I [4.81]; [[6.10]].   II 3.[2], [[49]]; [5.108].   [[III 19.17]].
ei
    [[I 5.42*bis*; 6.69]].   II (1.70); [[5.109]]; 6.28.   (III 6.33).
elegi
    (II 4.13*)   nec prosunt *elegi* nec carminis auctor Apollo
    (Dom. Mar. 3)   ne foret . . . *elegis* molles qui fleret amores
Eleus
    I 4.32   quam iacet . . . / qui prior *Eleo* est carcere missus equos
elicio
    I 2.48   haec cantu finditque solum Manesque sepulcris / *elicit*
eluceo
    III 7.134   additus aris / laetior *eluxit* structos super ignis acervos
eludo
    II 1.19   neu seges *eludat* messem fallacibus herbis
eluo
    [I 10.51]   eluto *pro* e luco
Elysius
    I 3.58   sed me . . . / ipsa Venus campos ducet in *Elysios*
    III 5.23   *Elysios* olim liceat cognoscere campos
    Dom. Mar. 2   te quoque Vergilio comitem non aequa, Tibulle, / Mors
                      iuvenem campos misit ad *Elysios*
emereo
    I 9.60   nec lasciva soror dicatur . . . / . . . plures *emeruisse* viros
emergo
    [III 4.17]   emerga *pro* emensa
emetior
    (III 4.17)   iam Nox aetherium nigris *emensa* quadrigis / mundum
emitto
    I 9.27   ipse deus somno domitos *emittere* vocem / iussit
en
    I 2.25.   II 2.10.   [[III 6.6; 12.15]].
enarro
    [I 5.42]   enarrat *pro* et narrat

ensis
    (I 3.47)   nec *ensem* / inmiti saevus duxerat arte faber
    I 10.1   quis fuit, horrendos primus qui protulit *enses*?
enumquam
    [[II 4.4]]   enumquam *pro* et numquam
eo
    I 1.76   vos, signa tubaeque, / *ite* procul, cupidis volnera ferte viris
    I 2.29   quisquis amore tenetur, *eat* tutusque sacerque / qualibet
    I 3.1   *ibitis* Aegaeas sine me, Messalla, per undas
    I 4.41   neu comes *ire* neges, quamvis via longa paretur
    I 4.45   vel si caeruleas puppi volet *ire* per undas
    [[I 5.76]]   it *pro* in
    [[I 6.54]]   it *pro* hic
    II 1.15   cernite, fulgentes ut *eat* sacer agnus ad aras
    [[II 3.34]]   i *pro* ut
    II 4.15   *ite* procul, Musae, si non prodestis amanti
    II 4.20   *ite* procul, Musae, si nihil ista valent
    II 4.54   *ite* sub imperium sub titulumque, Lares
    II 5.33   at qua Velabri regio patet, *ire* solebat / exiguos... linter
    [II 5.82]   eat *pro* erit
    II 6.4   cum telis ad latus *ire* volet?
    (II 6.46)   furtimque tabellas / occulto portans *it*que reditque sinu
    III 1.17   *ite* domum cultumque illi donate libellum
    III 3.10   tum cum... / nudus Lethaea cogerer *ire* rate
    III 4.3   *ite* procul, vani, falsumque avertite visum
    III 4.54   quae tibi securos non sinit *ire* dies
    [III 6.6]   i *pro* et
    III 6.7*bis*   *ite* procul durum curae genus, *ite* labores
    III 6.52   *ite* a me, seria verba, precor
    (III 6.62)   tu, puer, *i*, liquidum fortius adde merum
    (III 7.175*)   ergo ubi per claros *ierint* tua facta triumphos
    III 7.193   pro te vel rapidas ausim maris *ire* per undas
eodem *v.* **idem**
Eous
    II 2.16   *Eoi* qua maris unda rubet
    III 2.24   illic quas mittit dives Panchaia merces / *Eoi*que Arabas
    III 8.20   et quascumque niger Rubro de litore gemmas / proximus *Eois* colligit Indus aquis
epula
    I 5.34   huic paret atque *epulas* ipsa ministra gerat
equa
    II 1.68   Cupido / natus... indomitas dicitur inter *equas*
    (II 4.58*)   et quod... / hippomanes cupidae stillat ab inguine *equae*

equus
I	2.72	insideat celeri conspiciendus *equo*
I	3.42	illo ... tempore ... / non domito frenos ore momordit *equus*
I	3.94	hoc precor, hunc illum nobis Aurora nitentem / Luciferum roseis candida portet *equis*
I	4.11	hic placet, angustis quod *equom* conpescit habenis
I	4.32	quam iacet, ... / qui prior Eleo est carcere missus *equos*
I	7.8	at te ... / portabat nitidis currus eburnus *equis*
II	1.87	ludite: iam Nox iungit *equos*
II	3.56	illi sint comites fusci, quos ... / Solis ... admotis inficit ignis *equis*
(II	4.18*)	nec refero ... qualis, ubi orbem / conplevit, versis Luna recurrit *equis*
II	5.60	qua fluitantibus undis / Solis anhelantes abluit amnis *equos*
II	5.76	ipsum etiam Solem defectum lumine vidit / iungere pallentes nubilus annus *equos*
III	7.91	aut quis *equom* celerem(ve) arto conpescere freno / possit
III	7.115	ipse tamen velox celerem super edere corpus / audet *equom*
III	7.207	mutata figura / seu me finget *equom* rigidos percurrere campos / doctum
[[III	8.20]]	equis *pro* aquis

ergo
  III 2.9; 4.75, [80]; [[5.11]]; 6.51; 7.[161], 175

erigo
  [III 7.60] erigit *pro* inrigat
  [*Pr* II 43] erigat *pro* arrigat

Erigone
  (III 7.11) ut puro testantur sidera caelo / *Erigone*que Canisque

eripio
I	5.10	ille ego ... / te dicor votis *eripuisse* meis
(I	9.35)	illis *eriperes* verbis mihi sidera caeli / lucere
(II	4.40)	at tibi ... / *eripiant* partas ventus et ignis opes
II	5.92	natusque parenti / oscula conprensis auribus *eripiet*
III	2.2	qui primus caram iuveni carumque puellae / *eripuit* iuvenem, ferreus ille fuit
III	2.4	durus et ille fuit, ... / vivere (et) *erepta* coniuge qui potuit
III	2.30	dolor huic et cura Neaerae, / coniugis *ereptae*, causa perire fuit

erro (*subst.*)
  II 6.6 atque iterum *erronem* sub tua signa voca

erro (*vb.*)
  (I 4.27)   at si tardus eris, *errabis*
  I 10.38   *errat* ad obscuros pallida turba lacus
  II 1.30   non festa luce madere / est rubor, *errantes* et male ferre pedes
  [II 4.38]   *erret pro* esset
  II 5.42   iam vocat *errantes* hospita terra Lares
  II 5.106   modo in terris *erret* inermis Amor
  III 7.52   ille per ignotas audax *erraverit* urbes
  III 7.106   at non per dubias *errant* mea carmina laudes

error
  I 4.69   et tercentenas *erroribus* expleat urbes
  (III 7.78)   finis et *erroris* miseri Phaeacia tellus
  III 7.80   fabula sive novom dedit his *erroribus* orbem

erubeo
  (II 3.18*)   dicitur occurens *erubuisse* soror

erumpo
  III 7.86   fontibus ut dulces *erumpat* terra liquores

Erythraeus
  (III 3.17)   quidve in *Erythraeo* legitur quae litore concha / ... iuvat?

et

 I 1.2, 10, 13, 24, [37], 44, 46, [47, 50], 50, 56, [59, 60], 68, 74; 2.11, 34, 48, 63*bis*, 68, 74, 75, 82, 86, 88, [90], 93, 94; 3.8, (26*), [29], 49, [[54]], 64, 66, 70, (72*, 77*), 79; 4.22, 42, 69, 70; 5.1, 5, 18, [[20]], [28, 30], 33, (42*, 42*), 44, 52, 54, [57], 62, [72*bis*], (73*), 74; 6.2, [[7]], 20, [34], 36, (40*), [46], 50, 55, (69*), 71, 84; 7.6, 10, 30, 44*bis*, 45, 47*bis*, 48, (49*), 50, 52*bis*, 56; 8.22, 34, [[35]], (36*, 37*, 38*, 40*), 46, 54, 59, 60, 62, (68*), 74; 9.(3), 8, 12, 14, 16, 21, 22, 28, 36, (44*, 48), 50, 52, 55, 58, 70, 74, 80, 84; 10.2, 13, 32, 34, 36, 42, 47, 66.

 II 1.1, 4, 6, 14, 24, 28, 34, (42*, 53*, 60*, 66*), 68,72, 77, 82, 86, 90; II [2.19]; 3.14b, [42], 63, (68), 69; 4.(4*, 5*), 21, 32, 34, 40, 49, (57*); 5.18, 20, 26, 28, 54, 61, 64, 65, 74, 77, (81), 82, 91, 99, 104, (109*, 110), 120; 6.2, 3, 10*bis*, 18, 20, 32, 34.

 III 1.3, 24; 2.12, 19, 25, 29; 3.6, 15, 19, [24], 33, 34; 4.8, (9*), 10, (11), 14, 30, (33*, 34*), 37, 44, 55, 81, 92, 93, 96; 5.(15), 20, 26, 30, 34; 6.[3], (6*), 14, 15, 16, 17, [21], 30, [33], 50, 54, [[55]], [62]; 7.[[2]], 9, (21*), [24], 77, [87, 91], (92*), 124, 131, 152, (155*), 166, 171, 173, 187*bis*; 8.19, 22; 9.14, (21), 24; 10.1, 7*bis*, 18, 26; 11.4; [12.19]; 14.2; 19.12.

 Pr II 43.

et (*postpositum*)

    I 1.(8*), [18], 61, 62; 2.6, 39, 70, 71*bis*, 76, 98; 3.82; 4.5, 6, 61; 5.55, 58; 6.41, [48]; 7.12, 15, 21, 38, 39, 41, (51, 54); 8.[10], 20, 21; 10.[5], 30, 44, 58, 68.

    II 1.30, 32, [50], (55*), (64*); 2.9, (22); 3.10, 11, (14c, 22*), (45*), 56; 4.(30*), 56; 5.38, 66, [72], 85.

    III (1.10); 2.(3), 4, 24, [3.38]; (5.31); 6.(3*), 28; 7.20, (22, 56), 58, 78, (88), 168; 10.10; (12.15*).

    [*Pr* II 34].

et (*intens.*)

    I 1.77; (9.39*); 10.(15*), 28, 55.   II (1.63*); 5.[95], 98.   III [2.5]; 7.[1], [110], (110), 154, 170.

et ... et

    II 4.11, (29–30*)

etenim

    III 1.14   sic *etenim* comptum mittere oportet opus

etiam

    I 4.56; 6.8; 8.73; 9.37, 47.   II 1.41, 61, 85; 4.53; 5.75; 6.25.   III 2.20; 7.8, 12, 64, 126, 174, 204.

Etruscus

    III 5.1   vos tenet, *Etruscis* manat quae fontibus unda

etsi

    III 6.47   *etsi* per(que) suos fallax iuravit ocellos

Eulaeus

    [[III 7.140]]   aut *Eulaeus pro* vel Nilus

Eurus

    [I 4.44]   *Eurus pro* arcus

    I 5.35   quae nunc *Eurus*que Notusque / iactat odoratos vota per Armenios

eveho

    (III 10.8)   quidquid triste timemus, / in pelagus rapidis *evehat* amnis aquis

evenio

    (I 5.57)   *eveniet*; dat signa deus: sunt numina amanti

    I 7.5   *evenere*: novos pubes Romana triumphos / vidit

    II 1.25   *eventura* precor: viden ut felicibus extis / significet placidos nuntia fibra deos?

    [II 2.21]   *eveniat pro* hic veniat

    II 5.11   tu procul *eventura* vides

    III 4.48   at mihi ... aevi(que) futuri / *eventura* pater posse videre dedit

eventus

    I 6.50   et canit *eventus*, quos dea magna monet

    I 8.4   praecinit *eventus* nec cantus avis

    [[II 5.18]]   *eventus pro* ipse precor

everto
  [III 7.55]   evertere *pro* avertere
evigilo
  I 8.64   *est* mihi nox multis *evigilanda* malis
evincio
  (I 7.6)   pubes Romana... / vidit... *evinctos* bracchia capta duces
evinco
  [I 7.6]   evictos *pro* evinctos
  III 17.3   a ego non aliter tristes *evincere* morbos / optarim, quam te si quoque velle putem
  III 17.5   at mihi quid prosit morbos *evincere*?
ex *v.* **e**
excelsus
  II 6.39   qualis ab *excelsa* praeceps delapsa fenestra / venit ad infernos sanguinolenta lacus
  III 7.171   didicit... / et lenta *excelsos* vitis conscendere ramos
excito
  I 2.4   neu quisquam multo percussum tempora baccho / *excitet*
  Pr II 42   excitet *pro* excubet
excludo
  II 3.73   nullus erat custos, nulla *exclusura* dolentes / ianua
  II 4.39   quae pretio victos *excludis* amantes
excreo
  I 5.74   ante ipsas *excreat* usque fores
excubo
  (I 3.72*)   Cerberus... / ... aeratas *excubat* ante fores
  (*Pr* II 42)   rigente nervos *excubet* lubidine
excutio
  II 6.12   sed magnifice mihi magna locuto / *excutiunt* clausae fortia verba fores
exedo
  [I 10.37]   exesis *pro* percussis
exemplum
  I 6.86   nos, Delia, amoris / *exemplum* cana simus uterque coma
  (I 9.40*)   sed precor *exemplo* sit levis illa tuo
exeo
  I 6.21   *exibit* quam saepe, time
exequiae
  (II 4.44)   nec erit qui lugeat ullus, / nec qui det maestas munus in *exequias*

exerceo
    II 1.69   illic indocto primum se *exercuit* arcu
exhibeo
    II 1.61   rure etiam teneris curam *exhibitura* puellis / molle gerit tergo lucida vellus ovis
exiguus
    [I 1.6]   exiguo *pro* adsiduo
    I 1.22   nunc agna *exigui* est hostia parva soli
    (I 1.33*)   at vos *exiguo* pecori, furesque lupique, / parcite
    I 10.20   cum paupere cultu / stabat in *exigua* ligneus aede deus
    (II 1.40*)   illi conpositis primum docuere tigillis / *exiguam* viridi fronde operire domum
    II 5.34   ire solebat / *exiguos* pulsa per vada linter aqua
exilis
    [I 1.54]   exiles *pro* hostiles
exitium
    I 5.48   venit in *exitium* callida lena meum
exorior
    III 1.2   *exoriens* nostris hic fuit annus avis
exoro
    III 13.3   *exorata* meis illum Cytherea Camenis / adtulit
expello
    II 3.14a   ipse deus solitus stabulis *expellere* vaccas
    III 10.1   huc ades et tenerae morbos *expelle* puellae
experio
    III 7.107   nam bellis *experta* cano
expleo
    I 3.53   quodsi fatales iam nunc *explevimus* annos
    I 4.69   et tercentenas erroribus *expleat* urbes
exploro
    II 1.78   *explorat* caecas cui manus ante vias
exprimo
    I 7.36   illi iucundos primum matura sapores / *expressa* incultis uva dedit pedibus
exsolvo
    III 13.5   *exsoluit* promissa Venus.
exsurgo
    III 7.161   non igitur presso tellus *exsurgit* aratro
    (III 7.174)   quin etiam structis *exsurgunt* oppida muris
exta
    II 1.25   viden ut felicibus *extis* / significet placidos nuntia fibra deos?

exta (*cont'd*)
    II 5.14   per te praesentit haruspex, / lubrica signavit cum deus *exta* notis
    III 4.6   venturae nuntia sortis / vera monent Tuscis *exta* probata viris

externus
    I 3.40   nec ... / presserat *externa* navita merce ratem
    I 9.57   semper sint *externa* tuo vestigia lecto
    (II 3.43*)   cui lapis *externus* curae est
    [III 4.2]   externa *pro* hesterna

extimeo
    II 6.50   languere puellam / nuntiat aut aliquas *extimuisse* minas

extinguo
    II 6.16   acer Amor, ... / ... *extinctas* aspiciam(que) faces!
    III 1.28   huius spem nominis illi / auferet *extincto* pallida Ditis aqua

exto
    II 1.2   ritus ut a prisco traditus *extat* avo
    [II 4.38]   exstet *pro* esset
    (III 12.20)   hic idem votis iam vetus *extet* amor

extremus
    [III 4.2]   extrema *pro* hesterna
    III 7.53   qua maris *extremis* tellus includitur undis

extruo
    II 1.24   turbaque vernarum ... / ludet et ex virgis *extruet* ante casas
    (II 5.99)   at sibi quisque dapes et festas *extruet* alte / caespitibus mensas caespitibusque torum

exuo
    I 4.35   serpens novus *exuit* annos / formae non ullam fata dedere moram.

exurgito
    [III 7.174]   exurgitat (-ant) *pro* exsurgunt

exuro
    [[I 10.37]]   exustisque *pro* percussisque
    II 3.9   nec quererer, quod sol graciles *exureret* artus
    III 7.164   nulla nec *exustas* habitant animalia partes
    III 8.5   illius ex oculis, cum volt *exurere* divos, / accendit geminas lampadas acer Amor.

exuviae
    I 1.54   ut domus hostiles praeferat *exuvias*

F

fabella
    I   3.85   haec tibi *fabellas* referat

faber
    I   3.48   nec ensem / inmiti saevus duxerat arte *faber*

fabrico
    [Pr II 18]   fabricabit *pro* affricabit

fabula
    I   4.83   parce, puer, quaeso, ne turpis *fabula* fiam, / cum mea ridebunt vana magisteria
    II 3.31   *fabula* nunc ille est
    II 3.32   sed cui sua cura puella est, / *fabula* sit mavolt quam sine amore deus
    III 4.68   me quondam Admeti niveas pavisse iuvencas / non est in vanum *fabula* ficta iocum
    III 7.80   *fabula* sive novom dedit his erroribus orbem

facies
    I   5.43   non facit hoc verbis, *facie* tenerisque lacertis / devovet
    I   8.46   tum cura est ... / ... *faciem* dempta pelle referre novam
    I   9.15   uretur *facies*, urentur sole capilli
    I   9.69   ista haec persuadet *facies*?
    III 7.100   tum tibi non desit *faciem* conponere pugnae

facilis
    (I 1.8*)   ipse seram ... / rusticus ... *facili* grandia poma manu
    (I 1.40*)   fictilia antiquus primum sibi fecit agrestis / pocula, de *facili* conposuitque luto
    I   3.57   quod *facilis* tenero sum semper Amori
    [[I 4.12]]   facilem *pro* placidam
    [[I 10.11]] facilis *pro* vulgi
    II 4.19   ad dominam *faciles* aditus per carmina quaero
    II 6.27   Spes *facilem* Nemesim spondet mihi; sed negat illa
    III 5.30   et *facilis* lenta pellitur unda manu
    (III 7.87) ut *facilis*que tuis aditus sit et arduos hosti

facinus
    II 4.21   at mihi per caedem et *facinus* sunt dona paranda
    II 4.25   illa malum *facinus* suadet dominamque rapacem / dat mihi

facio
    [[I 1.15]]   fit *pro* sit
    (I 1.39*)   fictilia antiquus primum sibi *fecit* agrestis / pocula
    [*post* I 2.25] securum in tenebris me *facit* esse Venus
    (I 2.35)   parcite luminibus, seu vir seu femina *fiat* / obvia
    (I 3.54*)   *fac* lapis inscriptis stet super ossa notis

facio (*cont'd*)

[[I 3.57]]		fac *pro* sed
I	4.83	parce, puer, quaeso, ne turpis fabula *fiam*,
I	5.43	non *facit* hoc verbis, facie tenerisque lacertis / devovet
I	6.14	livor... / quem *facit* inpresso mutua dente venus
I	6.43	sic *fieri* iubet ipse deus
I	7.29	primus aratra manu sollerti *fecit* Osiris
I	7.55	at tibi succrescat proles, quae *facta* parentis / augeat
I	8.22	cantus et e curru Lunam deducere temptat, / et *faceret*, si non aera repulsa sonent
I	8.28	persequitur poenis tristia *facta* Venus
I	9.14	pulvisque decorem / detrahet et ventis horrida *facta* coma
I	9.28	ipse deus... / iussit... invitos *facta* tegenda loqui
(I	9.39*)	quid *faciam*, nisi et ipse fores in amore puellae?
I	9.73	nec *facit* hoc vitio
I	10.17	neu pudeat prisco vos *esse* e stipite *factos*
I	10.31	ut mihi potanti possit sua dicere *facta* / miles
I	10.44	liceat... / temporis... prisci *facta* referre senem
(II	1.60*)	rure puer verno primum de flore coronam / *fecit*
II	3.16	raraque per nexus *est* via *facta* sero
II	4.31	haec *fecere* malas: hinc clavim ianua sensit
(II	4.38*)	haec denique causa / *fecit* ut infamis hic deus esset Amor
II	5.28	suberat Pan ilicis umbrae / et *facta* agresti lignea falce Pales
II	5.102	postmodo quae votis inrita *facta* velit
II	6.1	castra Macer sequitur: tenero quid *fiet* Amori?
(II	6.10*)	et mihi sunt vires, et mihi *facta* tuba *est*
(III	1.12*)	indicet ut nomen littera *facta* tuom
III	4.15	si mea nec turpi mens est obnoxia *facto*
(III	5.12*)	nec cor sollicitant *facta* nefanda meum
III	6.13	ille *facit* dites animos deus
III	6.42	sic cecinit... Catullus, / ingrati referens inpia *facta* viri
III	7.6	si... // nec tua praeter te chartis intexere quisquam / *facta* queat
III	7.33	at tua non titulus capiet sub nomine *facta*
III	7.175	ergo ubi per claros ierint tua *facta* triumphos
III	10.12	votaque pro domina vix numeranda *facit*
(III	12.14)	ter tibi *fit* libo, ter, dea casta, mero
III	19.17	quid *facio* demens? heu heu mea pignora cedo.
(III	19.21)	iam *faciam* quodcumque voles
(III	20.3*)	crimina non haec *sunt* nostro sine *facta* dolore

facundia

III	7.81	sit labor illius, tua dum *facundia*, maior

faenor
 II 6.22 spes sulcis credit aratis / semina, quae magno *faenore* reddat ager

faginus
 I 10.8 nec bella fuerunt, / *faginus* adstabat cum scyphus ante dapes

Falernus
 I 9.34 daretur / non tibi si, Bacchi cura, *Falernus* ager
 II 1.27 nunc mihi fumosos veteris proferte *Falernos* / consulis
 III 6.6 et nobis prona funde *Falerna* manu

fallax
 I 6.15 at tu, *fallacis* coniunx incaute puellae, / me quoque servato
 I 9.83 hanc tibi *fallaci* resolutus amore Tibullus / dedicat
 II 1.19 neu seges eludat messem *fallacibus* herbis
 III 4.7 somnia *fallaci* ludunt temeraria nocte
 III 4.49 quare ego quae dico non *fallax*, accipe, vates
 III 6.47 etsi per ... suos *fallax* iuravit ocellos, // nulla fides inerit
 III 6.51 ergo quid totiens *fallacis* verba puellae / conqueror?
 III 7.108 testis quoque *fallax* / Pannonius gelidas passim disiectus in Alpes

fallo
 I 2.15 tu quoque ne timide custodes, Delia, *falle*
 I 2.55 haec mihi conposuit cantus, quis *fallere* posses
 I 8.56 ipse dedit cupidis *fallere* posse deus
 I 8.63 vel cum promittit, subito sed perfida *fallit*, / est mihi nox multis evigilanda malis
 I 9.37 at non ego *fallere* doctus / tergebam umentes credulus usque genas
 III 1.6 quonam donetur honore / seu mea, seu *fallor*, cara Neaera tamen
 III 4.56 vanum nocturnis *fallit* imaginibus
 III 4.62 a pereat, didicit *fallere* siqua virum!
 III 6.12 *fallat* eum tecto cara puella dolo
 (III 6.46) nec vos ... / ... *fallat* blanda sordida lingua fide
 III 12.12 *fallendi*que vias mille ministret Amor

falsus
 III 3.20 *falso* plurima volgus amat
 (III 4.3*) ite procul, vani, *falsum*que avertite visum
 III 4.8 somnia ... ludunt ... / et pavidas mentes *falsa* timere iubent?
 III 6.33 ei mihi, difficile est imitari gaudia *falsa*

falx

I	1.18	terreat ut saeva *falce* Priapus aves
I	4.8	tum Bacchi respondit rustica proles / armatus curva sic mihi *falce* deus
I	7.34	docuit . . . / hic viridem dura caedere *falce* comam
II	5.28	suberat Pan illicis umbrae / et facta agresti lignea *falce* Pales

fama

III	7.29	non tua maiorum contenta est gloria *fama*
III	7.112	terna minus Pyliae miretur saecula *famae*
[III	7.112a]	*famae pro* vitae
III	7.199	non magni potior sit *fama* Gylippi
(III	13.2*)	tandem venit amor, qualem texisse pudori / quam nudasse alicui sit mihi *fama* magis
III	13.9	sed pecasse iuvat, voltus conponere *famae* / taedet

Fama

[[III 13.2] Fama *pro* fama

fames

I	1.78	ego conposito securus acervo / despiciam dites despiciamque *famem*
I	5.53	ipsa *fame* stimulante furens herbasque sepulcris / quaerat
II	1.38	his vita magistris / desuevit querna pellere glande *famem*.

fanum

(II 4.23) aut rapiam suspensa sacris insignia *fanis*

far

III 4.10 hominum genus omina noctis / *farre* pio placant et saliente sale?

fas

I	6.64	proprios ego tecum, / sit modo *fas*, annos contribuisse velim.
[I	9.23]	fas *pro* spes
II	3.74	si *fas* est, mos precor ille redi.
Pr	1 3	pro quibus officiis, si *fas* est, sancte, paciscor.

fascino

Pr II 8 Priape . . . / soles . . . / ruber sedere cum rubente *fascino*

fastidium

I 8.69 oderunt, Pholoe, moneo, *fastidia* divi,

fastigium

III 1.11 summaque praetexat tenuis *fastigia* chartae

fastus

I 8.75 nunc omnes odit *fastus*.

fatalis
- I 3.53   quodsi *fatales* iam nunc explevimus annos
- I 7.1   hunc cecinere diem Parcae *fatalia* nentes / stamina
- II 5.57   Roma, tuom nomen terris *fatale* regendis

fateor
- I 6.29   non ego te laesi prudens: ignosce *fatenti*
- III 2.7   nec mihi vera loqui pudor est vitaeque *fateri* / tot mala perpessae, taedia nata meae.
- III 18.4   cuius me *fatear* paenituisse magis

fatigo
- III 7.182   quamvis / Fortuna, ut mos est illi, me adversa *fatiget*.

fatum
- I 1.69   interea, dum *fata* sinunt, iungamus amores:
- I 4.31   quam iacet, infirmae venere ubi *fata* senectae.
- I 4.36   formae non ullam *fata* dedere moram.
- I 5.51   hanc volitent animae circum sua *fata* querentes / semper
- (I 5.69)   at tu, qui potior nunc es, mea *fata* timeto
- II 5.12   tibi deditus augur / scit bene, quid *fati* provida cantet avis
- II 5.16   Sibylla / abdita quae senis *fata* canit pedibus.
- II 5.78   vidit / ... nubilus annus ... // *fata* ... vocales praemonuisse boves.
- II 6.34   et mea cum muto *fata* querar cinere.
- III 3.35   aut si *fata* negant reditum tristesque sorores
- III 4.47   at mihi *fatorum* leges ... / ... pater posse videre dedit
- (III 5.18*)   cum cecidit *fato* consul uterque pari.
- III 5.32   memores et vivite nostri, / sive erimus seu nos *fata* fuisse velint.
- III 6.30   sis felix, et sint candida *fata* tua.
- III 7.203   nulla mihi statuent finem te *fata* canendi.
- [III 7.205]   *fato* pro celerem
- III 10.11   neu iuvenem torque, metuit qui *fata* puellae

faveo
- I 2.17   illa *favet* seu quis iuvenis nova limina temptat / seu reserat fixo dente puella fores.
- I 4.72   querelis / supplicibus, miseris fletibus illa *favet*
- I 10.30   sternat et adversos Marte *favente* duces.
- (II 1.1*)   quisquis adest, *faveat*: fruges lustramus et agros.
- II 2.2   quisquis ades, lingua, vir mulierque, *fave*.
- II 5.1   Phoebe, *fave*: novos ingreditur tua templa sacerdos.
- (II 5.110)   et *faveo* morbo, cum iuvat ipse dolor.
- III 3.33   adsis et timidis *faveas*, Saturnia, votis
- III 3.34   et *faveas* concha, Cypria, vecta tua.

faveo *(cont'd)*

    III 4.44   casto nam rite poetae / Phoebusque et Bacchus Pieridesque *favent*

    III 6.9   vos modo proposito dulces *faveatis* amici

    III 10.19   Phoebe, *fave*: laus magna tibi tribuetur in uno / corpore servato restituisse duos.

    III 11.9   mane Geni, cape tura libens votisque *faveto*

    III 12.7   at tu, sancta, *fave*, neu quis divellat amantes

    III 19.24   haec notat iniustos supplicibusque *favet*.

favilla

    III 2.10   cum ... / candida ... ossa super nigra *favilla* teget.

favus

    I 10.24   atque aliquis voti compos liba ipse ferebat / postque comes purum filia parva *favum*.

    II 1.50   rure levis verno flores apis ingerit alveo, / conpleat ut dulci sedula melle *favos*.

fax

    I 2.38   neu quaerite nomen, / neu prope fulgenti lumina ferte *face*.

    II 1.82   et procul absentes hinc precor abde *faces*.

    II 4.6   uror, io, remove, saeva puella, *faces*.

    II 6.16   acer Amor, ... / ... extinctas adspiciam ... *faces*!

fecundus

    II 5.37   cum qua *fecundi* redierunt munera ruris

    III 7.77   sileantur ... / non amor et *fecunda* Atlantidos arva Calypsus

    III 7.113   centum *fecundos* Titan renovaverit annos

    (III 7.185)   horrea *fecundas* ad deficientia messis

fel

    I 5.50   ore cruento / tristia cum multo pocula *felle* bibat

    II 4.12   omnia nunc tristi tempora *felle* madent.

felix

    (I 1.19)   Vos quoque, *felicis* quondam, nunc pauperis agri / custodes ... Lares.

    I 5.18   et precibus *felix* utitur ille meis

    I 5.19   at mihi *felicem* vitam, si salva fuisses, / fingebam

    II 1.25   viden ut *felicibus* extis / significet placidos nuntia fibra deos?

    II 1.80   at ille / *felix*, cui placidus leniter adflat Amor.

    II 2.15   nec tibi (malueris), gemmarum quidquid *felicibus* Indis / nascitur

    II 3.29   *felices* olim, Veneri cum fertur aperte / servire aeternos non puduisse deos.

    II 5.82   omine quo *felix* et sacer annus erit.

felix (cont'd)
- III 3.26   O mihi *felicem* terque quaterque diem!
- III 4.40   *felices* cantus ore sonante dedit.
- III 4.80   *felix* hoc alium desine velle virum.
- III 5.31   vivite *felices*, memores et vivite nostri.
- III 6.30   sis *felix*, et sint candida fata tua.
- III 6.43   *felix*, quicumque dolore / alterius disces posse cavere tuo
- (III 8.13*)   talis in aeterno *felix* Vertumnus Olympo / mille habet ornatus
- III 10.25   tum te *felicem* dicet pia turba deorum

femen
- [I 8.26]   femini *pro* femori
- [*fr.* 1]   implicuitque femur *femini*

femina
- I 2.35   parcite luminibus, seu vir seu *femina* fiat / obvia
- I 5.41   tunc me discedens devotum *femina* dixit
- I 10.54   scissosque capillos / *femina*, perfractas conqueriturque fores.
- II 3.53   illa gerat vestes tenues, quas *femina* Coa / texuit
- III 4.61   a crudele genus nec fidum *femina* nomen!
- III 19.1   nulla tuom nobis subducet *femina* lectum

femineus
- (II 1.63*)   hinc et *femineus* labor est, hinc pensa colusque, / fusus et adposito pollice versat opus.

femur
- (I 8.26*bis**)   nocet... / ...*femori* conseruisse *femur*.
- [*fr.* 1]   implicuitque *femur* femini
- Pr II 25   puella nec iocosa te levi manu / fovebit apprimetve lucidum *femur*.

fenestra
- II 6.39   qualis ab excelsa praeceps delapsa *fenestra* / venit ad infernos sanguinolenta lacus.

fera
- I 10.6   nos ad mala nostra / vertimus, in saevas quod dedit ille *feras*.
- III 9.9   quidve iuvat furtim latebras intrare *ferarum*?
- III 9.22   incidat in saevas diripienda *feras*.

ferio
- II 5.85   oblitus et musto *feriet* pede rusticus uvas
- Pr II 13   cum tibi / senexve corvos impigerve graculus / sacrum *feriret* ore corneo caput.

fero

I	1.20	*fertis* munera vestra, Lares.
I	1.42	quos *tulit* antiquo condita messis avo.
[[I	1.49]]	ferre *pro* iure
I	1.50	sit dives iure, furorem / qui maris et tristes *ferre* potest pluvias
I	1.76	vos, signa tubaeque, / ite procul, cupidis volnera *ferte* viris.
I	1.77	vos, signa tubaeque, / ite procul, cupidis vulnera *ferte* viris, / *ferte* et opes.
I	2.38	neu quaerite nomen, / neu prope fulgenti lumina *ferte* face.
I	2.83	num *feror* incestus sedes adiisse deorum?
I	3.45	ultroque *ferebant* / obvia securis ubera lactis oves.
I	3.61	*fert* casiam non culta seges.
I	4.22	Veneris periuria venti / inrita per terras et freta summa *ferunt*.
I	4.50	nec . . . / dum placeas, umeri retia *ferre* negent.
I	4.79	tempus erit, cum me Veneris praecepta *ferentem* / deducat iuvenum sedula turba senem.
I	5.1	asper eram et bene discidium me *ferre* loquebar
I	5.28	illa deo sciet agricolae . . . / pro segete spicas, pro grege *ferre* dapem.
[[I	5.34]]	ferat *pro* gerat
I	6.30	iussit Amor: contra quis *ferat* arma deos?
[I	6.42]	se ferat *pro* †stet procul
I	6.82	iuvenumque catervae / conmemorant merito tot mala *ferre* senem
I	7.54	liba et Mopsopio dulcia melle *feram*.
(I	8.2)	non ego celari possum, quid nutus amantis / quidve *ferant* miti lenia verba sono.
I	8.73	saepe etiam lacrimas *fertur* risisse dolentis
(I	9.42*)	O quotiens . . . / ipse comes multa lumina nocte *tuli*.
I	9.61	illam saepe *ferunt* convivia ducere Baccho
I	9.78	es ausus / tune aliis demens oscula *ferre* mea?
I	10.23	atque aliquis voti compos liba ipse *ferebat*.
II	1.12	discedat ab aris / cui *tulit* hesterna gaudia nocte Venus
II	1.30	non festa luce madere / est rubor, errantes et male *ferre* pedes.
(II	1.41*)	illi etiam tauros primi docuisse *feruntur* / servitium
II	1.47	rura *ferunt* messes, calidi cum sideris aestu / deponit flavas annua terra comas.
II	3.29	felices olim, Veneri cum *fertur* aperte / servire aeternos non puduisse deos.

fero (cont'd)

II	3.60	regnum ipse tenet, quem saepe coegit / barbara gypsatos *ferre* catasta pedes.
II	4.33	sed pretium si grande *feras*, custodia victa est
II	5.73	atque tubas atque arma *ferunt* strepitantia caelo / audita
(II	5.116)	cum praemia belli / ante suos currus oppida victa *feret*.
[II	6.2]	*ferat pro gerat*
(II	6.32)	illius dona sepulcro / et madefacta meis serta *feram* lacrimis
II	6.35	non *feret* usque suom te propter flere clientem
III	2.3	durus et ille fuit, qui tantum *ferre* dolorem / ... potuit
III	4.1	di meliora *ferant*.
III	4.2	nec sint mihi somnia vera / quae *tulit* hesterna pessima nocte quies.
[III	4.26]	*tulit pro videt*
III	4.46	dicere non norunt quid *ferat* hora sequens
(III	4.50*)	accipe ... / quod ... deus vero Cynthius ore *feram*.
III	4.73	si *ferre* recusas / inmitem dominam coniugiumque ferum.
III	4.90	nec te conceptam saeva leaena *tulit*.
III	4.96	et iubeat tepidos inrita *ferre* Notos.
(III	6.2)	sic hedera tempora vincta *feras*.
III	6.28	venti temeraria vota, / aeriae et nubes diripienda *ferant*.
III	6.50	periuria ridet amantum / Iuppiter et ventos inrita *ferre* iubet.
III	7.9	etiam Phoebo gratissima dona / Cres *tulit*
III	7.48	non Pylos aut Ithace tantos genuisse *feruntur*
III	7.159	seu propior terris aestivom *fertur* in orbem
[[III	7.175]]	*tulerint pro ierint*
III	9.12	ipsa ego per montes retia torta *feram*
III	10.9	sancte, veni, tecumque *feras*, quicumque sapores, / ... corpora fessa levant.
III	13.10	cum digno digna fuisse *ferar*.
III	17.6	si tu / nostra potes lento pectore *ferre* mala.

ferox

(III	6.13)	ille *ferocem* / contudit et dominae misit in arbitrium.

ferreus

I	2.67	*ferreus* ille fuit, qui, te cum posset habere, / maluerit praedas stultus et arma sequi.
I	10.2	quam ferus et vere *ferreus* ille fuit!
II	3.2	*ferreus* est heu, heu, quisquis in urbe manet.
II	3.35	*ferrea* non Venerem, sed praedam saecula laudant
III	2.2	qui primus caram iuveni carumque puellae / eripuit iuvenem, *ferreus* ille fuit.
[III	2.3]	*ferreus pro durus et*
III	9.14	et demam celeri *ferrea* vincla cani

ferrugo
    I   4.43   quamvis praetexens picta *ferrugine* caelum / venturam amiciat imbrifer arcus aquam.

ferrum
    I   1.63   flebis: non tua sunt duro praecordia *ferro* / vincta.
    I   2.27   nec sinit occurrat quisquam qui corpora *ferro* / vulneret
    I   7.30   Osiris / . . . teneram *ferro* sollicitavit humum.
    I   9.21   et pete *ferro* / corpus et intorto verbere terga seca.
    I 10.59   a, lapis est *ferrum*que, suam quicumque puellam / verberat.
   II 6.26   crura sonant *ferro*, sed canit inter opus.
 III 7.173   et *ferro* tellus, pontus confunditur aere

fertilis
    I   7.22   (quid referam) qualis . . . / *fertilis* aestiva Nilus abundet aqua?
   II 1.44   tum bibit inriguas *fertilis* hortus aquas
 III 7.51   dum terna per orbem / saecula *fertilibus* Titan decurreret horis
 III 7.122   fulgentem Tyrio subtegmine vestem / indueras oriente die duce *fertilis* anni
 III 7.165   *fertilis* (pars) hanc inter posita est interque rigentes

ferus
    I   2.54   dicitur . . . / sola *feros* Hecates perdomuisse canes.
  (I   3.69*)   Tisiphoneque inpexa *feros* pro crinibus angues / saevit
  [I   4.33]   ferior *pro* serior
    I   5.5   ure *ferum* et torque, libeat ne dicere quicquam / magnificum post haec:
    I   9.76   hunc ego credam / cum trucibus venerem iungere posse *feris*.
    I 10.2   quam *ferus* et vere ferreus ille fuit!
   II 1.43   tum victus abiere *feri*, tum consita pomus.
   II 3.37   praeda *feras* acies cinxit discordibus armis
   II 5.103   nam *ferus* ille suae plorabit sobrius idem
   II 6.5   ure, puer, quaeso, tua qui *ferus* otia liquit.
 [III 4.65]   dominae fera verba minantis *pro* validos temptare labores
 III 4.74   si ferre recusas / inmitem dominam coniungiumque *ferum*.
 III 4.86   nec flammam volvens ore Chimaera *fero*.
 (III 7.72)   (Scylla) cum canibus rabidas inter *fera* serperet undas
 III 7.124   et *fera* discordes tenuerunt flamina venti
 III 7.139   te . . . remorabitur . . . // nec *fera* Theraeo tellus obsessa colono

fervidus
III 18.1		ne tibi sim, mea lux, aeque iam *fervida* cura / ac videor paucos ante fuisse dies.

fessus
I	2.2	occupet ut *fessi* lumina victa sopor
I	3.88	puella / paulatim somno *fessa* remittat opus.
(I	8.68*)	et tua iam fletu lumina *fessa* tument.
I	10.42	et calidam *fesso* conparat uxor aquam.
II	5.45	ecce super *fessas* volitat Victoria puppes
III	10.10	sancte, veni, tecumque feras . . . / quicumque . . . cantus corpora *fessa* levant
III	17.2	quod mea nunc vexat corpora *fessa* calor.

festus
II	1.29	vina diem celebrent: non *festa* luce madere / est rubor.
II	1.81	sancte, veni dapibus *festis*, sed pone sagittas
II	5.36	illa . . . / ad iuvenem *festa* est vecta puella die.
II	5.87	ac madidus Baccho sua *festa* Palilia pastor / concinet
II	5.99	at sibi quisque . . . *festas* extruet alte / caespitibus mensas
III	1.1	Martis Romani *festae* venere kalendae
[[III	1.12]]	*festa pro* facta
III	8.21	hanc vos, Pierides, *festis* cantate kalendis
[III	8.24]	*festo pro* vestro
III	11.2	qui mihi te, Cerinthe, dies dedit, hic . . . / . . . inter *festos* semper habendus erit.

fetus
I	1.31	non agnamve sinu pigeat *fetum*ve capellae / desertum oblita matre referre domum.
II	5.91	et *fetus* matrona dabit

fibra
I	8.3	nec mihi sunt sortes, nec conscia *fibra* deorum
II	1.26	viden ut felicibus extis / significet placidos nuntia *fibra* deos?

fictilis
I	1.38	neu vos e paupere mensa / dona nec e puris spernite *fictilibus*
(I	1.39*)	*fictilia* antiquus primum sibi fecit agrestis / pocula

fidelis
I	6.75	nec saevo sis casta metu, sed mente *fideli*.

fides
I	9.32	tum mihi iurabas . . . te . . . / . . . non gemmis vendere velle *fidem*
I	10.19	tum melius tenuere *fidem*, cum paupere cultu / stabat in exigua ligneus aede deus.
II	3.62	at tibi, dura seges, . . . / persolvat nulla semina terra *fide*.

fides (cont'd)

III	4.4	desinite in nobis quaerere velle *fidem*.
(III	4.64)	tu modo cum multa bracchia tende *fide*
(III	6.46)	nec vos . . . / . . . fallat blanda sordida lingua *fide*
III	6.49	etsi per . . . suos fallax iuravit ocellos, // nulla *fides* inerit

fidus

I	5.63	pauper in angusto *fidus* comes agmine turbae
I	6.77	at, quae *fida* fuit nulli, post victa senecta / ducit inops tremula stamina torta manu.
II	2.11	auguror, uxoris *fidos* optabis amores
III	4.61	a crudele genus nec *fidum* femina nomen!

figo

I	2.18	illa favet seu quis iuvenis nova limina temptat, / seu reserat *fixo* dente puella fores.
[[I	3.28]]	fixa *pro* picta
I	3.43	non *fixus* in agris, / qui regeret certis finibus arva, lapis.
(I	5.62)	te pauper adibit / primus et in tenero *fixus erit* latere
(I	8.38*)	Venus invenit . . . /// . . . in colo *figere* dente notas
I	9.82	Venerique merenti / *fixa* notet casus aurea palma meos.
II	1.71	*fixisse* puellas / gestit et audaces perdomuisse viros.

figura

III	4.89	Scyllaque virgineam canibus succincta *figuram*
III	7.63	apta vel herbis / aptaque vel cantu veteres mutare *figuras*
(III	7.206)	mutata *figura* / seu me finget equom rigidos percurrere campos / doctum

filia

I	10.24	atque aliquis voti compos liba ipse ferebat / postque comes purum *filia* parva favum.
III	4.51	tantum cara tibi quantum nec *filia* matri
III	16.4	sit tibi cura togae potior pressumque quasillo / scortum quam Servi *filia* Sulpicia.

filius

I	10.41	ipse suas sectatur oves, at *filius* agnos
III	4.72	ille ego Latonae *filius* atque Iovis

filum

I	5.15	ipse ego velatus *filo* tunicisque solutis / vota novem Triviae nocte silente dedi.

findo

I	2.47	haec cantu *findit*que solum Manesque sepulcris / elicit
I	7.21	arentes cum *findit* Sirius agros
III	3.12	quid prodest . . . / arva . . . si *findant* pinguia mille boves?
[[III	7.173]]	Neptunus finditur *pro* pontus confunditur

fingo
I	2.94	vidi ego ... / ... senem // ... manibus canas *fingere* velle comas.
I	5.20	at mihi felicem vitam, si salva fuisses, / *fingebam* demens
I	5.35	haec mihi *fingebam*, quae nunc Eurusque Notusque / iactat odoratos vota per Armenios.
I	6.11	*fingere* nunc didicit causas ut sola cubaret
I	8.65	dum mihi venturam *fingo*, quodcumque movetur, / illius credo tunc sonuisse pedes.
I	8.74	saepe etiam ... fertur ... / ... cupidum *ficta* detinuisse mora.
II	3.48	at tibi ... trahant ... / *ficta* ... Cumana lubrica terra rota.
II	6.51	tunc mens mihi perdita *fingit*, / quisve meam teneat, quot teneatve modis.
III	4.68	me quondam Admeti niveas pavisse iuvencas / non *est* in vanum fabula *ficta* iocum.
III	6.34	difficile est tristi *fingere* mente iocum.
III	7.207	mutata figura / seu me *finget* equom rigidos percurrere campos / doctum
[[III 20.3]]		ficta sunt *pro* facta sunt

finio
(II	6.19)	iam mala *finissem* leto, sed credula vitam / spes fovet.
III	7.143	nec qua regna vago Tamyris *finivit* Araxe

finis
I	3.44	non fixus in agris, / qui regeret certis *finibus* arva, lapis.
III	7.78	non ... sileantur pascua Solis, // *finis* et erroris miseri Phaeacia tellus
III	7.203	nulla mihi statuent *finem* te fata canendi

fio *v.* **facio**

firmo
[II	5.23]	firmaverat *pro* formaverat

firmus
I	2.6	clauditur et dura ianua *firma* sera.
I	6.79	*firma*que conductis adnectit licia telis
III	2.5	non ego *firmus* in hoc

fiscella
II	3.15	tum *fiscella* levi detexta est vimine iunci

fistula
II	5.30	garrula silvestri *fistula* sacra deo.
(II	5.31*)	*fistula*, cui semper decrescit arundinis ordo

flagito
(II	4.14*)	illa cava pretium *flagitat* usque manu.

flamen
    III 7.124   et fera discordes tenuerunt *flamina* venti
flamma
    I 6.46   nec acrem / *flammam*, non amens verbera torta timet.
    I 9.21   ure meum potius *flamma* caput et pete ferro / corpus
    I 9.49   illa velim rapida Volcanus carmina *flamma* / torreat
    II 4.42   nec quisquam *flammae* sedulus addat aquam.
    II 5.81   et succensa sacris crepitet bene laurea *flammis*
    II 5.90   ille levis stipulae sollemnis potus acervos / accendet, *flammas* transilietque sacras.
    III 4.86   nec *flammam* volvens ore Chimaera fero.
    III 7.196   vel parvom Aetnaeae corpus conmittere *flammae*.
    III 12.17   uritur, ut celeres urunt altaria *flammae*
flavus
    I 1.15   *flava* Ceres, tibi sit nostro de rure corona / spicea
    I 5.44   non facit hoc verbis, facie tenerisque lacertis / devovet et *flavis* nostra puella comis.
    I 7.12   testis ... / Carnutis et *flavi* caerula lympha Liger.
    II 1.48   rura ferunt messes, calidi cum sideris aestu / deponit *flavas* annua terra comas.
    II 2.18   utinam strepitantibus advolet alis / *flava*que coniugio vincula portet Amor.
    [[II 5.84]]   flava *pro* plena
    III 7.184   cui fuerant *flavi* ditantes ordine sulci / horrea
flebilis
    II 4.22   ne iaceam clausam *flebilis* ante domum.
flecto
    II 5.4   te ... / nunc precor ad laudes *flectere* verba meas
    III 4.63   sed *flecti* poterit—mens est mutabilis illis
fleo
    I 1.52   O quantum est auri pereat potiusque zmaragdi / quam *fleat* ob nostras ulla puella vias.
    I 1.61   *flebis* et arsuro positum me, Delia, lecto
    I 1.63   *flebis*: non tua sunt duro praecordia ferro / vincta,
    I 3.8   non soror ... quae / ... *fleat* effusis ante sepulcra comis
    I 3.14   tamen est deterrita numquam / quin *fleret* nostras respiceretque vias.
    [I 4.72]   flentibus *pro* fletibus
    I 6.83   hanc Venus ex alto *flentem* sublimis Olympo / spectat
    I 9.29   nunc me *flevisse* loquentem, / nunc pudet ad teneros procubuisse pedes.
    I 9.37   quin etiam *flebas*: at ... / tergebam umentes credulus usque genas.
    I 9.79   tum *flebis*, cum me vinctum puer alter habebit.

fleo (*cont'd*)
- I 10.55, 56   *flet* teneras subtusa genas, sed victor et ipse / *flet* sibi dementes tam valuisse manus.
- I 10.64   quater ille beatus, / quo tenera irato *flere* puella potest.
- II 4.46   at bona quae nec avara fuit, ... / ..., ardentem *flebitur* ante rogum.
- II 6.35   non feret usque suom te propter *flere* clientem
- III 2.12   et *fleat* ante meum maesta Neaera rogum.
- III 6.40   Gnosia, Theseae quondam periuria linguae / *flevisti* ignoto sola relicta mari.
- Dom. Mar. 3   ne foret ... elegis molles qui *fleret* amores

fletus
- I 2.78   cum *fletu* nox vigilanda venit
- (I 4.72)   querelis / supplicibus, miseris *fletibus* illa favet.
- (I 8.68*)   et tua iam *fletu* lumina fessa tument.
- II 4.37   hinc *fletus* rixaeque sonant.
- III 10.21   nil opus est *fletu*:

flo
- [[II 6.10]]   flata *pro* facta

floreo
- I 3.62   totosque per agros / *floret* odoratis terra benigna rosis.
- I 8.47   at tu, dum primi *floret* tibi temporis aetas / utere:

floreus
- [I 1.12]   florea *pro* florida
- [I 2.14]   florea *pro* florida

floridus
- (I 1.12)   nam veneror, seu stipes habet desertus in agris / seu vetus in trivio *florida* serta lapis.
- (I 2.14)   cum posti *florida* serta darem.

flos
- I 7.45   tibi sunt ..., Osiri, // ... varii *flores* et frons redimita corymbis
- II 1.49   rure levis verno *flores* apis ingerit alveo.
- II 1.59   rure puer verno primum de *flore* coronam / fecit
- Pr II 9   saepe *floribus* novis / tuas sine arte deligavimus comas

fluctus
- II 5.59   qua *fluitantibus* undis / Solis anhelantes abluit amnis equos.

fluito
- III 7.74   vel si sublimis *fluctu* consurgeret imo

flumen
- I 2.46   *fluminis* haec rapidi carmine vertit iter.
- I 3.68   at scelerata iacet sedes in nocte profunda / abdita, quam circum *flumina* nigra sonant.

flumen (*cont'd*)
    [I 9.36]   fluminis *pro* fulminis
    II 5.69   quasque Aniena sacras Tiburs per *flumina* sortes / portarit sicco pertuleritque sinu.
    III 7.125   curva nec adsuetos egerunt *flumina* cursus

fluo
    (I 6.40*)   tum procul absitis, . . . / . . . *fluit* effuso cui toga laxa sinu.
    II 3.51   ut mea luxuria Nemesis *fluat*
    III 4.27   intonsi crines longa cervice *fluebant*
    III 7.22   alter dicat . . . //// huic . . . contextus passim *fluat* igneus aether

focus
    I   1.6   dum meus adsiduo luceat igne *focus*.
    I   2.84   num feror incestus . . . / serta . . . de sanctis deripuisse *focis*?
    I   8.70   nec prodest sanctis tura dedisse *focis*.
    II 1.22   rusticus . . . / ingeret ardenti grandia ligna *foco*.
    II 2.3   urantur pia tura *focis*, urantur odores
    [II 4.23]   focis *pro* sacris
    II 5.52   te quoque iam video . . . / Ilia, Vestales deseruisse *focos*.
    III 10.24   cum debita reddet / certatim sanctis laetus uterque *focis*
    III 11.12   tum precor infidos, sancte, relinque *focos*.
    III 12.4   tibi se laetissima compsit, / staret ut ante tuos conspicienda *focos*.

foedo
    II 6.43   nec lacrimis oculos digna est *foedare* loquaces
    III 7.57   cessit . . . Neptunius incola . . . / victa Maroneo *foedatus* lumina baccho

foedus (*adj.*)
    I   9.73   corpora *foeda* podagra / et senis amplexus culta puella fugit.

foedus (*subst.*)
    I   5.7   parce tamen, per te furtivi *foedera* lecti / . . . quaeso
    I   9.2   quid mihi, . . ., / *foedera* per divos, clam violanda, dabas?
    III 19.2   hoc primum iuncta est *foedere* nostra venus

fons
    II 1.14   et manibus puris sumite *fontis* aquam.
    III 5.1   vos tenet, Etruscis manat quae *fontibus* unda
    (III 7.86)   *fontibus* ut dulces erumpat terra liquores

foras
    [[I 6.72]]   foras *pro* vias

foris
    I   1.16   corona / spicea, quae templi pendeat ante *fores*
    I   1.56   et sedeo duras ianitor ante *fores*.

foris (*cont'd*)
I	2.18	illa favet ... / seu reserat fixo dente puella *fores*.
I	2.95	stare nec ante *fores* puduit
I	3.30	ut ... / ante sacras lino tecta *fores* sedeat.
I	3.43	non domus ulla *fores* habuit
(I	3.72*)	tum niger in porta serpentum Cerberus ore / stridet et aeratas excubat ante *fores*.
I	5.74	ante ipsas excreat usque *fores*.
I	6.12	didicit ... / cardine nunc tacito vertere posse *fores*.
I	6.34	tua si bona nescis / servare, frustra clavis inest *foribus*.
I	6.61	haec *foribus* ... manet noctu me adfixa
I	8.60	possum ... / ... strepitu nullo clam reserare *fores*.
(I	9.44*)	et latuit clausas post adoperta *fores*.
I	10.54	scissosque capillos / femina perfractas conqueriturque *fores*
II	6.12	sed magnifice mihi magna locuto / excutiunt clausae fortia verba *fores*.
Pr II	30	annuo gelu / araneosus obsidet *forem* situs.

forma
I	4.36	*formae* non ullam fata dedere moram
I	8.24	*forma* nihil magicis utitur auxiliis
I	8.43	tum studium *formae* est: coma tum mutatur ut annos / dissimulet.
I	9.17	admonui quotiens: 'auro ne pollue *formam*':
I	9.51	tu procul hinc absis, cui *formam* vendere cura est
(II	4.35*)	heu quicumque dedit *formam* caelestis avarae

formo
(II	5.23)	Romulus aeternae nondum *formaverat* urbis / moenia

formo(n)sus
I	1.55	me retinent vinctum *formonsae* vincla puellae
I	4.3	quae tua *formonsos* cepit sollertia?
I	4.30	deperdit ... / quam cito *formonsas* populus alta comas
I	9.6	parcite, caelestes: aequum est inpune licere / numina *formonsis* laedere vestra semel.
II	3.11	pavit et Admeti tauros *formonsus* Apollo
(II	3.65*)	haud inpune licet *formonsas* tristibus agris / abdere
III	1.7	carmine *formonsae*, pretio capiuntur avarae
III	4.25	non illo quicquam *formonsius* ulla priorum / aetas ... videt
III	4.57	carminibus celebrata tuis *formonsa* Neaera
III	10.4	nec te iam, Phoebe, pigebit / *formonsae* medicas adplicuisse manus.
III	19.4	nec iam te praeter in urbe / *formonsa* est oculis ulla puella meis.

fors

I	4.15	sed ne te capiant, primo si *forte* negabit, / taedia
III	11.11	quodsi *forte* alios iam nunc suspiret amores
(III	15.4*)	omnibus ille dies nobis natalis agatur, / qui nec opinanti nunc tibi *forte* venit.

Fors

I	5.70	versatur celeri *Fors* levis orbe rotae

forsan

[I	10.5]	forsan et ille nihil *pro* an nihil ille miser

forsitan

I	10.13	et iam quis *forsitan* hostis / haesura in nostro tela gerit latere.

fortis

I	2.16	audendum est: *fortes* adiuvat ipsa Venus.
I	4.13	hic, quia *fortis* adest audacia, cepit
(I	5.2)	at mihi nunc longe gloria *fortis* abest.
I	7.4	cecinere diem Parcae . . . /// quem tremeret *forti* milite victus Atax.
I	10.29	sic placeam vobis: alius sit *fortis* in armis.
II	2.14	quaecumque . . . / *fortis* arat valido rusticus arva bove.
II	3.5	quam *fortiter* illic / versarem valido pingue bidente solum.
II	6.2	sit comes et collo *fortiter* arma gerat.
II	6.12	sed magnifice mihi magna locuto / excutiunt clausae *fortia* verba fores.
III	2.6	frangit *fortia* corda dolor
III	6.62	tu, puer, i, liquidum *fortius* adde merum.
III	7.108	testis mihi victae / *fortis* Iapydiae miles
III	19.19	nunc tu *fortis* eris, nunc tu me audacius ures
Dom. Mar.	4	ne foret . . . qui . . . / . . . caneret *forti* regia bella pede.

Fortuna

III	3.22	nam *Fortuna* sua tempora lege regit
III	7.182	quamvis / *Fortuna*, ut mos est illi, me adversa fatiget

forum

I	2.96	nec . . . puduit . . . / ancillam medio detinuisse *foro*.
III	7.39	nam quis te maiora gerit castrisve *forove*?

fossa

III	7.83	qua deceat tutam castris praeducere *fossam*
Pr II	32	tibi haec paratur, ut tuom ter aut quater / voret profunda *fossa* lubricum caput

foveo

I	6.6	iam Delia furtim / nescio quem tacita callida nocte *fovet*.
(I	8.30)	det munera canus amator, / ut *foveat* molli frigida membra sinu.

foveo (cont'd)
- II 6.20   sed crudula vitam / Spes *fovet* et fore cras semper ait melius.
- Pr II 25   puella nec iocosa te levi manu / *fovebit* apprimetve lucidum femur.

frango
- I 1.73   nunc levis est tractanda Venus, dum *frangere* postes / non pudet
- (I 8.67*)   desistas lacrimare, puer: non *frangitur* illa
- II 6.15   *fractas* utinam, tua tela, sagittas, / . . . adspiciam!
- III 2.6   *frangit* fortia corda dolor.
- III 7.111   quem siquis videat vetus ut non *fregerit* aetas

frater
- II 5.39   inpiger Aenea, volitantis *frater* Amoris
- III 1.23   haec tibi vir quondam, nunc *frater*, casta Neaera, / mittit

fraudo
- III 5.19   quid *fraudare* iuvat vitem crescentibus uvis?

fremo
- III 7.45   nam seu diversi *fremat* inconstantia volgi, / non alius sedare queat.

freno
- (I 5.46*)   talis ad Haemonium Nereis Pelea quondam / vecta est *frenato* caerula pisce Thetis.

frenum
- I 3.42   illo . . . tempore . . . / non domito *frenos* ore momordit equus.
- [I 9.25]   frena *pro* lene
- III 7.91   aut quis equom celerem . . . arto conpescere *freno* / possit

fretum
- I 4.22   Veneris peruria venti / inrita per terras et *freta* summa ferunt.
- I 4.46   ipse levem remo per *freta* pelle ratem.
- I 9.9   lucra petituras *freta* per parentia ventis / ducunt instabiles sidera certa rates.
- [III 7.72]   freta *pro* fera
- III 7.194   adversis hiberna licet tumeant *freta* ventis

frico
- [Pr II 18]   fricabit *pro* affricabit

frigidus
- I 7.16   canam . . . // quantus . . . / *frigidus* intonsos Taurus alat Cilicas?
- I 8.30   det munera canus amator, / ut foveat molli *frigida* membra sinu.
- III 14.4   An villa sit apta puellae / atque Arretino *frigidus* amnis agro?

frigus
  I   2.31   non mihi pigra nocent hibernae *frigora* noctis
  I   4.5   nudus et hibernae producis *frigora* brumae
 (I   8.39*)   non lapis hanc gemmaeque iuvant, quae *frigore* sola /
                   dormiat
 III 7.153   partes . . . / atque duae gelido vastantur *frigore* semper.
frons, frondis
  II 1.40   illi conpositis primum docuere tigillis / exiguam viridi
                   fronde operire domum.
frons, frontis
  I   7.45   tibi sunt . . ., Osiri, // . . . varii flores et *frons* redimita
                   corymbis
  II 3.33   cui tristi *fronte* Cupido / imperat ut nostra sint tua castra
                   domo
 III 1.13   atque inter geminas pingantur cornua *frontes*
 III 2.28   atque haec in celebri carmina *fronte* notet
 III 7.102   rectus ut aequatis decurrat *frontibus* ordo
fructus
  I   1.41   non ego divitias patrum *fructus*que requiro.
 [I   5.27]   fructibus *pro* vitibus
fruor
  I   5.17   omnia persolvi: *fruitur* nunc alter amore
 III 3.32   liceat mihi paupere cultu / securo cara coniuge posse
                   frui.
frustra
  I   5.67   heu canimus *frustra*, nec verbis victa patescit / ianua
  I   5.71   non *frustra* quidam iam nunc in limine perstat / sedulus
  I   6.34   *frustra* clavis inest foribus
  I   8.13*bis* *frustra* iam vestes, *frustra* mutantur amictus
 III 4.14   et *frustra* inmeritum pertimuisse velit.
 III 10.18   et *frustra* credula turba sedet.
 III 19.14   mittetur *frustra* deficietque Venus.
frustror
  II 5.15   te duce Romanos numquam *frustrata* Sibylla
frux
  I   1.9   nec spes destituat, sed *frugum* semper acervos / praebeat
  I   5.21   rura colam, *frugum*que aderit mea Delia custos
  I   8.19   cantus vicinis *fruges* traducit ab agris
  II 1.1   *fruges* lustramus et agros, / ritus ut a prisco traditus extat
                   avo.
  II 3.67   O valeant *fruges*, ne sint modo rure puellae
 III 7.162   nec *frugem* segetes praebent neque pabula terrae
fucus
 (I   8.11)   (prodest) quid *fuco* splendente genas ornare?

fuga
II 5.74 ferunt ... / lucos praecinuisse *fugam*

fugio
I 3.70 et huc illuc inpia turba *fugit*.
(I 4.9) O *fuge* te tenerae puerorum credere turbae
I 8.62 quid prosunt artes, miserum si spernit amantem / et *fugit* ex ipso saeva puella toro?
I 9.74 et senis amplexus culta puella *fugit*.
II 6.33 illius ad tumulum *fugiam* supplexque sedebo.
(III 6.59) si *fugit* nostrae convivia mensae / ... vana puella
III 19.22 nec *fugiam* notae servitium dominae.

fugo
I 1.4 martia cui somnos classica pulsa *fugent*
II 5.9 qualem te memorant Saturno rege *fugato* / victori laudes concinuisse Iovi.

fulgeo
I 2.38 neu quaerite nomen, / neu prope *fulgenti* lumina ferte face.
I 8.31 carior est auro iuvenis, cui levia *fulgent* / ora
II 1.15 cernite, *fulgentes* ut eat sacer agnus ad aras
III 4.37 *fulgens* testudine et auro / pendebat laeva garrula parte lyra.
(III 6.8) *fulserit* hic niveis Delius alitibus.
III 7.121 nam modo *fulgentem* Tyrio subtegmine vestem / indueras

fulmen
I 2.8 te Iovis imperio *fulmina* missa petant
(I 9.36) illis eriperes verbis mihi ... / ... puras *fulminis* esse vias

fulvus
I 1.1 divitias alius *fulvo* sibi congerat auro
II 1.88 currumque sequuntur / matris lascivo sidera *fulva* choro.
[II 1.89] fulvis *pro* furvis
III 6.15 Armenias tigres et *fulvas* ille leaenas / vicit.

fumo
[III 8.23] fumet *pro* sumet

fumosus
II 1.27 nunc mihi *fumosos* veteris proferte Falernos / consulis

funda
III 7.97 amplior ... signata cita loca tangere *funda*

fundo
I 1.47 gelidas hibernus aquas cum *fuderit* Auster
I 7.3 cecinere diem Parcae ... // hunc fore, Aquitanas posset qui *fundere* gentes

fundo *(cont'd)*

I	7.46	tibi sunt..., Osiri, /// *fusa*... ad teneros lutea palla pedes.
I	7.50	huc ades et Genium.../ concelebra et multo tempora *funde* mero.
I	10.48	*funderet* ut nato testa paterna merum
II	5.66	iactavit *fusas* et caput ante comas
II	5.77	vidit /... nubilus annus.../... simulacra deum lacrimas *fudisse* tepentes
III	2.20	ossa /// mox etiam niveo *fundere* lacte parent.
III	2.25	et nostri memores lacrimae *fundantur* eodem
III	6.6	et nobis prona *funde* Falerna manu.
III	8.9	seu soluit crines, *fusis* decet esse capillis

fundus

[III	7.75]	fundum *pro* pontum

funus

I	1.65	illo non iuvenis poterit de *funere* quisquam / lumina, non virgo, sicca referre domum

fur

(I	1.33*)	at vos exiguo pecori, *fures*que lupique / parcite
III	7.187	pecus.../ et domino satis et nimium *furi*que lupoque.

furo

I	5.53	ipsa fame stimulante *furens* herbasque sepulcris / quaerat

furor

I	1.49	sit dives iure, *furorem* / qui maris et tristes ferre potest pluvias.
[I	2.1]	furores *pro* dolores
I	6.74	non ego te pulsare velim, sed, venerit iste / si *furor*, optarim non habuisse manus.
I	10.33	quis *furor* est atram bellis accersere mortem?
III	9.7	quis *furor* est, quae mens, densos indagine colles / claudentem teneras laedere velle manus?

furtim

I	2.10	neu *furtim* verso cardine aperta sones
I	2.19	illa docet molli *furtim* derepere lecto
(I	5.65*)	pauper ad occultos *furtim* deducet amicos
I	6.5	iam Delia *furtim* / nescio quem tacita callida nocte fovet
(I	8.35*)	at Venus invenit puero concumbere *furtim*
II	1.75	hoc duce custodes *furtim* transgressa iacentes / ad iuvenem tenebris sola puella venit.
II	5.53	te quoque iam video,... // concubitus... tuos *furtim*.
II	6.45	*furtim*que tabellas / occulto portans itque reditque sinu.
III	8.8	illam.../ conponit *furtim* subsequiturque Decor.
III	9.9	quidve iuvat *furtim* latebras intrare ferarum?
III	9.21	et quaecumque meo *furtim* subrepit amori

furtivus
 I 5.7 parce tamen, per te *furtivi* foedera lecti / ... quaeso
 I 5.75 nescio quid *furtivus* amor parat.
 I 8.57 nota venus *furtiva* mihi est, ut lenis agatur / spiritus.
 I 9.55 et cum *furtivo* iuvenem lassaverit usu
furtum
 I 2.36 celari volt sua *furta* Venus.
 [I 5.69] furta *pro* fata
 [[I 6.7]] sua furta *pro* tam multa
 [[III 5.12]] furta *pro* facta
 III 11.7 mutuos adsit amor, per te dulcissima *furta* / ... rogo
furvus
 (II 1.89) postque venit tacitus *furvis* circumdatus alis / Somnus
fuscus
 [II 1.89] fuscis *pro* furvis
 II 3.55 illi sint comites *fusci*, quos India torret
 III 4.55 cum te *fusco* Somnus velavit amictu
fusus
 (II 1.64*) hinc et femineus labor est, hinc pensa colusque / *fusus* et adposito pollice versat opus.

G

galea
 II 6.8 ipse levem *galea* qui sibi portet aquam.
Gallia
 III 7.138 non te vicino remorabitur obvia Marte / *Gallia*
garrulus
 I 5.26 consuescet amantis / *garrulus* in dominae ludere verna sinu.
 [[I 7.12]] garrula *pro* caerula
 II 5.30 *garrula* silvestri fistula sacra deo.
 III 4.38 pendebat laeva *garrula* parte lyra.
 III 19.20 hoc peperit misero *garrula* lingua malum.
Garunna
 (I 7.11) testis Arar Rhodanusque celer magnusque *Garunna*
gaudeo
 I 6.81 hanc animo *gaudente* vident iuvenum ... catervae
 II 3.49 heu heu divitibus video *gaudere* puellas
 II 5.83 laurus ubi bona signa dedit, *gaudete* coloni

gaudeo (*cont'd*)
 III 1.8 *gaudeat*, ut digna est, versibus illa tuis
 III 4.60 nec *gaudet* casta nupta Neaera domo.
 III 4.69 tunc ego nec cithara poteram *gaudere* sonora
 [III 7.115] gaudet *pro* audet
 III 19.8 qui sapit, in tacito *gaudeat* ipse sinu

gaudium
 I 5.39 saepe aliam tenui: sed iam cum *gaudia* adirem, / admonuit dominae deseruitque Venus
 II 1.12 discedat ab aris, / cui tulit hesterna *gaudia* nocte Venus
 II 3.72 tum, quibus adspirabat Amor, praebebat aperte / mitis in umbrosa *gaudia* valle Venus
 III 3.7 sed tecum ut longae sociarem *gaudia* vitae
 III 6.33 ei mihi, difficile est imitari *gaudia* falsa
 III 9.18 ne Veneris cupidae *gaudia* turbet
 III 13.5 mea *gaudia* narret, / dicetur siquis non habuisse sua.

gelidus
 I 1.47 *gelidas* hibernus aquas cum fuderit Auster
 II 4.8 quam mallem in *gelidis* montibus esse lapis
 (III 7.60) nobilis Artacie *gelida* quos inrigat unda
 III 7.109 Pannonius *gelidas* passim disiectus in Alpes
 III 7.153 atque duae (partes) *gelido* vastantur frigore semper

gelu
 Pr II 29 annuo *gelu* / araneosus obsidet forem situs

gemino
 II 3.39 praeda vago iussit *geminare* pericula ponto

geminus
 III 1.13 atque inter *geminas* pingantur cornua frontes
 (III 7.70) illum inter *geminae* nantem confinia mortis / nec Scyllae saevo conterruit impetus ore
 III 7.105 sitque duplex *gemini* victoria casus
 III 8.6 illius ex oculis ... / accendit *geminas* lampadas acer Amor.

gemma
 (I 6.25*) velut *gemmas* eius signumque probarem
 I 8.39 non lapis hanc *gemmae*que iuvant
 I 9.32 tum mihi iurabas ... te ... / ... non *gemmis* vendere velle fidem.
 II 2.15 nec tibi (malueris), *gemmarum* quidquid felicibus Indis / nascitur
 III 8.19 et quascumque niger Rubro de litore *gemmas* / proximus Eois colligit Indus aquis

gemo
 [*Pr* II 34] gemes et *pro* tereris

gena
  I 1.68 tu manes ne laede meos, sed ... / ... teneris, Delia, parce *genis*.
  I 4.14 at illi / virgineus teneras stat pudor ante *genas*.
  (I 8.11) (prodest) quid fuco splendente *genas* ornare?
  I 9.38 tergebam umentes credulus usque *genas*.
  I 10.37 illic percussisque *genis* ustoque capillo / errat ad obscuros pallida turba lacus.
  I 10.55 flet teneras subtusa *genas*.
  III 4.32 ut iuveni primum virgo deducta marito / inficitur teneras ore rubente *genas*.

gener
  III 2.14 maereat haec *genero*, maereat illa viro.

generosus
  III 6.5 care puer, madeant *generoso* pocula baccho

genialis
  [III 15.3] genialis *pro* natalis

Genius
  (I 7.49*, 49) huc ades et *Genium* ludis *Genium*que choreis / concelebra.
  [[I 7.53]] Geni tibi *pro* tibi dem
  II 2.5 ipse suos *Genius* adsit visurus honores
  III 11.8 mutuos adsit amor, per te dulcissima furta / ... per *Genium*que rogo.
  III 11.9 mane *Geni*, cape tura libens votisque faveto

gens
  I 7.3 cecinere diem Parcae ... // hunc fore, Aquitanas posset qui fundere *gentes*
  II 1.33 *gentis* Aquitanae celeber Messalla triumphis, // huc ades.
  III 7.28 nam quamquam antiquae *gentis* superant tibi laudes

genu
  I 2.87 dubitem ... // non ego tellurem *genibus* perrepere supplex

genus
  I 10.3 tum caedes hominum *generi*, tum proelia nata, / tum brevior dirae mortis aperta via est.
  III 4.9 hominum *genus* omina noctis / farre pio placant et saliente sale
  III 4.61 a crudele *genus* nec fidum femina nomen!
  III 6.7 ite procul durum curae *genus*, ite labores
  III 7.31 sed *generis* priscos contendis vincere honores
  III 7.62 solum nec doctae verterunt pocula Circes, / quamvis illa foret Solis *genus*

gero
- I 3.66 — et *gerit* insigni myrtea serta coma
- [[I 3.69]] — gerens *pro* feros
- (I 5.34*) — huic paret atque epulas ipsa ministra *gerat*.
- I 7.7 — at te victrices lauros, Messalla, *gerentem* / portabat nitidis currus eburnus equis.
- I 7.52 — et capite et collo mollia serta *gerat*.
- I 9.80 — tum flebis, cum ... puer alter ... / ... *geret* in regno regna superba tuo.
- I 10.14 — et iam quis forsitan hostis / haesura in nostro tela *gerit* latere
- I 10.28 — myrtoque canistra / vincta *geram*, myrto vinctus et ipse caput.
- I 10.66 — sed manibus qui saevos erit, scutumque sudemque / is *gerat*.
- (II 1.62*) — molle *gerit* tergo lucida vellus ovis
- (II 3.53) — illa *gerat* vestes tenues
- (II 4.56) — quidquid et herbarum Thessala terra *gerit*.
- II 5.117 — cum praemia belli / ante suos currus oppida victa feret, / ipse *gerens* laurus
- (II 6.2) — sit comes et collo fortiter arma *gerat*.
- [III 3.22] — gerit *pro* regit
- [III 6.2] — geras *pro* feras
- III 7.39 — nam quis te maiora *gerit* castrisve forove?

gestio
- II 1.72 — fixisse puellas / *gestit* et audaces perdomuisse viros.

gesto
- (II 3.17*) — O quotiens illo vitulum *gestante* per agros / dicitur occurrens erubuisse soror!

Getae
- III 7.146 — quaque Hebrus Tanaisque *Getas* rigat atque Magynos

gigno
- III 4.85 — nam te nec vasti *genuerunt* aequora ponti
- III 7.48 — non Pylos aut Ithace tantos *genuisse* feruntur

glacies
- III 7.156 — sed (unda) durata riget densam in *glaciem*que nivemque

glans
- (II 1.38) — his vita magistris / desuevit querna pellere *glande* famem.
- II 3.68 — *glans* alat, et prisco more bibantur aquae.
- II 3.69 — *glans* aluit veteres, et passim semper amarunt

glarea
- I 7.59 — namque opibus congesta tuis hic *glarea* dura / sternitur

gloria
- I 4.77 — *gloria* cuique sua est: me, qui spernentur, amantes / consultent.

gloria *(cont'd)*
I	5.2	at mihi nunc longe *gloria* fortis abest.
I	6.3	an *gloria* magna est / insidias homini conposuisse deum?
I	8.49	neu Marathum torque: puero quae *gloria* victo est?
II	1.34	Messalla / ... magna intonsis *gloria* victor avis, / huc ades.
III	7.29	non tua maiorum contenta est *gloria* fama
III	7.208	seu tardi pecoris sim *gloria* taurus
III	19.7	nil opus invidia est, procul absit *gloria* volgi

Gnosia
III	6.39	*Gnosia*, Theseae quondam periuria linguae / flevisti

gracilis
II	3.9	nec quererer quod sol *graciles* exureret artus

graculus
Pr	II 12	cum tibi / senexve corvos impigerve *graculus* / sacrum feriret ore corneo caput.

Graius
(II	5.68)	Phryto *Graia* quod admonuit.

grandis
(I	1.8*)	ipse seram ... / rusticus ... facili *grandia* poma manu.
I	9.52	et pretium plena *grande* referre manu.
II	1.22	tunc ... rusticus ... / ingeret ardenti *grandia* ligna foco.
[II	1.38]	grande *pro* glande
II	4.33	sed pretium si *grande* feras, custodia victa est
[III	7.96]	grandis venit *pro* veniat gravis

gratia
I	4.23	*gratia* magna Iovi: vetuit pater ipse valere, / iurasset cupide quidquid ineptus amor.
II	1.36	huc ades aspiraque mihi, dum carmine nostro / redditur agricolis *gratia* caelitibus.

gratus
I	9.84	et *grata* sis, dea, mente rogat.
[II	5.68]	grata *pro* Graia
III	7.8	etiam Phoebo *gratissima* dona / Cres tulit.
III	7.16	hic quoque sit *gratus* parvos labor
[[III	10.24]]	gratus *pro* laetus
(III	12.19*)	sis iuveni *grata*, veniet cum proximus annus
III	16.1	*gratum* est, securus multum quod iam tibi de me / permittis, subito ne male inepta cadam.

gravis
I	3.87	at circa *gravibus* pensis adfixa puella / paulatim somno fessa remittat opus.
II	1.6	et *grave* suspenso vomere cesset opus.
II	1.79	A miseri, quos hic *graviter* deus urget!

gravis *(cont'd)*
    (III 3.11)   nam *grave* quid prodest pondus mihi divitis auri?
    (III 7.96)   sive hac sive illac veniat *gravis* impetus hastae
    (Pr II 20)   *gravi* piaque lege noxiam lues.
grex
    (I 1.34*)   de magno praeda petenda *grege*
    I 5.28   illa deo sciet agricolae ... / ... pro *grege* ferre dapem.
    (I 10.10*)   somnumque petebat / securus sparsas dux *gregis* inter oves.
    [II 1.67]   greges *pro* agros
    (II 4.57*)   ubi indomitis *gregibus* Venus adflat amores
    II 5.35   illa saepe *gregis* diti placitura magistro / ad iuvenem festa est vecta puella die.
gryps
    [[I 4.26]]   gryphes *pro* crines
gurges
    III 7.75   vel si interrupto nudaret *gurgite* pontum
guttur
    I 3.60   passimque vagantes / dulce sonant tenui *gutture* carmen aves
Gylippus
    (III 7.199*)   non magni potior sit fama *Gylippi*.
Gyndes
    (III 7.141)   nec qua ... / ... rapidus, Cyri dementia, *Gyndes*, / aret.
gypso
    (II 3.60)   regnum ipse tenet, quem saepe coegit / barbara *gypsatos* ferre catasta pedes.
gyrus
    (III 7.94*)   quis ... / possit ... // seu libeat, curvo brevius convertere *gyro*

H

ha
    [I 9.3. II 1.79. III 4.61, 62; 17.3, 5]
habena
    I 4.11   hic placet, angustis quod equom conpescit *habenis*
    III 7.92   quis ... / possit ... effusas tardo permittere *habenas*
    III 7.115   validisque sedet moderator *habenis*

habeo
I	1.11	nam veneror, seu stipes *habet* desertus in agris / seu vetus in trivio florida serta lapis.
I	2.67	ferreus ille fuit, qui, te cum posset *habere*, / maluerit praedas stultus et arma sequi.
I	3.43	non domus ulla fores *habuit*
I	4.10	nam causam iusti semper amoris *habent*.
I	4.76	vos me celebrate magistrum, / quos male *habet* multa callidus arte puer.
I	6.41	ne possit crimen *habere*
I	6.74	non ego te pulsare velim, sed, venerit iste / si furor, optarim non *habuisse* manus.
I	9.79	tum flebis, cum me vinctum puer alter *habebit*.
II	1.70	ei mihi, quam doctas nunc *habet* ille manus!
II	3.70	quid nocuit sulcos non *habuisse* satos?
II	4.55	quidquid *habet* Circe, quidquid Medea veneni
(III	8.14*bis**)	Vertumnus . . . / mille *habet* ornatus, mille decenter *habet*
III	11.2	qui mihi te, Cerinthe, dies dedit, hic mihi sanctus/atque inter festos semper *habendus* erit.
III	13.6	mea gaudia narret, / dicetur siquis non *habuisse* sua.

habilis
I	9.7	lucra petens *habili* tauros adiungit aratro.

habito
II	5.24	Romulus aeternae nondum formaverat urbis / moenia, consorti non *habitanda* Remo.
III	4.92	sed culta et duris non *habitanda* domus.
III	7.164	nulla nec exustas *habitant* animalia partes.

Haemonius
(I	5.45*)	talis ad *Haemonium* Nereis Pelea quondam / vecta est frenato caerula pisce Thetis.

haereo
[[*post* I 2.25]]		usque meum custos ad latus *haeret* amor
I 10.14		et iam quis forsitan hostis / *haesura* in nostro tela gerit latere.
[*Pr* II 34]		haeres et *pro* tereris

hamatus
III	9.10	quidve iuvat . . . / candida . . . *hamatis* crura notare rubis?

hamus
(II	6.24*)	haec captat arundine pisces, / cum tenues *hamos* abdidit ante cibus.

hara
I	10.26	hostiaque e plena rustica porcus *hara*.

harundo *v.* **arundo**
haruspex
    II   5.13   per te praesentit *haruspex*, / lubrica signavit cum deus exta notis.
hasta
    III 7.96   sive hac sive illac veniat gravis impetus *hastae*
haud
    (II 3.65*).   III (7.142); [18.3]
haurio
    [II 1.58]   hauserat *pro* auxerat
hebes
    [*Pr* II 33]   hebes *pro* aeger
Hebrus
    III 7.146   quaque *Hebrus* Tanaisque Getas rigat atque Magynos
Hecate
    (I 2.54)   dicitur ... / sola feros *Hecates* perdomuisse canes.
hedera
    III 6.2   sic *hedera* tempora vincta feras.
herba
    I   2.53   sola tenere malas Medeae dicitur *herbas*
    I   2.62   quid, credam? nempe haec eadem se dixit amores / cantibus aut *herbis* solvere posse meos.
    [I 5.43]   herbis *pro* verbis
    I   5.53   ipsa fame stimulante furens *herbas*que sepulcris / quaerat
    I   6.13   tum sucos *herbas*que dedi, quis livor abiret
    I   7.26   te propter ... / arida nec pluvio supplicat *herba* Iovi.
    I   8.17   num te pallentibus *herbis* / devovit tacito tempore noctis anus?
    I   8.23   quid queror heu misero carmen nocuisse, quid *herbas*?
    II 1.19   neu seges eludat messem fallacibus *herbis*
    II 3.13   nec potuit curas sanare salubribus *herbis*
    II 4.56   quidquid et *herbarum* Thessala terra gerit
    II 4.60   mille alias *herbas* misceat illa, bibam.
    II 5.55   carpite nunc, tauri, de septem montibus *herbas*,/ dum licet
    II 5.95   tunc operata deo pubes discumbet in *herba*
    III 7.62   apta vel *herbis* / aptaque vel cantu veteres mutare figuras
herbosus
    II 5.25   sed tunc pascebant *herbosa* Palatia vaccae
Herophile
    (II 5.68)   quicquid Amalthea, quicquid Marpesia dixit / *Herophile*
heros
    [III 4.26]   heroum *pro* humanum

hesternus
  II 1.12 discedat ab aris / cui tulit *hesterna* gaudia nocte Venus.
  (III 4.2) nec sint mihi somnia vera, / quae tulit *hesterna* pessima nocte quies.
  III 18.5 cuius me fatear paenituisse magis, / *hesterna* quam te solum quod nocte reliqui.

heu
  I 4.57, (81*bis*); 5.67; 6.(10*bis**), [34]; 8.23, 41; [9.3]. II [1.70]; 3.(2*bis*, 49*bis**), 78; (4.35*); (5.108*bis*). III [6.33]; [14.6]; (19.17*bis**).

hibernus
  I 1.47 gelidas *hibernus* aquas cum fuderit Auster
  I 2.31 non mihi pigra nocent *hibernae* frigora noctis
  I 4.5 nudus et *hibernae* producis frigora brumae
  (II 3.46*) lentus ut intra / neglegat *hibernas* piscis adesse minas.
  III 7.160 seu celer *hibernas* properat decurrere luces
  III 7.194 adversis *hiberna* licet tumeant freta ventis

hic (*pron.*)
  I 4.11, 12, 13; (6.54*); 7.33, 34; 8.71; 10.21, 39. II 1.73*bis*, 79; (2.21*); (4.29*); 5.56; 6.7. III (1.2); 6.[23], 25; 7.16; 11.1; 12.20. **haec** I 2.46, 47, 51, 55, 61; 3.85; 6.45, 59, 61; [9.73]. II [2.21]; 4.37; 5.19; 6.(23*bis**), 48. III 2.5, 14; 4.36; 7.[40*bis*], 79, [127]; (8.23); (19.24). *Pr* II 31. **hoc** I 1.49; 10.7. III 11.5. *Pr* II 1. **huius** (*neu.*) III 1.15, 27. **huic** (*masc.*) I 2.43; (5.34); 8.33; (9.75). (II 1.57*). III 2.29; 7.(22), [170]; [[12.19]]. (*fem.*) (I 5.47). III (7.166*); [[8.23]]. **hunc** I [1.35]; 2.97*bis*; 3.[93], 93; (5.33*); 7.1, (3*); 8.78; 9.[75], (75*). III [8.14]; 9.4. *Pr* I 6. **hanc** I 2.45; 5.51; 6.81, 83; 8.39; 9.83; 10.27. III 4.39; 7.165; 8.21; [11.16]. **hoc** I 2.23; (3.93); 5.43; [[7.3]]; 9.73. II 2.12. III 4.79; 7.27; 8.3, (23*), [23]; [11.18]; 19.(15), 20. *Pr* II 39. **hoc** (*abl. masc.*) [[I 7.3]]. II 1.75. III (4.80); [[15.4]]. **hac** [I 3.63]. [II 2.21]. III 7.42, 96. **hoc** III 2.5; 19.2. **haec** (*fem.*) (II 5.71 *sed fort. neu. q.v.*). **hae** [II 5.71]. **haec** (*neutr.*) I 4.57; (5.47). 6.85. II 4.31; 5.79. III 20.3. **his** (*dat. masc.*) III 7.80. **hos** [*Pr* II 19]. **haec** I 4.73, 74; 5.6, 35; 9.29, (69). II [[4.5]]; 5.65, (71). III 1.22, 23; 2.21, 28; 3.31; 4.42, 78, 95; 6.17; (11.18); [19.15]. *Pr* I 2. **his** (*masc.*) II 1.37. III 6.23. (*neu.*). III 7.118.

hic (*adv.*)
  I 1.(35*), (75); (2.33); 3.5, 55, 59, [63]; 7.59, 60; [9.75]; [[10.43]]. II 4.[1, 29], (38*); 5.101. III 2.29; 4.23; 6.8; 7.(40*bis*), [170], 14.7.

hinc
  I [1.35]; [[4.38]]; (9.51). II 1.[[57]], (63*bis**), 82; 3.38*bis*; 4.[29], 31, (37*). III [1.2]; 7[22, 40*bis*], [[155]], 169, (170).

hippomanes
  (II 4.58*) et quod..., / *hippomanes* cupidae stillat ab inguine equae.

hircus
    (II 1.†58*, 58*) huic datus a pleno, memorabile munus, ovili / dux percoris †hircus auxerat *hircus* oves.
Hispania
    III 7.138   non te vicino remorabitur... Marte / ... latis audax *Hispania* terris
hodie
    III 12.3   tota tibi est *hodie*, tibi se laetissima compsit.
hodiernus
    I 7.53   sic venias *hodierne*: tibi dem turis honores.
Homerus
    III 7.180   est tibi,..., / Valgius: aeterno proprior non alter *Homero*.
homo
    I 4.17   longa dies *homini* docuit parere leones
    I 6.4   an gloria magna est / insidias *homini* conposuisse deum?
    I 10.3   tum caedes *hominum* generi, tum proelia nata, / tum brevior dirae mortis aperta via est.
    (III 3.21)   non opibus mentes *hominum* curaeque levantur
    III 4.9   et natum in curas *hominum* genus
    [III 4.26]   aut hominum *pro* humanum
    III 7.210   quandocumque *hominem* me longa receperit aetas
honor
    I 7.9   non sine me est tibi partus *honos*
    I 7.53   sic venias hodierne: tibi dem turis *honores*
    II 2.5   ipse suos Genius adsit visurus *honores*
    III 1.5   quonam donetur *honore* / seu mea, seu fallor, cara Neaera tamen.
    III 7.31   sed generis priscos contendis vincere *honores*
    III 7.192   nec solum tibi Pierii tribuentur *honores*
hora
    I 1.59   te spectem, suprema mihi cum venerit *hora*
    III 4.46   dicere non norunt quid ferat *hora* sequens
    III 5.5   at mihi Persephone nigram denuntiat *horam*
    III 7.51   dum terna per orbem / saecula fertilibus Titan decurreret *horis*
horreo
    I 10.1   quis fuit, *horrendos* primus qui protulit enses?
    (II 3.23*)   saepe *horrere* sacros doluit Latona capillos
    III 4.91   te conceptam... tulit / barbara nec Scythiae tellus *horrenda*ve Syrtis
horreum
    II 5.84   distendet spicis *horrea* plena Ceres
    [III 7.184]   horrea *pro* ordine
    III 7.185   ditantes ordine sulci / *horrea* fecundas ad deficientia messis

horridus
 I 5.6 ure ferum et torque, libeat ne dicere quicquam / magnificum post haec: *horrida* verba doma.
 I 9.14 pulvisque decorem / detrahet et ventis *horrida* facta coma
 II 3.76 *horrida* villosa corpora veste tegant.
hortor
 III 7.135 quin *hortante* deo magnis insistere rebus / incipe
hortus
 I 1.17 pomosisque ruber custos ponatur in *hortis* / . . . Priapus
 II 1.44 tum bibit inriguas fertilis *hortus* aquas.
hospes
 III 7.9 et cunctis Baccho iucundior *hospes* / Icarus
hospita
 II 5.42 iam vocat errantes *hospita* terra Lares.
hospitus
 [III 7.142] hospita *pro* ostia
hostia
 I 1.22 nunc agna exigui est *hostia* parva soli
 I 2.64 concidit ad magicos *hostia* pulla deos.
 (I 10.26*) *hostia*que e plena rustica porcus hara
 III 7.15 nec illis / semper inaurato taurus cadit *hostia* cornu
hostilis
 (I 1.54) ut domus *hostiles* praeferat exuvias
hostis
 I 1.3 quem labor adsiduus vicino terreat *hoste*
 I 10.13 et iam quis forsitan *hostis* / haesura in nostro tela gerit latere.
 III 7.84 deceat . . . / qualiter adversos *hosti* defigere cervos
 III 7.87 ut facilisque tuis aditus sit et arduos *hosti*
huc
 I 3.70; 5.31; 7.49. II 1.35; [2.21]; 5.2. III [[6.3]]; 10.1, 2.
humanus
 (III 4.26) non illo quicquam formonsius ulla priorum / aetas *humanum* nec videt illud opus.
 III 19.10 qua nulla *humano* sit via trita pede.
humilis
 II 5.26 et stabant *humiles* in Iovis arce casae.
 III 7.4 si . . . / . . . *humilis* tantis sim conditor actis
humus
 I 2.76 mollis et inculta sit mihi somnus *humo*
 I 7.30 primus . . . Osiris / . . . teneram ferro sollicitavit *humum*.
 II 1.5 luce sacra requiescat *humus*, requiescat arator

humus *(cont'd)*
    II 6.30   sic bene sub tenera parva quiescat *humo*.
    III 5.4   cum se purpureo vere remittit *humus*.
Hyades
    [[I 1.50]]   Hyades *pro* pluvias

I

iaceo
    I 3.55   hic *iacet* inmiti consumptus morte Tibullus
    I 3.67   at scelerata *iacet* sedes in nocte profunda / abdita
    I 4.31   quam *iacet*, infirmae venere ubi fata senectae, / qui prior Eleo est carcere missus equos.
    I 5.9   cum tristi morbo defessa *iaceres*
    [[I 9.44]]   iacui *pro* latuit
    II 1.75   hoc duce custodes furtim transgressa *iacentes* / ad iuvenem tenebris sola puella venit.
    II 4.22   ne *iaceam* clausam flebilis ante domum.
    II 5.53   iam video . . . // concubitusque tuos furtim vittasque *iacentes*
    (II 5.109)   *iaceo* cum saucius annum / et . . . / usque cano Nemesim.
    Pr II 3   candidus mihi puer / tepente cum *iaceret* abditus sinu.
    Pr II 16   *iacebis* inter arva pallidus situ
    (*Pr* II 28)   inter atra cuius inguina / latet *iacente* pantice abditus specus
iacio
    (III 7.90)   quis tardamve sudem melius celeremve sagittam / *iecerit*
    [[III 20.3]]   iacta sunt *pro* facta sunt
iacto
    I 5.36   quae nunc Eurusque Notusque / *iactat* odoratos vota per Armenios.
    II 5.66   *iactavit* fusas et caput ante comas.
iam
    I 1.(25*bis*), 70, 71; 2.9, 49, 50, [[90]]; 3.15, 53, (78*bis**); 4.(33*), 58, [59]; 5.39, 71; 6.[5], 5, [[7]], 31; 8.13, (68*); 9.13; 10.13.
    II 1.87; 2.12, [[17]]; 3.3, 50; 4.2, [12]; 5.41, 42, 48, 51, 56, 79, [[109]]; (6.19).
    III 4.17; 6.[21], 63; 7.[82], 98; 10.3, 23*bis*; 11.11; 12.(16*), (20); 14.5; (15.2); 16.1; (18.1); 19.3, 21.
ianitor
    I 1.56   et sedeo duras *ianitor* ante fores

ianua
    I   2.6   clauditur et dura *ianua* firma sera
    I   2.7   *ianua* difficilis, domini te verberet imber
    I   2.9   *ianua*, iam pateas uni mihi, victa querellis
    I   4.78   cunctis *ianua* nostra patet.
    I   5.68   heu canimus frustra, nec verbis victa patescit / *ianua*
    I   8.76   nunc displicet illi / quaecumque obposita est *ianua* dura sera.
    II 3.74   nullus erat custos, nulla exclusura dolentes / *ianua*.
    II 4.31   haec fecere malas: hinc clavim *ianua* sensit

Iapydia
    (III 7.108)   testis mihi victae / fortis *Iapydiae* miles

ibi
    [[I 7.9]]   marte ibi *pro* me est tibi

Icarus
    III 7.10   et cunctis Baccho iucundior hospes / *Icarus*

ictus
    [[I 1.27]]   ictus *pro* ortus

Idaeus
    I   4.68   at qui non audit Musas, qui vendit amorem, / *Idaeae* currus ille sequatur Opis.

Idalis
    [[III 6.8]]   Idalis *pro* Delius

Idalius
    [[III 6.8]]   Idaliis hic Venus *pro* hic niveis Delius

idem
    II 5.103. III 7.176; 12.20. **eadem** I 2.61. **idem** (*acc.*) III 11.17. (*nom. pl.*) (I 10.15*). **eidem** [[I 10.15]]. III 7.136. **eodem** (*adv.*) III 2.25.

igitur
    (III 7.161)   non *igitur* presso tellus exsurgit aratro

ignavus
    (III 3.38)   dives in *ignava* luridus Orcus aqua.
    III 4.81   dixit, et *ignavos* defluxit corpore somnus.

igneus
    III 7.22   alter dicat ... //// huic ... contextus passim fluat *igneus* aether

ignis
    I   1.6   dum meus adsiduo luceat *igne* focus
    [I 1.48]   igne *pro* imbre
    II 3.56   illi sint comites fusci, quos ... / Solis ... admotis inficit *ignis* equis
    II 4.40   at tibi, ... / eripiant partas ventus et *ignis* opes.
    [III 5.11]   ignes *pro* aegros
    III 7.134   additus aris / laetior eluxit structos super *ignis* acervos
    III 11.6   iuvat hoc, Cerinthe, quod uror, / si tibi de nobis mutuos *ignis* adest.

ignosco

    I 2.12   et mala siqua tibi dixit dementia nostra, / *ignoscas*.
    I 6.29   non ego te laesi prudens: *ignosce* fatenti
    III 8.3   hoc Venus *ignoscet*.

ignotus

    (I 3.3*)   me tenet *ignotis* aegrum Phaeacia terris
    I 3.39   nec vagus *ignotis* repetens conpendia terris / presserat externa navita merce ratem.
    III 6.40   flevisti *ignoto* sola relicta mari.
    III 6.60   si fugit nostrae convivia mensae / *ignotum* cupiens vana puella torum
    III 7.52   ille per *ignotas* audax erraverit urbes
    III 16.6   solliciti sunt pro nobis, quibus illa dolori est / ne cedam *ignoto*, maxima causa, toro.

ilex

    II 5.27   lacte madens illic suberat Pan *ilicis* umbrae

Ilia

    II 5.52   te quoque iam video, Marti placitura sacerdos / *Ilia*, Vestales deseruisse focos

Ilion

    II 5.22   nec fore credebat Romam, cum maestus ab alto / *Ilion* artentes respiceretque deos

illac *v*. **illic**

ille

    I 2.[[*post* 25]], 39, 57, [60], 67, 69; 4.52, 68, 75; 5.9, 18; 6.31, [66]; 7.37; [8.15]; 10.2, 5, 6, 60, 63.   II 1.[58], 70, 79; 2.10; 3.26, 31, [59], 74; (4.36*); 5.19, 89, 103.   III [1.19]; 2.2, 3; 4.72; 6.13*bis*, 15, [[17]]; 7.50, 52; 11.10; 12.9; 15.3; [19.8]. *Pr* II 40.   **illa** I 2.17, 19, 20, 21; 3.11; 4.[71], 72; 5.27, (29), 49; 6.7, 16, (56*, 66), 70; 8.(15), 48, (67*); (9.40*); 10.34.   II 3.53; 4.2, (14*), 25, 26, 60; 5.18, [35], [108]; 6.27, 31, 42.   III 1.8, (19); 2.14; 6.(25*), [[26]]; 7.62, [[166]]; 10.13, 22; 12.5, 10. 16, [[19]]; 16.5.   **illud** (III 4.26)   **illius** (*masc*.) I 7.51. II 2.7. III 7.81. (*fem*.) I 8.66. II 4.52. 6.31, 33, 36. III 8.5.   **illi** (*masc*.) I 4.13; 7.35; 8.51, 75; 9.20.   (*fem*.) I 3.11; 5.29. II 3.55, 57. III 1.17, 27; 4.78; 7.182.   **illum** (I 3.93*).   III 7.70; 11.18; 13.3.   **illam** I [4.36]: 6.23; 9.61, 67. III 8.7.   **illo** (II 3.17*).   III 4.25.   **illā** I 9.63. (II 5.35*).   III 7.42.   **illo** I 1.65; 3.41.   **illi** (II 1.39*, 41*). (III 4.11). **illa** I 2.12; 3.24.   **illis** (*masc*.) III [4.11]; 7.14.   (*fem*.) III 4.63.   **illa** (*acc*.) I 9.11, 49.   **illis** (*masc*.) III 3.19; 6.19; 7.37.   (*neu*.) I 9.35.

illic

    I 3.65, 73, (77*), 81; 10.37.   II 1.69; 3.5; 5.27, 43.   III (2.23*); 7.154, 163.   **illac** [[II 5.35]]. III 7.96.   **illuc** I 3.70. [[III 2.23]].

illuc *v*. **illic**

150

imago
    III   4.56   vanum nocturnis fallit *imaginibus*.
    III   7.30   nec quaeris, quid quaque index sub *imagine* dicat
imber
    (I   1.48)   quam iuvat... /// securum somnos *imbre* iuvante sequi!
    I   2.7   ianua difficilis, domini te verberet *imber*
    I   2.32   (nocet) non mihi cum multa decidit *imber* aqua
    I   7.25   te propter nullos tellus tua postulat *imbres*.
imbrifer
    (I   4.44)   quamvis praetexens picta ferrugine caelum / venturam amiciat *imbrifer* arcus aquam.
imitor
    III   3.15   (quid prosunt) ... nemora in domibus sacros *imitantia* lucos?
    III   6.33   ei mihi, difficile est *imitari* gaudia falsa
imm- *v.* **inm-**
imp- *v.* **inp-**
impedio
    I   6.68   sit modo casta, doce, quamvis non vitta ligatos / *impediat* crines
impello
    II   5.3   nunc te vocales *impellere* pollice chordas, / ... precor
imperito
    [II   3.34]   imperitat *pro* imperat ut
imperium
    I   2.8   te Iovis *imperio* fulmina missa petant
    II   3.79   ducite: ad *imperium* dominae sulcabimus agros
    II   4.54   ite sub *imperium* sub titulumque, Lares.
impero
    (II   3.34)   cui tristi fronte Cupido / *imperat*, ut nostra sint tua castra domo,
impetus
    III   7.71   illum... / nec Scyllae saevo conterruit *impetus* ore
    III   7.96   sive hac sive illac veniat gravis *impetus* hastae
implecto
    [I   3.69]   implexa *pro* inpexa
improbus
    Pr 15   *improbus* ut si quis nostrum violabit agellum, / hunc tu, sed tento
imus
    III   4.35   *ima* videbatur talis inludere palla
    III   7.74   vel si sublimis fluctu consurgeret *imo*

in (*c. abl.*)
    I 1.11, 12, 17, 64; 2, [*post* 25], 58, 70, 74; 3.20, 32, 43, (67), (71*); 4.19; 5.23, 26, 30, (62), 63, 71, (76*); 6.20; 7.24; (8.38*); 9.(39*), 80; 10.14, 20, 29, 32, 40, 50.
    II [1.76]; 3.2, 28, [34], 72; 4.8; 5.26, 29, 95, 106.
    III 2.5, 22, 28; 3.8, 15, 17, [17], 19, (38); 4.4, 30, 36; 6.19; 7.19, 37, 38, [73], [102], 110, 151, 176, (202); (8.13*); [9.3]; 10.19; [[12.20]]; 19.3, 8, 12.
    [*Pr* II 22].

in (*c. acc.*)
    I 2.[90], 98; 3.6, 36, [[37]], 52, (58), 80; 5.38, 48; 6.[[3]], [72]; 8.50; 9.12; 10.6.
    II 3.3; 4.44; 5.72.
    III 2.9, 26; 3.37; 4.(9*), 68, 95; 5.14; 6.14; 7.20, 93, 101, 109, 152, 156, 159, [185], [210]; 8.23; 9.(3), 22, 24; 10.8, 14; 13.4.

inaequatus
(III 7.43)   *inaequatum* si quando onus urget utrimque

inanis
III 7.130   Iuppiter ipse levi vectus per *inania* curru / adfuit

inauro
III 7.15   nec illis / semper *inaurato* taurus cadit hostia cornu.

incautus
I 6.15   at tu, fallacis coniunx *incaute* puellae, / me quoque servato.

incedo
II 3.52   utque per urbem / *incedat* donis conspicienda meis.

incendium
II 4.41   quin tua tum iuvenes spectent *incendia* laeti
II 5.47   ecce mihi lucent Rutulis *incendia* castris

incertus
II 1.90   postque venit tacitus furvis circumdatus alis / Somnus et *incerto* Somnia nigra pede.
[III 7.155]   incerto *pro* incepto

incestus
I 2.83   num feror *incestus* sedes adiisse deorum?

incido
III 9.22   *incidat* in saevas diripienda feras.

incingo
III 2.18   ossa / *incinctae* nigra candida veste legent.

incipio
III 7.3   ut infirmae nequeant subsistere vires, / *incipiam* tamen.
III 7.136   quin hortante deo magnis insistere rebus / *incipe*
(III 7.155)   et nulla *incepto* perlabitur unda liquore
III 7.211   *inceptis* de te subtexam carmina chartis

incito
    (*Pr* II 44)   neque *incitare* cesset usque dum mihi / Venus iocosa molle ruperit latus.
includo
    III 7.53   qua maris extremis tellus *includitur* undis
incola
    III 7.56   cessit et Aetnaeae Neptunius *incola* rupis
incolo
    I 10.18   sic veteris sedes *incoluistis* avi.
incolumis
    III 9.4   *incolumem* custos hunc mihi servet Amor
incomo
    III 2.11   veniat longos *incompta* capillos / et fleat ante meum maesta Neaera rogum.
inconstantia
    III 7.45   nam seu diversi fremat *inconstantia* volgi, / non alius sedare queat.
increpo
    I 1.30   nec ... pudeat ... / ... stimulo tardos *increpuisse* boves.
incultus
    I 2.76   mollis et *inculta* sit mihi somnus humo.
    I 7.36   illi iucundos primum matura sapores / expressa *incultis* uva dedit pedibus.
    I 8.15   illa placet, quamvis *inculto* venerit ore
    III 7.59   *incultos* adiit Laestrygonas Antiphatenque
indago
    III 9.7   quis furor est, quae mens, densos *indagine* colles / claudentem teneras laedere velle manus.
inde
    III 1.18; 7.17.
index
    (III 7.30)   nec quaeris, quid quaque *index* sub imagine dicat.
India
    II 3.55   illi sint comites fusci, quos *India* torret
indico
    [I 4.44]   indicat *pro* amiciat
    III 1.12   *indicet* ut nomen littera facta tuom.
Indiges
    II 5.44   illic sanctus eris, cum te veneranda Numici / unda deum caelo miserit *Indigetem*
indoctus
    II 1.69   illic *indocto* primum se exercuit arcu

indomitus
- II 1.68 — ipse quoque inter agros interque armenta Cupido / natus et *indomitas* dicitur inter equas.
- (II 3.45*) — claudit et *indomitum* moles mare
- (II 4.57*) — ubi *indomitis* gregibus Venus adflat amores
- II 5.80 — sed tu iam mitis, Apollo, / prodigia *indomitis* merge sub aequoribus.
- III 6.16 — *indomitis* mollia corda dedit

induco
- I 6.1 — semper, ut *inducar*, blandos offers mihi voltus, / ..., Amor.
- II 2.20 — dum tarda senectus / *inducat* rugas inficiatque comas.

induo
- (II 5.7) — nunc *indue* vestem / sepositam, longas nunc bene pecte comas.
- III 7.122 — nam modo fulgentem Tyrio subtegmine vestem / *indueras*

Indus
- (II 2.15) — nec tibi (malueris) gemmarum quidquid felicibus *Indis* / nascitur.
- III 8.20 — et quascumque niger Rubro de litore gemmas / proximus Eois collegit *Indus* aquis.

ineptus
- I 4.24 — vetuit Pater ipse valere, / iurasset cupide quidquid *ineptus* amor.
- III 16.2 — gratum est, securus multum quod iam tibi de me / permittis, subito ne male *inepta* cadam.

inermis
- II 5.106 — modo in terris erret *inermis* Amor.

inerro
- (III 7.202) — quod tibi si versus noster ... / ... summo ... *inerret* in ore,

iners
- (I 1.5*) — me mea paupertas vita traducat *inerti*
- I 1.58 — tecum / dum modo sim, quaeso segnis *iners*que vocer.
- I 1.71 — iam subrepet *iners* aetas
- Pr II 5 — Venus fuit quieta, nec viriliter / *iners* senile penis extulit caput
- Pr II 38 — quid est, *iners*? pigetne lentitudinis?

inertia
- I 2.23 — nec docet hoc omnes, sed quos nec *inertia* tardat

inexpertus
- I 7.31 — primus *inexpertae* conmisit semina terrae
- (II 1.56*) — agricola et minio suffusus, Bacche, rubenti / primus *inexperta* duxit ab arte choros.

infamis
    (II 4.38*)   haec denique causa / fecit ut *infamis* hic deus esset Amor.
infelix
    I 2.4   neu quisquam multo percussum tempora baccho / excitet, *infelix* dum requiescit amor.
    I 4.60   quisquis es, *infelix* urgeat ossa lapis.
    III 6.37   quid queror *infelix*? turpes discedite curae.
infernus
    I 2.49   iam tenet *infernas* magico stridore catervas
    II 6.40   venit ad *infernos* sanguinolenta lacus.
    III 7.67   vidit, ut *inferno* Plutonis subdita regno / magna deum proles levibus discurreret umbris
inficio
    I 8.42   cum vetus *infecit* cana senecta caput.
    II 2.20   dum tarda senectus / inducat rugas *inficiat*que comas.
    II 3.56   illi sint comites fusci, quos ... / Solis ... admotis *inficit* ignis equis.
    III 4.32   ut iuveni primum virgo deducta marito / *inficitur* teneras ore rubente genas.
    III 5.9   nec mea mortiferis *infecit* pocula sucis / dextera
infidus
    I 6.84   Venus ... / ... *infidis* quam sit acerba monet.
    III 11.12   tum precor *infidos*, sancte, relinque focos
infirmus
    I 4.31   quam iacet, *infirmae* venere ubi fata senectae
    III 7.2   ut *infirmae* nequeant subsistere vires, / incipiam
inflecto
    I 7.37   ille liquor docuit voces *inflectere* cantu
informis
    III 10.6   effice ne ... / ... notet *informis* pallida membra color
infra
    I 10.35. III 7.66
ingemo
    [*Pr* II 22]   ingemente *pro* imminente
ingenium
    III 2.6   non haec patientia nostro / *ingenio*
ingero
    II 1.22   rusticus ... / *ingeret* ardenti grandia ligna foco.
    (II 1.49)   rure levis verno flores apis *ingerit* alveo
    II 5.101   *ingeret* hic potus iuvenis maledicta puellae
ingratus
    [[I 3.3]]   ingratis *pro* ignotis
    III 6.42   sic cecinit ... Catullus / *ingrati* referens inpia facta viri.

ingredior
- I 3.19 — O quotiens *ingressus* iter mihi tristia dixi / offensum in porta signa dedisse pedem!
- II 5.1 — Phoebe, fave: novos *ingreditur* tua templa sacerdos

inguen
- I 5.55 — currat et *inguinibus* nudis ululetque per urbes
- (II 4.58*) — et quod, ... / hippomanes cupidae stillat ab *inguine* equae.
- *Pr* II 14 — vale, nefande destitutor *inguinum* / vale, Priape
- *Pr* II 27 — bidens amica Romuli senis memor / paratur, inter atra cuius *inguina* / latet iacente pantice abditus specus.
- [*Pr* II 29] — inguinum *pro* annuo
- *Pr* II 43 — et inquietus *inguina* arrigat tumor

inhaereo
- [III 7.202] — inhaeret in (inhaereat) *pro* inerret in

inimicus
- (III 6.55*) — perfida nec merito nobis *inimica* merenti

iniustus
- I 5.58 — saevit et *iniusta* lege relicta Venus.
- III 11.13 — nec tu sis *iniusta*, Venus:
- III 19.24 — haec notat *iniustos* supplicibusque favet

inlaesus
- III 9.17 — tunc veniat licet ad casses, *inlaesus* abibit, / ... aper

inludo
- III 4.35 — ima videbatur talis *inludere* palla

inmaturus
- II 6.29 — parce, per *inmatura* tuae precor ossa sororis:

inmensus
- (II 3.41*) — praedator cupit *inmensos* obsidere campos
- III 7.19 — alter dicat ... / qualis in *inmenso* desederit aere tellus.

inmergo
- [*Pr* II 37] — inmerserit *pro* merseris

inmeritus
- (I 6.72) — et siquid peccasse putet, ducar ... capillis / *inmerito*
- III 4.14 — et frustra *inmeritum* pertimuisse velit.
- III 5.6 — *inmerito* iuveni parce nocere, dea.

inmineo
- I 10.34 — *inminet* et tacito clam venit illa pede.
- (†*Pr* II 22) — nec tibi tener puer / patebit ullus, †*imminente* qui toro / iuvante verset arte mobilem natem.

inmisceo
- I 3.63 — ac iuvenum series teneris *inmixta* puellis / ludit.

inmitis
    I   1.45   quam iuvat *inmites* ventos audire cubantem
    I   3.48   nec ensem / *inmiti* saevus duxerat arte faber
    I   3.55   hic iacet *inmiti* consumptus morte Tibullus
    III 4.74   si ferre recusas / *inmitem* dominam coniugiumque ferum.

innito
    III 3.13   quidve domus prodest Phrygiis *innixa* columnis?

innoxius
    II   5.63   sic usque sacras *innoxia* laurus / vescar.

innumerus
    I   1.21   tunc vitula *innumeros* lustrabat caesa iuvencos
    (II 3.42*)   ut multa *innumera* iugera pascat ove.

innuo
    [Pr II 22]   innuetque *pro* imminente

inoffensus
    I   7.62   te canit agricola, magna cum venerit Urbe / serus *inoffensum* rettuleritque pedem.

inops
    I   6.78   at, quae fida fuit nulli, post victa senecta / ducit *inops* tremula stamina torta manu.

inornatus
    II   3.25   quisquis *inornatum*que caput crinesque solutos / adspiceret, Phoebi quaereret ille comam.

inpexus
    (I 3.69)   Tisiphoneque *inpexa* feros pro crinibus angues / saevit

inpiger
    II   5.39   *inpiger* Aenea, volitantis frater Amoris
    Pr II 12   cum tibi / senexve corvos *impiger*ve graculus / sacrum feriret ore corneo caput.

inpius
    I   2.82   num ... / ... mea nunc poenas *inpia* lingua luit?
    I   3.52   timidum non me periuria terrent, / non dicta in sanctos *inpia* verba deos.
    I   3.70   Tisiphoneque inpexa feros pro crinibus angues / saevit et huc illuc *inpia* turba fugit.
    III 4.16   nec laesit magnos *inpia* lingua deos
    III 4.59   diversasque suas agitat mens *inpia* curas
    [III 4.96]   impia *pro* inrita
    III 5.14   nec nos ... / *inpia* in adversos solvimus ora deos.
    III 6.42   sic cecinit ... Catullus / ingrati referens *inpia* facta viri
    III 7.144   *inpia* nec saevis celebrans convivia mensis

inpleo
    III 3.1   quid prodest caelum votis *inplesse*, Neaera?

inplico
    I   4.56   post etiam collo se *inplicuisse* velit
    III 6.64   iam dudum . . . / debueram sertis *inplicuisse* comas.
    [*fr.* 1]   *implicuit*que femur femini
inpono
    [I 1.74]   imposuisse *pro* inseruisse
    II 1.10   non audeat ulla / lanificam pensis *inposuisse* manum.
    (II 1.60*)   rure puer verno primum de flore coronam / fecit et antiquis *inposuit* Laribus.
inprimo
    I 6.14   livor . . . / quem facit *inpresso* mutua dente venus.
inprudens
    I 2.39   Siquis et *inprudens* adspexerit, occulat ille
inpunis
    I 4.25   perque suas *inpune* sinit Dictynna sagittas / adfirmes.
    I 9.5   aequum est *inpune* licere / numina formonsis laedere vestra semel
    (II 3.65*)   haud *inpune* licet formonsas tristibus agris / abdere:
inquietus
    Pr II 43   et *inquietus* inguina arrigat tumor.
inrigo
    (III 7.60)   nobilis Artacie gelida quos *inrigat* unda
inriguus
    II 1.44   tum bibit *inriguas* fertilis hortus aquas.
inritus
    I 4.22   Veneris periuria venti / *inrita* per terras et freta summa ferunt.
    (II 3.22*)   venit et a templis *inrita* turba domum.
    II 5.102   postmodo quae votis *inrita* facta velit.
    (III 4.96)   et iubeat tepidos *inrita* ferre Notos.
    III 6.50   periuria ridet amantum / Iuppiter et ventos *inrita* ferre iubet
insanus
    II 4.9   quam mallem . . . / stare . . . *insanis* cautes obnoxia ventis
    II 6.18   tu me mihi dira precari / cogis et *insana* mente nefanda loqui
    III 5.13   *insanae* meditantes iurgia mentis
inscribo
    I 3.54   fac lapis *inscriptis* stet super ossa notis.
    III 7.38   sim victor in illis, / ut nostrum tantis *inscribam* nomen in actis
insero, insitum
    [II 1.43]   tunc insita *pro* tum consita

insero, insertum
    (I 1.74)   nunc levis est tractanda Venus, dum frangere postes / non pudet et rixas *inseruisse* iuvat.

insideo
    I 2.72   *insideat* celeri conspiciendus equo.

insidiae
    I 2.30   *insidias* non timuisse decet
    I 4.49   velit *insidiis* altas si claudere valles
    I 6.4   an gloria magna est / *insidias* homini conposuisse deum?

insignis
    I 3.32   (ut) bisque die resoluta comas tibi dicere laudes / *insignis* turba debeat in Pharia.
    I 3.66   et gerit *insigni* myrtea serta coma
    II 4.23   aut rapiam suspensa sacris *insignia* fanis
    III 3.4   *insignis* clara conspicuosque domo.

insimulo
    [[I 6.7]]   insimulata *pro* tam multa

insisto
    III 7.135   quin hortante deo magnis *insistere* rebus / incipe

insomnium
    [III 4.1]   insomnia *pro* mihi somnia

inspero
    (I 9.43*)   saepe *insperanti* venit tibi munere nostro

instabilis
    I 9.10   lucra petituras freta per parentia ventis / ducunt *instabiles* sidera certa rates.
    III 7.44   libra // qualis ... / *instabilis* natat alterno depressior orbe

insto
    (I 6.32*)   ille ego sum, ... / *instabat* tota cui tua nocte canis.
    III 7.119   maiora peractis / *instant*, conpertum est veracibus ut mihi signis

insuetus
    I 4.48   nec te paeniteat ... / ... opera *insuetas* adteruisse manus.

insum
    I 6.34   tua si bona nescis / servare, frustra clavis *inest* foribus.
    III 4.84   crediderim ... / nec tantum crimen pectore *inesse* tuo.
    III 6.49   etsi per ... suos fallax iuravit ocellos, // nulla fides *inerit*.

intactus
    I 7.17   quid referam, ut volitet crebras *intacta* per urbes / ... columba

intego
    [III 7.155]   intecto *pro* incepto

intempestivus
    [III 14.6]   intempestivae *pro* tempestivae
intendo
    III 7.132   Iuppiter ... // *intenta* ... tuis precibus se praebuit aure
inter
    I 10.10, 58. II 1.(67*), 67, 68; 6.26. III (1.13*); 7.(70), 72(*pp.*), 79(*pp.*), 165(*pp*), 165; 11.2. Pr II 16, 27.
interdum
    I 1.29; [3.64]. III 10.13*bis*.
interea
    I 1.69; 10.45. [[II 2.21]]. III 5.33.
intereo
    I 9.45   tum miser *interii*, stulte confisus amari.
interiacio
    III 7.150   te manet ... / ... *interiecto* mundi pars altera sole.
interpono
    I 9.56   tecum *interposita* languida veste cubet.
interrumpo
    III 7.75   vel si *interrupto* nudaret gurgite pontum
intexo
    III 7.5   si ... // nec tua praeter te chartis *intexere* quisquam / facta queat
intonsus
    I 4.38   nam decet *intonsus* crinis utrumque deum.
    I 7.16   canam ... // quantus ... / frigidus *intonsos* Taurus alat Cilicas?
    II 1.34   Messalla / ... magna *intonsis* gloria victor avis, / huc ades.
    II 3.12   nec cithara *intonsae* profueruntve comae.
    II 5.121   adnue: sic tibi sint *intonsi*, Phoebe, capilli
    III 4.27   *intonsi* crines longa cervice fluebant
    III 10.2   huc ades, *intonsa* Phoebe superbe coma.
intorqueo
    [[I 3.71]]   intorto *pro* in porta
    I 9.22   et pete ferro / corpus et *intorto* verbere terga seca.
intra
    II 3.45. [III 1.13]
intremo
    [Pr II 22]   intremente *pro* imminente
intro
    III 9.9   quidve iuvat furtim latebras *intrare* ferarum?
inultus
    I 6.48   sanguineque effuso spargit *inulta* deam
    I 9.54   at te ... / rideat adsiduis uxor *inulta* dolis.
    Pr II 39   licebit hoc *inultus* auferas semel

invalidus
    I   9.16   deteret *invalidos* et via longa pedes.
invenio
    (I 8.35*)   at Venus *invenit* puero concumbere furtim
invictus
    [I 7.6]   invictos *pro* evinctos
    III 7.149   te manet *invictus* Romano Marte Britannus
invidia
    (III 3.20)   in illis / *invidia* est.
    III 19.7   nil opus *invidia* est, procul absit gloria volgi
invidus
    [III 3.20]   invida quae *pro* invidia est
invisus
    III 14.1   *invisus* natalis adest,
invitus
    I 3.21   audeat *invito* ne quis discedere Amore
    I 8.8   deus crudelius urit, / quos videt *invitos* subcubuisse sibi
    I 9.28   ipse deus somno domitos emittere vocem / iussit et *invitos* facta tegenda loqui
involvo
    III 1.9   lutea sed niveum *involvat* membrana libellum
io (*interj.*)
    I 1.24. II 4.6; 5.118.
iocosus
    II 1.85   nam turba *iocosa* / obstrepit et Phrygio tibia curva sono.
    III 6.20   qui se quique una vina *iocosa* colunt
    Pr II 24   puella nec *iocosa* te levi manu / fovebit
    Pr II 45   neque incitare cesset usque dum mihi / Venus *iocosa* molle ruperit latus.
iocundus *v.* **incundus**
iocus
    III 4.68   me quondam Admeti niveas pavisse iuvencas / non est in vanum fabula ficta *iocum*.
    III 6.34   difficile est tristi fingere mente *iocum*.
ipse
    I (1.7*), [35]; 2.58, (60), 73; 3.2, 15; 4.23, 46, 55; 5.11, 13, 15, 66, [74]; 6.9, 27, 43, [73]; 8.56; 9.25, 27, (39*), (42*); 10.(23), 28, 41, (51*), 55. II 1.67; 2.5; 3.14a, (59*); 4.34, [36]; 5.5, (18*), (98), (110), 117; 6.8, 14. III 4.79; (6.3*); 7.32, 114, 130, 178; 8.2; 9.24; (19.8).
    ipsa I 2.16; 3.58; (4.71); 5.34, 53; 6.47; 8.5, [15]. II 3.3, (24*), [59]; 6.44. III 9.12, 13. **ipsum** (*masc.*) II 5.75. **ipso** (*abl. masc.*) I 8.62; [10.51]. **ipsae** (*nom.*) I 3.45. **ipsos** II 2.12. **ipsas** I 5.74. III 9.16. **ipsa** [I 10.23].

ira
  I 3.47   non acies, non *ira* fuit, non bella
  [[I 6.56]] ira *pro* illa
  I 6.58   sed tua mater / me movet atque *iras* aurea vincit anus.
  [[III 6.25]] ira *pro* illa
  (III 6.26*) illaque, si qua est, / quid valeat laesi sentiat *ira* dei.
  III 7.46 seu iudicis *ira* / sit placanda, tuis poterit mitescere verbis.
  Pr II 1   quid hoc novi est? quid *ira* nuntiat deum?

irascor
  [I 2.90] et iratus *pro* non uni
  I 8.20   cantus et *iratae* detinet anguis iter
  I 10.58 Amor ... / inter ... *iratum* lentus utrumque sedet.
  I 10.64 quater ille beatus, / quo tenera *irato* flere puella potest.
  II 1.74 hic dicere iussit / limen ad *iratae* verba pudenda senem.
  III 6.21 convenit *iratus* nimium nimiumque severos.
  III 6.22 qui timet *irati* numina magna, bibat.

irritus *v.* **inritus**

is
  I 2.41, 42; [[90]]; 10.66. II 3.33. III 4.94. **eius** (*fem.*) (I 6.25*).
  id [III 12.7]. **eum** III 6.12. **id** [[I 5.42]]. III [[7.25]]; [[12.15]]; (13.8).

Isis
  I 3.23   quid tua nunc *Isis* mihi, Delia, quid mihi prosunt / illa tua totiens aera repulsa manu?

iste
  (I 6.73). [II 3.59]. III 19.18. **ista** (*nom. fem.*) (I 9.69). (II 5.108). Pr II 36. (*nom. pl. neu.*) II 4.20. **istaec** [I 9.69].

ita
  [I 9.69] ita *pro* haec

iter
  I 2.46   fluminis haec rapidi carmine vertit *iter*.
  I 3.19   O quotiens ingressus *iter* mihi tristia dixi / offensum in porta signa dedisse pedem.
  I 8.20   cantus et iratae detinet anguis *iter*
  II 1.77 et pedibus praetemptat *iter* suspensa timore
  III 15.1 scis *iter* ex animo sublatum triste puellae?
  Pr II 41 simul sonante senseris *iter* pede, / rigente nervos excubet lubidine.

iterum
  II 6.6   atque *iterum* erronem sub tua signa voca.

Ithace
  III 7.48 non Pylos aut *Ithace* tantos genuisse feruntur

iubeo
I	2.50	iam *iubet* adspersas lacte referre pedem.
I	6.30	*iussit* Amor: contra quis ferat arma deos?
I	6.43	sic fieri *iubet* ipse deus.
I	9.28	ipse deus somno domitos emittere vocem / *iussit*.
II	1.11	vos quoque abesse procul *iubeo*.
II	1.73	hic dicere *iussit* / limen ad iratae verba pudenda senem.
II	3.28	nempe Amor in parva te *iubet* esse casa.
II	3.39	praeda vago *iussit* geminare pericula ponto
II	4.53	quin etiam sedes *iubeat* si vendere avitas
III	4.8	somnia... ludunt... / et pavidas mentes falsa timere *iubent*?
III	4.96	et *iubeat* tepidos inrita ferre Notos.
III	6.50	periuria ridet amantum / Iuppiter et ventos inrita ferre *iubet*.

iucundus
(I	7.35)	illi *iucundos* primum matura sapores / expressa incultis uva dedit pedibus.
(II	3.63)	et tu, Bacche tener, *iucundae* consitor uvae
III	3.23	sit mihi paupertas tecum *iucunda*, Neaera
III	7.9	et cunctis Baccho *iucundior* hospes / Icarus

iudex
[III	7.30]	qua iudex *pro* quaque index
III	7.46	seu *iudicis* ira / sit placanda, tuis poterit mitescere verbis.

iugerum
I	1.2	alius... / ... teneat culti *iugera* multa soli
I	3.75	porrectusque novem Tityos per *iugera* terrae / adsiduas atro viscere pascit aves.
(II	3.42*)	ut multa innumera *iugera* pascat ove.
III	3.5	non // ... ut multa mei renovarent *iugera* tauri

iugum
I	3.41	illo non validus subiit *iuga* tempore taurus
I	4.16	paulatim sub *iuga* colla dabit.
I	10.46	pax candida primum / duxit araturos sub *iuga* curva boves.
II	1.7	solvite vincla *iugis*
II	3.44	urbisque tumultu / portatur validis mille columna *iugis*.
III	7.170	hinc et colla *iugo* didicit submittere taurus

iuncus
II	3.15	tum fiscella levi detexta est vimine *iunci*

iungo
[I	1.64]	iuncta *pro* vincta
I	1.69	interea, dum fata sinunt, *iungamus* amores

iungo (*cont'd*)

I	2.74	ipse boves mea si tecum modo Delia possim / *iungere*
[I	5.67]	iuncta *pro* victa
I	7.60	hic apta *iungitur* arte silex
I	9.76	hunc ego credam / cum truncibus venerem *iungere* posse feris.
II	1.87	ludite: iam Nox *iungit* equos.
(II	5.32)	nam calamus cera *iungitur* usque minor.
II	5.76	ipsum etiam Solem defectum lumine vidit / *iungere* pallentes nubilus annus equos.
[III	7.36]	iuncto *pro* vincto
[III	7.103]	seu iunctum *pro* seiunctim
[III	12.20]	iunctis *pro* votis
III	19.2	hoc primum *iuncta est* foedere nostra venus.
[III	19.23]	iunctus *pro* vinctus

Iuno

I	3.73	illic *Iunonem* temptare Ixionis ausi / versantur celeri noxia membra rota.
III	6.48	etsi per . . . fallax iuravit . . . / *Iunonem*que suam perque suam Venerem, / nulla fides inerit.
III	12.1	Natalis *Iuno*, sanctos cape turis acervos.
[III	12.19]	sis Iuno huic et *pro* sis iuveni grata
III	19.15	hoc tibi sancta tuae *Iunonis* numina iuro

Iuppiter

I	2.8	te *Iovis* imperio fulmina missa petant
I	3.49	nunc *Iove* sub domino caedes et vulnera semper
I	4.23	gratia magna *Iovi*: vetuit pater ipse valere, / iurasset cupide quidquid ineptus amor.
I	7.26	arida nec pluvio supplicat herba *Iovi*.
II	5.10	qualem te memorant Saturno rege fugato / victori laudes concinuisse *Iovi*.
II	5.26	et stabant humiles in *Iovis* arce casae.
II	5.41	iam tibi Laurentes adsignat *Iuppiter* agros
III	4.72	ille ego Latonae filius atque *Iovis*.
III	6.50	periuria ridet amantum / *Iuppiter* et ventos inrita ferre iubet.
III	7.130	*Iuppiter* ipse levi vectus per inania curru / adfuit

iurgium

III	5.13	insanae meditantes *iurgia* mentis

iuro

I	4.21	nec *iurare* time: Veneris periuria venti / inrita per terras et freta sumna ferunt.
I	4.24	vetuit Pater ipse valere / *iurasset* cupide quidquid ineptus amor.

iuro *(cont'd)*
- [I 6.7] iurata *pro* tam multa
- I 9.31 tum mihi *iurabas* nullo te divitis auri / pondere, non gemmis, vendere velle fidem.
- II 5.104 et se *iurabit* mente fuisse mala.
- II 6.13 *iuravi* quotiens rediturum ad limina numquam
- II 6.14 cum bene *iuravi*, pes tamen ipse redit.
- III 1.25 teque suis *iurat* caram magis esse medullis
- (III 6.47) etsi per... suos fallax *iuravit* ocellos, // nulla fides inerit.
- III 19.15 hoc tibi sancta tuae Iunonis numina *iuro*
- III 19.18 *iuravi* stulte: proderat iste timor.

ius
- (I 1.49*) sit dives *iure*, furorem / qui maris et tristes ferre potest pluvias
- [[III 7.68]] *ius* diceret *pro* discurreret

iustus
- [[I 2.8]] iusta *pro* missa
- I 4.10 nam causam *iusti* semper amoris habent
- II 5.112 usque cano Nemesim, sine qua versus mihi nullus / verba potest *iustos* aut reperire pedes.
- III 7.41 *iusta* pari premitur veluti cum pondere libra

iuvenca
- III 4.67 me quondam Admeti niveas pavisse *iuvencas* / non est in vanum fabula ficta iocum.

iuvencus
- I 1.21 tunc vitula innumeros lustrabat caesa *iuvencos*

iuvenis
- I 1.65 illo non *iuvenis* poterit de funere quisquam / lumina, ... sicca referre domum
- I 2.17 illa favet, seu quis *iuvenis* nova limina temptat / seu reserat fixo dente puella fores.
- I 2.91 vidi ego, qui *iuvenum* miseros lusisset amores, / post Veneris vinclis subdere colla senem.
- I 2.97 hunc puer, hunc *iuvenis* turba circumterit arta
- I 3.63 ac *iuvenum* series teneris inmixta puellis / ludit
- I 4.33 vidi iam *iuvenem*, premeret cum serior aetas, / maerentem stultos praeteriisse dies.
- I 4.80 tempus erit, cum me Veneris praecepta ferentem / deducat *iuvenum* sedula turba senem.
- I 6.17 neu *iuvenes* celebret multo sermone, caveto
- I 6.81 *iuvenum*que catervae / conmemorant merito tot mala ferre senem.
- I 8.31 carior est auro *iuvenis*, cui levia fulgent / ora

iuvenis (*cont'd*)
I	9.55	et cum furtivo *iuvenem* lassaverit usu
I	9.71	non tibi, sed *iuveni* cuidam volt bella videri
II	1.73	hic *iuveni* detraxit opes.
II	1.76	ad *iuvenem* tenebris sola puella venit
II	4.41	quin tua tum *iuvenes* spectent incendia laeti
II	5.36	illa . . . / ad *iuvenem* festa est vecta puella die.
II	5.101	ingeret hic potus *iuvenis* maledicta puellae
III	2.1–2	qui primus caram *iuveni* carumque puellae / eripuit *iuvenem*, ferreus ille fuit
III	4.23	hic *iuvenis* . . . / est visus nostra ponere sede pedem.
III	4.31	ut *iuveni* primum virgo deducta marito / inficitur teneras ore rubente genas.
III	4.73	nescis quid sit amor, *iuvenis*
III	5.6	inmerito *iuveni* parce nocere, dea.
III	9.1	parce meo *iuveni*, seu quis bona pascua campi / seu colis umbrosi devia montis aper.
III	10.11	neu *iuvenem* torque, metuit qui fata puellae
III	11.17	optat idem *iuvenis* quod nos, sed tectius optat:
III	12.8	seu *iuveni* quaeso mutua vincla para.
(III	12.19*)	sis *iuveni* grata: veniet cum proximus annus
Dom. Mar.	2	te quoque . . ., Tibulle, / Mors *iuvenem* campos misit ad Elysios.

iuventa
[I	4.37]	iuventa *pro* iuventas
[I	8.41]	iuventa *pro* iuventas
III	18.3	si quicquam tota conmisi stulta *iuventa*

iuventas
(I	4.37)	solis aeterna est Baccho Phoeboque *iuventas*.
(I	8.41)	heu sero revocatur amor seroque *iuventas*

iuventus
[I	4.37]	iuventus *pro* iuventas
[I	8.41]	iuventus *pro* iuventas

iuvo
I	1.45	quam *iuvat* inmites ventos audire cubantem
(I	1.48*)	quam iuvat . . . /// securum somnos imbre *iuvante* sequi.
I	1.74	nunc levis est tractanda Venus, dum frangere postes / non pudet et rixas inseruisse *iuvat*.
(I	5.30)	at *iuvet* in tota me nihil esse domo.
(I	8.39*)	non lapis hanc gemmaeque *iuvant*
I	9.81	at tua tum me poena *iuvet*.
(II	3.78)	si copia rara videndi, / heu miserum, laxam quid *iuvat* esse togam.
(II	5.110)	et faveo morbo, cum *iuvat* ipse dolor

iuvo (*cont'd*)
III 3.18	quid ... / tincta ... Sidonio murice lana *iuvat*?
(III 3.29)	nec me regna *iuvant* nec Lydius aurifer amnis
III 5.19	quid fraudare *iuvat* vitem crescentibus uvis?
III 6.18	quem vestrum pocula sicca *iuvant*?
III 9.9	quidve *iuvat* furtim latebras intrare ferarum?
III 11.5	*iuvat* hoc, Cerinthe, quod uror, / si tibi de nobis mutuos ignis adest.
III 13.9	sed peccasse *iuvat*, voltus conponere famae / taedet
Pr II 23	nec tibi tener puer / patebit ullus, imminente qui toro / *iuvante* verset arte mobilem natem.

Ixion
I 3.73	illic Iunonem temptare *Ixionis* ausi / versantur celeri noxia membra rota.

K

kalenda
III 1.1	Martis Romani festae venere *kalendae*
III 8.1	Sulpicia est tibi culta tuis, Mars magne, *kalendis*
III 8.21	hanc vos, Pierides, festis cantate *kalendis*

L

labor (*subst.*)
(I 1.3*)	quem *labor* adsiduus vicino terreat hoste
(I 2.33)	non *labor* hic laedit, reseret modo Delia postes
I 4.47	nec te paeniteat duros subiisse *labores*
I 7.39	Bacchus et agricolae magno confecta *labore* / pectora tristitiae dissoluenda dedit.
(II 1.63*)	hinc et femineus *labor* est, hinc pensa colusque, / fusus et adposito pollice versat opus.
(III 4.65*)	saevos Amor docuit validos temptare *labores*
III 6.7	ite procul durum curae genus, ite *labores*
III 7.16	hic quoque sit gratus parvos *labor*
III 7.81	sit *labor* illius, tua dum facundia, maior.
III 7.181	languida non noster peragit *labor* otia

labor (*vb.*)
                I   6.53   adtigerit, *lubentur* opes, ut volnere nostro / sanguis.
                I   8.48   non tardo *labitur* illa pede.
              [III 7.169]   labitur *pro* vertitur
lac
              (I   1.36*)   et placidam soleo spargere *lacte* Palem
                I   2.50   iam iubet adspersas *lacte* referre pedem.
                I   3.46   ultroque ferebant / obvia securis ubera *lactis* oves.
               II   3.14b   ipse deus solitus ... / ... miscere novo docuisse coagula
                                lacte.
               II   5.27   *lacte* madens illic suberat Pan ilicis umbrae
              III   2.20   ossa /// mox etiam niveo fundere *lacte* parent
              III   5.34   promittite Diti / ... nivei *lactis* pocula mixta mero.
lacertus
                I   2.75   possim // ... te, dum liceat, teneris retinere *lacertis*
                I   5.43   non facit hoc verbis, facie tenerisque *lacertis* / devovet.
                I   6.47   ipsa bipenne suos caedit violenta *lacertos*
                I   8.33   huic tu candentes umero subpone *lacertos*
                I   9.69   ista haec persudet facies, auroque *lacertos* / vinciat et
                                Tyrio prodeat apta sinu?
lacrima
                I   1.62   tristibus et *lacrimis* oscula mixta dabis
                I   5.38   at dolor in *lacrimas* verterat omne merum.
                I   8.54   quam saepe ... / ... *lacrimis* omnia plena madent.
              (I   8.73)   saepe etiam *lacrimas* fertur risisse dolentis
                I 10.63   sit *lacrimas* movisse satis.
               II   5.77   vidit / ... nubilus annus ... / ... simulacra deum
                                lacrimas fudisse tepentes
               II   6.32   et madefacta meis serta feram *lacrimis*.
               II   6.43   nec *lacrimis* oculos digna est foedere loquaces
              III   2.25   et nostri memores *lacrimae* fundantur eodem
              III 10.21   *lacrimis* erit aptius uti, / si quando fuerit tristior illa tibi.
lacrimo
              (I   8.67*)   desistas *lacrimare*, puer: non frangitur illa
lacteus
              (II   3.14c)   *lacteus* et mixtus obriguisse liquor
lacus
                I   1.10   Spes ... / praebeat ... pleno pinguia musta *lacu*.
                I 10.38   errat ad obscuros pallida turba *lacus*.
               II   3.64   tu quoque devotos, Bacche, relinque *lacus*.
               II   5.86   dolia dum magni deficiantque *lacus*.
               II   6.40   qualis ab excelsa praeceps delapsa fenestra / venit ad
                                infernos sanguinolenta *lacus*.

lacus *(cont'd)*
III	1.16	per vos... oro / Castaliamque umbram Pieriosque *lacus*.
III	5.24	olim liceat cognoscere... / Lethaeamque ratem Cimmeriosque *lacus*.

laedo
I	1.67	tu manes ne *laede* meos
I	2.33	non labor hic *laedit*, reseret modo Delia postes
I	3.79	et Danai proles, Veneris quod numina *laesit*, / in cava Lethaeas dolia portat aquas.
I	6.29	non ego te *laesi* prudens: ignosce fatenti
I	9.1	si *fueras* miseros *laesurus* amores
I	9.6	aequum est inpune licere / numina formonsis *laedere* vestra semel.
II	3.10	nec quererer, quod... / *laederet*... teneras pussula rupta manus.
III	4.16	nec *laesit* magnos inpia lingua deos
III	5.15	et nondum cani nigros *laesere* capillos
III	6.26	illaque, si qua est, / quid valeat *laesi* sentiat ira dei.
III	9.8	quis furor est, quae mens, densos indagine colles / claudentem teneras *laedere* velle manus?
III	10.15	pone metum, Cerinthe: deus non *laedit* amantes

Laestrygones
III	7.59	incultos adiit *Laestrygonas* Antiphatenque

laetitia
[I	7.40]	laetitiae *pro* tristitiae

laetus
I	2.89	at tu, qui *laetus* rides mala nostra, caveto / mox tibi
[II	3.3]	laetos *pro* latos
II	3.47	at tibi *laeta* trahant Samiae convivia testae
II	4.41	quin tua tum iuvenes spectent incendia *laeti*
[[II	6.10]]	laeta *pro* facta
(III	7.13*)	Alcides... / *laeta* Molorcheis posuit vestigia tectis
III	7.134	additus aris / *laetior* eluxit structos super ignis acervos
[III	7.171]	laeta *pro* lenta
(III	10.23*)	iam celeber, iam *laetus* eris
(III	10.24*)	cum debita reddet / certatim sanctis *laetus* uterque focis
III	12.3	tota tibi est hodie, tibi se *laetissima* compsit
[[III	15.3]]	tam laetus *pro* natalis
[III	17.6]	laeto *pro* lento

laevus
[I	9.25]	laeva (laeve) *pro* leve
III	4.38	pendebat *laeva* garrula parte lyra
III	7.95	quis parma, seu dextra velit seu *laeva*, tueri // amplior
III	7.104	dexter uti *laevom* teneat dextrumque sinister / miles

lamna
    [[I 9.82]]   lamna *pro* palma
lampas
    (III 8.6)   illius ex oculis ... / accendit geminas *lampadas* acer Amor.
lana
    III 3.18   quid ... / tincta ... Sidonio murice *lana* iuvat?
langueo
    II 6.49   saepe, ubi nox mihi promissa est, *languere* puellam / nuntiat
    (III 4.22*)   pressit *languentis* lumina sera quies.
    III 5.28   *languent* ter quinos sed mea membra dies.
    III 10.13   interdum, quod *langueat* illa, / dicit in aeternos aspera verba deos
    [Pr II 33]   languentior *pro* lentior
languidus
    I 9.56   tecum interposita *languida* veste cubet.
    III 7.181   *languida* non noster peragit labor otia
    [[III 10.6]]   languida *pro* pallida
lanificus
    II 1.10   non audeat ulla / *lanificam* pensis inposuisse manum.
lapis
    I 1.12   nam veneror, seu stipes habet desertus in agris / seu vetus in trivio florida serta *lapis*.
    I 3.44   non fixus in agris, / qui regeret certis finibus arva, *lapis*.
    I 3.54   fac *lapis* inscriptis stet super ossa notis.
    I 4.60   at tu, qui venerem docuisti vendere primus, / quisquis es, infelix urgeat ossa *lapis*.
    (I 8.39*)   non *lapis* hanc gemmaeque iuvant
    I 10.59   a, *lapis* est ferrumque, suam quicumque puellam / verberat
    (II 3.43*)   cui *lapis* externus curae est
    II 4.8   quam mallem in gelidis montibus esse *lapis*.
    II 5.72   multus ut in terras deplueretque *lapis*
laqueus
    I 9.46   nam poteram ad *laqueos* cautior esse tuos.
    (II 6.23*)   haec *laqueo* volucres, haec captat arundine pisces
Lar
    I 1.20   fertis munera vestra, *Lares*.
    I 3.34   at mihi contingat ... / reddere ... antiquo menstrua tura *Lari*.
    I 7.58   nec taceat monumenta viae, quem Tuscula tellus / candidaque antiquo detinet Alba *Lare*
    I 10.15   sed patrii servate *Lares*.

Lar *(cont'd)*
    I 10.25   at nobis aerata, *Lares*, depellite tela
    (II 1.60*)   rure puer verno primum de flore coronam / fecit et antiquis inposuit *Laribus*.
    II 4.54   ite sub imperium sub titulumque, *Lares*.
    (II 5.20)   postquam ille parentem / dicitur et raptos sustinuisse *Lares*
    [II 5.22]   Lares *pro* deos
    (II 5.42)   iam vocat errantes hospita terra *Lares*

largior
    III 7.129   quin *largita* tuis *sunt* multa silentia votis

largus
    (III 1.21)   sed primum meritam *larga* donate salute

lascivus
    I 9.59   nec *lasciva* soror dicatur plura bibisse / pocula
    I 10.57   at *lascivus* Amor rixae mala verba ministrat
    II 1.88   currumque sequuntur / matris *lascivo* sidera fulva choro.

lasso
    I 9.55   et cum furtivo iuvenem *lassaverit* usu

lassus
    [I 6.18]   lasso *pro* laxo

latebrae
    III 9.9   quidve iuvat furtim *latebras* intrare ferarum?

lateo
    (I 9.44*)   et *latuit* clausas post adoperta fores
    (Pr II 28*)   inter atra cuius inguina / *latet* iacente pantice abditus specus.

Latona
    (II 3.23*)   saepe horrere sacros doluit *Latona* capillos
    III 4.72   ille ego *Latonae* filius atque Iovis

Latonius
    III 4.29   candor erat, qualem praefert *Latonia* Luna

latro
    [[I 6.32]]   latrabat *pro* instabat

latus *(adj.)*
    (II 3.3)   ipsa Venus *latos* iam nunc migravit in agros
    III 7.138   non te vicino remorabitur...Marte / ... *latis* audax Hispania terris.

latus *(subst.)*
    [[I 2.*post* 25]]   usque meum custos ad *latus* haeret amor
    I 4.52   saepe dabis nudum, vincat ut ille, *latus*.
    [[I 5.8]]   latus *pro* caput
    (I 5.62)   te pauper adibit / primus et in tenero fixus erit *latere*

latus *(cont'd)*
- I 6.49   statque *latus* praefixa veru, stat saucia pectus
- I 10.14   et iam quis forsitan hostis / haesura in nostro tela gerit *latere.*
- (II 1.66*)   atque aliqua ... textrix ... / ... adplauso tela sonat *latere.*
- II 6.4   cum telis ad *latus* ire volet?
- Pr II 18   canisque saeva susque ligneo tibi / lutosus affricabit oblitum *latus*
- Pr II 45   neque incitare cesset usque dum mihi / Venus iocosa molle ruperit *latus.*

laudo
- I 1.57   non ego *laudari* curo, mea Delia
- I 6.69   *laudare* nec ullam / possim ego, quin oculos adpetat illa meos.
- I 10.39   quam potius *laudandus* hic *est* quem prole parata / occupat in parva pigra senecta casa.
- II 3.35   ferrea non Venerem, sed praedam saecula *laudant*
- III 5.8   non ego temptavi ... / audax *laudandae* sacra docere deae.

laurea
- II 5.81   et succensa sacris crepitet bene *laurea* flammis

Laurens
- II 5.41   iam tibi *Laurentes* adsignat Iuppiter agros
- II 5.49   ante oculos *Laurens* castrum murusque Lavini est

laurus
- I 7.7   at te victrices *lauros*, Messalla, gerentem / portabat nitidis currus eburnus equis.
- II 5.5   ipse triumphali devinctus tempora *lauro* / ..., ad tua sacra veni.
- (II 5.63)   sic usque sacras innoxia *laurus* / vescar.
- II 5.83   *laurus* ubi bona signa dedit, gaudete coloni
- II 5.(117), 117   ipse gerens *laurus*: *lauro* devinctus agresti / miles 'io' magna voce 'triumphe' canet.
- III 4.23   hic iuvenis casta redimitus tempora *lauro*

laus
- I 3.31   ut ... // ... tibi dicere *laudes* / insignis turba debeat in Pharia.
- I 9.47   quin etiam adtonita *laudes* tibi mente canebam
- [[II 1.58]]   laus erat *pro* auxerat
- II 5.4   te ... / nunc precor ad *laudes* flectere verba meas.
- II 5.10   qualem te memorant Saturno rege fugato / victori *laudes* concinuisse Iovi.
- III 7.3   at meritas si carmina *laudes* / deficiant
- (III 7.28)   nam quamquam antiquae gentis superant tibi *laudes*

laus (*cont'd*)
III	7.35	convenientque tuas cupidi conponere *laudes*
III	7.40	nec tamen hic aut hic tibi *laus* maiorve minorve.
III	7.88	*laudis* et adsiduo vigeat certamine miles
III	7.106	at non per dubias errant mea carmina *laudes*
III	7.177	non ego sum satis ad tantae praeconia *laudis*
III	10.19	*laus* magna tibi tribuetur in uno / corpore servato restituisse duos.

Lavinium
II	5.49	ante oculos Laurens castrum murusque *Lavini* est

lavo
(I	3.25*)	quidve (prodest), pie dum sacra colis, pureque *lavari* / te—memini—et puro secubuisse toro?
III	4.18	Nox ... / ... caeruleo *laverat* amne rotas
(III	7.55)	nec valuit *lotos* coeptos avertere cursus
[[III	10.23, 24]]	lautus (lotus) *pro* laetus
[III	12.3]	lota *pro* tota

laxus
(I	6.18)	caveto, / neve cubet *laxo* pectus aperta sinu
I	6.40	tum procul absitis, ... / et fluit effuso cui toga *laxa* sinu
II	3.78	si copia rara videndi, / heu miserum, *laxam* quid iuvat esse togam?

leaena
III	4.90	nec te conceptam saeva *leaena* tulit.
III	6.15	Armenias tigres et fulvas ille *leaenas* / vicit.

lectus
(I	1.43*)	satis est requiescere *lecto* / si licet et solito membra levare toro.
I	1.61	flebis et arsuro positum me, Delia, *lecto*
I	2.19	illa docet molli furtim derepere *lecto*
I	5.7	parce tamen, per te furtivi foedera *lecti*
[[I	5.11]]	lectum *pro* circum
I	9.57	semper sint externa tuo vestigia *lecto*
III	19.1	nulla tuom nobis subducet femina *lectum*

lego
I	3.6	non hic mihi mater / quae *legat* in maestos ossa perusta sinus.
I	7.32	pomaque non notis *legit* ab arboribus
II	4.27	O pereat quicumque *legit* virides ... zmaragdos
(III	2.18)	ossa / incinctae nigra candida veste *legent*.
III	3.17	quidve in Erythraeo *legitur* quae litore concha / ... iuvat?
III	13.8	non ego signatis quicquam mandare tabellis, / ne *lega* id nemo quam meus ante, velim.

lena
    I   5.48   venit in exitium callida *lena* meum.
    II 6.44   *lena* nocet nobis, ipsa puella bona est.
    II 6.45   *lena* necat miserum Phryne.
    II 6.53   tunc tibi, *lena*, precor diras:

Lenaeus
    III 6.38   odit *Lenaeus* tristia verba pater.

lenis
    I   7.13   an te, Cydne, canam, tacitis qui *leniter* undis / caeruleus placidis per vada serpis aquis?
    (I 8.2)   non ego celari possum, quid nutus amantis / quidve ferant miti *lenia* verba sono.
    [I 8.31]   lenia *pro* levia
    (I 8.57)   nota venus furtiva mihi est, ut *lenis* agatur / spiritus.
    (I 9.25)   ipse deus tacito permisit *lene* ministro / ederet ut multo libera verba mero.
    II 1.80   felix, cui placidus *leniter* adflat Amor
    [*Pr* II 33]   lenior *pro* lentior

lentitudo
    Pr II 38   quid est iners? pigetne *lentitudinis*?

lentus
    I   3.82   illic sit, quicumque meos violavit amores, / optavit *lentas* et mihi militias.
    I   4.81   heu heu quam Marathus *lento* me torquet amore!
    I 10.58   Amor ... / inter ... iratum *lentus* utrumque sedet.
    (II 3.45*)   *lentus* ut intra / neglegat hibernas piscis adesse minas.
    II 6.36   illius ut verbis, sis mihi *lenta*, veto.
    III 5.30   et facilis *lenta* pellitur unda manu
    III 6.57   cessas, O *lente* minister? / temperet annosum Marcia lympha merum.
    [[III 7.13]]   lenta *pro* laeta
    III 7.90   quis ... melius ... / ... *lento* perfregerit obvia pilo.
    [[III 7.156]]   lentam *pro* densam
    (III 7.171)   didicit ... / et *lenta* excelsos vitis conscendere ramos.
    (III 17.6)   si tu / nostra potes *lento* pectore ferre mala.
    (*Pr* II 33)   licebit aeger angue *lentior* cubes

leo
    I   4.17   longa dies homini docuit parere *leones*
    [[III 4.65]]   leones *pro* labores

Lethaeus
    I   3.80   et Danai proles, Veneris quod numina laesit, / in cava *Lethaeas* dolia portat aquas.
    III 3.10   tum cum ... / nudus *Lethaea* cogerer ire rate.
    III 5.24   olim liceat cognoscere ... / *Lethaeam*que ratem Cimmeriosque lacus.

letum
I	3.50	nunc mare, nunc *leti* mille repente viae
II	6.19	iam mala finissem *leto*, sed credula vitam / spes fovet.

levis
I	1.73	nunc *levis* est tractanda Venus, dum frangere postes / non pudet
I	4.46	ipse *levem* remo per freta pelle ratem
I	4.51	si volet arma, *levi* temptabis ludere dextra.
I	5.70	versatur celeri Fors *levis* orbe rotae
I	6.56	si tamen admittas, sit precor illa *levis*.
I	7.44	tibi sunt..., Osiri, / ... chorus et cantus et *levis* aptus amor.
I	7.48	(tibi est, Osiri) ... *levis* occultis conscia cista sacris.
(I	9.40*)	sed precor exemplo sit *levis* illa tuo.
II	1.49	rure *levis* verno flores apis ingerit alveo
II	3.15	tum fiscella *levi* detexta est vimine iunci
II	4.50	terraque securae sit super ossa *levis*.
II	5.89	ille *levis* stipulae sollemnis potus acervos / accendet
II	5.96	arboris antiquae qua *levis* umbra cadit.
II	6.8	ipse *levem* galea qui sibi portet aquam.
III	7.68	vidit, ut ... / magna deum proles *levibus* discurreret umbris
III	7.130	Iuppiter ipse *levi* vectus per inania curru / adfuit
Pr II 24		puella nec iocosa te *levi* manu / fovebit.

lēvis
[I	8.2]	levia *pro* lenia
(I	8.31)	carior est auro iuvenis, cui *levia* fulgent / ora
[I	8.57]	levis *pro* lenis
[I	9.25]	leve *pro* lene

levo
I	1.44	satis est requiescere lecto / si licet et solito membra *levare* toro
[I	1.48]	levante *pro* iuvante
III	3.21	non opibus mentes hominum curaeque *levantur*.
III	10.10	sancte, veni, tecumque feras ... / quicumque ... cantus corpora fessa *levant*.
III	11.14	vel serviat aeque / vinctus uterque tibi, vel mea vincla *leva*.

lex
I	5.58	saevit et iniusta *lege* relicta Venus.
I	6.69	et mihi sint durae *leges*
II	4.52	illius est nobis *lege* colendus Amor
III	3.22	nam Fortuna sua tempora *lege* regit.
III	4.47	at mihi fatorum *leges* ... / ... pater posse videre dedit.
III	9.19	sed *lege* Dianae, / caste puer, casta retia tange manu.
(*Pr* II 20*)		gravi piaque *lege* noxiam lues.

libellus
III	1.9	lutea sed niveum involvat membrana *libellum*.
III	1.17	ite domum cultumque illi donate *libellum*.

liber
I	9.26	ederet ut multo *libera* verba mero.
III	7.117	domator / *libera* Romanae subiecit colla catenae

Liber
III	6.1	candide *Liber*, ades.
III	6.19	convenit ex aequo nec torvos *Liber* in illis

libertas
II	4.2	iam mihi, *libertas* illa paterna, vale.

libet
[[I 1.44]]		libet *pro* licet
I	2.51	cum *libet*, haec tristi depellit nubila caelo.
I	2.52	cum *libet*, aestivo convocat orbe nives
(I	4.39)	tu, puero quodcumque tuo temptare *libebit*, / cedas.
I	5.5	ure ferum et torque, *libeat* ne dicere quicquam / magnificum post haec
III	7.94	quis ... / possit ... // seu *libeat*, curvo brevius convertere gyro
III	7.103	seu *libeat* duplicem seiunctim cernere Martem
III	7.198	nostri si parvola cura / sit tibi, quanta *libet*, si sit modo
III	11.9	mane Geni, cape tura *libens* votisque faveto
[[Pr II 39]]		libebit *pro* licebit

libido *v.* **lubido**

libo
(I	1.14*)	et quodcumque mihi pomum novos educat annus, / *libatum* agricolae ponitur ante deo
I	10.21	hic placatus erat, seu quis *libaverat* uva

libra
III	7.41	iusta pari premitur veluti cum pondere *libra*

libum
I	7.54	*liba* et Mopsopio dulcia melle feram
I	10.23	atque aliquis voti compos *liba* ipse ferebat
II	2.8	atque satur *libo* sit madeatque mero.
III	12.14	ter tibi fit *libo*, ter, dea casta, mero.

Libycus
[[II 4.10]]		*Libyci pro* vasti

licet
(I	1.44*)	satis est requiescere lecto / si *licet* et solito membra levare toro.
[I	1.53]	licet *pro* decet
[I	1.71]	licebit *pro* decebit

licet *(cont'd)*

I	2.69	ille *licet* Cilicum victas agat ante catervas
I	2.75	possim // . . . te, dum *liceat*, teneris retinere lacertis,
[I	4.39]	licebit *pro* libebit
I	4.53	tunc tibi mitis erit, rapias tum cara *licebit* / oscula.
I	5.76	nescio quid furtivus amor parat. utere quaeso, / dum *licet*.
I	7.42	crura *licet* dura compede pulsa sonent.
I	9.5	aequum est inpune *licere* / numina formonsis laedere vestra semel.
I	10.43	*liceat*que caput candescere canis
(II	3.65*)	haud inpune *licet* formonsas tristibus agris / abdere
II	4.45	centum *licet* annos / vixerit, ardentem flebitur ante rogum.
II	5.56	carpite nunc, tauri, de septem montibus herbas / dum *licet*
(II	6.16)	acer Amor, fractas utinam, tua tela, sagittas, / si *licet*, . . . aspiciam . . . !
III	3.31	*liceat* mihi paupere cultu / securo cara coniuge posse frui.
III	5.23	Elysios olim *liceat* cognoscere campos
III	7.190	sed *licet* asperiora cadant spolierque relictis
III	7.194	adversis hiberna *licet* tumeant freta ventis
III	9.11	ut tecum *liceat*, Cerinthe, vagari
III	9.17	tunc veniat *licet* ad casses, inlaesus abibit, / . . . aper
III	12.18	nec, *liceat* quamvis, sana fuisse velit.
(III	15.2)	natali Romae iam *licet* esse suo.
III	19.13	nunc *licet* e caelo mittatur amica Tibullo
Pr	II 21	*licet* querare: nec tibi tener puer / patebit ullus, . . . qui . . . // . . . verset arte mobilem natem
Pr	II 33	*licebit* aeger angue lentior cubes
(Pr	II 39*)	*licebit* hoc inultus auferas semel

licium

I	6.79	firmaque conductis adnectit *licia* telis

ligatus

I	6.67	sit modo casta, doce, quamvis non vitta *ligatos* / impediat crines.

Liger

I	7.12	testis . . . / Carnutis et flavi caerula lympha *Liger*.

ligneus

I	10.20	tum melius tenuere fidem, cum paupere cultu / stabat in exigua *ligneus* aede deus.
II	5.28	suberat Pan ilicis umbrae / et facta agresti *lignea* falce Pales.

ligneus *(cont'd)*
    Pr II 17   canisque saeva susque *ligneo* tibi / lutosus affricabit oblitum latus.
lignum
    (II 1.22)   rusticus ... / ingeret ardenti grandia *ligna* foco.
lilium
    III 4.34   et cum contexunt amarantis alba puellae / *lilia*
limen
    I 2.17   illa favet, seu quis iuvenis nova *limina* temptat / seu reserat fixo dente puella fores.
    I 2.86   non ego, si merui, dubitem ... / ... dare sacratis oscula *liminibus*.
    [I 5.62]   in duro limine fixus erit *pro* in tenero fixus erit latere
    I 5.71   non frustra quidam iam nunc in *limine* perstat / sedulus
    II 1.74   hic dicere iussit / *limen* ad iratae verba pudenda senem
    II 4.32   et coepit custos *liminis* esse canis.
    II 6.13   iuravi quotiens rediturum ad *limina* numquam
    II 6.47   cum dominae dulces a *limine* duro / adgnosco voces.
    III 3.3   non, ut marmorei prodirem e *limine* tecti
limes
    II 1.18   vos mala de nostris pellite *limitibus*.
limus (leimus)
    [[III 4.21]]   leimo *pro* summo
lingua
    I 2.82   num ... / ... mea nunc poenas inpia *lingua* luit?
    (I 8.37*)   Venus invenit ... // ... dare anhelanti pugnantibus umida *linguis* / oscula
    [I 9.25]   lingua *pro* lene
    [I 9.26]   lingua *pro* verba
    [II 1.22]   lingua *pro* linga
    II 2.2   quisquis ades, *lingua*, vir mulierque, fave.
    III 4.16   nec laesit magnos inpia *lingua* deos
    III 4.88   canis ... / cui tres sunt *linguae* tergeminumque caput
    III 6.39   Gnosia, Theseae quondam periuria *linguae* / flevisti
    III 6.46   nec vos ... / ... fallat blanda sordida *lingua* fide.
    III 19.20   hoc perperit misero garrula *lingua* malum
linquo
    II 6.5   ure, puer, quaeso, tua qui ferus otia *liquit*.
    III 7.131   Iuppiter ... / ... caelo vicinum *liquit* Olympum
linter
    I 5.23   aut mihi servabit plenis in *lintribus* uvas
    I 5.76   in liquida nat tibi *linter* aqua.
    II 5.34   ire solebat / exiguos pulsa per vada *linter* aqua.

linum
    I   3.30   ut ... / ante sacras *lino* tecta fores sedeat
liquidus
    I   5.76   in *liquida* nat tibi linter aqua.
    I   9.12   at deus illa / in cinerem et *liquidas* munera vertat aquas.
    I   9.50   illa velim ... carmina ... / ... *liquida* deleat amnis aqua.
    III 6.62   tu, puer, i, *liquidum* fortius adde merum.
    III 7.123   splendidior *liquidis* cum Sol caput extulit undis
    III 7.209   sive ego per *liquidum* volucris vehar aera pennis
liquor
    I   6.19   caveto // ... digito ... *liquorem* / ne trahat et mensae ducat in orbe notas
    I   7.37   ille *liquor* docuit voces inflectere cantu
    II   1.45   aurea tum pressos pedibus dedit uva *liquores*
    (II 3.14c)   lacteus et mixtus obriguisse *liquor*.
    [II 3.59]   liquor *pro* loquor (?)
    III 2.16   perfusaeque pias ante *liquore* manus
    III 7.86   fontibus ut dulces erumpat terra *liquores*.
    (III 7.155*) et nulla incepto perlabitur unda *liquore*
littera
    III 1.12   indicet ut nomen *littera* facta tuom.
    III 2.27   sed tristem mortis demonstret *littera* causam
litus
    I   7.10   Tarbella Pyrene / testis et Oceani *litora* Santonici.
    III 3.17   quidve in Erythraeo legitur quae *litore* concha / ... iuvat.
    III 7.69   praeteriitque cita Sirenum *litora* puppi
    III 8.19   et quascumque niger Rubro de *litore* gemmas / proximus Eois colligit Indus aquis.
livor
    I   6.13   tum sucos herbasque dedi, quis *livor* abiret / quem facit inpresso mutua dente venus.
locus
    I   4.71   blanditiis volt esse *locum* Venus ipsa
    II   5.56   hic magnae iam *locus* urbis erit
    [III 6.34]   locum *pro* iocum
    III 7.85   quemve *locum* ducto melius sit claudere vallo
    III 7.97   amplior ... signata cita *loca* tangere funda
    III 19.12   et in solis tu mihi turba *locis*

Longa *v.* **Alba Longa**

longus
    longa (*nom. fem.*) I 4.17, 18, 41; 6.68; 9.16. II 6.3. III 7.206, 210.
    longae (*gen.*) III 3.7; 7.112a. (*dat.*) I 1.26. **longam** [II 5.62]. **longa**

longus (cont'd)
(II 5.62). III [1.21]; 4.27. **longos** I 3.91. III 2.11; 6.54. **longas** I 3.36. (II 5.8). III 6.53. **longa** I 3.86; [4.22], (8.25*). **longior** (*fem.*) III 7.11. **longe** I 5.2. III 4.93.

loquax
I	2.21	docet ... // illa viro coram nutus conferre *loquaces*.
I	2.41	nam fuerit quicumque *loquax*, is sanguine natam, / is Venerem e rapido sentiet esse mari.
II	6.43	nec lacrimis oculos digna est foedare *loquaces*.

loquor
I	5.1	asper eram et bene discidium me ferre *loquebar*
I	9.28	ipse deus somno domitos emittere vocem / iussit et invitos facta tegenda *loqui*.
I	9.29	nunc me flevisse *loquentem*, / nunc pudet ad teneros procubuisse pedes.
II	3.59	nota *loquor*: regnum ipse tenet,
II	6.11*bis*	magna *loquor*, sed magnifice mihi magna *locuto* / excutiunt clausae fortia verba fores.
II	6.18	tu me mihi dira precari / cogis et insana mente nefanda *loqui*.
III	2.7	nec mihi vera *loqui* pudor est
III	4.41	sed postquam *fuerant* digiti cum voce *locuti*

lorum
[I 9.25]   lora *pro* leve

lubido
(*Pr* II 42)   simul sonante senseris iter pede, / rigente nervos excubet *lubidine*.

lubricus
II	3.48	at tibi ... trahant ... / ficta ... Cumana *lubrica* terra rota.
II	5.14	per te praesentit haruspex, / *lubrica* signavit cum deus exta notis.
Pr II 32		tibi haec paratur, ut tuom ter aut quater / voret profunda fossa *lubricum* caput.

luceo
I	1.6	dum meus adsiduo *luceat* igne focus.
I	9.36	illis eriperes verbis mihi sidera caeli / *lucere*.
II	5.47	ecce mihi *lucent* Rutulis incendia castris

lucerna
I   3.85   positaque *lucerna* / deducat plena stamina longa colu.

lucidus
I	4.20	annus agit certa *lucida* signa vice.
II	1.62	molle gerit tergo *lucida* vellus ovis

lucidus (cont'd)
(II 4.30*) hic dat avaritiae causas ... puellis / ... e Rubro *lucida* concha mari
Pr II 25 puella nec iocosa te levi manu / fovebit apprimetve *lucidum* femur.

Lucifer
I 3.94 hoc precor, hunc illum nobis Aurora nitentem / *Luciferum* roseis candida portet equis.
I 9.62 dum rota *Luciferi* provocet orta diem.

Lucina
III 4.13 efficiat vanos noctis *Lucina* timores

lucrum
I 9.7 *lucra* petens habili tauros adiungit aratro
I 9.9 *lucra* petituras freta per parentia ventis / ducunt instabiles sidera certa rates.

luctus
I 7.43 non tibi sunt tristes curae nec *luctus*, Osiri
II 6.41 desino, ne dominae *luctus* renoventur acerbi.

lucus
(I 10.51*) rusticus e *luco*que vehit, male sobrius ipse
II 5.74 ferunt ... / ... *lucos* praecinuisse fugam.
III 3.15 (quid prosunt) ... nemora in domibus sacros imitantia *lucos*?

ludo
[I 1.29] ludentes *pro* bidentem
(I 2.91) vidi ego, qui iuvenum miseros *lusisset* amores / post Veneris vinclis subdere colla senem
I 3.64 ac iuvenum series teneris inmixta puellis / *ludit*
I 4.51 si volet arma, levi temptabis *ludere* dextra
I 5.26 consuescet amantis / garrulus in dominae *ludere* verna sinu.
I 6.9 ipse miser docui, quo posset *ludere* pacto / custodes
I 8.71 hic Marathus quondam miseros *ludebat* amantes
II 1.24 turbaque vernarum, ... / *ludet* et ex virgis extruet ante casas.
II 1.87 *ludite*: iam Nox iungit equos.
II 2.22 *ludat* et ante tuos turba novella pedes.
III 4.7 somnia fallaci *ludunt* temeraria nocte

ludus
(I 7.49) huc ades et Genium *ludis* Geniumque choreis / concelebra.

lugeo
II 4.43 seu veniet tibi mors, nec erit qui *lugeat* ullus

lumen
    I   1.66   illo non iuvenis poterit de funere quisquam / *lumina* ... sicca referre domum.
    I   2.2   occupet ut fessi *lumina* victa sopor
    I   2.35   parcite *luminibus*, seu vir seu femina fiat / obvia.
    I   2.38   neu quaerite nomen / neu prope fulgenti *lumina* ferte face.
 (I 8.68*)   et tua iam fletu *lumina* fessa tument.
 (I 9.42*)   O quotiens ... / ipse comes multa *lumina* nocte tuli!
  II 5.75   ipsum etiam Solem defectum *lumine* vidit / iungere pallentes nubilus annus equos.
 III 4.22   pressit languentis *lumina* sera quies.
 III 7.57   cessit ... Neptunius incola ... / victa Maroneo foedatus *lumina* baccho.
 III 19.12   tu mihi curarum requies, tu nocte vel atra *lumen*

Luna
    I   8.21   cantus et e curru *Lunam* deducere temptat
 (II 4.18*)   nec refero ... qualis, ubi orbem / conplevit, versis *Luna* recurrit equis.
 III 4.29   candor erat, qualem praefert Latonia *Luna*

luo
    I   2.82   num ... / ... mea nunc poenas inpia lingua *luit*?
 Pr II 20   gravi piaque lege noxiam *lues*.

lupus
 (I 1.33*)   at vos exiguo pecori, furesque *lupi*que / parcite
    I   5.54   quaerat ... a saevis ossa relicta *lupis*
  II 1.20   neu timeat celeres tardior agna *lupos*
  II 5.88   a stabulis tunc procul este *lupi*.
 III 7.187   pecus ... / et domino satis et nimium furique *lupo*que

luridus
 III 3.38   dives in ignava *luridus* Orcus aqua

lustro
    I   1.21   tunc vitula innumeros *lustrabat* caesa iuvencos
 (I 1.35*)   hic ego pastoremque meum *lustrare* quotannis / et placidam soleo spargere lacte Palem
    I   2.63   et me *lustravit* taedis, et nocte serena / concidit ad magicos hostia pulla deos.
    I   5.11   ipseque te circum *lustravi* sulpure puro
  II 1.1   fruges *lustramus* et agros, / ritus ut a prisco traditus extat avo.

lusus
 [[I 2.90]]   lusus *pro* uni

luteus
[[I	5.65]]	adhuc luteos suris *pro* ad occultos furtim
I	7.46	tibi sunt ... Osiri, /// fusa ... ad teneros *lutea* palla pedes.
[I	8.52]	luteo *pro* luto
III	1.9	*lutea* sed niveum involvat membrana libellum

lutosus
Pr II 18		canisque saeva susque ligneo tibi / *lutosus* affricabit oblitum latus.

lutum
(I	1.40*)	fictilia antiquus primum sibi fecit agrestis / pocula, de facili conposuitque *luto*.
(I	8.52)	sed nimius *luto* corpora tingit amor.
[I	10.51]	lutoque *pro* lucoque
Pr II 37		superbia ista proderit nihil, simul / vagum sonante merseris *luto* caput.

lux
II	1.5	*luce* sacra requiescat humus, requiescat arator
II	1.29	non festa *luce* madere / est rubor
III	3.9	tum cum permenso defunctus tempore *lucis* / nudus Lethaea cogerer ire rate.
III	3.25	O niveam, quae te poterit mihi reddere, *lucem*!
III	7.160	seu celer hibernas properat decurrere *luces*
III	9.15	si, *lux* mea, tecum / arguar ante ipsas concubuisse plagas.
III	18.1	ne tibi sim, mea *lux*, aeque iam fervida cura / ac videor paucos ante fuisse dies.

luxuria
II	3.51	ut mea *luxuria* Nemesis fluat

Lyaeus
III	2.19	ossa // et primum annoso spargent collecta *Lyaeo*

Lydius
(III	3.29)	nec me regna iuvant nec *Lydius* aurifer amnis
III	7.199	non mihi regna / *Lydia*, non magni potior sit fama Gylippi.

Lygdamus
III	2.29	*Lygdamus* hic situs est.

lympha
I	7.12	testis ... / Carnutis et flavi caerula *lympha* Liger.
II	1.46	mixtaque securo est sobria *lympha* mero.
III	5.3	unda ... / nunc autem sacris Baiarum proxima *lymphis*
III	5.29	at vobis Tuscae celebrantur numina *lymphae*
III	6.58	temperet annosum Marcia *lympha* merum.
III	7.140	nec qua vel Nilus vel regia *lympha* Choaspes / profluit

lyra

III 4.38 pendebat laeva garrula parte *lyra*.
III 8.22 hanc vos, Pierides, . . . cantate . . . / et testudinea Phoebe superbe *lyra*.

M

Macer

II 6.1 castra *Macer* sequitur: tenero quid fiet Amori?

macies

[[I 3.47]] macies *pro* acies
III 10.5 effice ne *macies* pallentes occupet artus

Macrones

[[III 7.146]] Macrones *pro* Magynos

madefacio

II 6.32 et *madefacta* meis serta feram lacrimis
III 6.63 iam dudum Syrio *madefactus* tempora nardo / debueram sertis inplicuisse comas.
III 8.16 sola puellarum digna est, cui mollia caris / vellera det sucis bis *madefacta* Tyros.

madeo

I 8.54 quam saepe . . . / . . . lacrimis omnia plena *madent*!
II 1.29 vina diem celebrent: non festa luce *madere* / est rubor
II 2.8 atque satur libo sit *madeat*que mero
II 4.12 omnia nunc tristi tempora felle *madent*.
II 5.27 lacte *madens* illic suberat Pan ilicis umbrae
III 6.5 care puer, *madeant* generoso pocula baccho

madidus

II 5.87 ac *madidus* Baccho sua festa Palilia pastor / concinet.

maereo

I 4.34 vidi iam iuvenem, premeret cum serior aetas, / *maerentem* stultos praeteruisse dies.
III 2.14*bis* *maereat* haec genero, *maereat* illa viro.

maestus

I 3.6 non hic mihi mater / quae legat in *maestos* ossa perusta sinus.
I 8.53 vel miser absenti *maestas* quam saepe querelas / conicit
(II 4.44*) seu veniet tibi mors, nec erit qui ludeat ullus / nec qui det *maestas* munus in exequias

maestus (*cont'd*)
    II 5.21   nec fore credebat Romam, cum *maestus* ab alto / Ilion ardentes respiceretque deos.
    II 6.38   ne . . . / *maesta* . . . sopitae stet soror ante torum.
    III 2.12   et fleat ante meum *maesta* Neaera rogum.

magicus
    I 2.44   nec tamen huic credet coniunx tuos, ut mihi verax / pollicita est *magico* saga ministerio.
    I 2.49   iam tenet infernas *magico* stridore catervas
    I 2.64   et nocte serena / concidit ad *magicos* hostia pulla deos.
    I 5.12   ipseque te circum lustravi sulpure puro / carmine cum *magico* praecinuisset anus.
    I 8.5   ipsa Venus *magico* religatum bracchia nodo / prodocuit multis non sine verberibus.
    I 8.24   forma nihil *magicis* utitur auxiliis

magis *v.* **magnus**

magister
    I 4.75   vos me celebrate *magistrum*, / quos male habet multa callidus arte puer.
    [[I 9.25]]   magister *pro* ministro
    II 1.37   his vita *magistris* / desuevit querna pellere glande famem.
    II 5.35   illa saepe gregis diti placitura *magistro* / ad iuvenem festa est vecta puella die.

magisterium
    I 4.84   parce, puer, quaeso, ne turpis fabula fiam, / cum mea ridebunt vana *magisteria*.

magnificus
    I 5.6   ure ferum et torque, libeat ne dicere quicquam / *magnificum* post haec.
    II 6.11   sed *magnifice* mihi magna locuto / excutiunt clausae fortia verba fores.

magnus
    I 7.11. III 7.176. **magna** I 4.23; 6.3, 43, 50. II 1.34. III 7.68; 10.19; 19.16. **magni** (*masc.*) III 7.18. **magnae** (*gen.*) (I 2.81). II 5.56. **magni** (*neu.*) [I 2.81 ?]. III 7.199. **magnum** (*masc.*) III 7.49. **magno** (*masc.*) I (1.34*); 7.39. **magna** I 7.61. II 5.118. **magno** (*neu.*) I [2.81]; 6.52. II 6.22. **magne** III 8.1; [11.9]. **magni** (*nom.*) II 5.86. **magnae** I 8.34. **magna** III 7.34. **magnis** (*fem.*) III 7.135, 179. **magnos** III 4.16. **magnas** III 3.6. **magna** [I 1.2]. II 6.11*bis*. III 6.22. **magnis** (*fem.*) III 7.183. **maior** (*masc.*) III 7.81. (*fem.*) III 7.40. **maius** (*nom.*) III 7.32. **maiores** (*masc.*) III 7.32. **maiora** (*nom.*) III 7.6, 118. **maiorum** III 7.29. **maiora** III 6.17; (7.39). **magis** III 1.25; 7.[43], [46]; (13.2); 18.4. **maxima** (*nom. fem.*) III [5.3]; 16.6.

Magyni
    (III 7.146*)   quaque Hebrus Tanaisque Getas rigat atque *Magynos*

maior *v.* **magnus**
maledictum
    I 6.85   haec aliis *maledicta* cadant.
    II 5.101   ingeret hic potus iuvenis *maledicta* puellae
malo
    I 2.68   ferreus ille fuit, qui, te cum posset habere, / *maluerit* praedas stultus et arma sequi.
    (II 2.13)   nec tibi *malueris*, totum quaecumque per orbem / fortis arat valido rusticus arva bove.
    II 3.32   sed cui sua cura puella est, / fabula sit *mavolt* quam sine amore deus.
    II 4.8   quam *mallem* in gelidis montibus esse lapis.
    III 4.58   Neaera / alterius *mavolt* esse puella viri.
    III 7.200   posse Meleteas nec *mallem* vincere chartas
malum
    I 2.11   et *mala* siqua tibi dixit dementia nostra, / ignoscas
    I 2.89   at tu, qui laetus rides *mala* nostra, caveto / mox tibi:
    I 6.52   ne pigeat magno post didicisse *malo*.
    I 6.82   iuvenumque catervae / conmemorant merito tot *mala* ferre senem
    I 8.64   est mihi nox multis evigilanda *malis*.
    I 9.18   saepe solent auro multa subesse *mala*.
    I 10.5   nos ad *mala* nostra / vertimus, in saevas quod dedit ille feras.
    II 1.18   vos *mala* de nostris pellite limitibus.
    II 3.36   praeda tamen multis est operata *malis*
    (II 4.36*)   quale bonum multis adtulit ille *malis*!
    II 5.108   heu heu quam multis ars dedit ista *malum*!
    II 6.19   iam *mala* finissem leto, sed credula vitam / spes fovet.
    III 2.8   nec mihi vera loqui pudor est vitaeque fateri / tot *mala* perpessae taedia nata meae.
    III 4.82   a ego ne possim tanta videre *mala*!
    III 10.7   et quodcumque *mali* est . . . / in pelagus rapidis evehat amnis aquis.
    III 17.6   at mihi quid prosit morbos evincere, si tu / nostra potes lento pectore ferre *mala*?
    III 19.20   hoc peperit misero garrula lingua *malum*
    Pr II 19   at O sceleste penis, O meum *malum*!
mālum
    III 4.34   autumno candida *mala* rubent
malus
    malum (*acc. neu.*) II 4.25. **malā** II 5.104. III 5.20. **malas** I 2.53. II 4.31, [[60]]. **mala** I 10.57. II 5.71; 6.37. **male** I 4.57, 76; (10.51*). II 1.30. III 16.2. **pessima** (*nom. fem.*) III 4.2.

mando

I	3.15	ipse ego solator, cum iam *mandata* dedissem, / quaerebam tardas anxius usque moras.
III	13.7	non ego signatis quicquam *mandare* tabellis / ... velim

maneo

I	3.83	at tu casta precor *maneas*.
I	6.61	haec foribus ... *manet* noctu me adfixa
I	8.77	at te poena *manet*, ni desinis esse superba.
II	2.19	vincula, quae *maneant* semper, dum tarda senectus / inducat rugas inficiatque comas.
II	3.2	ferreus est, heu, heu, quisquis in urbe *manet*.
[III	1.20]	*maneam pro* minor
III	7.149	te *manet* invictus Romano Marte Britannus
III	7.206	seu matura dies celerem properat mihi mortem, / longa *manet* seu vita
III	19.21	iam faciam quodcumque voles, tuos usque *manebo*

manes

I	1.67	tu *manes* ne laede meos.
III	2.15	praefatae ante meos *manes* animamque precatae

Manes

I	2.47	haec cantu finditque solum *Manes*que sepulcris / elicit.
II	6.37	ne tibi neglecti mittant mala somnia *Manes*

mano

III	5.1	vos tenet, Etruscis *manat* quae fontibus unda

manus

(I	1.8*)	ipse seram ... / rusticus ... facili grandia poma *manu*.
I	1.60	te teneam moriens deficiente *manu*
I	2.94	vidi ego ... / ... senem // ... *manibus* canas fingere velle comas.
I	3.4	abstineas avidas, Mors, modo, nigra *manus*.
I	3.24	quid mihi prosunt / illa tua totiens aera repulsa *manu*.
I	4.48	nec te paeniteat ... / ... opera insuetas adteruisse *manus*.
I	5.64	pauper in angusto fidus comes agmine turbae / subicietque *manus* efficietque viam.
I	5.68	ianua ... plena est percutienda *manu*.
(I	6.26*)	per causam memini me tetigisse *manum*
I	6.60	multoque timore / coniungit nostras clam taciturna *manus*
[I	6.72]	*manus pro* vias
I	6.74	venerit iste / si furor, optarim non habuisse *manus*
I	6.78	ducit inops tremula stamina torta *manu*
I	7.29	primus aratra *manu* sollerti fecit Osiris
I	8.12	(prodest) quid ungues / artificis docta subsecuisse *manu*?

manus (*cont'd*)

I	9.52	et pretium plena grande referre *manu*.
I	10.56	sed victor et ipse / flet sibi dementes tam valuisse *manus*.
I	10.65	sed *manibus* qui saevos erit, scutumque sudemque / is gerat
II	1.10	non audeat ulla / lanificam pensis inposuisse *manum*.
II	1.14	et *manibus* puris sumite fontis aquam.
II	1.70	ei mihi, quam doctas nunc habet ille *manus*!
II	1.78	explorat caecas cui *manus* ante vias.
II	3.10	nec quererer, quod ... / laederet ... teneras pussula rupta *manus*.
(II	4.14*)	illa cava pretium flagitat usque *manu*.
II	4.26	sacrilegas sentiat illa *manus*
III	2.16	perfusaeque pias ante liquore *manus*.
III	5.20	quid ... iuvat ... / ... modo nata mala vellere poma *manu*?
III	5.30	et facilis lenta pellitur unda *manu*.
III	6.6	et nobis prona funde Falerna *manu*.
III	7.54	nam Ciconumque *manus* adversis reppulit armis
III	9.8	quis furor est, quae mens, densos indagine colles / claudentem teneras laedere velle *manus*.
III	9.20	sed lege Dianae, / caste puer, casta retia tange *manu*.
III	10.4	nec te iam, Phoebe, pigebit / formonsae medicas adplicuisse *manus*
III	12.2	sanctos cape turis acervos, / quos tibi dat tenera docta puella *manu*.
Pr	II 24	puella nec iocosa te levi *manu* / fovebit

mānus

(III	11.9)	*mane* Geni, cape tura libens votisque faveto

Marathus

I	4.81	heu heu quam *Marathus* lento me torquet amore!
I	8.49	neu *Marathum* torque: puero quae gloria victo est?
I	8.71	hic *Marathus* quondam miseros ludebat amantes

Marcius

(III	6.58)	temperet annosum *Marcia* lympha merum.

mare

I	1.50	sit dives iure, furorem / qui *maris* et tristes ferre potest pluvias
I	1.53	te bellare decet terra, Messalla, *mari*que
I	2.42	nam fuerit quicumque loquax, is sanguine natam, / is Venerem e rapido sentiet esse *mari*.
I	3.50	nunc *mare*, nunc leti mille repente viae
I	3.56	hic iacet inmiti consumptus morte Tibullus, / Messallam terra dum sequiturque *mari*.

mare (*cont'd*)
    I 7.19   quid referam ... // ut ... *maris* vastum prospectet turribus aequor / ... Tyros.
    II 2.16   gemmarum quidquid felicibus Indis / nascitur, Eoi qua *maris* unda rubet.
    II 3.45   claudit et indomitum moles *mare*
    II 4.10   (cautes) naufraga quam vasti tunderet unda *maris*
    (II 4.30*)   hic dat avaritiae causas ... puellis / ... e Rubro lucida concha *mari*.
    III 6.40   flevisti ignoto sola relicta *mari*.
    III 7.53   qua *maris* extremis tellus includitur undis
    III 7.126   quin rapidum placidis etiam *mare* constitit undis
    III 7.193   pro te vel rapidas ausim *maris* ire per undas

maritus
    III 4.31   ut iuveni primum virgo deducta *marito* / inficitur teneras ore rubente genas.

marmoreus
    III 2.22   parent // ... in *marmorea* ponere sicca (ossa) domo.
    III 3.3   non, ut *marmorei* prodirem e limine tecti
    III 3.16   (quid prosunt) aurataeque trabes *marmoreum*que solum?

Maroneus
    III 7.57   cessit ... Neptunius incola ... / victa *Maroneo* foedatus lumina baccho.

Marpesius
    II 5.67   quicquid Amalthea, quicquid *Marpesia* dixit / Herophile

Mars
    [[I 7.9]]   Marte ibi *pro* me est tibi
    I 10.30   sternat et adversos *Marte* favente duces.
    II 5.51   te quoque iam video, *Marti* placitura sacerdos / Ilia, Vestales deseruisse focos.
    III 1.1   *Martis* Romani festae venere kalendae
    III 7.98   iam simul audacis venient certamina *Martis*
    III 7.103   seu libeat duplicem seiunctim cernere *Martem*
    III 7.137   non te vicino remorabitur obvia *Marte* / Gallia
    III 7.149   te manet invictus Romano *Marte* Britannus
    III 8.1   Sulpicia est tibi culta tuis, *Mars* magne, kalendis

Martius
    I 1.4   *Martia* cui somnos classica pulsa fugent
    I 2.70   ponat et in capto *Martia* castra solo.
    [III 6.58]   Martia *pro* Marcia

mas
    I 6.22   time, seu visere dicet / sacra Bonae *maribus* non adeunda Deae.

mater

I	1.32	non agnamve sinu pigeat fetumve capellae / desertum oblita *matre* referre domum
I	3.5	non hic mihi *mater* / quae legat in maestos ossa perusta sinus
I	6.57	non ego te propter parco tibi, sed tua *mater* / me movet
II	1.88	currumque sequuntur / *matris* lascivo sidera fulva choro.
III	2.13	sed veniat carae *matris* comitata dolore
III	4.51	tantum cara tibi quantum nec filia *matri*
III	4.93	et longe ante alias omnes mitissima *mater*
III	6.24	Cadmeae *matris* praeda cruenta docet.
III	12.15	praecipit et natae *mater* studiosa quod optat

matrona

II	5.91	et fetus *matrona* dabit.

maturo

I	4.19	annus in apricis *maturat* collibus uvas.

maturus

(I	1.7*)	ipse seram teneras *maturo* tempore vites
I	7.35	illi iucundos primum *matura* sapores / expressa incultis uva dedit pedibus.
[III	4.9]	maturas *pro* in curas
III	7.172	tondeturque seges *maturos* annua partus.
III	7.205	seu *matura* dies celerem properat mihi mortem

maximus *v*. **magnus**

Medea

I	2.53	sola tenere malas *Medeae* dicitur herbas
II	4.55	quidquid habet Circe, quidquid *Medea* veneni

medeor

I	3.27	nam posse *mederi* / picta docet templis multa tabella tuis.

medicor

(III	6.3*)	aufer et ipse meum patera *medicante* dolorem

medicus (*adj.*)

II	3.14	quidquid erat *medicae* vicerat artis amor
[[III	6.3]]	medica arte *pro* medicante
III	10.4	nec te iam, Phoebe, pigebit / formonsae *medicas* adplicuisse manus

meditor

III	4.71	sed perlucenti cantum *meditabar* avena
(III	5.13)	insanae *meditantes* iurgia mentis

medius

I	2.96	nec ... puduit ... / ancillam *medio* detinuisse foro.
[I	6.72]	in medium (medias) *pro* inmerito
I	8.59	et possum *media* quamvis obrepere nocte
III	7.158	at *media* est Phoebi semper subiecta calori

medulla
    III 1.25   teque suis iurat caram magis esse *medullis*
mel
    I 3.45   ipsae *mella* dabant quercus.
    (I 7.54)   liba et Mopsopio dulcia *melle* feram.
    II 1.50   rure levis verno flores apis ingerit alveo, / conpleat ut dulci sedula *melle* favos.

Melampus
    III 7.120   quis Amythaonius nequeat certare *Melampus*

Meleteus
    III 7.200   posse *Meleteas* nec mallem vincere chartas

melior *v.* **bonus**

membranum
    III 1.9   lutea sed niveum involvat *membrana* libellum

membrum
    I 1.44   satis est requiescere lecto / si licet et solito *membra* levare toro
    I 3.74   Ixionis ... / versantur celeri noxia *membra* rota.
    I 4.70   et secet ad Phrygios vilia *membra* modos.
    I 7.38   movit et ad certos nescia *membra* modos.
    I 8.30   det munera canus amator, / ut foveat molli frigida *membra* sinu.
    I 10.61   sit satis e *membris* tenuem rescindere vestem
    III 5.28   languent ter quinos sed mea *membra* dies
    III 10.6   effice ne ... / ... notet informis pallida *membra* color.

memini
    I 2.13   te *meminisse* decet, quae plurima voce peregi / supplice
    I 2.40   siquis et inprudens adspexerit, occulat ille / perque deos omnes se *meminisse* neget
    I 3.26   quidve (prodest), pie dum sacra colis, pureque lavari / te —*memini*—et puro secubuisse toro?
    I 4.74   sed Titium coniunx haec *meminisse* vetat
    (I 6.26*)   per causam *memini* me tetigisse manum.
    I 8.27   nec tu difficilis puero tamen esse *memento*

memor
    III 2.25   et nostri *memores* lacrimae fundantur eodem
    III 5.31   vivite felices, *memores* et vivite nostri
    III 7.17   sit gratus ... labor, ut tibi possim / inde alios aliosque *memor* conponere versus.
    III 7.189   nam cura novatur, / cum *memor* ante actos semper dolor admonet annos.
    Pr II 26   bidens amica Romuli senis *memor* / paratur

memorabilis
    (II 1.57*)   huic datus a pleno, *memorabile* munus, ovili / dux pecoris †hircus auxerat hircus oves.

memoro
I	3.2	O utinam *memores* ipse cohorsque mei
II	5.9	qualem te *memorant* Saturno rege fugato / victori laudes concinuisse Iovi.
III	7.191	non te deficient nostrae *memorare* Camenae

Memphites
I	7.28	pubes ... / barbara, *Memphiten* plangere docta bovem.

mendax
(III	4.12*)	sive illi vera moneri, / *mendaci* somno credere sive volent.
III	6.35	nec bene *mendaci* risus conponitur ore

mens
I	2.100	at mihi parce, Venus: semper tibi dedita servit / *mens* mea.
I	6.75	nec saevo sis casta metu, sed *mente* fideli
I	9.47	quin etiam adtonita laudes tibi *mente* canebam.
I	9.84	et grata sis, dea, *mente* rogat.
[II	1.13]	mente *pro* veste
II	5.104	et se iurabit *mente* fuisse mala
II	6.18	tu me mihi dira precari / cogis et insana *mente* nefanda loqui.
II	6.51	tunc *mens* mihi perdita fingit / quisve meam teneat, quot teneatve modis.
III	3.21	non opibus *mentes* hominum curaeque levantur
III	4.8	somnia ... ludunt ... / et pavidas *mentes* falsa timere iubent?
III	4.15	si mea nec turpi *mens* est obnoxia facto
III	4.19	nec me sopierat *menti* deus utilis aegrae
III	4.59	diversasque suas agitat *mens* inpia curas
III	4.63	sed flecti poterit—*mens* est mutabilis illis
III	5.13	insanae meditantes iurgia *mentis*
III	6.34	difficile est tristi fingere *mente* iocum.
[III	7.185]	mentis *pro* messis
(III	9.7*)	quis furor est, quae *mens*, densos indagine colles / claudentem teneras laedere velle manus.
III	12.16	illa aliud tacita, iam sua, *mente* rogat.

mensa
I	1.37	neu vos e paupere *mensa* / dona ... spernite
I	6.20	caveto // ... digito ... liquorem / ne trahat et *mensae* ducat in orbe notas.
I	10.32	ut ... possit ... / miles ... in *mensa* pingere castra mero.
II	5.100	at sibi quisque ... festas extruet alte / caespitibus *mensas*

mensa *(cont'd)*
- III 6.31   at nos securae reddamus tempora *mensae*
- III 6.59   si fugit nostrae convivia *mensae* / ... vana puella
- III 7.144   inpia nec saevis celebrans convivia *mensis*
- [III 7.185]   mensis *pro* messis

menstruus
- I 3.34   at mihi contingat ... / reddere ... antiquo *menstrua tura* Lari.

mereo
- I 2.85   non ego, si *merui*, dubitem procumbere templis
- I 9.81   Venerique *merenti* / fixa notet casus aurea palma meos
- I 10.5   an nihil ille miser *meruit*?
- II 4.5   et seu quid *merui* seu quid peccavimus, urit.
- III 6.55   perfida nec merito nobis inimica *merenti*

mergo
- II 5.80   sed tu iam mitis, Apollo, / prodigia indomitis *merge* sub aequoribus.
- (Pr II 37)   superbia ista proderit nihil, simul / vagum sonante *merseris* luto caput.

meritus
- I 6.82   iuvenumque catervae / conmemorant *merito* tot mala ferre senem.
- [[II 1.58]]   meritus *pro* hircus
- (III 1.21)   sed primum *meritam* larga donate salute
- III 6.55   perfida nec *merito* nobis inimica merenti
- (III 7.3)   at *meritas* si carmina laudes / deficiant

merum
- I 2.1   adde *merum* vinoque novos conpesce dolores
- I 5.38   at dolor in lacrimas verterat omne *merum*.
- I 6.27   saepe *mero* somnum peperi tibi
- I 7.50   huc ades et Genium ... / concelebra et multo tempora funde *mero*.
- I 9.26   ederet ut multo libera verba *mero*.
- [I 10.8]   merum *pro* dapes
- I 10.32   ut ... possit ... / miles ... in mensa pingere castra *mero*.
- I 10.48   funderet ut nato testa paterna *merum*.
- II 1.46   mixtaque securo est sobria lympha *mero*.
- II 2.8   atque satur libo sit madeatque *mero*.
- III 5.34   promittite Diti / ... nivei lactis pocula mixta *mero*.
- III 6.58   temperet annosum Martia lympha *merum*.
- III 6.62   tu, puer, i, liquidum fortius adde *merum*.
- III 12.14   ter tibi fit libo, ter, dea casta, *mero*.

merx
    I 3.40   nec vagus ignotis repetens conpendia terris / presserat externa navita *merce* ratem.
    III 2.23   illic quas mittit dives Panchaia *merces*

Messalinus
    II 5.17   Phoebe, sacras *Messalinum* sine tangere chartas / vatis
    II 5.115   vati parce, puella, sacro, / ut *Messalinum* celebrem

Messalla
    I 1.53   te bellare decet terra, *Messalla*, marique
    I 3.1   ibitis Aegaeas sine me, *Messalla*, per undas
    I 3.56   hic iacet inmiti consumptus morte Tibullus, / *Messallam* terra dum sequiturque mari.
    I 5.31   huc veniet *Messalla* meus.
    I 7.7   at te victrices lauros, *Messalla*, gerentem / portabat nitidis currus eburnus equis.
    II 1.31   sed 'bene *Messallam*' sua quisque ad pocula dicat
    II 1.33   gentis Aquitanae celeber *Messalla* triumphis, // huc ades.
    II 5.119   tum *Messalla* meus pia det spectacula turbae
    III 7.1   te, *Messalla*, canam, quamquam me cognita virtus / terret.
    III 14.5   iam, nimium *Messalla* mei studiose, quiescas.

messis
    I 1.24   rustica pubes / clamet 'io *messes* et bona vina date.'
    I 1.42   quos tulit antiquo condita *messis* avo
    I 2.100   at mihi parce, Venus: ... / ... quid *messes* uris acerba tuas?
    I 5.22   area dum *messes* sole calente teret
    II 1.19   neu seges eludat *messem* fallacibus herbis
    II 1.47   rura ferunt *messes*, calidi cum sideris aestu / deponit flavas annua terra comas.
    III 3.6   ut ... / magnas *messes* terra benigna daret.
    (III 7.185)   ditantes ordine sulci / horrea fecundas ad deficientia *messis*

meto
    III 8.17   possideatque, *metit* quidquid bene olentibus arvis / ... dives Arabs

metuo
    III 10.11   neu iuvenem torque, *metuit* qui fata puellae

metus
    I 6.75   nec saevo sis casta *metu*, sed mente fideli
    III 10.15   pone *metum*, Cerinthe; deus non laedit amantes

meus
    I 1.6; 5.31; 9.11. II 5.119. III 3.28; 13.8. **mea** I 1.5; 2.82, 100; 3.29; 5.21. II 3.51, 77; 4.59; [6.51]. III 1.6; 4.15; 5.9; [7.1].

meus (*cont'd*)
  mei (*masc.*) III 3.5. **meae** III 2.8. **mei** III 2.17. **meo** (*masc.*) III 9.1, 21; [15.2]. **meum** (I 1.35*). III 2.11, 12; 6.3; 18.6. **meam** (I 5.42). II 3.1; 6.52. **meum** I [[*post* 2.25]]; 5.48; 9.21. III [1.12]; (5.12). **meā** I 6.10. **meo** I 2.12. III 14.8. **mea** (*voc.*) I 1.57; 2.73. 6.55. III 9.15; 18.1. **meum** (*voc.*) Pr II 19. **meae** (*nom.*) III 7.24. **mea** III 5.25, 28; 7.106. **meis** (*masc.*) I 6.24. III 19.4. **meos** I 1.67; 2.62; 3.81; 6.70; 9.82. III 2.15; 14.7. **meas** I 9.77. (II 5.4). **mea** I 4.84; 5.[42], 69; 9.78. II [5.4]; 6.34. III 7.204; 11.14; 13.5; 17.2; 19.17; **meis** (*masc.*) [III 1.8]. (*fem.*) I 5.18. II 6.32. III 13.3 (*neu.*) I 5.10. II 3.52.

mica
  III 7.14   parvaque caelestis placavit *mica*.

mico
  I 10.12   nec tristia nossem / arma nec audissem corde *micante* tubam.

migro
  II 3.3   ipsa Venus latos iam nunc *migravit* in agros

miles
  I 1.75   hic ego dux *miles*que bonus
  I 7.4   cecinere diem Parcae . . . //// quem tremeret forti *milite* victus Atax
  I 10.32   ut mihi potanti possit sua dicere facta / *miles*
  I 10.50   at tristia duri / *militis* in tenebris occupat arma situs
  II 5.118 lauro devinctus agresti / *miles* 'io' magna voce 'triumphe' canet
  II 6.7*bis* quod si *militibus* parces, erit hic quoque *miles*
  III 7.88 laudis et adsiduo vigeat certamine *miles*
  III 7.105 dexter uti laevom teneat dextrumque sinister / *miles*
  III 7.108 testis mihi victae / fortis Iapydiae *miles*

militia
  I 3.82   illic sit, quicumque meos violavit amores, / optavit lentos et mihi *militias*

mille
  (I 3.50) nunc mare, nunc leti *mille* repente viae
  (II 3.44*) urbisque tumultu / portatur validis *mille* columna iugis
  II 4.60   *mille* alias herbas misceat illa, bibam
  III 3.12 quid prodest . . . / arva . . . si findant pinguia *mille* boves?
  (III 8.14*bis**) Vertumnus . . . / *mille* habet ornatus, *mille* decenter habet
  III 12.12 fallendique vias *mille* ministret Amor

mina
  (II 3.46*) lentus ut intra / neglegat hibernas piscis adesse *minas*
  II 6.50   languere puellam / nuntiat aut aliquas extimuisse *minas*

Minerva

    I 4.26   perque suas inpune sinit Dictynna sagittas / adfirmes, crines perque *Minerva* suos

  (II 1.65*)   atque aliqua adsidue textrix operata *Minervam* / cantat

minister

    I 5.34   huic paret atque epulas ipsa *ministra* gerat

  (I 9.25*)   ipse deus tacito permisit lene *ministro*

  III 6.57   cessas, O lente *minister*? / temperet annosum Marcia lympha merum.

ministerium

    I 2.44   nec tamen huic credet coniunx tuos, ut mihi verax / pollicita est magico sage *ministerio*

ministro

    I 10.57   at lascivus Amor rixae mala verba *ministrat*

  (II 2.21*)   hic veniat, Natalis, avis prolemque *ministret*

  III 12.12   fallendique vias mille *ministret* Amor

minitor

  [[I 4.44]]   minitans *pro* amiciat

minium

  (II 1.55)   agricola et *minio* subfusus, Bacche, rubenti / primus inexperta duxit ab arte choros

minor *v.* **parvus**

minor (*vb.*)

  [III 4.65]   dominae fera verba minantis *pro* validos temptare labores

  III 6.23   quales his poenas qualis quantusque *minetur* / Cadmeae matris praeda cruenta docet

Minos

  III 6.41   sic cecinit pro te doctus, *Minoi*, Catullus

mirabilis

  III 7.18   alter dicat opus magni *mirabile* mundi

miror

    I 7.27   te canit atque suum pubes *miratur* Osirim / barbara

   II 5.61   Troia quidem tunc se *mirabitur*

  III 3.19   et quae (iuvant) praeterea populus *miratur*?

  III 7.112   terna minus Pyliae *miretur* saecula famae

  III 8.4   at tu, violente, caveto / ne tibi *miranti* turpiter arma cadant

misceo

    I 1.62   tristibus et lacrimis oscula *mixta* dabis

    I 3.64   et adsidue proelia *miscet* Amor

   II 1.46   *mixta*que securo *est* sobria lympha mero

   II 3.14b   ipse deus solitus ... / ... *miscere* novo docuisse coagula lacte

misceo (*cont'd*)
- (II 3.14c) lacteus et *mixtus* obriguisse liquor
- II 4.60 mille alias herbas *misceat* illa, bibam
- III 5.34 promittite Diti / ... nivei lactis pocula *mixta* mero

miser
- I 2.88 non ego ... dubitem /// ... *miserum* sancto tundere poste caput
- I 2.91 vidi ego, qui iuvenum *miseros* lusisset amores, / post Veneris vinclis subdere colla senem
- I 4.57 heu male nunc artes *miseras* haec saecula tractant
- I 4.72 querelis / supplicibus, *miseris* fletibus illa favet
- I 6.2 post tamen es *misero* tristis et asper, Amor
- I 6.9 ipse *miser* docui, quo posset ludere pacto / custodes
- I 8.23 quid queror heu *misero* carmen nocuisse, quid herbas?
- I 8.53 vel *miser* absenti maestas quam saepe querelas / conicit!
- I 8.61 quid prosunt artes, *miserum* si spernit amantem / ... saeva puella?
- I 8.71 hic Marathus quondam *miseros* ludebat amantes
- (I 9.1*) si fueras *miseros* laesurus amores
- I 9.3 A *miser*, et siquis primo periuria celat, / sera tamen tacitis Poena venit pedibus
- I 9.45 tum *miser* interii, stulte confisus amari
- (I 10.5) an nihil ille *miser* meruit?
- II 1.79 A *miseri*, quos hic graviter deus urget
- II 3.78 si copia rara videndi, / heu *miserum*, laxam quid iuvat esse togam?
- II 4.4 et numquam *misero* vincla remittit Amor
- II 6.17 tu *miserum* torques, tu me mihi dira precari / cogis
- II 6.45 lena necat *miserum* Phryne
- III 7.78 non ... sileant pascua Solis, // finis et erroris *miseri* Phaeacia tellus
- III 19.20 hoc peperit *misero* garrula lingua malum
- III 20.4 quid *miserum* torques, rumor acerbe? tace.
- Pr II 34*bis* tereris usque, donec a *miser miser* / triplexque quadruplexque compleas specum

mitesco
- III 7.47 seu iudicis ira / sit placanda, tuis poterit *mitescere* verbis

mitis
- [I 2.90] mitis *pro* uni
- I 4.53 tunc tibi *mitis* erit, rapias tum cara licebit / oscula
- I 8.2 non ego celari possum, quid nutus amantis, / quidve ferant *miti* lenia verba sono.
- I 10.66 sed manibus qui saevos erit, ... / ... *miti* sit procul a Venere

mitis (*cont'd*)
II	3.72	tum, quibus adspirabat Amor, praebebat aperte / *mitis* in umbrosa gaudia valle Venus
II	5.79	sed tu iam *mitis*, Apollo, / prodigia indomitis merge sub aequoribus
III	4.93	et longe ante alias omnes *mitissima* mater
III	6.11	aut siquis vini certamen *mite* recusat
[III	6.13]	mites *pro* dites

mitto
(I	2.8*)	te Iovis imperio fulmina *missa* petant
I	3.9	Delia non usquam; quae me cum *mitteret* urbe, / dicitur ante omnes consuluisse deos
I	3.90	sed videar caelo *missus* adesse tibi
I	4.32	quam iacet, . . . / qui prior Eleo *est* carcere *missus* equos
II	2.4	urantur odores / quos tener e terra divite *mittit* Arabs
II	5.44	illic sanctus eris, cum te veneranda Numici / unda deum caelo *miserit* Indigetem
II	6.37	ne tibi neglecti *mittant* mala somnia Manes
III	1.14	sic etenim comptum *mittere* oportet opus
III	1.24	haec tibi vir quondam, nunc frater, casta Neaera, / *mittit*
III	2.23	illic quas *mittit* dives Panchaia merces
III	6.14	ille ferocem / contudit et dominae *misit* in arbitrium
[III	7.90]	miserit *pro* iecerit
[III	7.200]	mittere *pro* vincere
III	19.13	nunc licet e caelo *mittatur* amica Tibullo
III	19.14	*mittetur* frustra deficietque Venus
Dom. Mar.	2	te quoque Vergilio comitem non aequa, Tibulle, / Mors iuvenem campos *misit* ad Elysios

mobilis
Pr II 23		nec tibi tener puer / patebit ullus, imminente qui toro / iuvante verset arte *mobilem* natem

moderator
III	7.115	validisque sedet *moderator* habenis

modo
    I 1.(25*), 58; 2.33, 73; (3.4); 6.64, 67. II 3.67; (4.59); 5.106. III 4.64; 5.20; 6.9; 7.93, 121, 198; 10.16; 11.10; [19.3].

modulor
(II	1.53*)	et satur arenti primum *est modulatus* avena / carmen
III	4.39	hanc primum veniens plectro *modulatus* eburno

modus
I	4.70	et secet ad Phrygios vilia membra *modos*
I	7.38	movit et ad certos nescia membra *modos*
II	3.7	agricolaeque *modo* curvom sectarer aratrum

modus (*cont'd*)
[II 5.4] modos *pro* meas
II 6.52 tunc mens mihi perdita fingit / quisve meam teneat, quot teneatve *modis*
III 4.42 edidit haec tristi dulcia verba *modo*

moenia
II 5.24 Romulus aeternae nondum formaverat urbis / *moenia*

mola
I 5.14 ipse procuravi, ne possent saeva nocere / somnia, ter sancta deveneranda *mola*

moles
II 3.45 claudit et indomitum *moles* mare

molestus
III 14.1 invisus natalis adest, qui rure *molesto* / ... tristis agendus erit

mollis
I 2.19 illa docet *molli* furtim derepere lecto
I 2.58 ille nihil poterit de nobis credere cuiquam, / non sibi, si in *molli* viderit ipse toro
I 2.76 *mollis* et inculta sit mihi somnus humo
I 2.98 despuit in *molles* et sibi quisque sinus
I 4.18 longa dies *molli* saxa peredit aqua
I 7.52 et capite et collo *mollia* serta gerat
I 8.9 quid tibi nunc *molles* prodest coluisse capillos
I 8.30 det munera canus amator, / ut foveat *molli* frigida membra sinu
II 1.62 *molle* gerit tergo lucida vellus ovis
II 2.6 cui decorent sanctas *mollia* serta comas
III 4.76 vincuntur *molli* pectora dura prece
III 6.16 indomitis *mollia* corda dedit
III 8.15 sola puellarum digna est, cui *mollia* caris / vellera det sucis bis madefacta Tyros
Dom. Mar. 3 ne foret ... elegis *molles* qui fleret amores
Pr II 45 neque incitare cesset usque dum mihi / Venus iocosa *molle* ruperit latus

Molorcheus
III 7.13 Alcides ... / laeta *Molorcheis* posuit vestigia tectis

moneo
[[I 4.44]] moneat *pro* amiciat
I 6.50 et canit eventus, quos dea magna *monet*
I 6.84 Venus ... / ... infidis quam sit acerba *monet*
I 8.69 oderunt, Pholoe, *moneo*, fastidia divi
II 4.51 vera quidem *moneo*, sed prosunt quid mihi vera?

moneo (*cont'd*)
III	4.5	divi vera *monent*
III	4.6	venturae nuntia sortis / vera *monent* Tuscis exta probata viris
[[III	4.9]]	monitura *pro* in curas
(III	4.11*)	sive illi vera *moneri*, / mendaci somno credere sive volent
III	6.43	vos ego nunc *moneo*
[[III	14.6]]	perge monere *pro* saepe propinque

monitus
[I	6.45]	monitu *pro* motu

mons
I	2.74	ipse boves mea si tecum modo Delia possim / iungere et in solito pascere *monte* pecus
II	4.8	quam mallem in gelidis *montibus* esse lapis
II	5.55	carpite nunc, tauri, de septem *montibus* herbas
III	9.2	parce meo iuveni, . . . / seu colis umbrosi devia *montis* aper
III	9.12	ipsa ego per *montes* retia torta feram

monumentum
I	7.57	nec taceat *monumenta* viae, quem Tuscula tellus / candidaque antiquo detinet Alba Lare

Mopsopius
I	7.54	liba et *Mopsopio* dulcia melle feram

mora
I	3.16	quaerebam tardas anxius usque *moras*
I	4.36	formae non ullam fata dedere *moram*
I	8.74	saepe etiam . . . fertur . . . / . . . cupidum ficta detinuisse *mora*

morbus
I	5.9	ille ego, cum tristi *morbo* defessa iaceres, / te dicor votis eripuisse meis
(II	5.110)	et faveo *morbo*, cum iuvat ipse dolor
III	10.1	huc ades et tenerae *morbos* expelle puellae
III	17.3	a ego non aliter tristes evincere *morbos* / optarim
III	17.5	at mihi quid prosit *morbos* evincere?

mordeo
I	3.42	illo . . . tempore . . . / non domito frenos ore *momordit* equus

morior
I	1.60	te teneam *moriens* deficiente manu
II	6.51	tunc *morior* curis, tunc mens mihi perdita fingit

moror
III	7.147	quid *moror*? . . . / nulla tibi adversis regio sese offeret armis

mors
(I	3.55)	hic iacet inmiti consumptus *morte* Tibullus
I	3.65	illic est, cuicumque rapax *mors* venit amanti
I	10.4	tum brevior dirae *mortis* aperta via est
I	10.33	quis furor est atram bellis accersere *mortem*
II	3.38	hinc cruor, hinc caedes *mors* propiorque venit
II	4.43	seu veniet tibi *mors*, nec erit qui lugeat ullus
III	2.27	sed tristem *mortis* demonstret littera causam
III	7.70	illum inter geminae nantem confinia *mortis* / nec Scyllae saevo conterruit impetus ore
III	7.205	seu matura dies celerem properat mihi *mortem*

Mors
I	1.70	iam veniet tenebris *Mors* adoperta caput
I	3.4	abstineas avidas, *Mors*, modo, nigra manus
I	3.5	abstineas, *Mors* atra, precor
Dom. Mar.	2	te quoque Vergilio comitem non aequa, Tibulle, / *Mors* iuvenem campos misit ad Elysios

mortalis
I	7.41	Bacchus et adflictis requiem *mortalibus* adfert

mortifer
III	5.9	nec mea *mortiferis* infecit pocula sucis

mos
II	3.68	glans alat, et prisco *more* bibantur aquae
II	3.74	si fas est, *mos* precor ille redi
(III	7.73)	illum . . . //// nec violenta suo consumpsit *more* Charybdis
III	7.182	quamvis / Fortuna, ut *mos* est illi, me adversa fatiget

motus
(I	6.45)	haec ubi Bellonae *motu* est agitata, nec acrem / flammam, non amens verbera torta timet

moveo
[I	6.45]	mota *pro* motu
I	6.58	non ego te propter parco tibi, sed tua mater / me *movet*
I	7.38	*movit* et ad certos nescia membra modos
I	8.65	dum mihi venturam fingo, quodcumque *movetur*, / illius credo tunc sonuisse pedes
I	9.66	nec tu, stultissime, sentis, / cum tibi non solita corpus ab arte *movet*
I	10.63	sit lacrimas *movisse* satis
II	6.54	satis anxia vivas, / *moverit* e votis pars quotacumque deos
[[III	5.8]]	movere *pro* docere
III	8.7	illam, quicquid agit, quoquo vestigia *movit*, / conponit furtim subsequiturque Decor

201

mox
 I 2.90; [4.55]; 5.73. III 2.20.
mugitus
 (II 3.20*) O quotiens ausae, . . . / rumpere *mugitu* carmina docta boves
mulctrum
 [II 3.14c] mulctris *pro* mixtus
mulier
 II 2.2 quisquis ades, lingua, vir *mulier*que, fave
multus
 II 5.72. **multa** I 3.28, [50]. **multum** (*acc. neu.*) III 16.1. **multo** (*abl. masc.*) I 2.3; 6.17, 59. **multa** I 2.32; 4.76; (9.42*). III (3.2); 4.64. **multo** I 5.50; 7.50; 9.26. [II 3.42]. **multi** (*nom.*) [II 6.19]. **multa** I 9.18. (III 7.129). **multis** (*masc.*) II 5.108. (*neu.*) II 3.36; (4.36*). **multos** I 7.63. III (6.32); 8.23. **multas** [III 6.32]. **multa** (*acc.*) I (1.2); (6.7*). (II 3.42*). III 3.[2], 5. **multis** (*neu.*) I 8.6, 64. **plures** (*acc. masc.*) I 9.60. **plura** I 9.59. **plus** III 7.42. **plurima** (*acc.*) I 2.13; 4.40. III 3.20.
mundus
 III 4.18 iam Nox aetherium nigris emensa quadrigis / *mundum*
 III 7.18 alter dicat opus magni mirabile *mundi*
 III 7.150 te manet . . . / . . . interiecto *mundi* pars altera sole
munus
 I 1.20 fertis *munera* vestra, Lares
 I 4.58 iam tener adsuevit *munera* velle puer
 I 4.62 aurea nec superent *munera* Pieridas
 I 8.29bis *munera* ne poscas: det *munera* canus amator
 I 9.11 *muneribus* meus est captus puer
 I 9.12 at deus illa / in cinerem et liquidas *munera* vertat aquas
 (I 9.43*) saepe insperanti venit tibi *munere* nostro
 II 1.57 huic datus a pleno, memorabile *munus*, ovili / dux pecoris †hircus auxerat hircus oves
 II 4.44 seu veniet tibi mors, nec erit qui ludeat ullus, / nec qui det maestas *munus* in exequias
 II 5.37 cum qua fecundi redierunt *munera* ruris
 III 1.4 discurrunt . . . / perque vias urbis *munera* perque domos
 III 1.24 accipias *munera* parva rogat
 III 3.24 at sine te regum *munera* nulla volo
 [III 3.32] vitae munere *pro* cara coniuge
 III 6.4 saepe tuo cecidit *munere* victus amor
 III 6.18 sed poscite Bacchi / *munera*: quem vestrum pocula sicca iuvant?
 III 7.7 nec *munera* parva / respueris

murex
 II 4.28 O pereat quicumque... / ...niveam Tyrio *murice* tingit ovem
 III 3.18 quid... / tincta... Sidonio *murice* lana iuvat?

murus
 II 5.49 ante oculos Laurens castrum *murus*que Lavini est
 III 7.174 quin etiam structis exsurgunt oppida *muris*

Musa
 I 4.65 quem referent *Musae*, vivet, dum robora tellus, / dum caelum stellas, dum vehet amnis aquas
 I 4.67 at qui non audit *Musas*, qui vendit amorem, / Idaeae currus ille sequatur Opis
 II 4.15 ite procul, *Musae*, si non prodetis amanti
 II 4.20 ite procul, *Musae*, si nihil ista valent

mustum
 I 1.10 spes... / praebeat... pleno pinguia *musta* lacu
 I 5.24 aut mihi servabit... / pressa... veloci candida *musta* pede
 (II 3.66*) non tanti sunt tua *musta*, pater
 II 5.85 oblitus et *musto* feriet pede rusticus uvas

mutabilis
 III 4.63 sed flecti poterit—mens est *mutabilis* illis

muto
 I 8.10 quid tibi nunc molles prodest coluisse capillos / saepeque *mutatas* disposuisse comas
 I 8.13 frustra iam vestes, frustra *mutantur* amictus
 I 8.43 coma tum *mutatur*, ut annos / dissimulet viridi cortice tincta nucis
 III 2.9 ergo cum tenuem *fuero mutatus* in umbram
 III 7.63 apta vel herbis / aptaque vel cantu veteres *mutare* figuras
 III 7.206 *mutata* figura / seu me fingit equom rigidos percurrere campos / doctum
 [Pr II 44] mutare *pro* incitare

mutus
 II 6.34 et mea cum *muto* fata querar cinere
 [III 7.129] muta *pro* multa

mutuus
 I 2.65 non ego, totus abesset amor, sed *mutuos* esset, / orabam
 I 6.14 livor... / quem facit inpresso *mutua* dente venus
 I 6.76 *mutuos* absenti te mihi servet amor
 III 1.19 illa mihi referet, si nostri *mutua* cura est
 III 11.6 iuvat hoc, Cerinthe, quod uror, / si tibi de nobis *mutuos* ignis adest
 III 11.7 *mutuos* adsit amor, per te dulcissima furta / ...rogo
 III 12.8 sed iuveni quaeso *mutua* vincla para

myrrheus
  [III 4.28]   myrrhea *pro* myrtea
myrteus
  I 3.66   et gerit insigni *myrtea* serta coma
  (III 4.28) stillabat Syrio *myrtea* rore coma
myrtus
  I 10.27, 28 *myrto*que canistra / vincta geram, *myrto* vinctus et ipse caput
mysticus
  III 6.1   candide Liber, ades—sic sit tibi *mystica* vitis / semper

N

Nais
  III 6.57   *Naida* Bacchus amat
nam
  I 1.11; 2.5, 41, 59, (79*), [[90]]; 3.27; 4.10, (38*); 5.60, [71], [76*pp*]; (6.5); 9.46.
  II 1.85; [[2.17]]; [4.12*pp*]; (5.32), 103, [110], 113.
  III 3.(11, 22); 4.43*pp*, 85; [6.21]; 7.(28, 39), 45, 54, (82), 107, 121, 151, 183, 188; 11.18; [17.5].
namque
  I 5.3; 7.59. III 4.36; 7.[39], 112a.
nardum
  [[I 8.16]]   nardo *pro* tarda
  II 2.7   illius puro destillent tempora *nardo*
  III 6.63   iam dudum Syrio madefactus tempora *nardo* / debueram sertis inplicuisse comas
narro
  (I 5.42)   et *narrat* scire nefanda meam
  III 13.5   mea gaudia *narret*, / dicetur siquis non habuisse sua
nascor
  I 2.41   nam fuerit quicumque loquax, is sanguine *natam*, / is Venerem e rapido sentiet *esse* mari.
  I 10.3   tum proelia *nata*, / tum brevior dirae mortis aperta via est
  II 1.68   ipse quoque inter agros interque armenta Cupido / *natus* et indomitas dicitur inter equas
  II 2.16   nec tibi (malueris), gemmarum quidquid felicibus Indis / *nascitur*

nascor (cont'd)
    III 2.8   nec mihi vera loqui pudor est vitaeque fateri / tot mala perpessae, taedia *nata* meae
    (III 4.9*)   et *natum* in curas hominum genus omina noctis / farre pio placant et saliente sale
    III 5.20   quid ... iuvat ... / ... modo *nata* mala vellere poma manu?
    III 7.110   testis Arupinis et pauper *natus* in arvis
    III 11.3   te *nascente* novom Parcae cecinere puellis / servitium

nata
    I 6.65   te semper *natam*que tuam te propter amabo
    III 12.15   praecipit et *natae* mater studiosa quod optat

natalis
    (III 5.17*)   *natalem* primo nostrum videre parentes / cum cecidit fato consul uterque pari
    III 14.1   invisus *natalis* adest, qui rure molesto / et sine Cerintho tristis agendus erit
    III 15.2   *natali* Romae iam licet esse suo
    (III 15.3*)   omnibus ille dies nobis *natalis* agatur

Natalis
    I 7.63   at tu, *Natalis*, multos celebrande per annos, / candidior semper candidiorque veni
    II 2.1   dicamus bona verba: venit *Natalis* ad aras
    II 2.21   hic veniat *Natalis* avis prolemque ministret
    III 11.19   at tu, *Natalis*, quoniam deus omnia sentis, / adnue
    III 12.1   *Natalis* Iuno, sanctos cape turis acervos

natis
    Pr II 23   nec tibi tener puer / patebit ullus, imminente qui toro / iuvante verset arte mobilem *natem*

nato
    III 7.44   libra // qualis ... / instabilis *natat* alterno depressior orbe

natura
    [III 4.9]   *naturas* pro in curas

natus
    I 10.48   funderet ut *nato* testa paterna merum
    II 5.91   *natus*que parenti / oscula conprensis auribus eripiet

naufragus
    II 4.10   cautes ... / *naufraga* quam vasti tunderet unda maris

navita
    I 3.40   nec vagus ignotis repetens conpendia terris / presserat externa *navita* merce ratem
    I 10.36   est infra ... audax / Cerberus et Stygiae *navita* turpis aquae

ne

    I 1.67; 2.15, [37]; (3.21); 4.2*bis*, [9], 15, [[41]], [62], 83; 5.5, 13; 6.20, 41, 52, [75]; [7.57]; 8.(29); 9.17, [23], (41*).

    II [2.13]; 3.67; 4.7, 22; 6.28, 37, 41.

    III 4.75, 82; [6.45, 46]; 7.[[2]], (11), [27]; 8.4; (9.18); 10.5; [11.6]; [12.7]; (13.8); 16.2, (6); (18.1).

    Dom. Mar. 3

-ne

    I 9.67, [69], 77, 78. II 1.25(-n); [2.17-n]. III [7.39]; (11.20*bis*); 17.1. (*Pr* II 38).

Neaera

III	1.6	quonam donetur honore / seu mea, seu fallor, cara *Neaera* tamen
III	1.23	haec tibi vir quondam, nunc frater, casta *Neaera*, mittit
III	2.12	et fleat ante meum maesta *Neaera* rogum
(III	2.29)	dolor huic et cura *Neaera*, / coniugis ereptae, causa perire fuit
III	3.1	quid prodest caelum votis inplesse, *Neaera*?
III	3.23	sit mihi paupertas tecum iucunda, *Neaera*
III	4.57	carminibus celebrata tuis formonsa *Neaera* / alterius mavolt esse puella viri
(III	4.60)	nec gaudet casta nupta *Neaera* domo
III	6.29	*Neaera*, / sis felix, et sint candida fata tua

nec

    I 1.9, 26, (29), [37], 38, [64], (71), 72*pp*; 2.23*bis*, 24, 27, 43, 66, [79], (79*, 80*), 95*pp*; 3.39, [47], 47, 89; 4.21, 47, 49, (62*pp*); 5.67; 6.[[24]], 31, 45, 68, 69*pp*; (75); 7.26*pp*, 43, (57); 8.3*bis*, 4*pp*, 16, 27, [29], 32, (58), 70; 9.(23), 59, 65, (73); 10.7, 11*pp*, 12.

    II 1.[29], 71; 2.(13), 15; 3.9, 12, 13; 4.(13*bis**, 17*), 34, 42, (43*), 44, 45; 5.21, 93; 6.43.

    III 2.7; 3.[22], (29*bis*), 30; 4.1, 15, 16, 19, (26), 51, 52, 60, 61, 69, 70, 83, 84, 85, 86, 87, 90, 91*pp*; 5.9, 10, 11, (12), 13, 16; 6.19, (35, 36, 45), [46], 55, [55]; 7.5, 7, 14, (27), 30, [39], 40, 42*pp*, 42, (55), 61*pp*, 71, 73, 118, 125*pp*, (127*pp*), 128, 138, 139, 140, 143, (144*pp**), 162, 164*pp*, 192, (200*pp*); 9.3; 10.3; 11.13; 12.11, 18; 15.4; [16.6]; [18.1]; 19.3, 22, [24].

    Pr II 4, 21, 24*pp*.

    neque I 1.(64), [71]; 2.(79*). II [[4.43]]. III 7.162, [[181]]. *Pr* II 44.

neco

(II	6.45*)	lena *necat* miserum Phryne
(III	7.168)	alter et alterius vires *necat* aer

nefandus

I	5.42	et narrat scire *nefanda* meam
II	6.18	tu me mihi dira precari / cogis et insana mente *nefanda* loqui

nefandus (*cont'd*)
III	5.12	nec cor sollicitant facta *nefanda* meum
Pr	II 14	vale, *nefande* destitutor inguinum, / vale, Priape

neglego
(II	3.46*)	lentus ut intra / *neglegat* hibernas piscis adesse minas
II	6.37	ne tibi *neglecti* mittant mala somnia Manes

nego
I	2.40	siquis et inprudens adspexerit, oculat ille / perque deos omnes se meminisse *neget*
I	4.15	sed ne te capiant, primo si forte *negabit*, / taedia
I	4.41	neu comes ire *neges*, quamvis via longa paretur
I	4.50	nec, ... / dum placeas, umeri retia ferre *negent*
I	6.7	illa quidem tam multa *negat*, sed credere durum est
II	3.80	non ego me vinclis verberibusque *nego*
II	6.27	spes facilem Nemesim spondet mihi; sed *negat* illa
II	6.48	saepe, ego cum dominae dulces a limine duro / adgnosco voces, haec *negat* esse domi
III	3.35	aut si fata *negant* reditum tristesque sorores
III	6.10	neve *neget* quisquam me duce se comitem
III	7.11	ut puro testantur sidera caelo / ... *neget* ne longior aetas
[III	7.168]	negat *pro* necat

nei
[[I 6.17]]	nei *pro* neu

Nemesis
II	3.51	ut mea luxuria *Nemesis* fluat
(II	3.61*)	at tibi, dura seges, *Nemesim* qui abducis ab urbe, / persolvat nulla semina terra fide
II	4.59	si modo me placido videat *Nemesis* mea vultu
II	5.111	usque cano *Nemesim*, sine qua versus mihi nullus / verba potest ... reperire
II	6.27	spes facilem *Nemesim* spondet mihi; sed negat illa

nemo
[III	7.46]	nemo magis *pro* non alius
(III	13.8)	ne legat id *nemo* quam meus ante, velim.

nempe
I 2.61. II 3.28.

nemus
III	3.15	(quid prosunt) ... *nemora* in domibus sacros imitantia lucos?

neo
I	7.1	hunc cecinere diem Parcae fatalia *nentes* / stamina
(III	3.36*)	stamina quae ducunt quaeque futura *neunt*

nepos
II	5.93	nec taedebit avum parvo advigilare *nepoti*

Neptunius
    III 7.56   cessit et Aetnaeae *Neptunius* incola rupis
Neptunus
    [[III 7.173]] Neptunus finditur *pro* pontus confunditur
neque *v.* **nec**
nequeo
    (III 7.2)   ut infirmae *nequeant* subsistere vires, / incipiam tamen
    III 7.120   quis Amythaonius *nequeat* certare Melampus
nequiquam
    (III 5.27)   atque utinam vano *nequiquam* terrear aestu
Nereis
    (I 5.45*)   talis ad Haemonium *Nereis* Pelea quondam / vecta est frenato caerula pisce Thetis
Nereus
    III 7.58   vexit et Aeolios placidum per *Nerea* ventos
nervus
    [III 7.84]   nervos *pro* cervos
    Pr II 42   simul sonante senseris iter pede, / rigente *nervos* excubet lubidine
nescio
    I 5.75   *nescio* quid furtivus amor parat
    I 6.6   iam Delia furtim / *nescio* quem tacita callida nocte fovet
    I 6.33   tua si bona *nescis* / servare, frustra clavis inest foribus
    I 6.55   et tibi *nescio* quas dixit, mea Delia, poenas
    III 4.73   *nescis* quid sit amor, iuvenis
nescius
    I 7.38   movit et ad certos *nescia* membra modos
    I 8.72   hic Marathus quondam miseros ludebat amantes / *nescius* ultorem post caput esse deum
Nestor
    III 7.49   non Pylos aut Ithace tantos genuisse feruntur / *Nestora* vel parvae magnum decus urbis Ulixem
neu
    I (1.37); 2.3, 10, (37), 37, 38; [3.21]; (4.41*); 6.(17*), 19; (8.49*); 10.17. II 1.19, 20. III 10.6, 11; (12.7); (†14.6). **neve** I 6.18. III 6.10; [12.7].
neuter
    [I 9.23]   neutri *pro* nec tibi
neve *v.* **neu**
nex
    II 5.48   iam tibi praedico, barbare Turne, *necem*
nexus
    II 3.16   raraque per *nexus* est via facta sero

niger
(I	3.4)	abstineas avidas, Mors, modo, *nigra* manus
I	3.68	at scelerata iacet sedes in nocte profunda / abdita, quam circum flumina *nigra* sonant
(I	3.71*)	tum *niger* in porta serpentum Cerberus ore / stridet
II	1.90	postque venit tacitus furvis circumdatus alis / Somnus et incerto Somnia *nigra* pede
III	2.10	cum ... / candida ... ossa super *nigra* favilla teget
III	2.18	ossa / incinctae *nigra* candida veste legent
III	3.37	me vocet in vastos amnes *nigram*que paludem / ... Orcus
III	4.17	iam Nox aetherium *nigris* emensa quadrigis / mundum
III	5.5	at mihi Persephone *nigram* denuntiat horam
III	5.15	et nondum cani *nigros* laesere capillos
III	5.33	interea *nigras* pecudes promittite Diti
III	8.19	et quascumque *niger* Rubro de litore gemmas / proximus Eois colligit Indus aquis

nihil
   I 2.57, 60; 5.30; 6.16; 8.24; 10.5. II 4.20. *Pr* II 15, 36.   **nil** [II 4.5]. III 10.21; 19.7.

Nilus
I	7.22	(quid referam) qualis ... / fertilis aestiva *Nilus* abundet aqua?
I	7.23	*Nile* pater, quanam possim te dicere causa / aut quibus in terris occuluisse caput?
(III	7.140*)	nec qua vel *Nilus* vel regia lympha Choaspes / profluit

nimbifer
   [I 4.44]   nimbifer *pro* imbifer

nimius
   I 8.52.   **nimium** [I 2.89]. III 6.21*bis*; 7.187; 14.5.

nisi
   (I 9.39*).   **ni** (I 4.63*); 8.77.

Nisus
   (I 4.63*)   carmine purpurea est *Nisi* coma

niteo
I	3.93	hoc precor, hunc illum nobis Aurora *nitentem* / Luciferum roseis candida portet equis
I	4.4	certe / non tibi barba *nitet*, non tibi culta coma est
(I	4.64*)	carmina ni sint, / ex umero Pelopis non *nituisset* ebur
(I	10.49)	pace bidens vomerque *nitent*
[III	4.26]	nitet pro videt
[[III	4.32]]	nitente *pro* rubente
III	7.183	cum magnis opibus domus alta *niteret*
[*Pr* II 22]		in nitente *pro* imminente

nitidus
(I	7.8)	at te victrices lauros, Messala, gerentem / portabat *nitidis* currus eburnus equis
I	7.51	illius et *nitido* stillent unguenta capillo
I	8.16	illa placet, quamvis inculto venerit ore / nec *nitidum* tarda compserit arte caput
II	1.21	tunc *nitidus* plenis confisus rusticus agris / ingeret ardenti grandia ligna foco
(II	5.7)	sed *nitidus* pulcherque veni
III	4.36	namque haec in *nitido* corpore vestis erat

nitor
III	7.21	alter dicat ... /// ... vagus, e terris qua surgere *nititur*, aer

niveus
I	4.12	hic placidam *niveo* pectore pellit aquam
I	5.66	vinclaque de *niveo* detrahet ipse pede
I	6.80	tractaque de *niveo* vellere ducta putat
[I	7.8]	niveis *pro* nitidis
II	4.28	O pereat quicumque ... / ... *niveam* Tyrio murice tingit ovem
II	5.38	munera ruris, / caseus et *niveae* candidus agnus ovis
III	1.9	lutea sed *niveum* involvat membrana libellum
III	2.20	ossa /// mox etiam *niveo* fundere lacte parent
III	3.25	O *niveam*, quae te poterit mihi reddere, lucem!
III	4.30	et color in *niveo* corpore purpureus
III	4.67	me quondam Admeti *niveas* pavisse iuvencas / non est in vanum fabula ficta iocum
III	5.34	promittite Diti / ... *nivei* lactis pocula mixta mero
(III	6.8*)	fulserit hic *niveis* Delius alitibus
III	8.12	urit, seu *nivea* candida veste venit

nix
I	2.52	cum libet, aestivo convocat orbe *nives*
I	4.2	Priape, / ne capiti soles, ne noceantque *nives*
III	7.156	sed (unda) durata riget densam in glaciemque *nivemque*

no
(I	5.76*)	in liquida *nat* tibi linter aqua
(III	7.70)	illum inter geminae *nantem* confinia mortis / nec Scyllae saevo conterruit impetus ore

nobilis
III	7.60	*nobilis* Artacie gelida quos inrigat unda

noceo
I	2.31	non mihi pigra *nocent* hibernae frigora noctis
I	4.2	Priape, / ne capiti soles, ne *nocean*tque nives
I	5.13	ipse procuravi, ne possent saeva *nocere* / somnia

noceo (*cont'd*)
- I 5.47 haec *nocuere* mihi: quod adest huic dives amator
- I 8.23 quid queror heu misero carmen *nocuisse*, quid herbas?
- (I 8.25*) sed corpus tetigisse *nocet*, sed longa dedisse / oscula
- II 3.70 quid *nocuit* sulcos non habuisse satos?
- II 6.44 lena *nocet* nobis, ipsa puella bona est
- III 5.6 inmerito iuveni parce *nocere*, dea

noctu *v.* **nox**

nocturnus
- III 4.56 vanum *nocturnis* fallit imaginibus

nodus
- I 8.5 ipsa Venus magico religatum bracchia *nodo* / perdocuit

nomen
- I 2.37 neu strepitu terrete pedum, neu quaerite *nomen*
- II 1.32 *nomen* et absentis singula verba sonent
- II 5.57 Roma, tuom *nomen* terris fatale regendis
- III 1.12 indicet ut *nomen* littera facta tuom
- III 1.27 huius spem *nominis* illi / auferet extincto pallida Ditis aqua
- III 4.61 a crudele genus nec fidum femina *nomen*!
- III 4.78 haec illi nostro *nomine* dicta refer
- [III 7.27] nomine *pro* carmine
- III 7.33 at tua non titulus capiet sub *nomine* facta
- III 7.38 sim victor in illis, / ut nostrum tantis inscribam *nomen* in actis

non

I 1.[25, 29], 31, 41, 57, 63, 65, 66, 74; 2.30, 31, 32, (33), 58, 65, 85, 87, (90*); 3.5, 7, 9, 41, 42, 43*bis*, 47*ter*, 51, 52, 61; 4.4*bis*, 28, (36, 64*); 67; 5.43, (71), [[76]]; 6.22, (24*), 29, 37, 38, 46, 57, 67, 73, 74; 7.2, 9, 32, 43; 8.1, 6, 22, (39*), 48, 51, (67*); 9.32, 33, 34, 37, 66, 71; 10.9*bis*, 35*bis*.

II 1.9, (29); 3.30, 35, (66*), 70, 80; 4.15, 16, [59]; 5.24; 6.35, 42.

III 2.5*bis*; 3.3, 21, 28, [29*bis*]; 4.25, 46, 49, 54, 68, 92, 94; 5.2, 7; 6.[[19]], [21, 35, 36], 59; 7.6, 29, 33, (46), 48, [55], 76, 77, 82, 100, 106, 111, 116, (136), 137, 157, 161, 163, 177, 178, 180, (181*), 191, 198, 199; 10.15; 12.9; 13.6, 7; 14.[6], 8; 15.[2], [[3]]; 17.3; 20.3.

Dom. Mar. 1.

nondum

I 3.37. II 5.23. (III 5.15).

nonne

[I 9.25]. [III 6.21].

nos *v.* **ego**

nosco
[[I 1.43]] noto *pro* satis est²
I 7.32 pomaque non *notis* legit ab arboribus
I 8.57 *nota* venus furtiva mihi *est*, ut lenis agatur / spiritus
I 10.11 tunc mihi vita foret, vulgi nec tristia *nossem* / arma
(II 3.59*) *nota* loquor: regnum ipse tenet,
[II 5.64] noscar (noscat) *pro* vescar
III 4.46 dicere non *norunt* quid ferat hora sequens
[[III 7.175]] noscent *pro* ierint
III 7.202 quod tibi si versus noster ... / bene *sit notus*
III 19.22 nec fugiam *notae* servitium dominae

noster
I 9.75. III 7.181, 201. **nostra** I 2.11; 4.78; 5.44. III 3.8; 7.166; 19.2. **nostrae** III 6.59. (*dat.*) I 2.5. **nostro** (*neu.*) (III 2.5); 7.166. **nostrum** (*masc.*), (III 5.17*); 13.4. Pr I 5. **nostram** III 20.1. **nostrum** III 7.38. **nostro** (*masc.*) III [8.24]; 20.3. **nostrā** II 3.34. III 4.24. **nostro** (*neu.*) I 1.15; 6.53; (9.43*); 10.14. II 1.35. III 4.78. **nostrae** (*nom.*) III 7.191. **nostris** (*masc.*) III 1.2. **nostros** [[I 9.1]]. III 9.24. **nostras** I 1.52; 3.14; 6.60. III 7.79. **nostra** I 2.89; 10.5. III 17.6. **nostris** (*masc.*) II 1.18.

nota
I 2.22 docet ... /// blanda ... conpositis abdere verba *notis*
I 3.54 fac lapis inscriptis stet super ossa *notis*
I 6.20 caveto // ... digitoque liquorem / ne trahat et mensae ducat in orbe *notas*
(I 8.38*) Venus invenit ... /// ... in collo figere dente *notas*
II 5.14 per te praesentit haruspex, / lubrica signavit cum deus exta *notis*

noto
I 9.82 Venerique merenti / fixa *notet* casus aurea palma meos
III 2.28 atque haec in celebri carmina fronte *notet*
III 9.10 quidve iuvat ... / candida ... harmatis crura *notare* rubis?
III 10.6 effice ne ... / ... *notet* informis pallida membra color
III 19.24 haec *notat* iniustos supplicibusque favet

Notus
I 5.35 quae nunc Eurusque *Notus*que / iactat odoratos vota per Armenios
III 4.96 et iubeat tepidos inrita ferre *Notos*

novellus
II 2.22 ludat et ante tuos turba *novella* pedes

novem
I 3.75 porrectusque *novem* Tityros per iugera terrae / adsiduas atro viscere pascit aves
I 5.16 vota *novem* Triviae nocte silente dedi

noverca
    (II 3.24*)   quos admirata est ipsa *noverca* prius
novo
    III 7.188   nam cura *novatur*, / cum memor ante actos semper dolor admonet annos
novus
    I 1.13   et quodcumque mihi pomum *novos* educat annus
    I 2.1   adde merum vinoque *novos* conpesce dolores
    I 2.17   illa favet, seu quis iuvenis *nova* liminia temptat
    I 4.35   crudeles divi! serpens *novus* exuit annos
    I 7.5   *novos* pubes Romana triumphos / vidit
    I 8.46   tum cura est ... / ... faciem dempta pelle referre *novam*
    [II 1.58]   roserat ille novas *pro* auxerat hircus opes
    II 3.14b   ipse deus solitus ... / ... miscere *novo* docuisse coagula lacte
    II 5.1   Phoebe, fave: *novos* ingreditur tua templa sacerdos
    [II 5.4]   novas *pro* meas
    [[III 1.8]]   novis *pro* tuis
    III 7.80   fabula sive *novom* dedit his erroribus orbem
    III 11.3   te nascente *novom* Parcae cecinere puellis / servitium
    Pr II 1   quid hoc *novi* est? Quid ira nuntiat deum?
    Pr II 9   at, O Triphalle, saepe floribus *novis* / tuas sine arte deligavimus comas
nox
    I 2.24   nec docet hoc omnes, sed quos nec inertia tardat / nec vetat obscura surgere *nocte* timor
    [*post* I 2.25]   praesidio *noctis* sentio adesse deam
    I 2.31   non mihi pigra nocent hibernae frigora *noctis*
    I 2.63   et me lustravit taedis, et *nocte* serena / concidit ad magicos hostia pulla deos
    I 2.78   quid Tyrio recubare toro sine amore secundo / prodest, cum fletu *nox* vigilanda venit?
    [I 3.29]   noctes *pro* voces
    I 3.67   at scelerata iacet sedes in *nocte* profunda / abdita
    I 5.16   vota novem Triviae *nocte* silente dedi
    I 6.6   iam Delia furtim / nescio quem tacita callida *nocte* fovet
    I 6.32   ille ego sum, ... / instabat tota cui tua *nocte* canis
    I 6.61   haec foribus ... manet *noctu* me adfixa
    I 8.18   num te pallentibus herbis / devovit tacito tempore *noctis* anus?
    I 8.59   et possum media quamvis obrepere *nocte*
    I 8.64   est mihi *nox* multis evigilanda malis

nox *(cont'd)*
  (1 9.42*) O quotiens ... / ipse comes multa lumina *nocte* tuli
   1   9.63   illa nulla queat melius consumere *noctem*
  II   1.12   discedat ab aris, / cui tulit hesterna gaudia *nocte* Venus
  II   4.11   nunc et amara dies et *noctis* amarior umbra est
  II   6.49   saepe, ubi *nox* mihi promissa est, languere puellam / nuntiat
  III 4.2   nec sint mihi somnia vera, / quae tulit hesterna pessima *nocte* quies
  III 4.7   somnia fallaci ludunt temeraria *nocte*
  III 4.9   hominum genus omina *noctis* / farre pio placant et saliente sale
  III 4.13   efficiat vanos *noctis* Lucina timores
  III 6.53   quam vellem tecum longas requiescere *noctes*
  III 6.61   non ego ... // sollicitus repetam tota suspiria *nocte*
  III 18.5   cuius me fatear paenituisse magis, / hesterna quam te solum quod *nocte* reliqui
  III 19.11   tu mihi curarum requies, tu *nocte* vel atra / lumen
  Pr II 2   silente *nocte* candidus mihi puer / tepente cum iaceret abditus sinu

Nox
  II   1.87   ludite: iam *Nox* iungit equos,
  III 4.17   iam *Nox* aetherium nigris emensa quadrigis / mundum caeruleo laverat amne rotas

noxia
  (Pr II 20) gravi piaque lege *noxiam* lues

noxius
   1   3.74   illic Iunonem temptare Ixionis ausi / versantur celeri *noxia* membra rota

nubes
   1   7.15   aetherio contingens vertice *nubes*
  [II 5.76] nubibus *pro* nubilus
  III 6.28   venti temeraria vota, / aeriae et *nubes* diripienda ferant

nubifer
  [1   4.44] nubifer *pro* imbrifer

nubila
  [1   1.50] nubila ferre potest *pro* ferre potest pluvias
   1   2.51   cum libet, haec tristi depellit *nubila* caelo

nubilus
  (II 5.76) ipsum etiam Solem defectum lumine vidit / iungere pallentes *nubilus* annus equos

nubo
  III 4.60   nec gaudet casta *nupta* Neaera domo

nudo

I	3.92	tunc mihi . . . / obvia *nudato*, Delia, curre pede
III	7.75	vel si interrupto *nudaret* gurgite pontum
III	13.2	tandem venit amor, qualem texisse pudori / quam *nudasse* alicui sit mihi fama magis

nudus

I	4.5	*nudus* et hibernae producis frigora brumae
I	4.6	*nudus* et aestivi tempora sicca Canis
I	4.52	si volet arma, . . . / saepe dabis *nudum*, vincat ut ille, latus
I	5.55	currat et inguinibus *nudis* ululetque per urbes
III	3.10	cum . . . / *nudus* Lethaea cogerer ire rate

nullus

II 3.73; 5.111. III 1.18. **nulla** (*nom. fem.*) I 9.63. II 3.73. III 6.29, 49; 7.(127), 148, (155); 8.24; 9.19; 11.16; 19.1, 10. **nullius** (*neu.*) [I 9.31]. **nulli** (*masc.*) I 6.77; (8.40*). III 5.7. **nullam** [I 4.36]. **nullo** (*masc.*) I 2.20; 8.60. **nulla** II 3.62. **nullo** (*neu.*) (I 9.31). **nulla** (*nom.*) III 7.(164), 203. **nullos** I 7.25. **nulla** (*acc.*) III 3.24.

num

I 2.81, [82], 83; [[6.3]]; 8.17*bis*.

numen

I	2.81	num Veneris magnae violavi *numina* verbo?
I	3.79	et Danai proles, Veneris quod *numina* laesit / in cava Lethaeas dolia portat aquas
I	5.57	eveniet: dat signa deus; sunt *numina* amanti
I	9.6	aequum est inpune licere / *numina* formonsis laedere vestra semel
III	4.53	pro qua sollicitas caelestia *numina* votis
III	5.29	at vobis Tuscae celebrantur *numina* lymphae
III	6.22	qui timet irati *numina* magna, bibat
III	19.15	hoc tibi sancta tuae Iunonis *numina* iuro

numero

I	5.25	consuescet *numerare* pecus
III	10.12	votaque pro domina vix *numeranda* facit

Numicus

II	5.43	illic sanctus eris, cum te veneranda *Numici* / unda deum caelo miserit Indigetem

numquam

(I 3.13). (II 4.4*). 5.15; 6.13. III 7.65, [157].

nunc

I 1.19, 22, [25], 73; 2.(82); 3.23, 27*bis*, 49, 50*bis*, 53, [91]; 4.57;5.2, 17, [33, 34], 35, 69, 71, [[76]]; 6.10, (11, 12), [[16]]; 8.9, [43*bis*, 45], 75*bis*; 9.29, 30, 48; 10.13.

II 1.7, 27, 70; 3.3, 27, 31, 77; 4.11, (12), [38]; 5.3, 4, (7, 8), 55.

nunc (*cont'd*)
        III 1.3, 23; [4.26]; 5.3; 6.[21], 43; 7.[136], 188; (9.19); 10.17; 11.11, [13]; 15.4; 17.2; 19.13, 19*bis*; 20.2.
        Pr I 1.

nuntio
    I 3.89   tum veniam subito, nec quisquam *nuntiet* ante
    II 6.50   saepe, ubi nox mihi promissa est, languere puellam / *nuntiat*
    Pr II 1   quid hoc novi est? Quid ira *nuntiat* deum?

nuntius (*adj.*)
    II 1.26   viden ut felicibus extis / significet placidos *nuntia* fibra deos?
    III 4.5   venturae *nuntia* sortis / vera monent Tuscis exta probata viris

nusquam
    [I 3.13]   nusquam *pro* numquam

nutus
    I 2.21   docet ... // illa viro coram *nutus* conferre loquaces
    I 6.19   caveto // neu te decipiat *nutu*
    I 8.1   non ego celari possum, quid *nutus* amantis / quidve ferant miti lenia verba sono

nux
    I 8.44   coma tum mutatur, ut annos / dissimulet viridi cortice tincta *nucis*

nympha
    [III 1.21]   nympham *pro* meritam

O

O (*interj.*)
    I 1.51; 3.2, 19; (4.9); 9.[19], (41*), [45]. II 3.5, (17*, 19*), 67; 4.7, 27. III 3.25, 26; 6.[[3]], 57; (9.6*). *Pr* II 9, (19*), 19.

ob
    I 1.52   O quantum est auri pereat ... / quam fleat *ob* nostras ulla puella vias.

oblino
    II 5.85   *oblitus* et musto feriet pede rusticus uvas
    Pr II 18   canisque saeva susque ligneo tibi / lutosus affricabit *oblitum* latus

obliviscor
    I 1.32   non agnamve sinu pigeat fetumve capellae / desertum *oblita* matre referre domum

obnoxius

    II   4.9   quam mallem . . . / stare vel insanis cautes *obnoxia* ventis
    III 4.15   si mea nec turpi mens est *obnoxia* facto

obpono

    I   8.76   nunc displicet illi / quaecumque *obposita est* ianua dura sera

obrepo

    I   8.59   et possum media quamvis *obrepere* nocte

obrigesco

    (II 3.14c)   lacteus et mixtus *obriguisse* liquor

obscurus

    I   2.24   nec docet hoc omnes, sed quos nec inertia tardat / nec vetat *obscura* surgere nocte timor
    I 10.38   errat ad *obscuros* pallida turba lacus
    III 7.64   Cimmerion etiam *obscuras* accessit ad arces

obsequiae

    [II 4.44]   obsequias *pro* exequias

obsequium

    I   4.40   *obsequio* plurima vincet amor

obsideo

    (II 3.41*)   praedator cupit inmensos *obsidere* campos
    III 7.139   te . . . remorabitur . . . // nec fera Theraeo tellus *obsessa* colono

obsido

    Pr II 30   vagaque pelle tectus annuo gelu / araneosus *obsidet* forem situs

obsisto

    [II 3.41]   obsistere *pro* obsidere

obstrepo

    II 1.86   nam turba iocosa / *obstrepit* et Phrygio tibia curva sono

obtundo

    [I 10.55]   obtusa *pro* subtusa

obvius

    I   2.36   parcite luminibus, seu vir seu femina fiat / *obvia*
    I   3.46   ultroque ferebant / *obvia* securis ubera lactis oves
    I   3.92   tunc mihi, . . . / *obvia* nudato, Delia, curre pede
    III 7.90   quis . . . melius . . . / . . . lento perfregerit *obvia* pilo
    III 7.137   non te vicino remorabitur *obvia* Marte / Gallia

occulo

    I   2.39   siquis et inprudens adspexerit, *occulat* ille
    (I 5.65*)   pauper ad *occultos* furtim deducet amicos

occulo *(cont'd)*

[[I 6.42]]   se occulat *pro* stet procul
I 7.24   Nile pater, quanam possim te dicere causa / aut quibus in terris *occuluisse* caput?
I 7.48   (tibi est, Osiri) . . . levis *occultis* conscia cista sacris
I 9.24   est deus, *occultos* qui vetat esse dolos
[I 10.40]   occulit *pro* occupat
II 6.46   furtimque tabellas / *occulto* portans itque reditque sinu

occultus

III 12.6   est tamen, *occulte* cui placuisse velit

occupo

I 2.2   *occupet* ut fessi lumina victa sopor
(I 10.40)   quam potius laudandus hic est, quem prole parata / *occupat* in parva pigra senecta casa
I 10.50   at tristia duri / militis in tenebris *occupat* arma situs
III 10.5   effice ne macies pallentes *occupet* artus

occurro

I 2.27   nec sinit *occurat* quisquam, qui corpora ferro / vulneret
I 6.41   quisquis et *occurret*, . . . / stet procul aut, alia stet procul ante via
II 3.18   O quotiens illo vitulum gestante per agros / dicitur *occurrens* erubuisse soror!

Oceanus

I 7.10   Tarbella Pyrene / testis et *Oceani* litora Santonici
III 7.147   *Oceanus* ponto qua continet orbem

ocellus

III 6.47   etsi per . . . suos fallax iuravit *ocellos*, /// nulla fides inerit

oculus

I 6.24   tunc mihi non *oculis* sit timuisse meis
I 6.70   laudare nec ullam / possim ego, quin *oculos* adpetat illa meos
II 5.49   ante *oculos* Laurens castrum murusque Lavini est
II 6.43   nec lacrimis *oculos* digna est foedare loquaces
III 8.5   illius ex *oculis* . . . / accendit geminas lampadas acer Amor
III 11.8   mutuos adsit amor, per te dulcissima furta / perque tuos *oculos* . . . rogo
III 19.4   nec iam te praeter in urbe / formonsa est *oculis* ulla puella meis

odi

I 8.69   *oderunt*, Pholoe, moneo, fastidia divi
I 8.75   nunc omnes *odit* fastus
III 6.38   *odit* Lenaeus tristia verba pater

odor
    I   3.7   non soror, Assyrios cineri quae dedat *odores*
    II 2.3   urantur *odores* / quos tener e terra divite mittit Arabs
odoro
    I   3.62   totosque per agros / floret *odoratis* terra benigna rosis
    I   5.36   quae nunc Eurusque Notusque / iactat *odoratos* vota per Armenios
    III 8.18   cultor *odoratae* dives Arabs segetis
Oeta
    [III 4.21] ab Oeta *pro* ab ortu
offendo
    I   3.20   O quotiens ingressus iter mihi tristia dixi / *offensum* in porta signa dedisse pedem !
offero
    [I 4.55] offeret *pro* adferet
    I   6.1   semper, ut inducar, blandos *offers* mihi voltus, / ..., Amor
    [I 7.41] offert *pro* adfert
    III 7.148 nulla tibi adversis regio sese *offeret* armis
officium
    Pr 1 3   pro quibus *officiis*, si fas est, sancte, paciscor
olea
    II 1.16   cernite, fulgentes ut eat sacer agnus ad aras / vinctaque post *olea* candida turba comas
oleo
    [II 1.58] olens *pro* opes
    III 8.17   possideatque, metit quicquid bene *olentibus* arvis / ... dives Arabs
olim
    [[I 3.93]]; [[I 4.33]]. II 3.29; 5.79. III 5.23.
Olympus
    I   6.83   hanc Venus ex alto flentem sublimis *Olympo* / spectat
    III 7.12   Alcides, deus adscensurus *Olympum*
    III 7.131 Iuppiter ... / ... caelo vicinum liquit *Olympum*
    (III 8.13*) talis in aeterno felix Vertumnus *Olympo* / mille habet ornatus
omen
    (I 3.12*) illi / rettulit e triviis *omina* certa puer
    (I 3.17*) aut ego sum causatus aves aut *omina* dira
    [I 5.14]   omina *pro* somnia
    II 5.82   *omine* quo felix et sacer annus erit
    III 4.9   hominum genus *omina* noctis / farre pio placant et saliente sale

omnis
  I 5.60. **omne** *(acc.)* I 5.38. III 7.26. **omnia** *(nom.)* I 5.29; 8.54.
  II 1.9; 4.12. III 7.23. **omnibus** *(dat. masc.)* (III 15.3*). **omnes** *(acc. masc.)* I 2.23, 40; 3.10; (8.75). *(fem.)* III 4.93. **omnia** I 2.60; [3.12];
  5.17. III 11.19.
onus
  III 7.43 inaequatum si quando *onus* urget utrimque
opera
  (I 4.48*) nec te paeniteat ... / ... *opera* insuetas adteruisse manus
operio
  II 1.40 illi conpositis primum docuere tigillis / exiguam viridi
    fronde *operire* domum
  [II 5.95] et operta *pro* operata
operor
  (II 1.9) omnia *sint operata* deo
  (II 1.65*) atque aliqua adsidue textrix *operata* Minervam / cantat
  (II 3.36) praeda tamen multis *est operata* malis
  (II 5.95) tunc *operata* deo pubes discumbet in herba
opinor
  (III 15.4*) qui nec *opinanti* nunc tibi forte venit
oportet
  III 1.14 sic etenim comptum mittere *oportet* opus
oppidum
  II 5.116 cum praemia belli / ante suos currus *oppida* victa feret
  III 7.174 quin etiam structis exsurgunt *oppida* muris
oppono *v.* **obpono**
ops
  I 1.77 vos, signa tubaeque, / ite procul, cupidis volnera ferte
    viris, / ferte et *opes*
  I 6.53 adtigerit, labentur *opes*, ut volnere nostro / sanguis
  I 7.59 namque *opibus* congesta tuis hic glarea dura / sternitur
  I 8.34 et regum magnae despiciantur *opes*
  [II 1.58] opes *pro* oves
  (II 1.73) hic iuveni detraxit *opes*
  II 3.50 iam veniant praedae, si Venus optat *opes*
  II 4.40 at tibi, quae pretio victos excludis amantes, / eripiant
    partas ventus et ignis *opes*
  III 3.21 non *opibus* mentes hominum curaeque levantur
  III 3.30 nec me ... iuvant ... / ... quas terrarum sustinet orbis
    opes
  III 7.183 cum magnis *opibus* domus alta niteret
  [[III 14.6]] spem rape opemque *pro* saepe propinque
Ops
  I 4.68 at qui non audit Musas, qui vendit amorem, / Idaeae
    currus ille sequatur *Opis*

optimus *v.* **bonus**
opto
    I 3.82   illic sit, quicumque meos violavit amores, / *optavit* lentas et mihi militias
    I 6.74   non ego te pulsare velim, sed, venerit iste / si furor, *optarim* non habuisse manus
    II 2.11   auguror, uxoris fidos *optabis* amores
    II 3.50   iam veniant praedae, si Venus *optat* opes
    III 10.26   *optabunt* artes et sibi quisque tuas
    III 11.17*bis*   *optat* idem iuvenis quod nos, sed tectius *optat*
    (III 12.15)   praecipit et natae mater studiosa quod *optat*
    III 17.4   A ego non aliter tristes evincere morbos / *optarim*, quam te si quoque velle putem
opus
    I 3.88   at circa gravibus pensis adfixa puella / paulatim somno fessa remittat *opus*
    [[I 4.48]]   operi *pro* opera
    I 6.33   quid tenera tibi coniuge *opus*?
    I 9.8   et durum terrae rusticus urget *opus*
    I 9.64   illa nulla queat melius ... / ... *operum* varias disposuisse vices
    II 1.6   et grave suspenso vomere cesset *opus*
    (II 1.64*)   hinc et femineus labor est, hinc pensa colusque / fusus et adposito pollice versat *opus*
    [II 1.73]   opus *pro* opes
    II 6.26   crura sonant ferro, sed canit inter *opus*
    III 1.14   sic etenim comptum mittere oportet *opus*
    (III 4.26)   non illo quicquam formonsius ulla priorum / aetas humanum nec videt illud *opus*
    III 4.37   artis *opus* rarae, fulgens testudine et auro / pendebat
    III 7.18   alter dicat *opus* magni mirabile mundi
    III 7.101   seu sit *opus* quadratum acies consistat in agmen
    III 10.21   nil *opus* est fletu
    III 19.7   nil *opus* invidia est, procul absit gloria volgi
oraculum
    (II 3.21*)   saepe duces trepidis petiere *oracula* rebus
    III 4.77   quod si vera canunt sacris *oracula* templis
orbis
    I 2.52   cum libet, aestivo convocat *orbe* nives
    I 5.70   versatur celeri Fors levis *orbe* rotae
    I 6.20   caveto // ... digito ... liquorem / ne trahat et mensae ducat in *orbe* notas
    II 2.13   nec tibi malueris, totum quaecumque per *orbem* / fortis arat valido rusticus arva bove

orbis *(cont'd)*

(II 4.17*) nec refero ... qualis, ubi *orbem* / conplevit, versis Luna recurrit equis
III 3.30 nec me ... iuvant ... / ... quas terrarum sustinet *orbis* opes
III 7.20 alter dicat ... // qualis ... in curvom pontus confluxerit *orbem*
III 7.44 libra // qualis ... / instabilis natat alterno depressior *orbe*
III 7.50 dum terna per *orbem* / saecula fertilibus Titan decurreret horis
[III 7.71] orbe *pro* ore
III 7.80 fabula sive novom dedit his erroribus *orbem*
III 7.147 Oceanus ponto qua continet *orbem*
III 7.152 tellus / ... quinque in partes toto disponitur *orbe*
III 7.159 seu propior terris aestivom fertur in *orbem*
III 7.176 solus utroque idem diceris magnus in *orbe*

Orcus

III 3.38 dives in ignava luridus *Orcus* aqua

ordo

(II 5.31) fistula, cui semper decrescit arundinis *ordo*
III 7.102 rectus ut aequatis decurrat frontibus *ordo*
(III 7.184) cui fuerant flavi ditantes *ordine* sulci / horrea

orior

I 9.62 dum rota Luciferi provocet *orta* diem
III 7.122 fulgentem Tyrio subtegmine vestem / indueras *oriente* die duce fertilis anni

ornatus

I 10.62 sit satis *ornatus* dissoluisse comae
(III 8.14*) Vertumnus ... / mille habet *ornatus*, mille decenter habet

orno

(I 8.11) (prodest) quid fuco splendente genas *ornare*?
II 1.54 et satur arenti primum est modulatus avena / carmen, ut *ornatos* diceret ante deos
(III 12.5) illa quidem *ornandi* causas tibi, diva, relegat

oro

I 2.66 non ego, totus adesset amor, sed mutuos esset, / *orabam*
III 1.15 per vos, auctores huius mihi carminis, *oro*
[III 12.5] orandi *pro* ornandi

Oroatius

[III 7.142] Oroatia *pro* per ostia

ortus
  (I   1.27*)   contentus ... // ... Canis aestivos *ortus* vitare sub umbra / arboris
  II   5.59   quaque patent *ortus*, et qua fluitantibus undis / Solis anhelantes abluit amnis equos
  (III 4.21)   cum summo Phoebus prospexit ab *ortu*
  III 7.65   quis numquam candente dies adparuit *ortu*
  III 7.157   quippe ubi non umquam Titan super egerit *ortus*

os, oris
  I   3.42   illo ... tempore ... / non domito frenos *ore* momordit equus.
  (I   3.71*) tum niger in porta serpentum Cerberus *ore* / stridet
  I   4.73   haec mihi, quae canerem Titio, deus edidit *ore*
  I   5.49   *ore* cruento / tristia cum multo pocula felle bibat
  I   8.15   illa placet, quamvis inculto venerit *ore*
  I   8.32   carior est auro iuvenis, cui levia fulgent / *ora*
  III 4.32   ut iuveni primum virgo deducta marito / inficitur teneras *ore* rubente genas
  III 4.40   felices cantus *ore* sonante dedit
  III 4.50   accipe ... / quod ... deus vero Cynthius *ore* feram
  III 4.86   flammam volvens *ore* Chimaera fero
  III 5.14   nec nos ... / inpia in adversos solvimus *ora* deos
  III 5.25   cum mea rugosa pallebunt *ora* senecta
  III 6.35   nec bene mendaci risus conponitur *ore*
  (III 7.71)   illum ... / nec Scyllae saevo conterruit impetus *ore*
  [III 7.73]   in ore *pro* more
  III 7.202   quod tibi si versus noster ... / ... summo ... inerret in *ore*
  Pr II 13   cum tibi / senexve corvos impigerve graculus / sacrum feriret *ore* corneo caput

os, ossis
  I   2.48   haec cantu ... / ... tepido devocat *ossa* rogo
  I   3.6   non hic mihi mater / quae legat in maestos *ossa* perusta sinus
  I   3.54   fac lapis inscriptis stet super *ossa* notis
  I   4.60   at tu, qui venerem docuisti vendere primus, / quisquis es, infelix urgeat *ossa* lapis
  I   5.54   quaerat et a saevis *ossa* relicta lupis
  II   4.50   terraque securae sit super *ossa* levis.
  II   6.29   parce, per inmatura tuae precor *ossa* sororis
  III 2.10   cum ... / candida ... *ossa* super nigra favilla teget
  III 2.17   pars quae sola mei superabit corporis, *ossa* / ... legent
  III 2.26   sic ego conponi versus in *ossa* velim
  III 7.204   quin etiam mea tunc tumulus cum texerit *ossa*

223

osculum
I	1.62	tristibus et lacrimis *oscula* mixta dabis
I	2.86	non ego, si merui, dubitem ... / ... dare sacratis *oscula* liminibus
I	4.54	tunc tibi mitis erit, rapias tum cara licebit / *oscula*
(I	8.26*)	sed corpus tetigisse nocet, sed longa dedisse / *oscula*
I	8.38	Venus invenit ... // ... dare anhelanti pugnantibus umida linguis / *oscula*
I	8.58	nota venus furtiva mihi est, ... / ... ut nec dent *oscula* rapta sonum
I	9.78	es ausus / tune aliis demens *oscula* ferre mea?
II	5.92	natusque parenti / *oscula* conprensis auribus eripiet

Osiris
I	7.27	te canit atque suum pubes miratur *Osirim* / barbara
I	7.29	primus aratra manu sollerti fecit *Osiris*
I	7.43	non tibi sunt tristes curae nec luctus, *Osiri*

ostium
(III	7.142)	nec qua ... // aret Arecteis ... unda per *ostia* campis

otium
II	6.5	ure, puer, quaeso, tua qui ferus *otia* liquit
III	7.181	languida non noster peragit labor *otia*

ovile
II	1.57	huic datus a pleno, memorabile munus, *ovili* / dux pecoris †hircus auxerat hircus oves

ovis
I	3.46	ultroque ferebant / obvia securis ubera lactis *oves*
I	10.10	somnumque petebat / securus sparsas dux gregis inter *oves*
(I	10.41)	ipse suas sectatur *oves*, at filius agnos
(II	1.58)	dux pecoris †hircus auxerat hircus *oves*
II	1.62	molle gerit tergo lucida vellus *ovis*
[[II	1.67]]	oves *pro* agros
(II	3.42*)	ut multa innumera iugera pascat *ove*
II	4.28	O pereat quicumque ... / ... niveam Tyrio murice tingit *ovem*
II	5.38	munera ruris, / caseus et niveae candidus agnus *ovis*

P

pabulum
III	7.162	nec frugem segetes praebent neque *pabula* terrae

paciscor
[[III	1.12]]	pacta *pro* facta
Pr	I 3	pro quibus officiis, si fas est, sancte, *paciscor*

paco
    [III 7.14]   pacavit *pro* placavit
pactum
    I 6.9   ipse miser docui, quo posset ludere *pacto* / custodes
Padaeus
    III 7.145   ultima vicinus Phoebo tenet arva *Padaeus*
paeniteo
    I 4.47   nec te *paeniteat* duros subiisse labores
    III 18.4   cuius me fatear *paenituisse* magis
palam
    II 1.84, 85. III 11.18, 20.
Palatium
    II 5.25   sed tunc pascebant herbosa *Palatia* vaccae
Pales
    (I 1.36*)   et placidam soleo spargere lacte *Palem*
    II 5.28   suberat Pan ilicis umbrae / et facta agresti lignea falce *Pales*
Palestinus
    I 7.18   alba *Palaestino* sancta columba Syro
Palilia
    II 5.87   ac madidus Baccho sua festa *Palilia* pastor
palla
    I 7.46   tibi sunt..., Osiri, /// fusa... ad teneros lutea *palla* pedes
    III 4.35   ima videbatur talis inludere *palla*
    III 8.11   urit, seu Tyria voluit procedere *palla*
    III 12.13   adnue purpureaque veni perlucida *palla*
palleo
    (I 8.17)   num te *pallentibus* herbis / devovit tacito tempore noctis anus?
    II 5.76   ipsum etiam Solem defectum lumine vidit / iungere *pallentes* nubilus annus equos
    III 5.21   parcite, *pallentes* undas quicumque tenetis
    III 5.25   cum mea rugosa *pallebunt* ora senecta
    III 10.5   effice ne macies *pallentes* occupet artus
pallidus
    I 10.38   errat ad obscuros *pallida* turba lacus
    III 1.28   huius spem nominis illi / auferet extincto *pallida* Ditis aqua
    (III 10.6*)   neu notet informis *pallida* membra color
    (Pr II 16)   iacebis inter arva *pallidus* situ
palma
    (I 9.82*)   Venerique merenti / fixa notet casus aurea *palma* meos

palus, pali
 I 7.33 hic docuit teneram *palis* adiungere vitem
palus, paludis
 III 3.37 me vocet in vastos amnes nigramque *paludem* / ... Orcus
pampinus
 Pr II 7 Priape ... / ... sacrum revincte *pampino* caput
Pan
 II 5.27 lacte madens illic suberat *Pan* ilicis umbrae
Panchaia
 III 2.23 illic quas mittit dives *Panchaia* merces
pandus
 [I 10.46] panda *pro* curva
Pannonius
 III 7.109 testis quoque fallax / *Pannonius* gelidas passim disiectus in Alpes
pantex
 (*Pr* II 28) inter atra cuius inguina / latet iacente *pantice* abditus specus
par
 (III 5.18*) cum cecidit fato consul uterque *pari*
 [III 6.3] pariter *pro* patera
 III 7.25 seu tibi *par* poterunt seu, quod spes abnuit, ultra / sive minus
 III 7.41 iusta *pari* premitur veluti cum pondere libra
Parcae
 I 7.1 hunc cecinere diem *Parcae* fatalia nentes / stamina
 III 11.3 te nascente novom *Parcae* cecinere puellis / servitium
parco
 (I 1.34*) at vos exiguo pecori, furesque lupique, / *parcite*
 I 1.67 tu manes ne laede meos, sed *parce* solutis / crinibus
 I 1.68 tu manes ne laede meos, sed ... / ... teneris, Delia, *parce* genis
 I 2.35 *parcite* luminibus, seu vir seu femina fiat / obvia
 I 2.99 at mihi *parce*, Venus: semper tibi dedita servit / mens mea
 I 3.51 *parce*, pater. timidum non me periuria terrent
 I 4.83 *parce*, puer, quaeso, ne turpis fabula fiam
 I 5.7 *parce* tamen, per te furtivi foedera lecti / ... quaeso
 [I 5.7] parce *pro* per te
 I 6.51 *parcite*, quam custodit Amor, violare puellam
 I 6.57 non ego te propter *parco* tibi, sed tua mater / me movet
 I 8.51 *parce* precor tenero: non illi sontica causa est

parco *(cont'd)*
- I 9.5   *parcite*, caelestes: aequum est inpune licere / numina formonsis laedere vestra semel
- II 5.114   at tu, ... / praemoneo, vati *parce*, puella, sacro
- II 6.7   quod si militibus *parces*, erit hic quoque miles
- II 6.29   *parce*, per inmatura tuae precor ossa sororis
- III 5.6   inmerito iuveni *parce* nocere, dea
- III 5.21   *parcite*, pallentes undas quicumque tenetis
- III 9.1   *parce* meo iuveni, seu quis bona pascua campi / seu colis umbrosi devia montis aper
- [III 14.6]   parce *pro* saepe

parcus
- [[II 1.58]]   parcas *pro* hircus

parens
- I 7.55   at tibi succrescat proles, quae facta *parentis* / augeat
- II 5.19   postquam ille *parentem* / dicitur et raptos sustinuisse Lares
- II 5.91   natusque *parenti* / oscula conprensis auribus eripiet
- [II 5.120]   parens *pro* pater
- (III 5.17*)   natalem primo nostrum videre *parentes*
- III 9.23   at tu venandi studium concede *parenti*

pareo
- I 4.17   longa dies homini docuit *parere* leones
- I 4.75   *pareat* ille suae: vos me celebrate magistrum
- I 9.9   lucra petituras freta per *parentia* ventis / ducunt instabiles sidera certa rates

parilis
- [[III 6.3]]   pariles *pro* patera

pario
- I 6.27   saepe mero somnum *peperi* tibi
- (I 7.9*)   non sine me *est* tibi *partus* honos
- (II 4.40)   at tibi, quae pretio victos excludis amantes, / eripiant *partas* ventus et ignis opes
- [[II 5.51]]   paritura *pro* placitura
- III 19.20   hoc *peperit* misero garrula lingua malum

pariter *v.* **par**

parma
- [[I 9.82]]   parma *pro* palma
- III 7.95   quis *parma*, seu dextra velit seu laeva, tueri // amplior

paro
- I 4.41   neu comes ire neges, quamvis via longa *paretur*
- I 5.34   huic *paret* atque epulas ipsa ministra gerat
- I 5.75   nescio quid furtivus amor *parat*

paro (*cont'd*)

I	9.23	nec tibi celandi spes sit peccare *paranti*
I	10.39	quam potius laudandus hic est, quem prole *parata* / occupat in parva pigra senecta casa
II	4.1	sic mihi servitium video dominamque *paratam*
II	4.21	at mihi per caedem et facinus sunt dona *paranda*
III	2.20	ossa /// mox etiam niveo fundere lacte *parent*
III	7.99	iam simul... / adversis... *parent* acies concurrere signis
III	12.8	sed iuveni quaeso mutua vincla *para*
Pr	II 27	bidens amica Romuli senis memor / *paratur*
(*Pr*	II 31)	tibi haec *paratur*, ut tuom ter aut quater / voret profunda fossa lubricum caput

pars

II	6.54	satis anxia vivas, / moverit e votis *pars* quotacumque deos
III	2.17	*pars* quae sola mei superabit corporis, ossa / ... legent
III	4.38	pendebat laeva garrula *parte* lyra
III	7.42	libra / prona nec hac plus *parte* sedet nec surgit ab illa
III	7.150	te manet... / ... interiecto mundi *pars* altera sole
III	7.152	tellus / ... quinque in *partes* toto disponitur orbe
III	7.164	nulla nec exustas habitant animalia *partes*
III	7.166	nostraque et huic adversa solo *pars* altera nostro

partus

III	7.172	tondeturque seges maturos annua *partus*

parum

[III	7.142]	parum hospita *pro* per ostia

parvolus

III	7.197	nostri si *parvola* cura / sit tibi

parvus

parvŏs III 7.16. **parva** I 1.22, 43; 10.24. II 6.30. III 7.14. **parvae** (*gen.*) III 7.49. **parvo** (*dat. masc.*) II 5.93. **parvom** (*neu.*) (III 7.196). **parvā** I 10.40. II 3.28. **parvo** I 1.25, [43]. **parvos** [III 1.15]. **parvas** [[II 1.58]]. **parva** III 1.24; 7.7. **minor** (*fem.*) (II 5.32). III (1.20); 7.40; [13.2]. **minus** (*acc.*) III 7.26*bis*. (*adv.*) III 7.112, 201.

pasco

I	2.74	ipse boves mea si tecum modo Delia possim / iungere et in solito *pascere* monte pecus
I	3.76	Tityos... / adsiduas atro viscere *pascit* aves
II	3.11	*pavit* et Admeti tauros formonsus Apollo
(II	3.42*)	ut multa innumera iugera *pascat* ove
II	5.25	sed tunc *pascebant* herbosa Palatia vaccae
III	4.67	me quondam Admeti niveas *pavisse* iuvencas / non est in vanum fabula ficta iocum
III	7.186	cuique pecus denso *pascebant* agmine colles

pascua
   III   7.76   non violata vagi sileantur *pascua* Solis
   III   9.1   parce meo iuveni, seu quis bona *pascua* campi / seu colis umbrosi devia montis aper

passim
   I 3.59.   II 3.69.   III 7.22, 109.

passula
   [[II   3.10]]   passula *pro* pussula

passus
   III   7.93   quis . . . / possit . . . / in . . . vicem modo directo contendere *passu*

pastor
   (I   1.35*)   hic ego *pastorem*que meum lustrare quotannis / et placidam soleo spargere lacte Palem
   II   5.29   pendebatque vagi *pastoris* in arbore votum
   II   5.87   ac madidus Baccho sua festa Palilia *pastor* / concinet

patefacio
   I   3.36   quam bene Saturno vivebant rege, priusquam / tellus in longas *est patefacta* vias!

pateo
   I   2.9   ianua, iam *pateas* uni mihi, victa querelis
   [I   3.50]   patentque *pro* repente
   I   4.78   cunctis ianua nostra *patet*
   I   9.58   et *pateat* cupidis semper aperta domus
   II   5.33   at qua Velabri regio *patet*, ire solebat / exiguos . . . linter
   (II   5.59*)   quaque *patent* ortus, et qua fluctantibus undis / Solis anhelantes abluit amnis equos
   Pr II 22   nec tibi tener puer / *patebit* ullus . . . qui . . . / . . . verset arte mobilem natem
   [[Pr II 28]] patet *pro* latet

pater
   I   1.41   non ego divitias *patrum* fructusque requiro
   I   3.51   parce *pater*. timidum non me periuria terrent
   I   4.23   vetuit *pater* ipse valere / iurasset cupide quidquid ineptus amor
   I   7.23   Nile *pater*, quanam possim te dicere causa / aut quibus in terris occuluisse caput?
   (II   3.66*)   non tanti sunt tua musta, *pater*
   [II   4.2]   paterve *pro* paterna
   (II   5.120)   et plaudat curru praetereunte *pater*
   III   4.48   at mihi . . . aevi . . . futuri / eventura *pater* posse videre dedit
   III   4.94   isque *pater* quo non alter amabilior

pater *(cont'd)*
    [III 6.3]   pater et *pro* patera
    [[III 6.17]] pater *pro* Amor
    III 6.38   odit Lenaeus tristia verba *pater*

patera
    (III 6.3*)   aufer et ipse meum *patera* medicante dolorem

paternus
    I 10.48   funderet ut nato testa *paterna* merum
    (II 4.2)   iam mihi, libertas illa *paterna*, vale

patesco
    I 5.67   heu canimus frustra, nec verbis victa *patescit* / ianua

patientia
    (III 2.5)   non haec *patientia* nostro / ingenio

patior
    [III 2.5]   patiemur et *pro* patientia
    III 4.66   saevos Amor docuit verbera posse *pati*

patrius
    I 3.33   at mihi contingat *patrios* celebrare Penates
    I 10.15   sed *patrii* servate Lares
    II 1.17   di *patrii*, purgamus agros, purgamus agrestes

paucus
    III 18.2   ne tibi sim, mea lux, aeque iam fervida cura / ac videor *paucos* ante fuisse dies

paulatim
    I 3.88; 4.16.

pauper
    I 1.19   vos quoque, felicis quondam, nunc *pauperis* agri / custodes, . . ., Lares
    I 1.37   neu vos e *paupere* mensa / dona . . . spernite
    I 5.61   *pauper* erit praesto semper
    (I 5.61*)   te *pauper* adibit / primus et in tenero fixus erit latere
    I 5.63   *pauper* in angusto fidus comes agmine turbae / subicietque manus efficietque viam
    I 5.65   *pauper* ad occultos furtim deducet amicos
    I 10.19   tum melius tenuere fidem, cum *paupere* cultu / stabat in exigua ligneus aede deus
    III 3.31   liceat mihi *paupere* cultu / securo cara coniuge posse frui
    III 7.110   testis Arupinis et *pauper* natus in arvis

paupertas
    I 1.5   me mea *paupertas* vita traducat inerti
    III 3.23   sit mihi *paupertas* tecum iucunda, Neaera

pavidus
    III 4.8   somnia . . . ludunt . . . / et *pavidas* mentes falsa timere iubent

pavor
    [[I 1.3]]   pavor *pro* labor
pax
    I 10.45*bis* interea *pax* arva colat. *pax* candida primum / duxit araturos sub iuga curva boves
    I 10.47   *pax* aluit vites et sucos condidit uvae
    I 10.49   *pace* bidens vomerque nitent
    II 5.105   *pace* tua pereant arcus pereantque sagittae, / Phoebe
Pax
    I 10.67   at nobis, *Pax* alma, veni spicamque teneto
pecco
    I 6.16   me quoque servato, *peccat* ut illa nihil
    I 6.71   et siquid *peccasse* putet, ducar ... capillis / inmerito
    [I 9.23]   peccandi *pro* celandi
    I 9.23   nec tibi celandi spes sit *peccare* paranti
    II 4.5   et seu quid merui seu quid *peccavimus*, urit
    III 13.9   sed *peccasse* iuvat, voltus conponere famae / taedet
    III 20.1   rumor ait crebro nostram *peccare* puellam
pecto
    (I 9.68)   tune putas illam pro te ... / ... tenues denso *pectere* dente comas?
    (II 5.8)   longas nunc bene *pecte* comas
pectus
    I 4.12   hic placidam niveo *pectore* pellit aquam
    I 6.18   caveto / neve cubet laxo *pectus* aperta sinu
    I 6.49   statque latus praefixa veru, stat saucia *pectus*
    I 7.40   Bacchus et agricolae magno confecta labore / *pectora* tristitiae dissoluenda dedit
    [I 9.68]   pectore *pro* pectere
    III 1.20   illa mihi referet, si nostri mutua cura est, / an minor, an toto *pectore* deciderim
    III 4.76   vincuntur molli *pectora* dura prece
    [III 4.81]   pectore *pro* corpore
    III 4.84   crediderim ... / nec tantum crimen *pectore* inesse tuo
    [III 5.12]   pectus *pro* nec cor
    [III 9.3]   pectore *pro* proelia
    III 17.6   si tu / nostra potes lento *pectore* ferre mala
pecus, pecoris
    (I 1.33*)   at vos exiguo *pecori*, furesque lupique, / parcite
    I 2.74   ipse boves mea si tecum modo Delia possim / iungere et in solito pascere monte *pecus*
    I 5.25   consuescet numerare *pecus*
    (II 1.58*)   huic datus a pleno, memorabile munus, ovili / dux *pecoris*† hircus auxerat hircus oves

pecus, pecoris (cont'd)
- II 1.83   vos celebrem cantate deum *pecori*que vocate / voce
- II 1.84   palam *pecori*, clam sibi quisque vocet
- III 7.186   cuique *pecus* denso pascebant agmine colles
- III 7.208   seu tardi *pecoris* sim gloria taurus

pecus, pecudis
- II 1.71   nec *pecudes*, velut ante, petit
- III 5.33   interea nigras *pecudes* promittite Diti

pelagus
- III 10.8   quicquid triste timemus, / in *pelagus* rapidis evehat amnis aquis

Peleus
- (I 5.45*)   talis ad Haemonium Nereis *Pelea* quondam / vecta est frenato caerula pisce Thetis

pellis
- I 8.46   tum cura est . . . / . . . faciem dempta *pelle* referre novam
- Pr II 29   vagaque *pelle* tectus annuo gelu / araneosus obsidet forem situs

pello
- I 1.4   martia cui somnos classica *pulsa* fugent
- I 4.12   hic placidam niveo pectore *pellit* aquam
- I 4.46   ipse levem remo per freta *pelle* ratem
- I 7.42   crura licet dura compede *pulsa* sonent
- II 1.18   vos mala de nostris *pellite* limitibus
- II 1.38   his vita magistris / desuevit querna *pellere* glande famem
- [II 1.66]   a pulso *pro* adplauso
- (II 5.34)   ire solebat / exiguos *pulsa* per vada linter aqua
- III 5.30   et facilis lenta *pellitur* unda manu
- [III 6.8]   pulserit *pro* fulserit

Pelops
- (I 4.64*)   carmina, ni sint, / ex umero *Pelopis* non nituisset ebur

Penates
- I 3.33   at mihi contingat patrios celebrare *Penates*

pendeo
- I 1.16   tibi sit . . . corona / spicea, quae templi *pendeat* ante fores
- II 1.4   Bacche, veni, dulcisque tuis e cornibus uva / *pendeat*
- II 5.29   *pendebat*que vagi pastoris in arbore votum
- III 4.38   *pendebat* laeva garrula parte lyra
- III 6.45   nec vos . . . capiant *pendentia* bracchia collo
- III 7.23   alter dicat . . . ///// *pendenti*que super claudantur ut omnia caelo

penis
- Pr II 5   Venus fuit quieta, nec viriliter / iners senile *penis* extulit caput
- Pr II 19   at, O sceleste *penis*, O meum malum!

penna
   III 7.209   sive ego per liquidum volucris vehar aera *pennis*
pensum
   I 3.87   at circa gravibus *pensis* adfixa puella / paulatim somno fessa remittat opus
   II 1.10   non audeat ulla / lanificam *pensis* inposuisse manum
   (II 1.63*)   hinc et femineus labor est, hinc *pensa* colusque
per
   I 2.40; 3.1, 61, [[71]], 75; 4.22, 25, 26, 45, 46; 5.3, (7), 8, 36, 55; 6.[[7]], (26*), [[72]]; 7.14, 17, 63; 9.2, 9.
   II 2.13; 3.16, (17*), 51; 4.19,21; 5.13, 34, 69; 6.29.
   III 1.4*bis*, (15); 6.47, 48; 7.50, 52, 58, 106, 130, (142), 169, (175), 193, 209; 9.12; 11.7, 8*bis*; [19.15].
perago
   I 2.13   te meminisse decet, quae plurima voce *peregi* / supplice
   III 7.112a   namque senex longae *peragit* dum tempora vitae
   III 7.118   maiora *peractis* / instant, compertum est veracibus ut mihi signis
   III 7.181   languida non noster *peragit* labor otia
percello
   [I 10.37]   perculsis *pro* percussis
percido
   [[I 10.37]]   percisis *pro* percussis
percoquo
   [[I 10.37]]   percoctis *pro* percussis
percurro
   III 7.207   mutata figura / seu me finget equom rigidos *percurrere* campos / doctum
percutio
   (I 2.3)   neu quisquam multo *percussum* tempora baccho / excitet
   I 5.68   ianua sed plena *est percutienda* manu
   (I 10.37*)   illic *percussis*que genis ustoque capillo / errat ad obscuros pallida turba lacus
perdisco
   I 9.65   at tua *perdidicit*: nec tu, stultissime, sentis, / cum tibi non solita corpus ab arte movet
perdo
   [I 4.29]   te perdit *pro* deperdit
   II 6.51   tunc mens mihi *perdita* fingit, / quisve meam teneat, quot teneatve modis
perdoceo
   I 8.6   ipsa Venus magico religatum bracchia nodo / *perdocuit* multis non sine verberibus

perdomo
    I 2.54   dicitur ... / sola feros Hecates *perdomuisse* canes
    II 1.72   fixisse puellas / gestit et audaces *perdomuisse* viros
perduco
    [III 7.83]   perducere *pro* praeducere
peredo
    I 4.18   longa dies molli saxa *peredit* aqua
    [[I 10.37]] peresis *pro* percussis
pereo
    I 1.51   O quantum est auri *pereat* potiusque zmaragdi, / quam fleat ob nostras ulla puella vias
    [[I 1.51]]   pereatque *pro* potiusque
    II 4.27   O *pereat*, quicumque legit virides ... zmaragdos
    II 5.105*bis* pace tua *pereant* arcus *pereant*que sagittae / Phoebe
    III 2.30   dolor huic et cura Neaerae, / ..., causa *perire* fuit
    III 4.62   a *pereat*, didicit fallere siqua virum!
    (III 9.6*)   O *pereant* silvae, deficiantque canes!
perfero
    (II 5.70)   quasque Aniena sacras Tiburs per flumina sortes / portarit sicco *pertulerit*que sinu
perfidus
    I 8.63   vel cum promittit, subito sed *perfida* fallit, / est mihi nox multis evigilanda malis
    [III 6.46]   perfida *pro* sordida
    III 6.55   *perfida* nec merito nobis inimica merenti
    III 6.56*bis* *perfida*, sed quamvis *perfida*, cara tamen!
perfluo
    (I 10.68)   *perfluat* et pomis candidus ante sinus
perfodio
    [I 10.37]   perfossis *pro* percussis
perfrango
    I 10.54   scissosque capillos / femina *perfractas* conqueriturque fores
perfringo
    III 7.90   quis ... melius ... / ... lento *perfregerit* obvia pilo
perfundo
    [I 2.3]   perfusum *pro* percussum
    III 2.16   *perfusae*que pias ante liquore manus
pergo
    [[III 14.6]] perge monere *pro* saepe propinque
perhospitus
    [III 7.142]   perhospita *pro* per ostia

periculum
  II 3.39   praeda vago iussit geminare *pericula* ponto
periurium
  I 3.51   parce pater. timidum non me *periuria* terrent
  I 4.21   nec iurare time: Veneris *periuria* venti / inrita per terras et freta summa ferunt
  I 9.3   a miser, et siquis primo *periuria* celat, / sera tamen tacitis Poena venit pedibus
  III 6.39   Gnosia, Theseae quondam *periuria* linguae / flevisti
  III 6.49   *periuria* ridet amantum / Iuppiter et ventos inrita ferre iubet
perlabor
  III 7.127 nulla nec aerias volucris *perlabitur* auras
  III 7.155 et nulla incepto *perlabitur* unda liquore
perluceo
  III 4.71   sed *perlucenti* cantum meditabar avena
perlucidus
  III 12.13 adnue purpureaque veni *perlucida* palla
perluo
  [II 5.70] perluerit *pro* pertulerit
permetior
  (III 3.9) tum cum *permenso* defunctus tempore lucis / nudus Lethaea cogerer ire rate
permitto
  (I 9.25*) ipse deus tacito *permisit* lene ministro
  III 7.92   quis ... / possit ... effusas tardo *permittere* habenas
  (III 16.2) gratum est, securus multum quod iam tibi de me / *permittis*
pernego
  I 6.8   sic etiam de me *pernegat* usque viro
perpetior
  III 2.8   nec mihi vera loqui pudor est victaeque fateri / tot mala *perpessae* taedia nata meae
perpetuus
  (II 5.122) sic tua *perpetuo* sit tibi casta soror
perrepo
  I 2.87   dubitem ... // non ego tellurem genibus *perrepere* supplex
perscindo
  [I 10.37] perscissis *pro* percussis
  [I 10.61] perscindere *pro* rescindere
Persephone
  III 5.5   at mihi *Persephone* nigram denuntiat horam

persequor

    I 8.28   *persequitur* poenis tristia facta Venus

persolvo

  (I 3.29)   mea votivas *persolvens* Delia voces
    I 5.17   omnia *persolvi*: fruitur nunc alter amore
    I 9.13   iam mihi *persolvet* poenas
   II 3.62   at tibi dura seges, Nemesim qui abducis ab urbe / *persolvat* nulla semina terra fide

Perspectus

  (Pr I 2)   haec tibi *Perspectus* templa, Priape, dico

persto

    I 5.71   non frustra quidam iam nunc in limine *perstat* / sedulus

persuadeo

 [[I 9.25]]   persuasit *pro* permisit
    I 9.69   ista haec *persuadet* facies, auroque lacertos / vinciat et Tyrio prodeat apta sinu?

pertimeo

  III 4.14   et frustra inmeritum *pertimuisse* velit

pertundo

 [[I 10.37]]   pertusis *pro* percussis

peruro

    I 3.6   non hic mihi mater / quae legat in maestos ossa *perusta* sinus

pervigilo

  III 6.54   quam vellem ... / ... tecum longos *pervigilare* dies

pes

    I 2.20   docet ... / illa *pedem* nullo ponere posse sono
    I 2.37   neu strepitu terrete *pedum*, neu quaerite nomen
    I 2.50   iam iubet adspersas lacte referre *pedem*
    I 3.20   O quotiens ingressus iter mihi tristia dixi / offensum in porta signa dedisse *pedem*
    I 3.92   tunc mihi ... / obvia nudato, Delia, curre *pede*
    I 5.24   aut mihi servabit ... / pressa ... veloci candida musta *pede*
    I 5.66   vinclaque de niveo detrahet ipse *pede*
    I 6.38   non saeva recuso / verbera, detrecto non ego vincla *pedum*
    I 6.62   proculque / cognoscit strepitus me veniente *pedum*
    I 6.68   sit modo casta, doce, quamvis non ... / impediat ... stola longa *pedes*
    I 7.36   illi iucundos primum matura sapores / expressa incultis uva dedit *pedibus*
    I 7.46   tibi sunt ..., Osiri, /// fusa ... ad teneros lutea palla *pedes*

pes (*cont'd*)

I	7.62	te canit agricola, magna cum venerit Urbe / serus inoffensum rettuleritque *pedem*
I	8.14	frustra... / ansa... conpressos conligat arta *pedes*
I	8.48	non tardo labitur illa *pede*
I	8.66	dum mihi venturam fingo, quodcumque movetur, / illius credo tunc sonuisse *pedes*
I	9.4	sera tamen tacitis Poena venit *pedibus*
I	9.16	deteret invalidos et via longa *pedes*
I	9.30	nunc pudet ad teneros procubuisse *pedes*
I	10.16	aluistis et idem, / cursarem vestros cum tener ante *pedes*
I	10.34	inminet et tacito clam venit illa *pede*
II	1.30	non festa luce madere / est rubor, errantes et male ferre *pedes*
II	1.45	aurea tum pressos *pedibus* dedit uva liquores
(II	1.52*)	agricola adsiduo primum satiatus aratro / cantavit certo rustica verba *pede*
II	1.77	et *pedibus* praetemptat iter suspensa timore
II	1.90	postque venit tacitus furvis circumdatus alis / Somnus et incerto Somnia nigra *pede*
II	2.22	ludat et ante tuos turba novella *pedes*
II	3.60	regnum ipse tenet, quem saepe coegit / barbara gypsatos ferre catasta *pedes*
II	5.16	Sibylla / abdita quae senis fata canit *pedibus*
II	5.85	oblitus et musto feriet *pede* rusticus uvas
II	5.112	usque cano Nemesim, sine qua versus mihi nullus / verba potest iustos aut reperire *pedes*
II	6.14	cum bene iuravi, *pes* tamen ipse redit
III	4.24	hic iuvenis... / est visus nostra ponere sede *pedem*
III	5.16	nec venit tardo curva senecta *pede*
III	7.36	convenientque..., / undique quique canent vincto *pede* quique soluto
III	19.10	qua nulla humano sit via trita *pede*
Pr	II 41	simul sonante senseris iter *pede*, / rigente nervos excubet lubidine
Dom. Mar.	4	ne foret... qui... / ... caneret forti regia bella *pede*

pessimus *v.* **malus**

peto

(I	1.34*)	de magno *est* praeda *petenda* grege
I	2.8	te Iovis imperio fulmina missa *petant*
I	2.28	nec sinit occurrat quisquam, qui corpora ferro / vulneret aut rapta praemia veste *petat*
I	9.7	lucra *petens* habili tauros adiungit aratro

237

peto (cont'd)
(I	9.9)	lucra *petituras* freta per parentia ventis / ducunt instabiles sidera certa rates
I	9.21	ure meum potius flamma caput et *pete* ferro / corpus
I	10.9	somnumque *petebat* / securus sparsas dux gregis inter oves
II	1.71	nec pecudes, velut ante, *petit*
(II	3.21*)	saepe duces trepidis *petiere* oracula rebus
II	6.9	castra *peto*, valeatque Venus valeantque puellae

Phaeacia
I	3.3	me tenet ignotis aegrum *Phaeacia* terris

Phaeacius
III	7.78	non ... sileantur pascua Solis, // finis et erroris miseri *Phaeacia* tellus

Pharius
I	3.32	(ut) bisque die resoluta comas tibi dicere laudes / insignis turba debeat in *Pharia*

Philippus
[[III	7.199]]	Philippi *pro* Gylippi

Phoebus
I	4.37	solis aeterna est Baccho *Phoebo*que iuventas
II	3.26	quisquis inornatumque caput crinesque solutos / aspiceret, *Phoebi* quaereret ille comam
II	3.27	Delos ubi nunc, *Phoebe*, tua est, ubi Delphica Pytho?
II	5.1	*Phoebe*, fave: novos ingreditur tua templa sacerdos
II	5.17	*Phoebe*, sacras Messalinum sine tangere chartas / vatis
II	5.65	haec cecinit vates et te sibi, *Phoebe*, vocavit
[II	5.68]	Phoebo *pro* Phyto
II	5.106	pace tua pereant arcus perantque sagittae, / *Phoebe*
II	5.121	adnue: sic tibi sint intonsi, *Phoebe*, capilli
III	4.21	cum summo *Phoebus* prospexit ab ortu
III	4.44	casto nam rite poetae / *Phoebus*que et Bacchus Pieridesque favent
III	7.8	etiam *Phoebo* gratissima dona / Cres tulit
III	7.66	seu supra terras *Phoebus* seu curreret infra
III	7.145	ultima vicinus *Phoebo* tenet arva Padaeus
III	7.158	at media est *Phoebi* semper subiecta calori
III	7.178	ipse mihi non si praescribat carmina *Phoebus*
III	8.22	hanc vos, Pierides, ... cantate ... / et testudinea *Phoebe* superbe lyra
III	10.2	huc ades, intonsa *Phoebe* superbe coma
III	10.3	nec te iam, *Phoebe*, pigebit / formonsae medicas adpli- cuisse manus
III	10.19	*Phoebe*, fave: laus magna tibi tribuetur

Pholoe
    I 8.69   oderunt, *Pholoe*, moneo, fastidia divi
Phrygius
    I 4.70   et secet ad *Phrygios* vilia membra modos
    II 1.86   nam turba iocosa / obstrepit et *Phrygio* tibia curva sono
    III 3.13   quidve domus prodest *Phrygiis* innixa columnis?
Phryne
    (II 6.45)   lena necat miserum *Phryne*
Phyto
    (II 5.68)   *Phyto* Graia quod admonuit
piceus
    [I 4.43]   picea *pro* picta
Pierides
    I 4.61   *Pieridas*, pueri, doctos et amate poetas
    I 4.62   aurea nec superent munera *Pieridas*
    I 9.48   et me nunc nostri *Pieridum*que pudet
    III 1.5   dicite, *Pierides*, quonam donetur honore
    III 4.44   casto nam rite poetae / Phoebusque et Bacchus *Pierides*-que favent
    III 8.21   hanc vos, *Pierides*, festis cantate Kalendis
Pierius
    III 1.16   per vos ... oro / Castaliamque umbram *Pierios*que lacus
    III 7.192   nec solum tibi *Pierii* tribuentur honores
piger
    I 2.31   non mihi *pigra* nocent hibernae frigora noctis
    I 10.40   quam potius laudandus hic est, quem prole parata / occupat in parva *pigra* senecta casa
    [Pr II 38]   pigerque *pro* pigetque
piget
    I 1.31   non agnamve sinu *pigeat* fetumve capellae / desertum oblita matre referre domum
    I 6.52   ne *pigeat* magno post didicisse malo
    III 10.3   nec te iam, Phoebe, *pigebit* / formonsae medicas adplicuisse manus
    (Pr II 38)   quid est iners? *piget*ne lentitudinis?
pignus
    III 19.17   quid facio demens? heu heu mea *pignora* cedo
pilum
    III 7.90   quis ... melius ... / ... lento perfregerit obvia *pilo*
pingo
    (I 2.79*)   nec stragula *picta* soporem / ... ducere posset
    (I 3.28*)   nam posse mederi / *picta* decet templis multa tabella tuis

pingo (cont'd)
  (I 4.43)   quamvis praetexens *picta* ferrugine caelum / venturam amiciat imbrifer arcus aquam
  I 10.32   ut ... possit ... / miles ... in mensa *pingere* castra mero
  [III 1.12]   *picta pro* facta
  III 1.13   atque inter geminas *pingantur* cornua frontes

pinguis
  (I 1.10*)   spes ... / praebeat ... pleno *pinguia* musta lacu
  II 3.6   quam fortiter illic / versarem valido *pingue* bidente solum
  [III 2.23, 24] *pinguis pro* dives
  III 3.12   quid prodest ... / arva ... si findant *pinguia* mille boves?

pinus
  I 3.37   nondum caeruleas *pinus* contempserat undas

piscis
  (I 5.46*)   talis ad Haemonium Nereis Pelea quondam / vecta est frenato caerula *pisce* Thetis
  (II 3.46*)   lentus ut intra / neglegat hibernas *piscis* adesse minas
  (II 6.23*)   haec captat arundine *pisces* / cum tenues hamos abdidit ante cibus

pius
  I 3.25   quidve (prodest), *pie* dum sacra colis, pureque lavari / te —memini—et puro secubuisse toro?
  II 2.3   urantur *pia* tura focis, urantur odores
  [II 5.4]   *pias pro* meas
  II 5.119   tum Messalla meus *pia* det spectacula turbae
  III 2.16   perfusaeque *pias* ante liquore manus
  III 4.10   hominum genus omina noctis / farre *pio* placant et saliente sale
  [III 5.7]   *piorum pro* virorum
  III 10.25   tum te felicem dicet *pia* turba deorum
  (III 17.1)   estne tibi, Cerinthe, tuae *pia* cura puellae, / quod mea nunc vexat corpora fessa calor?
  Pr II 20   gravi *pia*que lege noxiam lues

placeo
  I 4.11   hic *placet*, angustis quod equom conpescit habenis
  I 4.50   nec, ... / dum *placeas*, umeri retia ferre negent
  I 8.15   illa *placet*, quamvis inculto venerit ore
  I 10.29   sic *placeam* vobis: alius sit fortis in armis
  II 1.13   casta *placent* superis
  II 5.35   illa saepe gregis diti *placitura* magistro / ad iuvenem festa est vecta puella die
  (II 5.51*)   te quoque iam video, Marti *placitura* sacerdos / Ilia, Vestales deseruisse focos

placeo (cont'd)
III	9.15	tunc mihi, tunc *placeant* silvae
III	12.6	est tamen, occulte cui *placuisse* velit
[[III	12.19]]	*placeat pro* grata
[III	17.1]	*placitura pro* pia cura
III	19.3	tu mihi sola *places*
Pr	II 6	*placet*, Priape, qui ... / soles ... / ruber sedere cum rubente fascino?

placidus
(I	1.36*)	et *placidam* soleo spargere lacte Palem
(I	2.80*)	nec stragula picta soporem / nec sonitus *placidae* ducere posset aquae
(I	4.1a*)	hic *placidam* niveo pectore pellit aquam
(I	7.14*)	an te, Cydne, canam, tacitis qui leniter undis / caeruleus *placidis* per vada serpis aquis
II	1.26	viden ut felicibus extis / significet *placidos* nuntia fibra deos?
II	1.80	at ille / felix, cui *placidus* leniter adflat Amor
II	4.49	et 'bene' discedens dicet '*placide*que quiescas'
II	4.59	si modo me *placido* videat Nemesis mea vultu
III	7.58	vexit et Aeolios *placidum* per Nerea ventos
III	7.126	quin rapidum *placidis* etiam mare constitit undis
III	7.169	hinc *placidus* nobis per tempora vertitur annus

placo
I	10.21	hic *placatus erat*, seu quis libaverat uva
III	4.10	hominum genus omina noctis / farre pio *placant* et saliente sale
(III	7.14)	parvaque caelestis *placavit* mica
III	7.47	seu iudicis ira / *sit placanda*, tuis poterit mitescere verbis

plaga
III	9.16	si, lux mea, tecum / arguar ante ipsas concubisse *plagas*

plango
I	7.28	pubes ... / barbara, Memphiten *plangere* docta bovem

planus
I	5.3	namque agor ut per *plana* citus sola verbere turben

plaudo
[II	1.66]	a plauso *pro* adplauso
II	5.120	et *plaudat* curru praetereunte pater

plaustrum
(I 10.52*)		rusticus ... vehit ... / uxorem *plaustro* progeniemque domum
II	1.42	illi etiam ... primi ... feruntur / ... *plaustro* subposuisse rotam

plectrum
    III   4.39   hanc primum veniens *plectro* modulatus eburno

plenus
    I   1.10   spes . . . / praebeat . . . *pleno* pinguia musta lacu
    I   3.86   haec tibi fabellas referat positaque lucerna / deducat *plena* stamina longa colu
    I   5.23   aut mihi servabit *plenis* in lintribus uvas
    I   5.68   ianua sed *plena* est percutienda manu
    I   8.54   quam saepe . . . / . . . lacrimis omnia *plena* madent
    I   9.52   et pretium *plena* grande referre manu
    I   10.26   hostiaque e *plena* rustica porcus hara
    II   1.8   nunc ad praesepia debent / *plena* coronato stare boves capite
    II   1.21   tunc nitidus *plenis* confisus rusticus agris / ingeret ardenti grandia ligna foco
    II   1.57   huic datus a *pleno*, memorabile munus, ovili / dux pecoris †hircus auxerat hircus oves
    (II   5.84*)   distendet spicis horrea *plena* Ceres

ploro
    II   5.103   nam ferus ille suae *plorabit* sobrius idem
    II   6.42   non ego sum tanti, *ploret* ut illa semel

pluma
    (I   2.79*)   nam neque tum *plumae* nec stragula picta soporem / nec sonitus placidae ducere posset aquae

plurimus *v.* **multus**

plus *v.* **multus**

Pluto
    III   7.67   vidit, ut inferno *Plutonis* subdita regno / magna deum proles levibus discurreret umbris

pluvia
    (I   1.50*)   sit dives iure, furorem / qui maris et tristes ferre potest *pluvias*

pluvius
    I   7.26   te propter . . . / arida nec *pluvio* supplicat herba Iovi

poculum
    (I   1.40*)   fictilia antiquus primum sibi fecit agrestis / *pocula*
    I   5.50   ore cruento / tristia cum multo *pocula* felle bibat
    I   6.28   at ipse bibebam / sobria subposita *pocula* victor aqua
    I   9.60   nec lasciva soror dicatur plura bibisse / *pocula*
    II   1.31   sed 'bene Messallam' sua quisque ad *pocula* dicat
    III   5.9   nec mea mortiferis infecit *pocula* sucis / dextera
    III   5.34   promittite Diti / . . . nivei lactis *pocula* mixta mero

poculum (*cont'd*)
 III 6.5 care puer, madeant generoso *pocula* baccho
 III 6.18 quem vestrum *pocula* sicca iuvant?
 III 7.61 solum nec doctae verterunt *pocula* Circes
podagra
 I 9.73 nec facit hoc vitio, sed corpora foeda *podagra* / et senis amplexus culta puella fugit
poena
 I 2.82 num . . . / . . . mea nunc *poenas* inpia lingua luit?
 (I 6.55*) et tibi nescio quas dixit, mea Delia, *poenas*
 I 8.28 persequitur *poenis* tristia facta Venus
 I 8.77 at te *poena* manet, ni desinis esse superba
 I 9.13 iam mihi persolvet *poenas*
 I 9.81 at tua tum me *poena* iuvet
 III 6.23 quales his *poenas* qualis quantusque minetur / Cadmeae matris praeda cruenta docet
Poena
 I 9.4 A miser, et siquis primo periuria celat, / sera tamen tacitis *Poena* venit pedibus
poeta
 I 4.61 Pieridas, pueri, doctos et amate *poetas*
 II 5.113 nam divum servat tutela *poetas*
 III 4.43 casto nam rite *poetae* / Phoebusque et Bacchus Pieridesque favent
polleo
 [I 8.17] pollentibus *pro* pallentibus
pollex
 (II 1.64*) hinc et femineus labor est, hinc pensa colusque, / fusus et adposito *pollice* versat opus
 II 5.3 nunc te vocales impellere *pollice* chordas, / . . . precor
polliceor
 I 2.44 nec tamen huic credet coniunx tuos, ut mihi verax / *pollicita est* magico saga ministerio
polluo
 I 9.17 admonui quotiens: 'auro ne *pollue* formam'
pomosus
 I 1.17 *pomosis*que ruber custos ponatur in hortis / . . . Priapus
pompa
 III 1.3 et vaga nunc certa discurrunt undique *pompa* / . . . munera
pomum
 (I 1.8*) ipse seram . . . / rusticus . . . facili grandia *poma* manu
 (I 1.13*) et quodcumque mihi *pomum* novos educat annus

pomum (*cont'd*)
    I   5.31   cui dulcia *poma* / Delia selectis detrahat arboribus
    I   7.32   *poma*que non notis legit ab arboribus
    I 10.68   perfluat et *pomis* candidus ante sinus
   III 5.20   quid ... iuvat ... / ... modo nata mala vellere *poma* manu

pomus
   II 1.43   tum victus abiere feri, tum consita *pomus*

pondus
    I 9.32   tum mihi iurabas nullo te divitis auri / *pondere* ... vendere velle fidem
  (III 3.11)   nam grave quid prodest *pondus* mihi divitis auri?
   III 7.41   iusta pari premitur veluti cum *pondere* libra

pono
    I 1.14   libatum agricolae *ponitur* ante deo
  (I 1.17*)   pomosisque ruber custos *ponatur* in hortis / ... Priapus
    I 1.61   flebis et arsuro *positum* me, Delia, lecto
    I 2.5   nam *posita est* nostrae custodia saeva puellae
    I 2.20   docet ... / illa pedem nullo *ponere* posse sono
    I 2.70   *ponat* et in capto Martia castra solo
    I 3.85   haec tibi fabellas referat *posita*que lucerna / deducat plena stamina longa colu
   II 1.81   sancte, veni dapibus festis, sed *pone* sagittas
   III 2.22   parent // atque in marmorea *ponere* sicca (ossa) domo
   III 4.24   hic iuvenis ... / est visus nostra *ponere* sede pedem
   III 7.13   Alcides ... / laeta Molorcheis *posuit* vestigia tectis
   III 7.165   fertilis (pars) hanc inter *posita est* interque rigentes
   III 10.15   *pone* metum, Cerinthe; deus non laedit amantes

pontus
   II 3.39   praeda vago iussit geminare pericula *ponto*
   III 4.85   nam te nec vasti genuerunt aequora *ponti*
   III 7.20   alter dicat ... // qualis ... in curvom *pontus* confluxerit orbem
  (III 7.75)   vel si interrupto nudaret gurgite *pontum*
   III 7.147   Oceanus *ponto* qua continet orbem
  (III 7.173*)   et ferro tellus, *pontus* confunditur aere

populus
    I 4.30   deperdit ... / quam cito formonsas *populus* alta comas
   III 3.19   et quae (iuvant) praeterea *populus* miratur?

porcus
    I 10.26   hostiaque e plena rustica *porcus* hara

porrigo
    I 3.75   *porrectus*que novem Tityos per iugera terrae / adsiduas atro viscere pascit aves

porta
    I   3.20   O quotiens ingressus iter mihi tristia dixi / offensum in *porta* signa dedisse pedem
  (I   3.71*)   tum niger in *porta* serpentum Cerberus ore / stridet
 [II 4.40]   portas *pro* partas
porto
    I   3.80   et Danai proles, Veneris quod numina laesit, / in cava Lethaeas dolia *portat* aquas
    I   3.94   hoc precor, hunc illum nobis Aurora nitentem / / Luciferum roseis candida *portet* equis
    I   7.8   at te victricis lauros, Messalla, gerentem / *portabat* nididis currus eburnus equis
  (II 2.18*)   utinam strepitantibus advolet alis / flavaque coniugio vincula *portet* Amor
  (II 3.44*)   urbisque tumultu / *portatur* validis mille columna iugis
  (II 5.70)   quasque Aniena sacras Tiburs per flumina sortes / *portarit* sicco pertuleritque sinu
   II 6.8   erit hic quoque miles, / ipse levem galea qui sibi *portet* aquam
   II 6.46   furtimque tabellas / occulto *portans* itque reditque sinu
posco
    I   8.29   munera ne *poscas*: det munera canus amator
  III 6.17   sed *poscite* Bacchi / munera
 [III 7.175] poscent *pro* ierint
possideo
  III 8.17   *possideat*que, metit quicquid bene olentibus arvis / ... dives Arabs
possum
  I [1.25]; [6.70]; 8.(1), 59. III 19.9. **potes** III 17.6. **potest** I 1.50; 10.64. II 5.112. [III 3.11]. **possunt** [I 8.61]. **poteram** I 9.46. III 4.69. **poterat** I 8.55. **poterit** I 1.65; 2.57. III 3.25; 4.63; 7.47. **poterunt** III 7.24, 25. **potuit** II 3.13. III 2.4. **possim** I (1.25); 2.73; (6.70); 7.23. (II 4.7). III 4.82; 7.16. **possis** [III 19.5]. **possit** I [2.67], [80]; 6.41; [8.1]; 10.31. III 7.92, 179; 12.11. [*Pr* II 44]. **possem** [II 4.7]. **posses** I [1.73]; 2.55. (III 19.5). **posset** I 2.(67), (80*); 6.9; 7.3. **possent** I 5.13. **posse** I 2.20, 62, 66; 3.27; 6.12; 8.56; 9.76. III 3.32; 4.48, (66); 6.44; 7.200.
post (*prep.*)
  I 5.6; 8.72; (9.44*). III 2.21; 6.32.
post (*adv.*)
  I 2.92; 4.(55), 56; 5.56; 6.2, 52, 77; 10.24, [[26]]. II 1.16, (89).
posthac
  III 11.16   nulla queat *posthac* quam soluisse dies

245

postis

(I 1.73) nunc levis est tractanda Venus, dum frangere *postes* / non pudet

I 2.14 te meminisse decet, quae plurima voce peregi / supplice, cum *posti* florida serta darem

I 2.33 non labor hic laedit, reseret modo Delia *postes*

I 2.88 non ego ... dubitem ... /// ... miserum sancto tundere *poste* caput

postmodo

II 5.102 maledicta ... / *postmodo* quae votis inrita facta velit

postquam

II 5.19, 107. III 4.41.

postulo

I 7.25 te propter nullos tellus tua *postulat* imbres

potens

[II 4.29] potentum *pro* puellis

potis

potior (*masc.*) I 5.69. [III 7.37]. (*fem.*) III 7.199; 16.3. **potius** I (1.51*); 9.21; 10.39. III 1.27; (7.37); 11.15.

poto

(I 3.78*) Tantalus est illic, et circum stagna, sed acrem / iam iam *poturi* deserit unda sitim

I 10.31 ut mihi *potanti* possit sua dicere facta / miles

potus

II 5.89 ille levis stipulae sollemnis *potus* acervos / accendet

II 5.101 ingeret hic *potus* iuvenis maledicta puellae

praebeo

I 1.10 nec spes destituat sed frugum semper acervos / *praebeat*

I 3.38 nondum caeruleas pinus contempserat undas, / effusum ventis *praebuerat*que sinum

II 3.57 illi selectos certent *praebere* colores

II 3.71 tum, quibus adspirabat Amor, *praebebat* aperte / mitis in umbrosa gaudia valle Venus

[II 4.29] praebet *pro* hic dat

III 7.132 Iuppiter ... // intenta ... tuis precibus se *praebuit* aure

III 7.162 nec frugem segetes *praebent* neque pabula terrae

praeceps

[I 6.72] in medias (medium) praeceps *pro* inmerito pronas

II 6.39 qualis ab excelsa *praeceps* delapsa fenestra / venit ad infernos sanguinolenta lacus

praeceptum

I 4.79 tempus erit, cum me Veneris *praecepta* ferentem / deducat iuvenum sedula turba senem

I 5.59 an tu quam primum sagae *praecepta* rapacis / desere

praecino
I	5.12	ipseque te circum lustravi sulphure puro / carmine cum magico *praecinuisset* anus
I	8.4	*praecinit* eventus nec mihi cantus avis
II	5.74	ferunt . . . / lucos *praecinuisse* fugam

praecipio
(III 12.15) *praecipit* et natae mater studiosa quod optat

praecipuus
II 5.109 heu heu quam multis ars dedit ista malum! / et mihi *praecipue*

praeclarus
[III 7.175] praeclaros *pro* per claros

praeconium
[III 7.28] superent praeconia gentis *pro* gentis superant tibi laudes
III 7.177 non ego sum satis ad tantae *praeconia* laudis

praecordia
I 1.63 flebis: non tua sunt duro *praecordia* ferro / vincta

praeda
(I	1.34*)	de magno est *praeda* petenda grege
I	2.68	ferreus ille fuit qui, te cum posset habere / maluerit *praedas* stultus et arma sequi
II	3.35	ferrea non venerem sed *praedam* saecula laudant
II	3.36	*praeda* tamen multis est operata malis
II	3.37	*praeda* feras acies cinxit discordibus armis
II	3.39	*praeda* vago iussit geminare pericula ponto
II	3.50	iam veniant *praedae*, si Venus optat opes
III	6.24	Cadmeae matris *praeda* cruenta docet

praedator
(II 3.41) *praedator* cupit inmensos obsidere campos

praedico
II 5.48 iam tibi *praedico*, barbare Turne, necem

praeduco
(III 7.83) qua deceat tutam castris *praeducere* fossam

praefero
I	1.54	ut domus hostiles *praeferat* exuvias
[II	5.70]	praetulerit *pro* pertulerit
III	4.29	candor erat, qualem *praefert* Latonia Luna

praefigo
I 6.49 statque latus *praefixa* veru, stat saucia pectus

praefluo
[I 10.68] praefluat *pro* perfluat

praefor
III 2.15 *praefatae* ante meos manes animamque precatae

praemetior
    [III 3.9]   praemensae *pro* permenso
praemium
    I 2.28   nec sinit occurrat quisquam, qui corpora ferro / vulneret aut rapta *praemia* veste petat
    II 5.115   cum *praemia* belli / ante suos currus oppida victa feret
praemoneo
    II 5.78   vidit / ... nubilus annus ... // fata ... vocales *praemonuisse* boves.
    II 5.114   at tu ... / *praemoneo*, vati parce, puella, sacro
praescindo
    [[I 10.37]]   praescissis *pro* percussis
    [I 10.61]   praescindere *pro* rescindere
praescribo
    III 7.178   ipse mihi non si *praescribat* carmina Phoebus
praesentio
    II 5.13   per te *praesentit* haruspex, / lubrica signavit cum deus exta notis
praesepe
    II 1.7   nunc ad *praesepia* debent / plena coronato stare boves capite
praesidium
    [*post* I 2.25] *praesidio* noctis sentio adesse deo
praesto
    I 5.61   pauper erit *praesto* semper
    [I 5.61]   tibi praesto *pro* semper te
praetempto
    II 1.77   et pedibus *praetemptat* iter suspensa timore
praeter
    III 7.5; 19.3*pp*
praeterea
    III 3.19   et quae *praeterea* populus miratur?
praetereo
    I 1.28   sub umbra / arboris ad rivos *praetereuntis* aquae
    I 4.34   vidi iam iuvenem, premeret cum serior aetas, / maerentem stultos *praeteriisse* dies
    II 5.120   et plaudat curru *praetereunte* pater
    III 7.69   *praeteriit*que cita Sirenum litora puppi
praetexo
    (I 4.43*)   quamvis *praetexens* picta ferrugine caelum / venturam amiciat imbrifer arcus aquam
    (III 1.11)   summaque *praetexat* tenuis fastigia chartae
    [[III 7.22]]   praetextus *pro* contextus

precor
I	2.12	capiti sint *precor* illa meo
[I	3.4]	precor atra *pro* modo nigra
I	3.5	abstineas, Mors atra, *precor*
(I	3.83)	at tu casta *precor* maneas
I	3.93	hoc *precor*, hunc illum nobis Aurora nitentem / Luciferum roseis candida portet equis
[I	6.42]	precor *pro* procul
I	6.56	si tamen admittas, sit *precor* illa levis
I	8.51	parce *precor* tenero: non illi sontica causa est
(I	9.40*)	sed *precor* exemplo sit levis illa tuo
II	1.25	eventura *precor*: viden ut felicibus extis / significet placidos nuntia fibra deos?
II	1.82	sancte, veni dapibus festis, sed . . . / . . . procul ardentes hinc *precor* abde faces
II	3.74	si fas est, mos *precor* ille redi
II	5.4	te . . . / nunc *precor* ad laudes flectere verba meas
(II	5.18*)	et ipse *precor* quid canat illa doce
II	6.17	tu miserum torques, tu me mihi dira *precari* / cogis
II	6.29	parce, per inmatura tuae *precor* ossa sororis
II	6.53	tunc tibi, lena, *precor* diras
(III	2.15*)	praefatae ante meos manes animamque *precatae*
III	6.27	quid *precor* a, demens?
(III	6.52)	ite a me, seria verba, *precor*
III	11.12	tum *precor* infidos, sancte, relinque focos

premo
I	3.40	nec vagus . . . / *presserat* externa navita merce ratem
I	4.33	vidi iam iuvenem, *premeret* cum serior aetas, / maerentem stultos praeteriisse dies
I	5.24	aut mihi servabit . . . / *pressa* . . . veloci candida musta pede
I	6.10	heu heu nunc *premor* arte mea
II	1.45	aurea tum *pressos* pedibus dedit uva liquores
III	4.22	*pressit* languentis lumina sera quies
III	7.41	iusta pari *premitur* veluti cum pondere libra
III	7.161	non igitur *presso* tellus exsurgit aratro
III	16.3	sit tibi cura togae potior *pressum*que quasillo / scortum quam Servi filia Sulpicia

pretiosus
[II	4.29]	pretiosa *pro* et Coa

pretium
I	9.33	non tibi si *pretium* Campania terra daretur
I	9.52	et *pretium* plena grande referre manu
(II	4.14*)	illa cava *pretium* flagitat usque manu

pretium (*cont'd*)
  II 4.33 sed *pretium* si grande feras, custodia victa est
  II 4.39 at tibi, quae *pretio* victos excludis amantes, / eripiant partas ventus et ignis opes!
  III 1.7 carmine formonsae, *pretio* capiuntur avarae
prex
  I 5.18 et *precibus* felix utitur ille meis
  III 3.2 quid prodest ... / blanda ... cum multa tura dedisse *prece*?
  [III 4.64] prece *pro* fide
  III 4.76 vincuntur molli pectora dura *prece*
  [III 6.46] prece *pro* fide
  III 7.132 Iuppiter ... // intenta ... tuis *precibus* se praebuit aure
Priapus
  I 1.18 terreat ut saeva falce *Priapus* aves
  I 4.1 sic umbrosa tibi contingant tecta, *Priape*, / ne capiti soles, ne noceantque nives
  Pr I 2 haec tibi Perspectus templa, *Priape*, dico
  Pr II 6 placet, *Priape*, qui sub arboris coma / soles ... / ruber sedere cum rubente fascino?
  [Pr II 9] Pripae *pro* tripalle
  Pr II 15 vale, *Priape*: debeo tibi nihil
primus
  I 4.59; 5.62; 7.29, 31; 10.1. (II 1.56*). III 2.1. **prima** (*nom. fem.*)
  I 7.20. **primi** (*gen. neu.*) I 8.47. (*nom. masc.*) II 1.41. **primo** (*adv.*)
  I 4.15, 55; 9.3. (III 5.17*). **primum** (*adv.*) I (1.39*); 5.59; 7.35; 10.45. II 1.(39*, 51*, 53*, 59*), 69. III 1.21; 2.19; 4.31, 39; 19.2.
prior
  I 4.32. **priorum** (*masc.*) III 4.25. **prius** (*adv.*) (II 3.24*).
priscus
  I 10.17 neu pudeat *prisco* vos esse e stipite factos
  I 10.44 liceat ... / temporis ... *prisci* facta referre senem
  II 1.2 ritus ut a *prisco* traditus extat avo
  II 3.68 glans alat et *prisco* more bibantur aquae
  III 5.26 cum ... / ... referam pueris tempora *prisca* senex
  III 7.31 sed generis *priscos* contendis vincere honores
priusquam
  I 3.35 *priusquam* / tellus in longas est patefacta vias
pro
  I 3.69; 5.27, 28*bis*; 9.67, 72. III 3.27; 4.53; 6.41; 7.193, 195; 10.12; 16.5. Pr I 3.
probo
  (I 6.25*) velut gemmas eius signumque *probarem*
  III 4.6 venturae nuntia sortis / vera monent Tuscis exta *probata* viris

procedo
  III 8.11   urit, seu Tyria voluit *procedere* palla
procul
  I 1.76; 6.39, (42, †42*), 61; (9.51); 10.66. II 1.11, 82; 4.15, 20; 5.11, 88. III 4.3; 6.7, 25, [52]; (9.5*); [[14.6]]; 19.7.
procumbo
  I 2.85   non ego, si merui, dubitem *procumbere* templis
  I 9.30   nunc pudet ad teneros *procubuisse* pedes
procuro
  I 5.13   ipse *procuravi* ne possent saeva nocere / somnia
prodeo
  I 9.70   ista haec persuadet facies, auroque lacertos / vinciat et Tyrio *prodeat* apta sinu?
  III 3.3   non, ut marmorei *prodirem* e limine tecti
  [III 19.18]   prodeat *pro* proderat
prodigium
  II 5.80   sed tu iam mitis, Apollo, / *prodigia* indomitis merge sub aequoribus
prodo
  [[III 4.12]] prodere *pro* credere
produco
  I 4.5   nudus et hibernae *producis* frigora brumae
proelium
  I 3.64   ac iuvenum series teneris inmixta puellis / ludit, et adsidue *proelia* miscet Amor
  I 10.3   tum *proelia* nata, / tum brevior dirae mortis aperta via est
  (III 9.3) nec tibi sit duros acuisse in *proelia* dentes
profero
  I 10.1   quis fuit, horrendos primus qui *protulit* enses?
  II 1.27   nunc mihi fumosos veteris *proferte* Falernos / consulis
profluo
  [I 10.68] profluat *pro* perfluat
  III 7.141 nec qua vel Nilus vel regia lympha Choaspes / *profluit*
profugus
  II 5.40   inpiger Aenea... / Troica qui *profugis* sacra vehis ratibus
profundus
  I 3.67   at scelerata iacet sedes in nocte *profunda* / abdita
  Pr II 32 tibi haec paratur, ut tuom ter aut quater / voret *profunda* fossa lubricum caput
progenies
  (I 10.52*) rusticus... vehit... / uxorem plaustro *progeniem*que domum

9+c.c.

prohibeo
    I   3.22   aut sciat egressum se *prohibente* deo
    II 4.34   nec *prohibent* claves, et canis ipse tacet
proles
    I   3.79   et Danai *proles*, . . . / in cava Lethaeas dolia portat aquas
    I   4.7   tum Bacchi respondit rustica *proles* / armatus curva sic mihi falce deus
    I   7.55   at tibi succrescat *proles*, quae facta parentis / augeat
    I 10.39   quam potius laudandus hic est, quem *prole* parata / occupat in parva pigra senecta casa.
    II 2.21   hic veniat Natalis avis *prolem*que ministret
    III 4.45   sed *proles* Semeles Bacchus doctaeque sorores / dicere non norunt, quid ferat hora sequens
    III 7.68   vidit, ut . . . / magna deum *proles* levibus discurreret umbris
promitto
    I   8.63   vel cum *promittit*, subito sed perfida fallit, / est mihi nox multis evigilanda malis
    II 6.49   saepe, ubi nox mihi *promissa est*, languere puellam / nuntiat
    III 4.79   hoc tibi coniugium *promittit* Delius ipse
    III 5.33   interea nigras pecudes *promittite* Diti
    III 13.5   exsoluit *promissa* Venus
    [III 16.2]   promittis *pro* permittis
pronus
    (I 6.72*)   et siquid peccasse putet, ducarque capillis / inmerito *pronas* proripiarque vias
    [[I 9.36]]   pronas *pro* puras
    III 6.6   et nobis *prona* funde Falerna manu
    III 7.42   libra / *prona* nec hac plus parte sedet nec surgit ab illa
    [III 7.196]   pronum *pro* parvom
prope
    I   2.38   neu *prope* fulgenti lumina ferte face
propero
    [I 6.72]   properans *pro* pronas
    III 7.160   seu celer hibernas *properat* decurrere luces
    III 7.205   seu matura dies celerem *properat* mihi mortem
    III 10.3   crede mihi, *propera*
properus
    [[I 6.72]]   propere *pro* pronas
propinquus
    [II 3.38]   propinqua *pro* propiorque
    (†III 14.6*) neu tempestivae saepe *propinque* viae

propior
   (*masc.*). III 7.159, 180, (*fem.*). (II 3.38). **proximus** III 8.20; 12.19. **proxima** (*fem.*) (III 5.3).
propono
   III 6.9   vos modo *proposito* dulces faveatis amici
proprius
   I 6.63   *proprios* ego tecum / sit modo fas, annos contribuisse velim
   [I 6.72] proprias *pro* pronas
propter (*semper postpositum*)
   I 6.57, 65; 7.25. II 6.35.
proripio
   (I 6.72*) et siquid peccasse putet, ducarque capillis / inmerito pronas *proripiar*que vias
proscindo
   [[III 7.173]] proscinditur *pro* confunditur
prospecto
   I 7.19   quid referam . . . // ut . . . maris vastum *prospectet* turribus aequor / . . . Tyros
prospicio
   [[I 3.14]] prospiceretque *pro* respiceretque
   I 5.72   in limine perstat / sedulus ac crebro *prospicit* ac refugit
   II 5.58   qua sua de caelo *prospicit* arva Ceres
   III 4.21 cum summo Phoebus *prospexit* ab ortu
prosum
   I 2.78   quid Tyrio recubare toro sine amore secundo / *prodest*, cum fletu nox vigilanda venit?
   I 3.23   Delia, quid mihi *prosunt* / illa tua totiens aera repulsa manu
   I 8.9   quid tibi nunc molles *prodest* coluisse capillos
   (I 8.61) quid *prosunt* artes, miserum si spernit amantem / . . . saeva puella
   I 8.70   nec *prodest* sanctis tura dedisse focis
   II 3.12   nec cithara intonsae *profuerunt*ve comae
   (II 4.13*) nec *prosunt* elegi nec carminis auctor Apollo
   II 4.15   ite procul, Musae, si non *prodestis* amanti
   II 4.51   vera quidem moneo, sed *prosunt* quid mihi vera?
   III 3.1   quid *prodest* caelum votis inplesse, Neaera?
   (III 3.11) nam grave quid *prodest* pondus mihi divitis auri?
   III 3.13 quidve domus *prodest* Phrygiis innixa columnis?
   III 17.5 at mihi quid *prosit* morbos evincere?
   (III 19.18) iuravi stulte: *proderat* iste timor
   Pr II 36 superbia ista *proderit* nihil, simul / vagum sonante merseris luto caput

protexo
[III 1.11] protexit (-at) *pro* praetexat
providus
II 5.12 tibi deditus augur / scit bene, quid fati *provida* cantet avis
provoco
I 9.62 dum rota Luciferi *provocet* orta diem
proximus *v.* **propior**
prudens
I 6.29 non ego te laesi *prudens*: ignosce fatenti
pubes
I 1.23 agna cadet vobis, quam circum rustica *pubes* / clamet
[[I 5.42]] pubi *pro* pudet et
I 7.5 novos *pubes* Romana triumphos / vidit
I 7.27 te canit atque suum *pubes* miratur Osirim / barbara
II 5.95 tunc operata deo *pubes* discumbet in herba
pudet
I 1.29 nec tamen interdum *pudeat* tenuisse bidentem
I 1.74 nunc levis est tractanda Venus, dum frangere postes / non *pudet*
I 2.95 stare nec ante fores *puduit*
(I 5.42*) tunc me discedens devotum femina dixit / et *pudet* et narrat scire nefanda meam
I 6.31 nec me iam dicere vera *pudebit*
I 9.30 nunc *pudet* ad teneros procubuisse pedes
I 9.48 et me nunc nostri Pieridumque *pudet*
I 10.17 neu *pudeat* prisco vos esse e stipite factos
II 1.74 hic dicere iussit / limen ad iratae verba *pudenda* senem
II 3.30 felices olim, Veneri cum fertur aperte / servire aeternos non *puduisse* deos
III 11.18 nam *pudet* haec illum dicere verba palam
pudor
I 3.83 sanctique *pudoris* / adsideat custos sedula semper anus
I 4.14 at illi / virgineus teneras stat *pudor* ante genas
III 2.7 nec mihi vera loqui *pudor* est
(III 13.1) tandem venit amor, qualem texisse *pudori* / quam nudasse alicui sit mihi fama magis
puella
I 1.52 O quantum est auri pereat potiusque zmaragdi, / quam fleat ob nostras ulla *puella* vias
I 1.55 me retinent vinctum formonsae vincla *puellae*
I 2.5 nam posita est nostrae custodia saeva *puellae*
I 2.18 illa favet, seu quis iuvenis nova limina temptat, / seu reserat fixo dente *puella* fores

puella (*cont'd*)

I	2.95	stare nec ante fores puduit caraeve *puellae* / ancillam medio detinuisse foro
I	3.63	ac iuvenum series teneris inmixta *puellis* / ludit
I	3.87	at circa gravibus pensis adfixa *puella* / paulatim somno fessa remittat opus
I	5.44	non facit hoc verbis, facie tenerisque lacertis / devovet et flavis nostra *puella* comis
I	6.15	at tu, fallacis coniunx incaute *puellae*, / me quoque servato
I	6.51	parcite, quam custodit Amor, violare *puellam*
I	8.50	in veteres esto dura, *puella*, senes
I	8.62	quid prosunt artes, miserum si spernit amantem / et fugit ex ipso saeva *puella* toro?
(I	9.39*)	quid faciam, nisi et ipse fores in amore *puellae*?
I	9.74	et senis amplexus culta *puella* fugit
I	10.59	a, lapis est ferrumque, suam quicumque *puellam* / verberat
I	10.64	quater ille beatus / quo tenera irato flere *puella* potest
II	1.61	rure etiam teneris curam exhibitura *puellis* / molle gerit tergo lucida vellus ovis
II	1.71	fixisse *puellas* / gestit et audaces perdomuisse viros
II	1.76	hoc duce custodes furtim transgressa iacentes / ad iuvenem tenebris sola *puella* venit
II	3.1	rura meam, Cornute, tenent villaeque *puellam*
II	3.31	sed cui sua cura *puella* est, / fabula sit mavolt quam sine amore deus
II	3.49	heu heu divitibus video gaudere *puellas*
II	3.67	O valeant fruges, ne sint modo rure *puellae*
II	4.6	uror, io, remove, saeva *puella*, faces
(II	4.29*)	hic dat avaritiae causas ... Coa *puellis* / vestis
II	5.36	illa ... / ad iuvenem festa est vecta *puella* die
II	5.101	ingeret hic potus iuvenis maledicta *puellae*
II	5.114	at tu, ... / praemoneo, vati parce, *puella*, sacro
II	6.9	castra peto, valeatque Venus valeantque *puellae*
II	6.28	ei mihi, ne vincas, dura *puella*, deam
II	6.44	lena nocet nobis, ipsa *puella* bona est
II	6.49	saepe, ubi nox mihi promissa est, languere *puellam* / nuntiat
III	2.1	qui primus ... carum ... *puellae* / eripuit iuvenem, ferreus ille fuit
III	4.33	et cum contexunt amarantis alba *puellae* / lilia
III	4.52	tantum cara tibi, quantum nec filia matri / quantum nec cupido bella *puella* viro

255

puella (*cont'd*)

III	4.58	Neaera / alterius mavolt esse *puella* viri
III	6.12	fallat eum tecto cara *puella* dolo
III	6.51	ergo quid totiens fallacis verba *puellae* / conqueror?
III	6.60	ignotum cupiens vana *puella* torum
III	8.15	sola *puellarum* digna est
III	8.24	dignior est vestro nulla *puella* choro
III	10.1	huc ades et tenerae morbos expelle *puellae*
III	10.11	neu iuvenem torque, metuit qui fata *puellae*
III	10.16	tu modo semper ama: salva *puella* tibi est
III	11.3	te nascente novom Parcae cecinere *puellis* / servitium
III	12.2	sanctos cape turis acervos, / quos tibi dat tenera docta *puella* manu
III	12.9	ullae non ille *puellae* / servire aut cuiquam dignior illa viro
(III	14.3)	dulcius urbe quid est? An villa sit apta *puellae*?
III	15.1	scis iter ex animo sublatum triste *puellae*?
III	17.1	estne tibi, Cerinthe, tuae pia cura *puellae*?
III	19.4	nec iam te praeter in urbe / formonsa est oculis ulla *puella* meis
III	20.1	rumor ait crebro nostram peccare *puellam*
Pr	II 24	*puella* nec iocosa te levi manu / fovebit apprimetve lucidum femur

puer

I	2.97	hunc *puer*, hunc iuvenis turba circumterit arta
I	3.11	illa sacras *pueri* sortes ter sustulit
I	3.12	illi / rettulit e triviis omina certa *puer*
I	4.9	O fuge te tenerae *puerorum* credere turbae
I	4.39	tu, *puero* quodcumque tuo temptare libebit, / cedas
I	4.58	iam tener adsuevit munera velle *puer*
I	4.61	Pieridas, *pueri*, doctos et amate poetas
I	4.76	vos me celebrate magistrum, / quos male habet multa callidus arte *puer*
I	4.83	parce, *puer*, quaeso, ne turpis fabula fiam
I	5.4	turben, / quem celer adsueta versat ab arte *puer*
[I	6.3]	saeve puer *pro* saevitiae
I	8.27	nec tu difficilis *puero* tamen esse memento
(I	8.35*)	at Venus invenit *puero* concumbere furtim
I	8.49	neu Marathum torque: *puero* quae gloria victo est?
(I	8.67*)	desistas lacrimare, *puer*: non frangitur illa
I	9.11	muneribus meus est captus *puer*
I	9.53	qui *puerum* donis corrumpere es ausus
I	9.75	huic tamen adcubuit noster *puer*
I	9.79	tum flebis, cum me vinctum *puer* alter habebit

puer (cont'd)
(II	1.59*)	rure *puer* verno primum de flore coronam / fecit
II	5.94	nec taedebit avum . . . / balba . . . cum *puero* dicere verba senem
II	6.5	ure, *puer*, quaeso, tua qui ferus otia liquit
[[III	1.12]]	*puer pro* tuum
III	5.26	cum . . . / . . . referam *pueris* tempora prisca senex
III	6.5	care *puer*, madeant generoso pocula baccho
III	6.62	tu, *puer*, i, liquidum fortius adde merum
III	9.20	sed lege Dianae, / caste *puer*, casta retia tange manu
Pr	II 2	candidus mihi *puer* / tepente cum iaceret abditus sinu
Pr	II 21	nec tibi tener *puer* / patebit ullus, . . . qui . . . / . . . verset arte mobilem natem
Pr	II 40	sed ille cum redibit aureus *puer*, // rigente nervos excubet lubidine

pugna
| III | 7.100 | tum tibi non desit faciem conponere *pugnae* |

pugno
I	4.54	tunc tibi mitis erit, rapias tum cara licebit / oscula: *pugnabit*, sed tamen apta dabit
(I	8.37*)	Venus invenit . . . // . . . dare anhelanti *pugnantibus* umida linguis / oscula

pulcher
| (II | 5.7) | sed nitidus *pulcher*que veni |

pullus
I	2.64	nocte serena / concidit ad magicos hostia *pulla* deos
[II	5.34]	pulla *pro* pulsa

pulso
| I | 6.73 | non ego te *pulsare* velim |

pulvis
| I | 9.13 | *pulvis*que decorem / detrahet et ventis horrida facta coma |

pumex
| (III | 1.10) | *pumex* et canas tondeat ante comas |

pumico
| [III | 1.10] | pumicet et *pro* pumex et |

puniceus
| II | 3.58 | illi selectos certent praebere colores / Africa *puniceum* purpureumque Tyros |

puppis
I	4.45	vel si caeruleas *puppi* volet ire per undas, / ipse levem remo per freta pelle ratem
[I	10.36]	puppis *pro* turpis

257

puppis *(cont'd)*

II	5.45	ecce super fessas volitat Victoria *puppes*
III	7.69	praeteritque cita Sirenum litora *puppi*

purgo

II	1.17*bis*	di patrii, *purgamus* agros, *purgamus* agrestes

purpureus

I	4.29	quam cito *purpureos* deperdit terra colores!
(I	4.63*)	carmine *purpurea* est Nisi coma
II	3.58	illi selectos certent praebere colores / Africa puniceum *purpureum*que Tyros
III	4.30	et color in niveo corpore *purpureus*
III	5.4	cum se *purpureo* vere remittit humus
III	12.13	adnue *purpurea*que veni perlucida palla

purus

I	1.38	neu vos e paupere mensa / dona nec e *puris* spernite fictilibus
(I	3.25), 26	quidve (prodest), pie dum sacra colis, *pure*que lavari / te —memini—et *puro* secubuisse toro?
I	5.11	ipseque te circum lustravi sulphure *puro*
(I	9.36*)	illis eriperes verbis mihi ... / ... *puras* fulminis esse vias.
I	10.24	atque aliquis voti compos liba ipse ferebat / postque comes *purum* filia parva favum
I	10.27	hanc *pura* cum veste sequar
II	1.13	casta placent superis: *pura* cum veste venite
II	1.14	et manibus *puris* sumite fontis aquam
II	2.7	illius *puro* destillent tempora nardo
III	7.10	ut *puro* testantur sidera caelo

pussula

(II	3.10*)	nec quererer quod ... / laederet ... teneras *pussula* rupta manus

pustula

[II	3.10]	pustula *pro* pussula

puto

(I	6.71)	et siquid peccasse *putet*, ducar ... capillis / inmerito
I	6.80	tractaque de niveo vellere ducta *putat*
I	9.67	tune *putas* illam pro te disponere crines?
III	17.4	A ego non aliter tristes evincere morbos / optarim, quam te si quoque velle *putem*
	Pr 16	sed tento—: scis, *puto*, quod sequitur

Pylius

III	7.112	terna minus *Pyliae* miretur saecula famae

Pylos

III	7.48	non *Pylos* aut Ithace tantos genuisse feruntur

Pyrene
I 7.9   non sine me est tibi partus honos: Tarbella *Pyrene* / testis

Pytho
(II 3.27*)   Delos ubi nunc, Phoebe, tua est, ubi Delphica *Pytho*?

Q

quadrigae
III 4.17   iam Nox aetherium nigris emensa *quadrigis* / mundum

quadro
III 7.101   seu sit opus *quadratum* acies consistat in agmen

quadrupes
III 7.128   nec *quadrupes* densas depascitur aspera silvas

quadruplex
Pr II 35   tereris usque, donec, a miser miser, / triplexque *quadruplex*que compleas specum

quaero
I 2.37   neu strepitu terrete pedum neu *quaerite* nomen
I 3.16   *quaerebam* tardas anxius usque moras
I 5.54   ipsa fame stimulante furens herbasque sepulcris / *quaerat*
[II 2.13]   quaesieris *pro* malueris
II 3.26   quisquis inornatumque caput crinesque solutos / adspiceret, Phoebi *quaereret* ille comam
II 4.19   ad dominam faciles aditus per carmina *quaero*
III 4.4   desinite in nobis *quaerere* velle fidem
III 7.30   nec *quaeris* quid quaque index sub imagine dicat
III 9.13   ipsa ego velocis *quaeram* vestigia cervi

quaeso
I 1.58   tecum / dum modo sim, *quaeso* segnis inersque vocer
I 4.83   parce, puer, *quaeso*, ne turpis fabula fiam
I 5.8   parce tamen, ... / per venerem *quaeso* conpositumque caput
I 5.75   nescio quid furtivus amor parat. utere *quaeso*, / dum licet
II 6.5   ure, puer, *quaeso*, tua qui ferus otia liquit
III 12.8   seu iuveni *quaeso* mutua vincla para

qualis

I 7.21. III (6.23); 7.20. (*fem.*) I 3.91; [5.45]. II (4.17*); 6.39. III 7.19, (43). **qualem** (*masc.*) II 5.9. III 4.29; 13.1. **quale** (II 4.36*). **quales** (*acc. fem.*) III 6.23. **qualiter** III 7.84.

quam (*interrog.*)

I 1.45; 3.35; 4.28, 29, 30, 31, [[38]], 81; 6.[[7]], (21*), (84); 8.53, 78; 10.2, (39). II 1.70; 3.5; 4.8; 5.108. III [[4.50]]; 6.[33], 53; [7.129]; [[15.4]].

quam (*comp.*)

I 1.52; [3.9]; 5.59. II 3.32. III 7.32; 13.2, 8; 16.4; 17.4; 18.5.

quamquam

III 7.1, (28).

quamvis

I 4.41, 43; 6.67; 8.15, (59*). III 6.29, 56; 7.[28], 50, 62, 181; 12.18; (14.8).

quando

III 7.43; 10.22.

quandocumque

(III 7.210) *quandocumque* hominem me longa receperit aetas

quantus

I 7.15. (III 6.23). **quanta** (*nom. fem.*) III 7.198. **quantum** (*nom.*) I 1.51. (*adv.*) III 4.51, 52.

quare

III 4.49   *quare*, ego quae dico non fallax, accipe, vates

quasillum

III 16.3   sit tibi cura togae potior pressumque *quasillo* / scortum quam Servi filia Sulpicia

quater

I 10.63   *quater* ille beatus, / quo tenera irato flere puella potest
III 3.26   O mihi felicem terque *quater*que diem!
Pr II 31   tibi haec paratur, ut tuom ter aut *quater* / voret profunda fossa lubricum caput

-que

I 1.17, (41), 51, 53, 58, 75*bis*, 78; 2.1, 22, 40, 84; 3.2, 14, 31, 34, 45, 59*bis*, 61, 69, 75, 83, 85; 4.25, (28), 37, 82; 5.8, (11), 15, 21, 24, 40, 43, [45], 55, 66; 6.13, 19, (25*, 48), 49, 59, 65, 79, 80, 81; 7.11*bis*, 19, 32, 49, [54], (58*), 64; 8.(10), 14, (39*), 41; 9.13, 48, 81; 10.9, 24, (26), 27, 43, (49, 52*), 53, 59, 67.

II 1.3, 16, 23, 35, 37, 46, (63*), 67, 83, 87, (89); 2.2, 8, 18, 20, 21; 3.1, 4, 7, 16, 38, (43*), 48, 51, 58, [61], 80; 4.1, 3, 25, 37, 49, 50; 5.2, (7), 13, 29, [35], 49, 50, 53*bis*, 69, 70, (72*), 78, 91, 94, 100, 105; 6.33, 38, 45.

-que *(cont'd)*

    III 1.11, 16*bis*, 17, 25; 2.1, 7, 10, 15, 16, 24; 3.2, 4, 8, 12, 16*bis*, 18, 21, 35, 36, 37; 4.3, 45, 47, 50, 59, 74, 88, 89, 94; 5.22, 24*bis*; 6.20, (21), 23, 25; 7.14, 17, 23, 26, 35, 54, 59, (63*), 69, [91], 93, 99, [104], 104, 105, 115, 132, 133, 136, 146*bis*, 150, 165, 166, 172, 186, 190; 8.8, 17; 9.(6*), 10; 10.9, 12; 11.8, 9; 12.12, (13); 14.[[6]], 7; 16.3; 19.14, 24; [*fr.* 1].

    Pr II 11, 20, [22], 29, [38].

-que *(sec. loc.)*

    I 4.(2), 26; 7.62; 10.54. II 3.54; 4.54; 5.22, 86, 90; 6.16. III 11.8.

-que *(tert. loc.)*

    I (1.40*); 3.38. III 13.4.

-que *(quart. loc.)*

    I [3.50], 6.54; (10.51*).

-que *(praecedenti verbo additum)*

    I 3.56

-que ... et

    I 1.(35–36*); (3.25–6); 5.53–4; 9.(69–70*). II 4.(17*), 27 (-que *sec. loc.*); 5.59. III 7.87

-que ... et ... -que

    III 4.44

-que ... que

    I 1.(33*); 2.29, 47; 5.35, 64; 6.61, 71–2; 9.20, 72; 10.37, 65. II 3.25; 6.9, 46. III 1.4; 3.26; 7.11, 36, 156, 187. *Pr* II (17), 35

-que ... -que ... -que

    III 6.47–8

queo

I	9.63	illa nulla *queat* melius consumere noctem
III	7.6	si ... // nec tua praeter te chartis intexere quisquam / facta *queat*
III	7.46	nam seu diversi fremat inconstantia volgi, / non alius sedara *queat*
III	11.16	catena, / nulla *queat* posthac quam soluisse dies

quercus

I	3.45	ipsae mella dabant *quercus*

querela

I	2.9	ianua, iam pateas uni mihi, victa *querelis*
I	4.71	*querelis* / supplicibus, miseris fletibus illa favet
I	8.53	vel miser absenti maestas quam saepe *querelas* / conicit
III	4.75	ergo ne dubita blandas adhibere *querelas*

quernus

II	1.38	his vita magistris / desuevit *querna* pellere glande famem

queror

    I   5.51   hanc volitent animae circum sua fata *querentes* / semper
    I   8.23   quid *queror* heu misero carmen nocuisse, quid herbas?
    II 3.9   nec *quererer*, quod sol graciles exureret artus
    II 6.34   et mea cum muto fata *querar* cinere
    III 6.37   quid *queror* infelix? turpes discedite curae
    Pr II 21   licet *querare*: nec tibi tener puer / patebit ullus, . . . qui
                 . . . / . . . verset arte mobilem natem

qui

    I 1.50; 2.27, 67, 89, 91; 3.44; 4.32, 59, 67*bis*; 5.69; 7.(3*), 13; 9.24, 53; 10.1, 65. II (3.61*); 4.43, 44; 5.40, [109]; 6.5, 8. III 2.1, 3, 4; 6.22; 7.[[37]], 179; 10.11; 11.1; 14.1; (15.4*); 19.8. Pr II 6, 22. Dom Mar 3. **quae** (*nom. sing.*) I 1, 16; 3.6, 7, 9; [5.45]; 6.77; 7.55; (8.39*). II [3.61]; 4.39, 45; 5.16, [69]. III (2.17); 3.(17), [20], 25; 4.54; 5.1; [[14.6]]; 19.16. **quod** (*nom.*) (II 4.57*). Pr I 6. **cuius** (*fem.*) Pr II 27. **cuius** (*neu.*) III 18.4. **cui** (*masc.*) I 1.4; 5.31; 6.32, 40; 8.31; 9.51. II 1.12, 80; 2.6; 3.31, 33, 43. III [1.10]; 4.88; 7.184. 186; 12.6. [Pr II 19]. **cui** (*fem.*) (II 1.78*); (5.31). III 8.15. **quem** (*masc.*) I 1.3; 4.65; 5.4; 6.14; 7.(4*), (57), [[58]]; 10.39. II (3.59). III 7.111. **quam** I 1.23; 3.68; [[4.38]]; 6.51; [7.57]. II 4.10. III (11.16*); [14.8]. **quod** I 10.6. II 5.[18], 68, [69]. (III 4.50*); 7.25; 11.17; (12.15). **quo** (*masc.*) I [[7.3]]; 9.72; 10.64. III 4.94. **qua** II 5.37, 111. III 4.53; [[7.60, 144]]. **quo** (*neu.*) II 5.82. **qui** (*nom. pl. masc.*) I 4.77. III 6.20*bis*; 7.36*bis*. **quae** (*nom. fem.*) III 3.36*bis*; [[14.6]]. **quae** (*nom. neu.*) (II 2.19). **quibus** (*dat. pl. masc.*) II 3.71. III 16.5. **quis** (*fem.*) III 7.65. **quos** I 1.42; 2.23; 4.76; 6.50; 8.8. II 1.79; 2.4; 3.(24*), 55; [5.18]. III (7.60*); 12.2. **quas** II 3.53; (5.69). III 2.23; 3.30; 7.167. **quae** I 2.13; 4.73; 5.35; [7.57]. II 5.[18], 102; 6.22. III 3.19; 4.2, 49. **quis** (*abl. pl. masc.*) I 2.55; 6.13. **quibus** (*neu.*) Pr I 3. **quis** (*neu.*) III 7.120, [[129]]. **qua** (*adv.*) II 2.16; 5.33, 58, 59*bis*, 96. III 7.(21*), 53, 83, 140, 143, 146, 147; 19.10.

qui (*indef.*) [I 2.17]

qui (*interrog.*)

    III [[4.50]]; [6.51]; [[7.37]]. **quae** (*nom. fem.*) I 4.3; 8.49. (III 9.7*). **cui** (*masc.*) [III 19.17]. **quem** (*masc.*) III 6.18. **quam** [[I 6.55]]. **quod** [[I 3.25]]. **quo** I 6.9. **quā** [III 7.30]. **quas** (I 6.55*). **quae** [II 5.18]. **quibus** (*fem*). I 7.24.

qui (*adv.*)

    [[III 7.21]].

quia

    I 4.13. [[II 3.61]].

quicumque

    I 2.41; 3.81; 10.59. II 4.27, (35*). III 6.43. **quaecumque** I 8.76. III 9.21. **quodcumque** I 8.65. III (7.197); 10.7. **cuicumque**

quicumque (*cont'd*)
    (*masc.*) I 3.65. **quemcumque** [III 7.210]. **quodcumque** I 1.13; 4.39. II 2.9, [13]. III 7.24; 19.21. **quicumque** (*nom. masc.*) III 5.21; 10.9, 10. **quascumque** III 8.19. **quaecumque** (II 2.13). III 3.27.
quidam
    I 5.71   cuidam (*masc.*) I 9.71. [III 12.10]
quidem
    I 6.7. II 4.51; 5.61. III [5.15]; 12.5
quies
    III 4.2   nec sint mihi somnia vera, / quae tulit hesterna pessima nocte *quies*
    III 4.22   pressit languentis lumina sera *quies*
quiesco
    II 4.49   et 'bene' discedens dicet 'placideque *quiescas*'
    II 6.30   sic bene sub tenera parva *quiescat* humo
    III 14.5   iam, nimium Messalla mei studiose, *quiescas*
quietus
    (*Pr* II 4)   Venus fuit *quieta*, nec viriliter / iners senile penis extulit caput
quilibet
    I 2.30   quisquis amore tenetur, eat tutusque sacerque / *qualibet*
quin
    I [[2.61]]; (3.14); 6.70; 9.37, 47; [10.39]. II 4.41, 53; [5.110]. III 7.12, 126, (129*), 135, 174, 204.
quinam
    I 7.23   Nile pater, *quanam* possim te dicere causa?
    III 1.5   dicite, Pierides *quonam* donetur honore.
quini
    III 5.28   languent ter *quinos* sed mea membra dies
quinque
    III 7.152   tellus / . . . *quinque* in partes toto disponitur orbe
quippe
    [I 1.25]   *quippe* ego *pro* iam modo
    III 7.157   *quippe* ubi non umquam Titan super egerit ortus
quis (*interrog.*)
    I 6.30; 10.1, 33. II 6.52. III 7.(37*, 39), 89, 91, 95; 9.7. **quid** (*nom.*) I 6.3, 33. II 6.1. III 4.73; 14.3. *Pr* II 1, 38. **quem** (*masc.*) I 6.6. III 7.85. **quid** I 2.(61*), 77, 100; 3.23*bis*, (25*); 5.75; 7.17; 8.1, 2, 9, 11*bis*, 23*bis*, 55, 61; 9.1, (39*). II 2.10; 3.70, 78; 4.51; 5.12, (18), [67 *bis*]. III 3.1, 11, 13, 17; 4.46, [50]; 5.19; 6.26, 27, 37, (51); 7.30, 147; 9.9; 11.20; [12.15]; 17.5, [5]; 19.17; 20.4. *Pr* II 1.

263

quis (*indef.*)
　I 2.(17), 39; 3.21; 9.3, 19; 10.13, 21. III 6.11,[[25]]; 7.111; 9.1; (12.7); 13.6. Pr I 5.　**qua** (*nom. fem.*) III 4.62; (6.25*).　**quid** I 6.71. II 4.5, (5).　**qua** (*acc. pl. neu.*) I 2.11.

quisquam
　I 1.65; 2.3, 27; 3.89; (9.41*). II 4.42. III 6.10; 7.5, [39].　**cuiquam** I 2.57. III 5.10; (12.10).　**quicquam** I 5.5.　**quidquam** III 4.25; 13.7; 18.3.

quisque
　I 2.98. II 1.31, 84, 85; 5.99. III [7.39]; 10.26.　**cuique** (*masc.*) I 4.77.　**quaque** (III 7.30).

quisquis
　I 2.29; 4.60; 6.39, 41. II 1.1; 2.2; 3.2, 25, 33, **quidquid** (*vel* **quicquid**) (*nom.*) II 2.15. (*acc.*) I (4.24); 6.66. II 3.14; 4.(55), 55, 56; (5.67*bis*). III 8.7, 17; 10.7.　**quoquo** (*adv.*) III 8.7.

quivis
　[[I 8.59]]　quavis *vel* quovis *pro* quamvis

qum
　[[II 3.19]]　qum *pro* dum

quod
　I 3.57, 79; 4.11; (5.47*); [6.84]. II 3.9; 5.[67*bis*, 110]. III 10.13; 11.5; [[15.4]]; 16.1; 17.(2), [5]; 18.5.　**quodsi** (*non semper unum verbum*) I 3.53. II 6.7. III 4.77; 11.11. *cf. etiam* III 7.201.

quom
　[[I 6.21; 7.4]]

quondam
　I 1.19; (5.45*); 8.71. III 1.23; 4.67; 6.39. Pr I 1.

quoniam
　III 11.19; [14.8].

quoque
　I 1.19, [37]; 2.15; (6.16*). II 1.11, (67*); 3.64; 5.51; 6.7. III [2.17]; 7.16, 108; 17.4. Dom. Mar. 1.

quot
　II 6.52　tunc mens mihi perdita fingit, / quisve meam teneat, *quot* teneatve modis.

quotannis
　(I 1.35*)　hic ego pastoremque meum lustrare *quotannis* / et placidam soleo spargere lacte Palem.

quotiens
　I 3.19; 9.17; (41*). II 3.(17*, 19*); 6.13.

quotuscumque
　II 6.54　satis anxia vivas, / moverit e votis pars *quotacumque* deos

R

rabidus
[I 2.42] rabido *pro* rapido
(III 7.72) (Scylla) cum canibus *rabidas* inter fera serperet undas
[III 7.126] rabidum *pro* rapidum
[III 10.8] rabidis *pro* rapidis

rabies
[[I 3.47]] rabies *pro* acies

ramus
III 7.171 didicit ... / ... lenta excelsos vitis conscendere *ramos*

rapax
I 3.65 illic est, cuicumque *rapax* mors venit amanti
I 5.59 at tu quam primum sagae praecepta *rapacis* / desere
II 4.25 illa malum facinus suadet dominamque *rapacem* / dat mihi

rapidus
(I 2.42) nam fuerit quicumque loquax, is sanguine natam, / is Venerem e *rapido* sentiet esse mari
I 2.46 fluminis haec *rapidi* carmine vertit iter
I 9.49 illa velim *rapida* Volcanus carmina flamma / torreat
[III 7.72] rapidas *pro* rabidas
(III 7.126) quin *rapidum* placidis etiam mare constitit undis
III 7.141 nec qua ... / ... *rapidus*, Cyri dementia, Gyndes, / aret
III 7.193 pro te vel *rapidas* ausim maris ire per undas
(III 10.8) quicquid triste timemus, / in pelagus *rapidis* evehat amnis aquis

rapio
I 2.28 nec sinit occurrat quisquam, qui corpora ferro / vulneret aut *rapta* praemia veste petat
I 4.53 tunc tibi mitis erit, *rapias* tum cara licebit / oscula
[[I 4.54]] tibi rapta *pro* tamen apta
(I 4.55*) *rapta* dabit primo, post adferet ipse roganti
[[I 6.72]] per rapiarque *pro* proripiarque
I 8.58 nota venus furtiva mihi est ... / ... ut nec dent oscula *rapta* sonum
II 4.23 aut *rapiam* suspensa sacris insignia fanis
(II 5.20) postquam ille parentem / dicitur et *raptos* sustinuisse Lares
[[III 14.6]] spem rape opemque *pro* saepe propinque

rarus
II 3.16 *rara*que per nexus est via facta sero
II 3.77 si copia *rara* videndi, / heu miserum, laxam quid iuvat esse togam?
III 4.37 artis opus *rarae*, fulgens testudine et auro

265

ratis
    I   3.40   nec vagus ignotis repetens conpendia terris / presserat externa navita merce *ratem*
    I   4.46   ipse levem remo per freta pelle *ratem*
    I   7.20   prima *ratem* ventis credere docta Tyros
    I   9.10   lucra petituras freta per parentia ventis / ducunt instabiles sidera certa *rates*
    II 3.40   bellica cum dubiis rostra dedit *ratibus*
    II 5.40   inpiger Aenea ... / Troica qui profugis sacra vehis *ratibus*
    III 3.10   tum cum ... / nudus Lethaea cogerer ire *rate*
    III 5.24   olim liceat cognoscere ... / Lethaeamque *ratem* Cimmeriosque lacus

Reatinus
    [III 14.4]   Reatino *pro* Arretino

recens
    [[III 2.15]]   recentem *pro* precatae
    [[Pr II 42]]   recente *pro* rigente

recipio
    III 7.210   quandocumque hominem me longa *receperit* aetas

rectus
    III 7.102   *rectus* ut aequatis decurrat frontibus ordo

recubo
    I   2.77   quid Tyrio *recubare* toro sine amore secundo / prodest

recurro
    I   5.73   et simulat transire domum, mox deinde *recurrit* / solus
    (II 4.18*)   nec refero ... qualis, ubi orbem / conplevit, versis Luna *recurrit* equis
    III 9.24   et celer in nostros ipse *recurre* sinus

recuso
    I   6.37   non saeva *recuso* / verbera, detrecto non ego vincla pedum
    III 4.73   si ferre *recusas* / inmitem dominam coniugiumque ferum
    (III 6.11)   aut siquis vini certamen mite *recusat*

reddo
    [[I 3.7]]   reddat *pro* dedat
    I   3.34   at mihi contingat ... / *reddere* ... antiquo menstrua tura Lari
    II 1.36   huc ades adspiraque mihi, dum carmine nostro / *redditur* agricolis gratia caelitibus
    (II 6.22)   spes sulcis credit aratis / semina, quae magno faenore *reddat* ager
    III 3.25   O niveam, quae te poterit mihi *reddere*, lucem!

reddo (*cont'd*)

III	4.70	poteram . . . / nec similes chordis *reddere* voce sonos
III	6.31	at nos securae *reddamus* tempora mensae
III	10.23	cum debita *reddet* / certatim sanctis laetus uterque focis

redeo

II	3.74	si fas est, mos precor ille *redi*
II	5.37	cum qua fecundi *redierunt* munera ruris
II	6.13	iuravi quotiens *rediturum* ad limina numquam!
II	6.14	cum bene iuravi, pes tamen ipse *redit*.
II	6.46	furtimque tabellas / occulto portans itque *redit*que sinu
Pr II 40		sed ille cum *redibit* aureus puer, // rigente nervos excubet lubidine

redimio

I	7.45	tibi sunt . . ., Osiri, // . . . varii flores et frons *redimita* corymbis
III	4.23	hic iuvenis casta *redimitus* tempora lauro / est visus
III	4.87	nec canis anguinea *redimitus* terga caterva

reditus

I	3.13	cuncta dabant *reditus*
III	3.27	pro dulci *reditu* quaecumque voventur
III	3.35	aut si fata negant *reditum* tristesque sorores

refero

I	1.32	non agnamve sinu pigeat fetumve capellae / desertum oblita matre *referre* domum
I	1.66	illo non iuvenis poterit de funere quisquam / lumina, non virgo, sicca *referre* domum
I	2.50	iam iubet adspersas lacte *referre* pedem
I	3.12	illi / *rettulit* e triviis omina certa puer
I	3.85	haec tibi fabellas *referat* positaque lucerna / deducat plena stamina longa colu.
I	4.65	quem *referent* Musae, vivet, dum robora tellus, / dum caelum stellas, dum vehet amnis aquas
I	7.17	quid *referam* ut volitet crebras intacta per urbes / . . . columba
I	7.62	te canit agricola, magna cum venerit Urbe / serus, inoffensum *rettulerit*que pedem
I	8.45	tum cura est . . . / . . . faciem dempta pelle *referre* novam
I	9.52	tu procul hinc absis, cui formam vendere cura est / et pretium plena grande *referre* manu
I	10.44	liceat . . . / temporis . . . prisci facta *referre* senem
(II	4.17*)	nec *refero* Solisque vias et qualis, ubi orbem / conplevit, versis Luna recurrit equis
III	1.19	illa mihi *referet*, si nostri mutua cura est
III	4.78	haec illi nostro nomine dicta *refer*

refero (*cont'd*)
	III 5.26	cum . . . / . . . *referam* pueris tempora prisca senex
	III 6.42	sic cecinit . . . Catullus / ingrati *referens* inpia facta viri
	(III 11.20)	quid *refert*, clamne palamque roget?

refugio
| | I 5.72 | in limine perstat / sedulus ac crebro prospicit ac *refugit* |

regio
| | II 5.33 | at qua Velabri *regio* patet, ire solebat / exiguos . . . linter |
| | III 7.148 | nulla tibi adversis *regio* sese offeret armis |

regius
| | III 7.140 | nec qua vel Nilus vel *regia* lympha Choaspes / profluit |
| | Dom. Mar. 4 | ne foret . . . qui . . . / . . . caneret forti *regia* bella pede |

regnum
	I 9.80*bis*	tum flebis, cum . . . / . . . geret in *regno regna* superba tuo
	II 3.59	*regnum* ipse tenet, quem saepe coegit / barbara gypsatos ferre catasta pedes
	III 3.29	nec me *regna* iuvant nec Lydius aurifer amnis
	III 5.22	parcite, . . . / dura . . . sortiti tertia *regna* dei
	III 7.67	vidit, ut inferno Plutonis subdita *regno* / magna deum proles levibus discurreret umbris
	III 7.143	nec qua *regna* vago Tamyris finivit Araxe
	III 7.198	non mihi *regna* / Lydia, non magni potior sit fama Gylippi
	III 11.4	te nascente . . . Parcae . . . / . . . dederunt *regna* superba tibi

rego
	I 3.44	non fixus in agris, / qui *regeret* certis finibus arva, lapis
	I 5.29	illa *regat* cunctos, illi sint omnia curae
	II 5.13	tuque *regis* sortes, per te praesentit haruspex, / lubrica signavit cum deus exta notis
	II 5.57	Roma, tuom nomen terris fatale *regendis*
	(III 3.22)	nam Fortuna sua tempora lege *regit*

relego
| | III 12.5 | illa quidem ornandi causas tibi, diva, *relegat* |

religo
| | I 8.5 | ipsa Venus magico *religatum* bracchia nodo, / perdocuit multis non sine verberibus |

relinquo
	I 5.54	quaerat et a saevis ossa *relicta* lupis
	I 5.58	saevit et iniusta lege *relicta* Venus
	II 3.64	tu quoque devotos, Bacche, *relinque* lacus
	II 5.54	iam video . . . /// . . . cupidi ad ripas arma *relicta* dei
	III 6.40	flevisti ignoto sola *relicta* mari

relinquo (*cont'd*)
- (III 7.190)   sed licet asperiora cadant spolierque *relictis*
- III 11.12   tum precor infidos, sancte, *relinque* focos
- III 14.7   hic animum sensusque meos abducta *relinquo*
- III 18.5   cuius me fatear paenituisse magis, / hesterna quam te solum quod nocte *reliqui*

remeo
- I 4.28   quam cito non segnis stat *remeat*que dies!

remitto
- I 3.88   at circa gravibus pensis adfixa puella / paulatim somno fessa *remittat* opus
- (II 4.4)   et numquam misero vincla *remittit* Amor
- III 5.4   cum se purpureo vere *remittit* humus

remoror
- III 7.137   non te vicino *remorabitur* obvia Marte / Gallia

removeo
- II 4.6   uror, io, *remove*, saeva puella, faces

remus
- I 4.46   ipse levem *remo* per freta pelle ratem

Remus
- II 5.24   Romulus aeternae nondum formaverat urbis / moenia, consorti non habitanda *Remo*

renovo
- II 6.41   desino, ne dominae luctus *renoventur* acerbi
- III 3.5   non // ... ut multa mei *renovarent* iugera tauri
- (III 7.113)   centum fecundos Titan *renovaverit* annos

renuo
- I 5.20   at mihi felicem vitam, si salva fuisses, / fingebam demens, sed *renuente* deo

reor
- II 2.12   iam *reor* hoc ipsos edidicisse deos
- [[III 12.19]]   sternuit illa: ratum est *pro* sis iuvenis grata
- [III 12.20]   ratus *pro* vetus

repello
- I 3.24   Delia, quid mihi prosunt / illa tua totiens aera *repulsa* manu
- I 8.22   cantus et e curru Lunam deducere temptat, / et faceret, si non aera *repulsa* sonent
- III 7.54   nam Ciconumque manus adversis *reppulit* armis

repens
- (I 3.50*)   nunc mare, nunc leti mille *repente* viae
- [Pr II 42]   repente *pro* rigente

reperio
    [I 3.50]   reperte (reperta) *pro* repente
    II 5.112   usque cano Nemesim, sine qua versus mihi nullus / verba potest iustos aut *reperire* pedes

repeto
    I 3.39   nec vagus ignotis *repetens* conpendia terris / presserat externa navita merce ratem
    III 6.61   non ego . . . // sollicitus *repetam* tota suspiria nocte

requies
    I 7.41   Bacchus et adflictis *requiem* mortalibus adfert
    III 19.11   tu mihi curarum *requies*, tu nocte vel atra / lumen

requiesco
    I 1.43   satis est, *requiescere* lecto / si licet et solito membra levare toro
    I 2.4   neu quisquam multo percussum tempora baccho / excitet, infelix dum *requiescit* amor
    II 1.5*bis*   luce sacra *requiescat* humus, *requiescat* arator
    III 6.53   quam vellem tecum longas *requiescere* noctes

requiro
    I 1.41   non ego divitias patrum fructusque *requiro*

res
    [[I 6.3]]   saeve, rei *pro* saevitiae
    [[I 6.7]]   rem multa *pro* tam multa
    [I 7.9]   re *pro* me
    I 9.72   devoveat pro quo *rem*que domumque tuam
    (II 3.21*)   saepe duces trepidis petiere oracula *rebus*
    III 7.135   quin hortante deo magnis insistere *rebus* / incipe
    III 7.179   est tibi, qui possit magnis se accingere *rebus*, / Valgius

rescindo
    [I 10.37]   rescissis *pro* percussis
    (I 10.61)   sit satis e membris tenuem *rescindere* vestem

resero
    I 2.18   illa favet, seu quis iuvenis nova limina temptat, / seu *reserat* fixo dente puella fores
    I 2.33   non labor hic laedit, *reseret* modo Delia postes
    I 8.60   possum . . . / . . . strepitu nullo clam *reserare* fores

resolvo
    I 3.31   (ut) bisque die *resoluta* comas tibi dicere laudes / insignis turba debeat in Pharia
    I 9.83   hanc tibi fallaci *resolutus* amore Tibullus / dedicat

Respectus
    [*Pr* I 2]   Respectus *pro* Perspectus

respicio

(I 3.14*)   cuncta dabant reditus: tamen est deterrita numquam / quin fleret nostras *respiceret*que vias

II 5.22   nec fore credebat Romam, cum maestus ab alto / Ilion ardentes *respiceret*que deos

respondeo

I 4.7   tum Bacchi *respondit* rustica proles / armatus curva sic mihi falce deus

respuo

[I 3.14]   respueret *pro* respiceret

III 7.8   nec munera parva / *respueris*

restituo

III 10.20   laus magna tibi tribuetur in uno / corpore servato *restituisse* duos

rete

I 4.50   nec ... / dum placeas, umeri *retia* ferre negent

III 9.12   ipsa ego per montes *retia* torta feram

III 9.20   sed lege Dianae, / caste puer, casta *retia* tange manu

retineo

I 1.55   me *retinent* vinctum formonsae vincla puellae

I 2.75   et te, dum liceat, teneris *retinere* lacertis

reus

[III 5.12]   reum *pro* meum

reveho

[I 10.51]   e luco revehit *pro* e lucoque vehit

revincio

(Pr II 7)   Priape ... / ... sacrum *revincte* pampino caput

revoco

I 8.41   heu sero *revocatur* amor seroque iuventas

I 8.78   quam cupies votis hunc *revocare* diem!

rex

I 3.35   quam bene Saturno vivebant *rege*,

I 8.34   et *regum* magnae despiciantur opes

II 5.9   qualem te memorant Saturno *rege* fugato / victori laudes concinuisse Iovi

III 3.24   at sine te *regum* munera nulla volo

Rhodanus

(I 7.11)   testis Arar *Rhodanus*que celer magnusque Garunna

rideo

I 2.89   at tu, qui laetus *rides* mala nostra, caveto / mox tibi

I 4.84   parce, puer, quaeso, ne turpis fabula fiam, / cum mea *ridebunt* vana magisteria

I 8.73   saepe etiam lacrimas fertur *risisse* dolentis

rideo (*cont'd*)
    I 9.54   at te, ... / *rideat* adsiduis uxor inulta dolis
    III 6.49   periuria *ridet* amantum / Iuppiter et ventos inrita ferre iubet

rigeo
    III 7.146   quaque Hebrus Tanaisque Getas *rigat* atque Magynos
    III 7.156   sed (unda) durata *riget* densam in glaciemque nivemque
    (III 7.165)   fertilis (pars) hanc inter posita est interque *rigentes*
    (*Pr* II 42*)   simul sonante senseris iter pede, / *rigente* nervos excubet lubidine

rigidus
    (III 7.207*)   mutata figura / seu me finget equom *rigidos* percurrere campos / doctum

ripa
    II 5.54   iam video ... /// ... cupidi ad *ripas* arma relicta dei

risus
    III 6.35   nec bene mendaci *risus* conponitur ore

rite
    III 4.43   casto nam *rite* poetae / Phoebusque et Bacchus Pieridesque favent

ritus
    II 1.2   fruges lustramus et agros, / *ritus* ut a prisco traditus extat avo

rivus
    (I 1.28*)   sub umbra / arboris ad *rivos* praetereuntis aquae

rixa
    I 1.74   nunc levis est tractanda Venus, dum frangere postes / non pudet et *rixas* inseruisse iuvat
    I 10.57   at lascivus Amor *rixae* mala verba ministrat
    II 4.37   hinc fletus *rixae*que sonant

robur
    I 4.65   quem referent Musae, vivet, dum *robora* tellus, / dum caelum stellas, dum vehet amnis aquas

rodo
    [II 1.58]   roserat ille novas *pro* auxerat hircus opes

rogo
    I 4.55   rapta dabit primo, post adferet ipse *roganti*
    I 9.84   et grata sis, dea, mente *rogat*
    II 2.9   adnuat et, Cornute, tibi, quodcumque *rogabis*
    II 2.10   en age, quid cessas? adnuit ille: *roga*
    III 1.24   accipias munera parva *rogat*
    [III 2.15]   rogatae *pro* precatae
    [[III 2.15]]   rogatam *pro* precatae

rogo *(cont'd)*

	III 11.8	mutuos adsit amor, per te dulcissima furta / ... per Geniumque *rogo*
	III 11.20	quid refert, clamne palamne *roget*?
	III 12.16	illa aliud tacita, iam sua, mente *rogat*

rogus

	I 2.48	haec cantu ... / ... tepido devocat ossa *rogo*
	II 4.46	at bona quae nec avara fuit, ... / ... ardentem flebitur ante *rogum*
	III 2.12	et fleat ante meum maesta Neaera *rogum*

Roma

	(II 5.21*)	nec fore credebat *Romam*, cum maestus ab alto / Ilion ardentes respiceretque deos
	II 5.57	*Roma*, tuom nomen terris fatale regendis
	III 15.2	natali *Romae* iam licet esse suo

Romanus

	I 7.5	novos pubes *Romana* triumphos / vidit
	II 5.15	te duce *Romanos* numquam frustrata Sibylla
	III 1.1	Martis *Romani* festae venere kalendae
	III 7.117	domator / libera *Romanae* subiecit colla catenae
	III 7.149	te manet invictus *Romano* Marte Britannus

Romulus

	II 5.23	*Romulus* aeternae nondum formaverat urbis / moenia
	Pr II 26	bidens amica *Romuli* senis memor / paratur

ros

	III 4.28	stillabat Syrio myrtea *rore* coma

rosa

	I 3.62	totosque per agros / floret odoratis terra benigna *rosis*

roseus

	I 3.94	hoc precor, hunc illum nobis Aurora nitentem / Luciferum *roseis* candida portet equis

rostrum

	II 3.40	bellica cum dubiis *rostra* dedit ratibus

rota

	I 3.74	Ixionis ... / versantur celeri noxia membra *rota*
	(I 5.70)	versatur celeri Fors levis orbe *rotae*
	I 9.62	dum *rota* Luciferi provocet orta diem
	(II 1.42*)	illi etiam ... primi ... feruntur / ... plaustro subposuisse *rotam*
	II 3.48	at tibi ... trahant ... / ficta ... Cumana lubrica terra *rota*
	III 4.18	Nox ... / ... caeruleo laverat amne *rotas*

rubeo

(II 1.55*)   Agricola et minio subfusus, Bacche, *rubenti* / primus inexperta duxit ab arte choros
II 2.16   Eoi qua maris unda *rubet*
[[II 5.59]]   rubent *pro* patent
(III 4.32*)   candor erat, ... // ut iuveni primum virgo deducta marito / inficitur teneras ore *rubente* genas.
III 4.34   autumno candida mala *rubent*
Pr II 8   placet, Pripae, qui ... / soles ... / ruber sedere cum *rubente* fascino?

ruber

I 1.17   pomosisque *ruber* custos ponatur in hortis / ... Priapus
[[I 9.36]]   rubras *pro* ponas
III 9.10   quidve iuvat ... / candida ... hamatis crura notare *rubis*?
Pr II 8   placet, Priape, qui ... / soles ... / *ruber* sedere cum rubente fascino?

Ruber

(II 4.30*)   hic dat avaritiae causas ... puellis / ... e *Rubro* lucida concha mari
III 8.19   et quascumque niger *Rubro* de litore gemmas / proximus Eois colligit Indus aquis

rubor

II 1.30   non festa luce madere / est *rubor*

ruga

II 2.20   dum tarda senectus / inducat *rugas* inficiatque comas

rugosus

III 5.25   cum mea *rugosa* pallebunt ora senecta

rumor

III 20.1   *rumor* ait crebro nostram peccare puellam
III 20.4   quid miserum torques, *rumor* acerbe? tace

rumpo

II 3.10   nec quererer quod ... / laederet ... teneras pussula *rupta* manus.
(II 3.20*)   O quotiens ausae, caneret dum valle sub alta / *rumpere* mugitu carmina docta boves
Pr II 45   neque incitare cesset usque dum mihi / Venus iocosa molle *ruperit* latus

rupes

III 7.56   cessit et Aetnaeae Neptunius incola *rupis*

rus

I 1.15   flava Ceres, tibi sit nostro de *rure* corona / spicea
[I 1.49]   rure *pro* iure

rus (*cont'd*)
I	5.21	*rura* colam, frugumque aderit mea Delia custos
II	1.37*bis*	*rura* cano *ruris*que deos
II	1.47	*rura* ferunt messes, calidi cum sideris aestu / deponit flavas annua terra comas
II	1.49	*rure* levis verno flores apis ingerit alveo
(II	1.59*)	*rure* puer verno primum de flore coronam / fecit
II	1.61	*rure* etiam teneris curam exhibitura puellis / molle gerit tergo lucida vellus ovis.
II	3.1	*rura* meam, Cornute, tenent villaeque puellam
II	3.67	O valeant fruges, ne sint modo *rure* puellae
II	5.37	cum qua fecundi redierunt munera *ruris*
III	14.1	invisus natalis adest, qui *rure* molesto / et sine Cerintho tristis agendus erit
Pr	1 4	adsiduos custos *ruris* ut esse velis

rusticus
(I	1.8*)	ipse seram ... / *rusticus* ... facili grandia poma manu
I	1.23	agna cadet vobis, quam circum *rustica* pubes / clamet
I	4.7	tum Bacchi respondit *rustica* proles / armatus curva sic mihi falce deus
[I	8.51]	*rustica pro* sontica
I	9.8	et durum terrae *rusticus* urget opus
I	10.26	hostiaque e plena *rustica* porcus hara
(I	10.51*)	*rusticus* e lucoque vehit, male sobrius ipse
II	1.21	tunc nitidus plenis confisus *rusticus* agris / ingeret ardenti grandia ligna foco
(II	1.52*)	agricola adsiduo primum satiatus aratro / cantavit certo *rustica* verba pede
II	2.14	nec tibi malueris, totum quaecumque per orbem / fortis arat valido *rusticus* arva bove
II	3.4	verbaque aratoris *rustica* discit Amor
II	5.85	oblitus et musto feriet pede *rusticus* uvas

rutilus
[II	5.47]	rutilis *pro* Rutulis

Rutulus
(II	5.47)	ecce mihi lucent *Rutulis* incendia castris

S

sacer
I	2.29	quisquis amore tenetur, eat tutusque *sacer*que / qualibet
I	3.11	illa *sacras* pueri sortes ter sustulit

sacer (cont'd)

(I 3.18*)	aut ego sum causatus aves aut omina dira / Saturni *sacram* me tenuisse diem
I 3.25	quidve (prodest), pie dum *sacra* colis, pureque lavari / te —memini—et puro secubuisse toro?
I 3.30	ut ... / ante *sacras* lino tecta fores sedeat
I 6.22	time, seu visere dicet / *sacra* Bonae maribus non adeunda Deae
I 7.48	(tibi est, Osiri) ... levis occultis conscia cista *sacris*
II 1.5	luce *sacra* requiescat humus, requiescat arator
II 1.15	cernite, fulgentes ut eat *sacer* agnus ad aras
(II 3.23*)	saepe horrere *sacros* doluit Latona capillos
(II 4.23)	aut rapiam suspensa *sacris* insignia fanis
[II 5.4]	*sacras pro* meas
(II 5.6)	dum cumulant aras, ad tua *sacra* veni
II 5.17	Phoebe, *sacras* Messalinum sine tangere chartas / vatis
II 5.30	garrula silvestri fistula *sacra* deo
II 5.40	inpiger Aenea ... / Troica qui profugis *sacra* vehis ratibus
II 5.63	sic usque *sacras* innoxia laurus / vescar
II 5.69	quasque Aniena *sacras* Tiburs per flumina sortes / portarit sicco pertuleritque sinu
II 5.81	et succensa *sacris* crepitet bene laurea flammis
(II 5.82*)	omine quo felix et *sacer* annus erit
II 5.90	ille levis stipulae sollemnis potus acervos / accendet, flammas transilietque *sacras*
II 5.114	at tu, ... / praemoneo, vati parce, puella, *sacro*
III 3.15	(quid prosunt) ... nemora in domibus *sacros* imitantia lucos?
III 4.77	quod si vera canunt *sacris* oracula templis
III 5.3	unda ... / nunc autem *sacris* Baiarum proxima lymphis
III 5.8	non ego temptavi ... / audax laudandae *sacra* docere deae
III 8.23	hoc sollemne *sacrum* multos haec sumet in annos
Pr II 7	Priape ... / ... *sacrum* revincte pampino caput
Pr II 13	cum tibi / senexve corvos impigerve graculus / *sacrum* feriret ore corneo caput

sacerdos

I 6.43	sic magna *sacerdos* / est mihi divino vaticinata sono
II 5.1	Phoebe, fave: novos ingreditur tua templa *sacerdos*
II 5.51	te quoque iam video, Marti placitura *sacerdos* / Ilia, Vestales deseruisse focos

sacrilegus

II 4.26	*sacrilegas* sentiat illa manus
(III 5.11)	nec nos *sacrilegi* templis amovimus aegros

sacro
    I 2.86   non ego, si merui, dubitem... / ... dare *sacratis* oscula liminibus

saeculum
    I 4.57   heu male nunc artes miseras haec *saecula* tractant
    II 3.35   ferrea non Venerem sed praedam *saecula* laudant
    III 7.51   dum terna per orbem / *saecula* fertilibus Titan decurreret horis
    III 7.112   terna minus Pyliae miretur *saecula* famae
    [III 7.112a]   saecula *pro* tempora

saepe
    I 4.52; 5.37, 39; 6.21, (25*), 27; 8.10, 53, 73; 9.18, [25], (43*), 61.
    II 3.(21*), (23*), 59; 5.35; 6.47, 49. III [5.15]; 6.4; (†14.6*). *Pr* II 9, 11.

saevio
    I 2.90   non uni *saeviet* usque deus
    I 3.70   Tisiphoneque inpexa feros pro crinibus angues / *saevit*
    I 5.58   *saevit* et iniusta lege relicta Venus

saevitia
    (I 6.3*)   quid tibi *saevitiae* mecum est?

saevus
    I 1.18   terreat ut *saeva* falce Priapus aves
    I 2.5   nam posita est nostrae custodia *saeva* puellae
    I 3.48   nec ensem / inmiti *saevus* duxerat arte faber
    I 5.13   ipse procuravi, ne possent *saeva* nocere / somnia
    I 5.54   quaerat et a *saevis* ossa relicta lupis
    [I 6.3]   saeve puer *pro* saevitiae
    I 6.37   non *saeva* recuso / verbera, detrecto non ego vincla pedum
    I 6.75   nec *saevo* sis casta metu, sed mente fideli
    I 8.62   quid prosunt artes, miserum si spernit amantem / et fugit ex ipso *saeva* puella toro?
    [I 9.25]   saeva *pro* lene
    I 10.6   nos ad mala nostra / vertimus, in *saevas* quod dedit ille feras
    I 10.65   sed manibus qui *saevos* erit, scutumque sudemque / is gerat
    II 4.6   uror, io, remove, *saeva* puella, faces
    III 4.65   *saevos* Amor docuit validos temptare labores
    III 4.66   *saevos* Amor docuit verbera posse pati
    [III 4.66]   saeva *pro* posse
    III 4.90   nec te conceptam *saeva* leaena tulit
    III 7.71   illum... / nec Scyllae *saevo* conterruit impetus ore
    III 7.144   inpia nec *saevis* celebrans convivia mensis
    III 9.22   incidat in *saevas* diripienda feras

saevus *(cont'd)*
    [III 14.6]   saeve *pro* saepe
    (*Pr* II 17)   canisque *saeva* susque ligneo tibi / lutosus affricabit oblitum latus

saga
    I 2.44   nec tamen huic credet coniunx tuos, ut mihi verax / pollicita est magico *saga* ministerio
    I 5.59   at tu quam primum *sagae* praecepta rapacis / desere

sagitta
    I 4.25   perque suas inpune sinit Dictynna *sagittas* / adfirmes
    II 1.81   sancte, veni dapibus festis, sed pone *sagittas*
    II 5.105   pace tua pereant arcus pereantque *sagittae*, / Phoebe
    II 6.15   acer Amor, fractas utinam, tua tela, *sagittas* / ... aspiciam!
    III 7.89   quis tardamve sudem melius celeremve *sagittam* / iecerit

sal
    III 4.10   hominum genus omina noctis / farre pio placant et saliente *sale*

Salassus
    [III 7.116]   Salassus *pro* domator

salio
    III 4.10   hominum genus omina noctis / farre pio placant et *saliente* sale

saltus
    [[I 4.65]]   saltus *pro* tellus

salubris
    II 3.13   nec potuit curas sanare *salubribus* herbis

salus
    III 1.21   sed primum meritam larga donate *salute*

salveo
    III 4.43   *salve*, cura deum

salvus
    I 5.19   at mihi felicem vitam, si *salva* fuisses / fingebam demens
    III 10.16   tu modo semper ama: *salva* puella tibi est

Samius
    II 3.47   at tibi laeta trahant *Samiae* convivia testae

sanctus
    I 2.84   num feror incestus ... / serta ... de *sanctis* deripuisse focis?
    I 2.88   non ego ... dubitem ... /// ... miserum *sancto* tundere poste caput
    [I 3.18]   sanctam *pro* sacram
    I 3.52   parce pater. timidum non me periuria terrent, / non dicta in *sanctos* inpia verba deos

sanctus (*cont'd*)

I	3.83	*sancti*que pudoris / adsideat custos sedula semper anus
I	5.14	ipse procuravi, ne possent saeva nocere / somnia, ter *sancta* deveneranda mola
I	7.18	alba Palaestino *sancta* columba Syro
[I	7.49]	sanctum *pro* Genium
I	8.70	nec prodest *sanctis* tura dedisse focis
I	10.22	hic placatus erat, seu quis libaverat uva, / seu dederat *sanctae* spicea serta comae
II	1.81	*sancte*, veni dapibus festis, sed pone sagittas
II	2.6	cui decorent *sanctas* mollia serta comas
II	5.43	illic *sanctus* eris, cum te veneranda Numici / unda deum caelo miserit Indigetem
II	6.31	illa mihi *sancta* est, illius dona sepulcro / . . . feram
[[III	4.4]]	sanctis *pro* nobis
III	10.9	*sancte*, veni, tecumque feras, quicumque sapores, / . . . corpora fessa levant
III	10.24	cum debita reddet / certatim *sanctis* laetus uterque focis
III	11.1	qui mihi te, Cerinthe, dies dedit, hic mihi *sanctus*
III	11.12	tum precor infidos, *sancte*, relinque focos
III	12.1	Natalis Iuno, *sanctos* cape turis acervos
III	12.7	at tu, *sancta*, fave, neu quis divellat amantes
III	19.15	hoc tibi *sancta* tuae Iunonis numina iuro
III	19.23	sed Veneris *sanctae* considam vinctus ad aras
Pr	13	pro quibus officiis, si fas est, *sancte*, paciscor

sanguineus

I	5.49	*sanguineas* edat illa dapes

sanguinolentus

II	6.40	qualis ab excelsa praeceps delapsa fenestra / venit ad infernos *sanguinolenta* lacus

sanguis

I	2.41	nam fuerit quicumque loquax, is *sanguine* natam, / is Venerem e rapido sentiet esse mari
I	6.48	*sanguine*que effuso spargit inulta deam
I	6.54	adtigerit, labentur opes, ut volnere nostro / *sanguis*
I	6.66	quicquid agit, *sanguis* est tamen illa tuos

sano

II	3.13	nec potuit curas *sanare* salubribus herbis

Santonicus

I	7.10	Tarbella Pyrene / testis et Oceani litora *Santonici*

sanus

III	12.18	nec, liceat quamvis, *sana* fuisse velit

sapio
    III 8.2   spectatum e caelo, si *sapis*, ipse veni
    III 19.8   qui *sapit*, in tacito gaudeat ipse sinu
sapor
    (I 7.35)   illi iucundos primum matura *sapores* / expressa incultis uva dedit pedibus
    III 10.9   sancte, veni, tecumque feras, quicumque *sapores*, / ... corpora fessa levant
satio
    (II 1.51*)   agricola adsiduo primum *satiatus* aratro / cantavit certo rustica verba pede
satis
    I 1.43, (43*); 10.61, 62, 63. II 6.53. III 7.7; 177, 187.
satur
    II 1.23   turbaque vernarum, *saturi* bona signa coloni, / ludet
    (II 1.53*)   et *satur* arenti primum est modulatus avena / carmen
    II 2.8   atque *satur* libo sit madeatque mero
    [[II 5.82]]   satur *pro* sacer
Saturnia
    III 3.33   adsis et timidis faveas, *Saturnia*, votis
Saturnus
    I 3.18   aut ego sum causatus aves aut omina dira, / *Saturni* sacram me tenuisse diem
    I 3.35   quam bene *Saturno* vivebant rege, priusquam / tellus in longas est patefacta vias!
    II 5.9   qualem te memorant *Saturno* rege fugato / victori laudes concinuisse Iovi
saucius
    I 6.49   statque latus praefixa veru, stat *saucia* pectus
    II 5.109   iaceo cum *saucius* annum / et ... / usque cano Nemesim
saxum
    I 4.18   longa dies molli *saxa* peredit aqua
scaena
    [[II 1.58]]   scaenae *pro* hircus[1]
scelero
    I 3.67   at *scelerata* iacet sedes in nocte profunda / abdita
scelestus
    (Pr II 19)   at O *sceleste* penis, O meum malum!
scilicet
    [I 1.44]   scilicet *pro* si licet
    [II 6.16]   scilicet *pro* si licet
scindo
    I 10.53   *scisso*sque capillos / femina perfractas conqueriturque fores

scio
    (I 3.22)   aut *sciat* egressum se prohibente deo
    I 5.27   illa deo *sciet* agricolae pro vitibus uvam, / ... ferre
    I 5.42   et narrat *scire* nefanda meam
    [I 9.24]   scit *pro* est
    II 5.12   tibi deditus augur / *scit* bene, quid fati provida cantet avis
    [[III 7.175]]   scierint *pro* ierint
    III 15.1   *scis* iter ex animo sublatum triste puellae?
    Pr 1 6   sed tento—: *scis*, puto, quod sequitur

scortum
    III 16.4   sit tibi cura togae potior pressumque quasillo / *scortum* quam Servi filia Sulpicia

scutum
    I 10.65   sed manibus qui saevos erit, *scutum*que sudemque / is gerat

Scylla
    III 4.89   *Scylla*que virgineam canibus succincta figuram
    III 7.71   illum ... / nec *Scyllae* saevo conterruit impetus ore

scyphus
    (I 10.8)   nec bella fuerunt, / faginus adstabat cum *scyphus* ante dapes

Scythia
    III 4.91   te conceptam ... tulit / barbara nec *Scythiae* tellus horrendave Syrtis

seco
    I 4.70   et *secet* ad Phrygios vilia membra modos
    I 9.22   et pete ferro / corpus et intorto verbere terga *seca*

secretus
    III 19.9   sic ego *secretis* possum bene vivere silvis

sector
    I 10.41   ipse suas *sectatur* oves, at filius agnos
    II 3.7   agricolaeque modo curvom *sectarer* aratrum

secubo
    (I 3.26)   quidve (prodest), pie dum sacra colis, pureque lavari / te —memini—et puro *secubuisse* toro

secundus
    I 2.77   quid Tyrio recubare toro sine amore *secundo* / prodest, cum fletu nox vigilanda venit?

securus
    I 1.48   quam iuvat ... /// *securum* somnos imbre iuvante sequi
    I 1.77   ego conposito *securus* acervo / despiciam dites despiciamque famem

securus (*cont'd*)
- [*post* I 2.25] *securum* in tenebris me facit esse Venus
- I 3.46   ultroque ferebant / obvia *securis* ubera lactis oves
- I 10.10   somnumque petebat / *securus* sparsas dux gregis inter oves
- II 1.46   mixtaque *securo* est sobria lympha mero
- II 4.50   terraque *securae* sit super ossa levis
- III 3.32   liceat mihi paupere cultu / *securo* cara coniuge posse frui
- III 4.54   quae tibi *securos* non sinit ire dies
- III 6.31   at nos *securae* reddamus tempora mensae
- III 16.1   gratum est, *securus* multum quod iam tibi de me / permittis

sed

I 1.9, 27, 67; 2.23, 65; 3.(57*, 77*), 90; 4.(15*), [36], 54, 74; 5.(20*), 39, [[47]], 68; 6.(7*), 57, 73, 75; 7.44, 45, 46*pp*; 8.(25*bis**), (26*), 52, 63*pp*; 9.(40*), [44], 71, 73; 10.15, 35, [49], 53, 55, 65.

II 1.31, 81; 3.31, 35; 4.3*pp*, 24, [[29 *set*]], 33, [[43]], 51; 5.(7), 25, 79, 107; 6.11, (19), 26, 27.

III 1.9*pp*, 21, 27; 2.13, 27; 3.7; 4.[11], 41, 45, 63, 71, 92; 5.28 (*quart. loc.*), [31]; 6.17, 25, 56; 7.31, 34*pp*, [43], 156, 190; 9.(5*), 11, 19; 11.15, 17; 12.8; 13.9; 19.23.

Pr I 6; II 40

sedeo
- I 1.56   et *sedeo* duras ianitor ante fores
- I 3.30   ut ... / ante sacras lino tecta fores *sedeat*
- I 10.58   Amor ... / inter ... iratum lentus utrumque *sedet*
- II 6.33   illius ad tumulum fugiam supplexque *sedebo*
- III 7.42   libra / prona nec hac plus parte *sedet* nec surgit ab illa
- III 7.115   validisque *sedet* moderator habenis
- III 10.18   et frustra credula turba *sedet*
- Pr II 8   placet, Priape, qui ... / soles ... / ruber *sedere* cum rubente fascino?

sedes
- I 2.83   num feror incestus *sedes* adiisse deorum?
- I 3.67   at scelerata iacet *sedes* in nocte profunda / abdida
- I 10.18   sic veteris *sedes* incoluistis avi
- II 4.53   quin etiam *sedes* iubeat si vendere avitas
- III 4.24   hic iuvenis ... / est visus nostra ponere *sede* pedem

sedo
- III 7.46   nam seu diversi fremat inconstantia volgi, / non alius *sedare* queat

sedulus
- I 3.84   sanctique pudoris / adsideat custos *sedula* semper anus
- I 4.80   tempus erit, cum me Veneris praecepta ferentem / deducat iuvenum *sedula* turba senem

sedulus *(cont'd)*
- I 5.33   et tantum venerata virum hunc *sedula* curet
- I 5.72   non frustra quidam iam nunc in limine perstat / *sedulus*
- II 1.50   rure levis verno flores apis ingerit alveo, / conpleat ut dulci *sedula* melle favos
- II 4.42   nec quisquam flammae *sedulus* addat aquam

seges
- I 1.43   parva *seges* satis est
- I 3.61   fert casiam non culta *seges*
- I 5.28   illa deo sciet agricolae ... / pro *segete* spicas, pro grege ferre dapem
- I 10.35   non *seges* est infra, non vinea culta
- II 1.19   neu *seges* eludat messem fallacibus herbis
- (II 3.61)   at tibi dura *seges*, Nemesim qui abducis ab urbe, / persolvat nulla semina terra fide
- III 7.162   nec frugem *segetes* praebent neque pabula terrae
- III 7.172   tondeturque *seges* maturos annua partus
- III 8.18   cultor odoratae dives Arabs *segetis*

segnis
- I 1.58   tecum / dum modo sim, quaeso *segnis* inersque vocer
- (I 4.28*)   quam cito non *segnis* stat remeatque dies!
- [[I 4.33]]   *segnior* pro serior

seiunctim
- (III 7.103)   seu libeat duplicem *seiunctim* cernere Martem

seligo
- I 5.32   cui dulcia poma / Delia *selectis* detrahat arboribus
- II 3.57   illi *selectos* certent praebere colores

semel
- I 9.6. II 6.42. *Pr* II 39

Semele
- (III 4.45)   sed proles *Semeles* Bacchus doctaeque sorores / dicere non norunt quid ferat hora sequens

semen
- I 7.31   primus inexpertae conmisit *semina* terrae
- II 3.62   at tibi dura seges, Nemesim qui abducis ab urbe, / persolvat nulla *semina* terra fide
- II 6.22   Spes sulcis credit aratis / *semina* quae magno faenore reddat ager

semper

I 1.9, 26; 2.99; 3.49, 57, 84; 4.10; 5.52, (61), [61]; 6.1, 65; 7.64; 9.57, 58. II 2.19; 3.69; (5.31); 6.20. III 6.2; 7.15, 153, 158, 189; 10.16; 11.2; [[14.6]].

10+C.C.

senecta

I	4.31	quam iacet, infirmae venere ubi fata *senectae*
I	6.77	at, quae fida fuit nulli, post victa *senecta* / ducit inops tremula stamina torta manu
I	8.42	cum vetus infecit cana *senecta* caput
I	10.40	quem prole parata / occupat in parva pigra *senecta* casa
III	3.8	ut ... / in ... tuo caderet nostra *senecta* sinu
III	5.16	nec venit tardo curva *senecta* pede
III	5.25	cum mea rugosa pallebunt ora *senecta*

senectus

II	2.19	dum tarda *senectus* / inducat rugas inficiatque comas

senex

I	2.92	vidi ego, qui iuvenum miseros lusisset amores, / post Veneris vinclis subdere colla *senem*
[I	4.33]	senior *pro* serior
(I	4.80*)	tempus erit, cum me Veneris praecepta ferentem / deducat iuvenum sedula turba *senem*
I	6.82	iuvenumque catervae / conmemorant merito tot mala ferre *senem*
I	7.56	at tibi succrescat proles, quae facta parentis / augeat et circa stet veneranda *senem*
I	8.50	in veteres esto dura, puella, *senes*
I	9.74	et *senis* amplexus culta puella fugit
I	10.44	liceat ... / temporis ... prisci facta referre *senem*
II	1.74	hic dicere iussit / limen ad iratae verba pudenda *senem*
II	4.47	atque aliquis *senior* veteres veneratus amores / annua constructo serta dabit tumulo
II	5.94	nec taedebit avum ... / balba ... cum puero dicere verba *senem*
III	5.26	cum ... / ... referam pueris tempora prisca *senex*
III	7.50	vixerit ille *senex* quamvis
III	7.112a	namque *senex* longae peragit dum tempora vitae
Pr II 12		cum tibi / *senex*ve corvos impigerve graculus / sacrum feriret ore corneo caput
Pr II 26		bidens amica Romuli *senis* memor / paratur

seni

II	5.16	Sibylla / abdita quae *senis* fata canit pedibus

senilis

Pr II 5		Venus fuit quieta, nec viriliter / iners *senile* penis extulit caput

sensus

III	14.7	hic animum *sensus*que meos abducta relinquo

sentio

[*post* I 2.25]		praesidio noctis *sentio* adesse deam

sentio *(cont'd)*

I	2.42	nam fuerit quicumque loquax, is sanguine natam, / is Venerem e rapido *sentiet* esse mari
I	2.60	de me uno *sentiet* ipse nihil
I	9.65	nec tu, stultissime, *sentis*, / cum tibi non solita corpus ab arte movet
II	4.7	O ego ne possim tales *sentire* dolores!
II	4.26	sacrilegas *sentiat* illa manus
II	4.31	haec fecere malas: hinc clavim ianua *sensit*
III	6.26	illaque, si qua est, / quid valeat laesi *sentiat* ira dei
III	11.19	at tu, Natalis, quoniam deus omnia *sentis*, / adnue
Pr	II 41	simul sonante *senseris* iter pede, / rigente nervos excubet lubidine

sepono

(II	5.8)	nunc indue vestem / *sepositam*, longas nunc bene pecte comas

septem

II	5.55	carpite nunc, tauri, de *septem* montibus herbas

sepulcrum

I	2.47	haec cantu finditque solum Manesque *sepulcris* / elicit
I	3.8	non soror ... quae ... / ... fleat effusis ante *sepulcra* comis
I	5.53	ipsa fame stimulante furens herbasque *sepulcris* / quaerat
II	6.31	illius dona *sepulcro* / et madefacta meis serta feram lacrimis

sequor

I	1.48	quam iuvat ... /// securum somnos imbre iuvante *sequi*
I	2.68	ferreus ille fuit, qui, te cum posset habere, / maluerit praedas stultus et arma *sequi*
I	3.56	hic iacet inmiti consumptus morte Tibullus, / Messallam terra dum *sequitur*que mari.
I	4.68	at qui non audit Musas, qui vendit amorem, / Idaeae currus ille *sequatur* Opis
I	6.23	at mihi si credas, illam *sequar* unus ad aras
I	10.27	hanc pura cum veste *sequar*
II	1.87	currumque *sequuntur* / matris lascivo sidera fulva choro
II	6.1	castra Macer *sequitur*; tenero quid fiet Amori?
III	4.46	dicere non norunt, quid ferat hora *sequens*
Pr	I 6	sed tento—scis, puto, quod *sequitur*

sera

I	2.6	clauditur et dura ianua firma *sera*
I	8.76	nunc displicet illi / quaecumque obposita est ianua dura *sera*

serenus
    I 2.63   et me lustravit taedis, et nocte *serena* / concidit ad magicos hostia pulla deos
    III 6.32   venit post multos una *serena* dies
series
    I 3.63   ac iuvenum *series* teneris inmixta puellis / ludit
serius
    III 6.52   ite a me, *seria* verba, precor
sermo
    I 6.17   neu iuvenes celebret multo *sermone*, caveto
sero, satum
    (I 1.7*)   ipse *seram* teneras maturo tempore vites
    II 3.8   dum subigunt steriles arva *serenda* boves
    II 3.70   quid nocuit sulcos non habuisse *satos*?
sero, sertum
    I 1.12   nam veneror, seu stipes habet desertus in agris / seu vetus in trivio florida *serta* lapis
    I 2.14   te meminisse decet, quae plurima voce peregi / supplice, cum posti florida *serta* darem
    I 2.84   num feror incestus ... / *serta* ... de sanctis deripuisse focis?
    I 3.66   et gerit insigni myrtea *serta* coma
    I 7.52   et capite et collo mollia *serta* gerat
    I 10.22   hic placatus erat, seu quis libaverat uva, / seu dederat sanctae spicea *serta* comae
    II 2.6   cui decorent sanctas mollia *serta* comas
    II 4.48   annua constructo *serta* dabit tumulo
    II 5.97   aut e veste sua tendent umbracula *sertis* / vincta
    II 6.32   et madefacta meis *serta* feram lacrimis
    III 6.64   iam dudum ... / debueram *sertis* inplicuisse comas
serpens
    (I 3.71*)   tum niger in porta *serpentum* Cerberus ore / stridet
    I 4.35   crudeles divi! *serpens* novus exuit annos
serpo
    I 7.14   an te, Cydne, canam, tacitis qui leniter undis / caeruleus placidis per vada *serpis* aquis
    III 7.72   (Scylla) cum canibus rabidas inter fera *serperet* undas
serum
    II 3.16   raraque per nexus est via facta *sero*
serus
    (I 4.33*)   vidi iam iuvenem, premeret cum *serior* aetas, / maerentem stultos praeteriisse dies
    I 7.62   te canit agricola, magno cum venerit Urbe / *serus*
    I 8.41*bis*   heu *sero* revocatur amor *sero*que iuventas

serus (*cont'd*)
- I 9.4   A miser, et siquis primo periuria celat, / *sera* tamen tacitis Poena venit pedibus
- III 4.22   pressit languentis lumina *sera* quies

servio
- I 2.99   at mihi parce, Venus: semper tibi dedita *servit* / mens mea
- II 3.30   felices olim, Veneri cum fertur aperte / *servire* aeternos non puduisse deos
- III 11.13   vel *serviat* aeque / vinctus uterque tibi, vel mea vincla leva
- III 12.10   ullae non ille puellae / *servire* aut cuiquam dignior illa viro

servitium
- II 1.42   illi etiam tauros primi docuisse feruntur / *servitium*
- II 4.1   sic mihi *servitium* video dominamque paratam
- II 4.3   *servitium* sed triste datur, teneorque catenis
- III 11.4   te nascente novom Parcae cecinere puellis / *servitium*
- III 19.22   nec fugiam notae *servitium* dominae

Servius
- III 16.4   sit tibi cura togae potior pressumque quasillo / scortum quam *Servi* filia Sulpicia

servo
- I 5.23   aut mihi *servabit* plenis in lintribus uvas
- I 6.16   me quoque *servato*, peccat ut illa nihil
- I 6.34   tua si bona nescis / *servare*, frustra clavis inest foribus
- I 6.37   at mihi *servandam* credas
- I 6.76   mutuos absenti te mihi *servet* amor
- I 10.15   sed patrii *servate* Lares
- II 5.113   nam divum *servat* tutela poetas
- III 9.4   incolumem custos hunc mihi *servet* Amor
- III 10.20   laus magna tibi tribuetur in uno / corpore *servato* restituisse duos

set *v.* **sed**

seu

I 1.11, 12; 2.17, 18, 35*bis*; 6.21; [8.49]; 10.21, 22.
II 4.5*bis*, (43*); 6.3*bis*.
III 1.6*bis*; 5.32; 7.25, (25*), 45, 46, 66*bis*, 79, 94, 95*bis*, 101, 103, [103], 159, 160, 205, 206, 207, 208; 8.9, 10, 11, 12; 9.1, 2; [14.6].
   sive III 1.26*bis*; 3.14*bis*; 4.11, 12; 5.32; 7.26; 80, 96*bis*, 209; [14.6].

severus
- (III 6.21)   convenit iratus nimium nimiumque *severos*

si (*c. indic.*)

 I 1.(44*), [49]; 2.11, 85; 3.53; 4.15, 27, 45, 51; 6.33, [71]; 8.61; 9.1, 3, 19.
 II 3.50, 74, 77*bis*; 4.15, 20; 6.7, (16*).
 III 1.19; 3.35, 4.15, 62, 73, 77; 6.11, 25, [33], 59; 7.[[4]], 43; 8.2; 10.22; 11.6, 10, [11]; [12.19]; 13.6; [16.3]; (17.5); 18.3.
 Pr I 3, 5.
 sei [[I 1.44]]; [[I 8.49]]. [[II 6.16]].

si (*c. subj.*)

 I 2.39, 58, 73; 4.49; 5.19; 6.(23*), 56, (71), 74; 8.22; 9.33, 34; [[10.11]].
 II 4.33, 53, 59.
 III 3.12, 27; 7.3, [[4]], 74, 75, 111, 178, 197, 198, 201; 9.15; (11.11); (17.4).
 [*Pr* I 5].

Sibylla
 II 5.15 te duce Romanos numquam frustrata *Sibylla*, / abdita quae senis fata canit pedibus

sic
 I 4.1, 7, (8); 6.8, [[23]], 43*bis*; 7.53; 10.18, 29, (43*). II [2.21]; 4.(1), [38]; 5.63, 121, 122; 6.30. III 1.14; 2.26; [[3.23]]; 6.1, 2, 41; 12.9, [14], [19]; [17.4]; 19.6, 9. **seic** [[II 4.43]].

siccus
 I 1.66 illo non iuvenis poterit de funere quisquam / lumina, non virgo, *sicca* referre domum
 I 4.6 producis ... / nudus ... aestivi tempora *sicca* Canis
 II 5.70 quasque Aniena sacras Tiburs per flumina sortes / portarit *sicco* pertuleritque sinu
 III 2.22 parent // atque in marmorea ponere *sicca* (ossa) domo
 III 6.18 quem vestrum pocula *sicca* iuvant?

sicut
 III 1.18 *sicut* erit: nullus defluat inde color.

Sidonius
 III 3.18 quid ... / tincta ... *Sidonio* murice lana iuvat?

sidus
 I 2.45 hanc ego de caelo ducentem *sidera* vidi
 I 9.10 lucra petituras freta per parentia ventis / ducunt instabiles *sidera* certa rates
 I 9.35 illis eriperes verbis mihi *sidera* caeli / lucere
 II 1.47 rura ferunt messes, calidi cum *sideris* aestu / deponit flavas annua terra comas
 II 1.88 currumque sequuntur / matris lascivo *sidera* fulva choro
 III 7.10 ut puro testantur *sidera* caelo / Erigoneque Canisque

significo
    II 1.26   viden ut felicibus extis / *significet* placidos nuntia fibra deos?

signo
    II 5.14   per te praesentit haruspex, / lubrica *signavit* cum deus exta notis
    III 7.97   amplior ... *signata* cita loca tangere funda
    III 13.7   non ego *signatis* quicquam mandare tabellis / ... velim

signum
    I 1.75   vos, *signa* tubaeque, / ite procul, cupidis volnera ferte viris
    [[*post* I 2.25]]   ille deus certae dat mihi *signa* viae
    I 3.20   O quotiens ingressus iter mihi tristia dixi / offensum in porta *signa* dedisse pedem
    I 4.20   annus agit certa lucida *signa* vice
    I 5.57   eveniet: dat *signa* deus; sunt numina amanti
    (I 6.25*)   velut gemmas eius *signum*que probarem
    II 1.23   turbaque vernarum, saturi bona *signa* coloni, / ludet
    II 5.71   haec fore dixerunt belli mala *signa* cometen
    II 5.83   laurus ubi bona *signa* dedit, gaudete coloni
    II 6.6   atque iterum erronem sub tua *signa* voca
    III 7.99   iam simul ... / adversis ... parent acies concurrere *signis*
    III 7.119   maiora peractis / instant, conpertum est veracibus ut mihi *signis*

Sigyni
    [[III 7.146]]   Sigynos *pro* Magynos

silentium
    III 7.129   quin largita tuis sunt multa *silentia* votis

sileo
    I 5.16   vota novem Triviae nocte *silente* dedi
    III 7.76   non violata vagi *sileantur* pascua Solis
    Pr II 2   *silente* nocte candidus mihi puer / tepente cum iaceret abditus sinu

silex
    I 1.64   neque in tenero stat tibi corde *silex*
    I 7.60   hic apta iungitur arte *silex*

silva
    III 7.128   nec quadrupes densas depascitur aspera *silvas*
    (III 9.6*)   O pereant *silvae*, deficiantque canes!
    III 9.15   tunc mihi, tunc placeant *silvae*
    III 19.9   sic ego secretis possum bene vivere *silvis*

silvestris
    II 5.30   garrula *silvestri* fistula sacra deo

similis
    III 4.70   poteram ... / nec *similes* chordis reddere voce sonos.
    III 7.167   quas *similes* utrimque tenens vicinia caeli / temperat
simul
    III 7.98. *Pr* II 36, 41.
simulacrum
    II 5.77   vidit / ... nubilus annus ... / ... *simulacra* deum lacrimas fudisse tepentes
simulo
    I 5.73   et *simulat* transire domum, mox deinde recurrit / solus
    I 6.36   et *simulat* subito condoluisse caput
sin
    [[I 4.15]]   sin *pro* sed
sine
    I 2.77; 3.1; 7.9; 8.6.   II 3.32; 5.111.   III 3.24; 9.19; 14.2; 20.3.   *Pr* II 10.
singulus
    II 1.32   nomen et absentis *singula* verba sonent
sinister
    III 7.104   dexter uti laevom teneat dextrumque *sinister* / miles
sino
    I 1.69   interea, dum fata *sinunt*, iungamus amores
    I 2.27   nec *sinit* occurrat quisquam, qui corpora ferro / vulneret
    I 4.25   perque suas inpune *sinit* Dictynna sagittas / adfirmes
    II 5.17   Phoebe, sacras Messalinum *sine* tangere chartas / vatis
    III 2.29   Lygdamus hic *situs est*
    III 4.54   quae tibi securos non *sinuit* ire dies
    (III 14.8)   arbitrio quamvis non *sinis* esse meo
    [III 15.2]   non sinet *pro* iam licet
sinus
    I 1.31   non agnamve *sinu* pigeat fetumve capellae / desertum oblita matre referre domum
    I 1.46   quam iuvat ... / ... dominam tenero continuisse *sinu*
    I 2.98   despuit in molles et sibi quisque *sinus*
    I 3.6   non hic mihi mater / quae legat in maestos ossa perusta *sinus*
    I 3.38   nondum caeruleas pinus contempserat undas / effusum ventis praebueratque *sinum*
    I 5.26   consuescet amantis / garrulus in dominae ludere verna *sinu*
    I 6.18   caveto / neve cubet laxo pectus aperta *sinu*
    I 6.40   tum procul absitis, quisquis ... / ... fluit effuso cui toga laxa *sinu*

sinus (cont'd)
i 8.30		det munera canus amator, / ut foveat molli frigida membra *sinu*
(i 8.36*)		dum timet et teneros conserit usque *sinus*
i 9.70		ista haec persuadet facies, auroque lacertos / vinciat et Tyrio prodeat apta *sinu*?
i 10.68		perfluat et pomis candidus ante *sinus*
ii 5.70		quasque Aniena sacras Tiburs per flumina sortes / portarit sicco pertuleritque *sinu*
ii 6.46		furtimque tabellas / occulto portans itque reditque *sinu*
iii 3.8		ut . . . / in . . . tuo caderet nostra senecta *sinu*
iii 9.24		et celer in nostros ipse recurre *sinus*
iii 13.4		exorata meis illum Cytherea Camenis / adtulit in nostrum deposuitque *sinum*
iii 19.8		qui sapit, in tacito gaudeat ipse *sinu*
Pr ii 3		candidus mihi puer / tepente cum iaceret abditus *sinu*

Sirenes
iii 7.69 praeteriitque cita *Sirenum* litora puppi

Sirius
i 7.21 arentes cum findit *Sirius* agros

sitis
(i 3.78*) Tantalus est illic, et circum stagna, sed acrem / iam iam poturi deserit unda *sitim*
i 4.42 neu comes ire neges, quamvis . . . / . . . Canis arenti torreat arva *siti*

situs
i 10.50 at tristia duri / militis in tenebris occupat arma *situs*
Pr ii 16 iacebis inter arva pallidus *situ*
Pr ii 30 vagaque pelle tectus, annuo gelu / araneosus obsidet forem *situs*

sive *v*. **seu**

smaragdus *v*. **zmaragdus**

sobrius
i 6.28 at ipse bibebam / *sobria* subposita pocula victor aqua
(i 10.51*) rusticus e lucoque vehit, male *sobrius* ipse
ii 1.46 mixtaque securo est *sobria* lympha mero
ii 5.103 nam ferus ille suae plorabit *sobrius* idem

socio
(iii 3.7) sed tecum ut longae *sociarem* gaudia vitae

sol
i 4.2 sic umbrosa tibi contingant tecta, Priape, / ne capiti *soles*, ne noceantque nives
i 5.22 rura colam, frugumque aderit mea Delia custos, / area dum messes *sole* calente teret

sol (*cont'd*)

I	9.15	uretur facies, urentur *sole* capilli
II	3.9	nec quererer quod *sol* graciles exureret artus
III	7.150	te manet ... / ... interiecto mundi pars atera *sole*

Sol

II	3.56	illi sint comites fusci, quos ... / *Solis* ... admotis inficit ignis equis
(II	4.17*)	nec refero *Solis*que vias et qualis, ubi orbem / conplevit, versis Luna recurrit equis
II	5.60	qua fluitantibus undis / *Solis* anhelantes abluit amnis equos
II	5.75	ipsum etiam *Solem* defectum lumine vidit / iungere pallentes nubilus annus equos
III	7.62	solum nec doctae verterunt pocula Circes, / quamvis illa foret *Solis* genus
III	7.76	non violata vagi sileantur pascua *Solis*
III	7.123	splendidior liquidis cum *Sol* caput extulit undis

solator

I	3.15	ipse ego *solator* ... / quaerebam tardas anxius usque moras

soleo

(I	1.36*)	et placidam *soleo* spargere lacte Palem
(I	1.44)	satis est, requiescere lecto / si licet et *solito* membra levare toro
(I	2.74*)	ipse boves mea si tecum modo Delia possim / iungere et in *solito* pascere monte pecus
I	9.18	saepe *solent* auro multa subesse mala
I	9.66	nec tu, stultissime, sentis, / cum tibi non *solita* corpus ab arte movet
II	3.14a	ipse deus *solitus* stabulis expellere vaccas
II	5.33	at qua Velabri regio patet, ire *solebat* / exiguos ... linter
[[III	4.12]]	solent *pro* volent
Pr	II 7	Placet, Priape, qui sub arboris coma / *soles* ... / ruber sedere cum rubente fascino?

sollemnis

II	5.89	ille levis stipulae *sollemnis* potus acervos / accendet
III	8.23	hoc *sollemne* sacrum multos haec sumet in annos

sollers

I	7.29	primus aratra manu *sollerti* fecit Osiris

sollertia

I	4.3	quae tua formonsos cepit *sollertia*?

sollicito

I	7.30	primus ... Osiris / ... teneram ferro *sollicitavit* humum
III	4.53	pro qua *sollicitas* caelestia numina votis
III	5.12	nec cor *sollicitant* facta nefanda meum

sollicitus
III	4.20	Somnus *sollicitas* deficit ante domos
III	6.36	nec bene *sollicitis* ebria verba sonant
III	6.61	non ego ... // *sollicitus* repetam tota suspiria nocte
III	16.5	*solliciti* sunt pro nobis, quibus illa dolori est / ne cedam ignoto, maxima causa, toro

solor
II	6.25	Spes etiam valida *solatur* compede vinctum

solum
I	1.2	alius ... / ... teneat culti iugera multa *soli*
I	1.22	nunc agna exigui est hostia parva *soli*
I	2.47	haec cantu finditque *solum* Manesque sepulcris / elicit
I	2.70	ponat et in capto Martia castra *solo*
I	5.3	namque agor ut per plana citus *sola* verbere turben
II	3.6	quam fortiter illic / versarem valido pingue bidente *solum*
III	3.16	(quid prosunt) aurataeque trabes marmoreumque *solum*?
III	7.166	nostraque et huic adversa *solo* pars altera nostro

solus

I 5.74. III 7.176, 195. **sola** I 2.53, 54; 6.11; (8.39*). II 1.76. III 2.17; 6.40; 8.15; 19.3, 16. **solum** (*masc.*) III 7.61; 10.17; 18.5. **solo** (*abl. masc.*) I [1.44]; [[2.74]]. **solis** (*dat. masc.*) I 4.37. (*abl. neu.*) III 19.12. **solum** (*adv.*) III 7.192.

solvo
I	1.67	tu manes ne laede meos, sed parce *solutis* / crinibus
I	2.62	quid, credam? nempe haec eadem se dixit amores / cantibus aut herbis *solvere* posse meos
I	5.15	ipse ego velatus filo tunicisque *solutis* / vota novem Triviae nocte silente dedi
II	1.7	*solvite* vincla iugis
II	1.28	Chio *solvite* vincla cado
II	3.25	quisquis inornatumque caput crinesque *solutos* / aspiceret, Phoebi quaereret ille comam
III	5.14	nec nos ... / inpia in adversos *solvimus* ora deos
III	7.36	convenientque ... / undique quique canent vincto pede quique *soluto*
III	8.9	seu *soluit* crines, fusis decet esse capillis
[[III 8.23]]		solvite *pro* sumet
III	11.16	catena, / nulla queat posthac quam *soluisse* dies

somnium
(I	5.14)	ipse procuravi, ne possent saeva nocere / *somnia*
II	6.37	ne tibi neglecti mittant mala *somnia* Manes
(III	4.1)	nec sint mihi *somnia* vera, / quae tulit hesterna pessima nocte quies
III	4.7	*somnia* fallaci ludunt temeraria nocte
III	4.95	haec deus in melius crudelia *somnia* vertat

Somnium
II	1.90	postque venit tacitus furvis circumdatus alis / Somnus et incerto *Somnia* nigra pede

somnus
I	1.4	martia cui *somnos* classica pulsa fugent
I	1.48	quam iuvat . . . /// securum *somnos* imbre iuvante sequi
I	2.76	mollis et inculta sit mihi *somnus* humo
I	3.88	puella / paulatim *somno* fessa remittat opus
I	6.27	saepe mero *somnum* peperi tibi
I	9.27	ipse deus *somno* domitos emittere vocem / iussit
(I	10.9)	*somnum*que petebat / securus sparsas dux gregis inter oves
[III	4.4]	somnis *pro* nobis
(III	4.12*)	sive illi vera moneri, / mendaci *somno* credere sive volent
III	4.81	dixit, et ignavos defluxit corpore *somnus*

Somnus
II	1.90	postque venit tacitus furvis circumdatus alis / *Somnus*
III	4.20	*Somnus* sollicitas deficit ante domos
III	4.55	cum te fusco *Somnus* velavit amictu

sonitus
(I	2.80*)	nam neque tum plumae nec stragula picta soporem / nec *sonitus* placidae ducere posset aquae

sono
[[I	1.48]]	sonante *pro* iuvante
I	2.10	neu furtim verso cardine aperta *sones*
I	3.60	passimque vagantes / dulce *sonant* tenui gutture carmen aves
I	3.68	at scelerata iacet sedes in nocte profunda / abdita, quam circum flumina nigra *sonant*
I	7.42	crura licet dura compede pulsa *sonent*
I	8.22	cantus et e curru Lunam deducere temptat / et faceret, si non aera repulsa *sonent*
I	8.66	dum mihi venturam fingo, quodcumque movetur, / illius credo tunc *sonuisse* pedes
II	1.32	nomen et absentis singula verba *sonent*
(II	1.66*)	atque aliqua . . . textrix . . . / . . . adplauso tela *sonat* latere
(II	4.37*)	hinc fletus rixaeque *sonant*
II	6.26	crura *sonant* ferro, sed canit inter opus
III	4.40	felices cantus ore *sonante* dedit
III	6.36	nec bene sollicitis ebria verba *sonant*
Pr II 37		superbia ista proderit nihil, simul / vagum *sonante* merseris luto caput
Pr II 41		simul *sonante* senseris iter pede, / rigente nervos excubet lubidine

sonorus
(III 4.69) tunc ego nec cithara poteram gaudere *sonora*

sonticus
(I 8.51) parce precor tenero: non illi *sontica* causa est

sonus
I 2.20 docet ... / illa pedem nullo ponere posse *sono*
I 2.34 non labor hic laedit, reseret modo Delia postes / et vocet ad digiti me taciturna *sonum*
I 6.44 sic magna sacerdos / est mihi divino vaticinata *sono*
I 8.2 non ego celari possum, quid nutus amantis / quidve ferant miti lenia verba *sono*
I 8.58 nota venus furtiva mihi est ... / ... ut nec dent oscula rapta *sonum*
II 1.86 nam turba iocosa / obstrepit et Phrygio tibia curva *sono*
III 1.22 atque haec submisso dicite verba *sono*
III 4.70 poteram ... / nec similes chordis reddere voce *sonos*

sopio
III 4.19 nec me *sopierat* menti deus utilis aegrae

sopitus
II 6.38 ne ... / maesta ... *sopitae* stet soror ante torum

sopor
I 2.2 occupet ut fessi lumina victa *sopor*
(I 2.79*) nam neque tum plumae nec stragula picta *soporem* / nec sonitus placidae ducere posset aquae
[I 7.35] sopores *pro* sapores
[III 4.19] sopor *pro* deus

sordidus
(III 6.46) nec vos ... / ... fallat blanda *sordida* lingua fide

soror
I 3.7 non *soror*, Assyrios cineri quae dedat odores
I 9.59 nec lasciva *soror* dicatur plura bibisse / pocula
II 3.18 O quotiens illo vitulum gestante per agros / dicitur occurrens erubuisse *soror*!
II 5.122 sic tua perpetuo sit tibi casta *soror*
II 6.29 parce, per immatura tuae precor ossa *sororis*
II 6.38 ne ... / maesta ... sopitae stet *soror* ante torum
III 1.26 teque suis iurat caram magis esse medullis, / sive sibi coniunx sive futura *soror*
III 3.35 tristesque *sorores* / stamina quae ducunt quaeque futura neunt
III 4.45 sed proles Semeles Bacchus doctaeque *sorores* / dicere non norunt, quid ferat hora sequens

sors

I	3.11	illa sacras pueri *sortes* ter sustulit
[I	5.2]	sortis *pro* fortis
I	8.3	nec mihi sunt *sortes* nec conscia fibra deorum
II	5.13	tuque regis *sortes*, per te praesentit haruspex, / lubrica signavit cum deus exta notis
II	5.19	haec dedit Aeneae *sortes*
II	5.69	quasque Aniena sacras Tiburs per flumina *sortes* / portarit sicco pertuleritque sinu
III	4.5	venturae nuntia *sortis* / vera monent Tuscis exta probata viris
[[III	15.4]]	sorte *pro* forte

sortior

III	5.22	parcite ... / dura ... *sortiti* tertia regna dei

spargo

(I	1.36*)	et placidam soleo *spargere* lacte Palem
I	6.48	sanguineque effuso *spargit* inulta deam
(I	10.10)	somnumque petebat / securus *sparsas* dux gregis inter oves
(III	2.19)	ossa // et primum annoso *spargent* collecta Lyaeo

spectaculum

II	5.119	tum Messalla meus pia det *spectacula* turbae

specto

I	1.59	te *spectem*, suprema mihi cum venerit hora
I	6.84	hanc Venus ex alto flentem sublimis Olympo / *spectat*
II	4.41	quin tua tum iuvenes *spectent* incendia laeti
III	8.2	*spectatum* e caelo, si sapis, ipse veni

specus

(Pr	II 28)	inter atra cuius inguina / latet iacente pantice abditus *specus*
Pr	II 35	tereris usque, donec, a miser miser, / triplexque quadruplexque compleas *specum*

sperno

I	1.38	neu vos e paupere mensa / dona nec e puris *spernite* fictilibus
I	4.77	me, qui *spernentur*, amantes / consultent
I	8.55	'quid me *spernis*?' ait. 'poterat custodia vinci.'
I	8.61	quid prosunt artes, miserum si *spernit* amantem / ... saeva puella

spes

I	1.9	nec *spes* destituat, sed frugum semper acervos / praebeat
(I	9.23)	nec tibi celandi *spes* sit peccare paranti
III	1.27	huius *spem* nominis illi / auferet extincto pallida Ditis aqua

spes (*cont'd*)
    III 7.25   audere Camenae / seu tibi par poterunt seu, quod *spes* abnuit, ultra
    [[III 14.6]]   spem rape opemque *pro* saepe propinque
Spes
    II 6.20   sed credula vitam / *Spes* fovet et fore cras semper ait melius
    II 6.21*bis*   *Spes* alit agricolas, *Spes* sulcis credit aratis / semina
    II 6.25   *Spes* etiam valida solatur compede vinctum
    II 6.27   *Spes* facilem Nemesim spondet mihi, sed negat illa
spica
    I 5.28   illa deo sciet agricolae . . . / pro segete *spicas*, pro grege ferre dapem
    I 10.67   at nobis, Pax alma, veni *spicam*que teneto
    II 1.4   *spicis* tempora cinge, Ceres
    II 5.84   distendet *spicis* horrea plena Ceres
spiceus
    I 1.16   flava Ceres, tibi sit nostro de rure Corona / *spicea*
    I 10.22   hic placatus erat, seu quis libaverat uva, / seu dederat sanctae *spicea* serta comae
spiritus
    I 8.58   nota venus furtiva mihi est, ut lenis agatur / *spiritus*
splendeo
    I 8.11   (prodest) quid fuco *splendente* genas ornare?
splendidus
    III 7.123   *splendidior* liquidis cum Sol caput extulit undis
spolio
    III 7.190   sed licet asperiora cadant *spolier*que relictis
spondeo
    II 6.27   Spes facilem Nemesim *spondet* mihi, sed negat illa
spumeus
    [[I 1.10]]   spumea *pro* pinguia
squalidus
    [Pr II 16]   squalidus *pro* pallidus
stabilis
    [III 7.87]   stabilis *pro* facilis
stabulum
    II 3.14a   ipse deus solitus *stabulis* expellere vaccas
    II 5.88   a *stabulis* tunc procul este lupi
stagnum
    (I 3.77*)   Tantalus est illic, et circum *stagna*
stamen
    I 3.86   haec tibi fabellas referat positaque lucerna / deducat plena *stamina* longa colu

stamen (*cont'd*)
    I 6.78   at, quae fida fuit nulli, post victa senecta / ducit inops tremula *stamina* torta manu
    I 7.2   hunc cecinere diem Parcae fatalia nentes / *stamina*, non ulli dissoluenda deo
    III 3.36   tristesque sorores / *stamina* quae ducunt quaeque futura neunt

statuo
    (III 7.203)   nulla mihi *statuent* finem te fata canendi

stella
    I 4.66   quem referent Musae, vivet, dum robora tellus, / dum caelum *stellas*, dum vehet amnis aquas

sterilis
    II 3.8   dum subigunt *steriles* arva serenda boves

sterno
    I 7.60   namque opibus congesta tuis hic glarea dura / *sternitur*
    I 10.30   *sternat* et adversos Marte favente duces
    [[III 12.19]]   sternuit illa: ratum est *pro* sis iuveni grata

stillo
    I 7.51   illius et nitido *stillent* unguenta capillo
    (II 4.58*)   et quod, ..., / hippomanes cupidae *stillat* ab inguine equae
    III 4.28   *stillabat* Syrio myrtea rore coma

stimulo
    I 5.53   ipsa fame *stimulante* furens herbasque sepulcris / quaerat

stimulus
    I 1.30   nec ... pudeat ... / ... *stimulo* tardos increpuisse boves

stipes
    I 1.11   nam veneror, seu *stipes* habet desertus in agris / seu vetus in trivio florida serta lapis
    I 10.17   neu pudeat prisco vos esse e *stipite* factos

stipula
    II 5.89   ille levis *stipulae* sollemnis potus acervos / accendet

stirps
    I 8.45   tollere tum cura est albos a *stirpe* capillos

sto
    I 1.64   neque in tenero *stat* tibi corde silex
    I 2.95   *stare* nec ante fores puduit
    (I 3.54*)   fac lapis inscriptis *stet* super ossa notis
    I 4.14   at illi / virgineus teneras *stat* pudor ante genas
    I 4.28   quam cito non segnis *stat* remeatque dies
    [[I 5.76]]   stat *pro* nat
    (I 6.(42, †42*)   stet procul aut alia† *stet* procul† ante via

sto (*cont'd*)
- I 6.49*bis* — *stat*que latus praefixa veru, *stat* saucia pectus
- I 7.56 — at tibi succrescat proles, quae facta parentis / augeat et circa *stet* veneranda senem
- I 10.20 — tum melius tenuere fidem, cum paupere cultu / *stabat* in exigua ligneus aede deus
- II 1.8 — nunc ad praesepia debent / plena coronato *stare* boves capite
- II 4.9 — quam mallem... / *stare* vel insanis cautes obnoxia ventis
- II 5.26 — et *stabant* humiles in Iovis arce casae
- II 5.98 — coronatus *stabit* et ipse calix
- II 6.38 — ne... / maesta... sopitae *stet* soror ante torum
- III 12.4 — tibi se laetissima compsit, / *staret* ut ante tuos conspicienda focos

stola
- I 6.68 — sit modo casta, doce, quamvis non... / impediat... *stola* longa pedes

stragulum
- (I 2.79*) — nam neque tum plumae nec *stragula* picta soporem / nec sonitus placidae ducere posset aquae

strepito
- (II 2.17*) — utinam *strepitantibus* advolet alis / flavaque coniugio vincula portet Amor
- II 5.73 — atque tubas atque arma ferunt *strepitantia* caelo / audita

strepitus
- I 2.37 — neu *strepitu* terrete pedem, neu quaerite nomen
- I 6.62 — proculque / cognoscit *strepitus* me veniente pedum
- I 8.60 — possum... / ... *strepitu* nullo clam reserare fores

strideo
- (I 3.72*) — tum niger in porta serpentum Cerberus ore / *stridet*

stridor
- I 2.49 — iam tenet infernas magico *stridore* catervas

strix
- I 5.52 — et e tectis *strix* violenta canat

struo
- III 7.134 — additus aris / laetior eluxit *structos* super ignis acervos
- III 7.174 — quin etiam *structis* exsurgunt oppida muris

studiosus
- III 12.15 — praecipit et natae mater *studiosa* quod optat
- III 14.5 — iam, nimium Messalla mei *studiose*, quiescas

studium
- I 8.43 — tum *studium* formae est: coma tum mutatur, ut annos / dissimulet
- III 9.23 — at tu venandi *studium* concede parenti

stultus
- I 2.68 ferreus ille fuit, qui, te cum posset habere, / maluerit praedas *stultus* et arma sequi
- I 4.34 vidi iam iuvenem, premeret cum serior aetas, / maerentem *stultos* praeteriisse dies
- I 9.45 tum miser interii, *stulte* confisus amari
- I 9.65 nec tu, *stultissime*, sentis, / cum tibi non solita corpus ab arte movet
- III 18.3 si quicquam tota conmisi *stulta* iuventa
- III 19.18 iuravi *stulte*: proderat iste timor

Stygius
- I 10.36 est infra ... audax / Cerberus et *Stygiae* navita turpis aquae

suadeo
- II 4.25 illa malum facinus *suadet* dominamque rapacem / dat mihi

sub (*c. abl.*)
- I 1.27; 3.49; [67]. II (3.19*); 5.80; 6.30. III 7.30, 33, [121]. *Pr* II 6.

sub (*c. acc.*)
- I 4.16; 10.46. II 4.54*bis*; 6.6. III 5.2.

subcumbo
- [I 3.26] succubuisse *pro* secubuisse
- I 8.8 deus crudelius urit, / quos videt invitos *subcubuisse* sibi

subdo
- I 2.92 vidi ego, qui iuvenum miseros lusisset amores, / post Veneris vinclis *subdere* colla senem
- III 7.67 vidit, ut inferno Plutonis *subdita* regno / magna deum proles levibus discurreret umbris

subdolus
- [III 6.46] subdola *pro* sordida

subduco
- III 19.1 nulla tuom nobis *subducet* femina lectum

subeo
- I 3.41 illo non validus *subiit* iuga tempore taurus
- I 4.47 nec te paeniteat duros *subiisse* labores

subfundo
- [I 10.55] suffusa *pro* subtusa
- (II 1.55*) agricola et minio *subfusus*, Bacche, rubenti / primus inexperta duxit ab arte choros

subicio
- I 5.64 pauper in angusto fidus comes agmine turbae / *subicietque* manus efficietque viam
- III 7.117 domator / libera Romanae *subiecit* colla catenae
- III 7.158 at media *est* Phoebi semper *subiecta* calori

subigo
    II 3.8   dum *subigunt* steriles arva serenda boves
subito
    I 3.89; 6.36; 8.63. III 16.2
sublimis
    I 6.83   hanc Venus ex alto flentem *sublimis* Olympo / spectat
    III 7.74   illum ... /// nec violenta suo consumpsit more Charybdis / ... si *sublimis* fluctu consurgeret imo
submisceo
    [III 4.89]   submixta *pro* succincta
submitto
    III 1.22   atque haec *submisso* dicite verba sono
    III 7.170   hinc et colla iugo didicit *submittere* taurus
subnitor
    [III 4.89]   subnixa *pro* succincta
subpono
    I 6.28   at ipse bibebam / sobria *subposita* pocula victor aqua
    I 8.33   huic tu candentes umero *subpone* lacertos
    (II 1.42*)   illi etiam ... primi ... feruntur / ... plaustro *subposuisse* rotam
subrepo
    I 1.71   iam *subrepet* iners aetas
    (III 9.21)   et quaecumque meo furtim *subrepit* amori
subrigeo
    [II 3.14c]   subriguisse *pro* obriguisse
subseco
    I 8.12   (prodest) quid ungues / artificis docta *subsecuisse* manu?
subsequor
    III 8.8   illam ... / conponit furtim *subsequitur*que Decor
subsisto
    III 7.2   ut infirmae nequeant *subsistere* vires, / incipiam tamen
    III 7.195 pro te vel densis solus (ausim) *subsistere* turmis
subsum
    I 9.18   saepe solent auro multa *subesse* mala
    II 5.27   lacte madens illic *suberat* Pan ilicis umbrae
subtemen
    (III 7.121) nam modo fulgentem Tyrio *subtegmine* vestem / indueras
subtexo
    [III 4.89]   subtexta *pro* succincta
    III 7.211 inceptis de te *subtexam* carmina chartis
subtusus
    (I 10.55)   flet teneras *subtusa* genas

succendo
    II 5.81   et *succensa* sacris crepitet bene laurea flammis
succingo
    (III 4.89)   Scyllaque virgineam canibus *succincta* figuram
succresco
    I 7.55   at tibi *succrescat* proles, quae facta parentis / augeat
succumbo
    [I 8.35]   succumbere *pro* concumbere
succurro
    I 3.27   nunc, dea, nunc *succurre* mihi
sucus
    I 6.13   tum *sucos* herbasque dedi quis livor abiret
    [I 8.11]   suco *pro* fuco
    I 10.47   pax aluit vites et *sucos* condidit uvae
    III 5.9   nec mea mortiferis infecit pocula *sucis* / dextera
    III 8.16   sola puellarum digna est, cui mollia caris / vellera det *sucis* bis madefacta Tyros
sudis
    I 10.65   sed manibus qui saevos erit, scutumque *sudem*que / is gerat
    III 7.89   quis tardamve *sudem* melius celeremve sagittam / iecerit
sui
    sibi I 1.1, (39*); 2.58, 93, 98; 8.8; 10.56. II 1.84, 85; 5.61, 65, 99, 107; 6.8. III (1.26*); 10.26; [[12.16]]. **se** (*acc.*) I 2.40, 61; 3.22; 4.56; [6.42]. II 1.69; 5.61, 104. III 5.4; 6.10, 20; 7.[[60]], 132, 179; 12.3. **sese** III 7.148. **se** (*abl.*) III 10.17.
sulco
    II 3.79   dulcite: ad imperium dominae *sulcabimus* agros
sulcus
    II 3.70   quid nocuit *sulcos* non habuisse satos?
    II 6.21   Spes *sulcis* credit aratis / semina
    (III 7.184*)   cui fuerant flavi ditantes ordine *sulci* / horrea
Sulpicia
    III 8.1   *Sulpicia* est tibi culta tuis, Mars magne, kalendis
    III 16.4   Sit tibi cura togae potior pressumque quasillo / scortum quam Servi filia *Sulpicia*
sulpur
    I 5.11   ipseque te circum lustravi *sulphure* puro
sum
    I 3.57; 6.31. II 6.42. III 7.[[4]], 177, 197. **es** I 4.60; 5.69; 6.2. [II 3.33]. [[III 1.26]]. **est** I 1.22, 43, (43*), 51; 3.[[50]], 65, (77*); 4.37, (63*), 77; [[5.76]]; 6.3*bis*, 7,66; 8.31, 43, 45, 49, 51; 9.[3], 5, 20, [23], (24), 51; 10.7, 33, 35, 59. II 1.30, (63*); 3.2, 27, 31*bis*, (33, 43*),

sum (*cont'd*)

74; 4.11; (5.49); 6.[[10]], 31, 43, 44. III 1.8, 19; (2.7); (3.20); 4.11, 15, 63; 6.(25*), 33, 34; 7.7, 179, 182, 197; 8.15, 24; (9.7); 10.7, 16, 17, 21; 12.3, 6, [[19]]; 14.3, [6]; 16.1, (5); 17.1; 19.4, 7, 16. *Pr* I 3. II 1, 38. **sunt** I 5.57; [6.69]; 7.43; 8.3. II 3.(66*); 6.10. III 4.88, [7.136]; 16.5. **eram** I 5.1. **erat** (I 10.9). II [[1.58]]; 3.14, 73. III 4.29, 36. **ero** III 19.6. **eris** I 3.91; (4.27*). II 5.43. III 10.23; 19.19. **erit** I 4.53, 79; 5.61; 10.[26], 65. II (4.43*); 5.56, (82); 6.7. III 1.18; [6.21]; 7.37; 10.21. **erimus** III 5.32. **erunt** III 7.34, [136]. **fuit** I (2.67*); 3.47; 6.77; 10.1, 2. II 4.45. III 1.2; 2.2, 3, 30; [4.26]. *Pr* II 4. **fuerunt** I 10.7. (II 5.79). [III 7.184]. **fuerant** [II 5.79]. (III 7.184). **fuerit** I 2.41. III 10.22. **fuerint** [II 5.79]. **sim** I 1.58; 10.43. III 7.(4*), 37, 208; (18.1). **sis** I 6.75; 9.84. II 6.36. III 6.30; 11.13; (12.19*). **sit** I 1.(15*, 49); 2.76; 3.81; [4.8]; 6.24, [42], 56, 64, 67, 84; 9.(23), [24], (40*), [51]; 10.[[26]], 29. 61, 62, 63, 66. II 2.8; 3.32, [[61]]; 4.[[43]], 50; 5.64, 122; (6.2). III (3.23*); 4.73; 6.1, 25; 7.16, 81, 85, 87, 101, 105, [129], 198*bis*, 199; 9.3, 19; [12. 14, 19, 20]; 13.2; 14.3; (16.3); [18.1]. **fuat** [I 2.67]. **simus** I 6.86. **sint** I 2.12; (4.63*); 5.29; (6.69); 9.57. II 3.34, 55, 67; 5.121. III 4.1; 6.30; 7.(136). **esset** I 2.65; (9.41*). (II 4.38*). [III 12.20]. **fores** I 9.39. **foret** I 10.11. III 7.62. Dom. Mar. 3. **fuisses** I 5.19. **este** II 5.88. **esto** I 8.50. **futurus** [III 7.32]. **futura** (*nom. fem.*) III 1.26. **futuri** (*gen. neu.*) III 4.47. **futuris** (*dat. masc.*) (III 7.32). **futura** (*acc.*) III 3.36. **esse** I [*post* 2.25]; 4.71; 5.30; 8.27, 72, 77; 9.24, 36, 46. II 3.28, 78; 4.8, 32; 6.48. III 1.25; 4.58; 8.9; 14.8; 15.2; 20.2. *Pr* I 4. **fuisse** II 5.104. III 5.32; 12.18; 13.10; 18.2. **fore** (I 7.3*). II 5.21, 71; 6.20.

summus

(I 4.22)		Veneris periuria venti / inrita per terras et freta *summa* ferunt
III	1.11	*summa*que praetexat tenuis fastigia chartae
(III	4.21*)	cum *summo* Phoebus prospexit ab ortu
III	7.202	quod tibi si versus noster ... / ... *summo* ... inerret in ore

sumo

II	1.14	et manibus puris *sumite* fontis aquam
II	5.107	sed postquam *sumpsit* sibi tela Cupido
(III	8.23*)	hoc sollemne sacrum multos haec *sumet* in annos

super (*prep. semper c. acc.*)

I 3.54. II 4.50; 5.45. III (2.10*pp*); 7.114*pp*, 134*pp*.

super (*adv.*)

III 7.23, 157.

superbia

Pr II 36   *superbia* ista proderit nihil, simul / vagum sonante merseris luto caput

superbus
I	8.77	at te poena manet, ni desinis esse *superba*
I	9.80	tum flebis, cum ... / ... geret in regno regna *superba* tuo
II	5.46	tandem ad Troianos diva *superba* venit
III	8.22	hanc vos, Pierides, ... cantate ... / et testudinea Phoebe *superbe* lyra
III	10.2	huc ades, intonsa Phoebe *superbe* coma
III	11.4	te nascente ... Parcae ... / ... dederunt regna *superba* tibi

supero
I	4.62	aurea nec *superent* munera Pieridas
III	2.17	pars quae sola mei *superabit* corporis, ossa / ... legent
(III	7.28)	nam quamquam antiquae gentis *superant* tibi laudes

supersum
III	6.29	quamvis nulla mei *superest* tibi cura, Neaera
III	7.6	si ... // nec tua praeter te chartis intexere quisquam / facta queat, dictis ut non maiora *supersint*
III	7.188	nunc desiderium *superest*: nam cura novatur

superus
I	1.59	te spectem, *suprema* mihi cum venerit hora
II	1.13	casta placent *superis*

supplex
I	2.14	te meminisse decet, quae plurima voce peregi / *supplice*
I	2.87	dubitem ... // non ego tellurem genibus perrepere *supplex*
I	4.72	querelis / *supplicibus*, miseris fletibus illa favet
II	6.33	illius ad tumulum fugiam *supplex*que sedebo
III	19.24	haec notat iniustos *supplicibus*que favet

supplico
I	7.26	te propter ... / arida nec pluvio *supplicat* herba Iovi

supra
[III 2.10]; III 7.66.

sura
[[I	5.65]]	adhuc luteos suris *pro* ad occultos furtim

surclus
[[II	1.58]]	surclos *pro* hircus

surdus
III	20.2	nunc ego me *surdis* auribus esse velim

surgo
I	2.24	nec docet hoc omnes, sed quos nec inertia tardat / nec vetat obscura *surgere* nocte timor
III	7.21	alter dicat ... /// ... vagus, e terris qua *surgere* nititur, aer
III	7.42	libra / prona nec hac plus parte sedet nec *surgit* ab illa

sus
    Pr II 17   canisque saeva *sus*que ligneo tibi / lutosus affricabit oblitum latus

suspendo
    II 1.6   et grave *suspenso* vomere cesset opus
    II 1.77   et pedibus praetemptat iter *suspensa* timore
    II 4.23   aut rapiam *suspensa* sacris insignia fanis

suspicio
    [I 3.14]   suspiceret *pro* respiceret

suspirium
    III 6.61   non ego . . . // sollicitus repetam tota *suspiria* nocte

suspiro
    I 6.35   te tenet, absentes alios *suspirat* amores
    (III 11.11)   quodsi forte alios iam nunc *suspiret* amores

sustineo
    II 5.20   postquam ille parentem / dicitur et raptos *sustinuisse* Lares
    III 3.30   nec me . . . iuvant . . . / . . . quas terrarum *sustinet* orbis opes

suus
    sua I 4.77. II 3.31; (III 12.16*). **suo** (*dat. masc.*) (III 15.2). **suae** I 4.75. II 5.103. **suum** (*masc.*) I 7.27. II 6.35 (-**om**). [III 6.44]. **suam** I [[2.67]]; 10.59. III 6.48*bis*; [13.6]. **suo** (*abl. masc.*) III 7.73. **sua** II 5.97. **suis** (*dat. fem.*) III 1.25. **suos** I 4.26; 6.47. II 2.5; 5.116. III 6.47. **suas** I 4.25; 10.41. (III 4.59). **sua** I 2.36; 5.51; [[6.7]]; 10.31. II 1.31; 5.58, 87. III 3.22; (13.6). **suis** (*abl. fem.*) [III 4.59].

Syrius
    (III 4.28)   stillabat *Syrio* myrtea rore coma
    (III 6.63)   iam dudum *Syrio* madefactus tempora nardo / debueram sertis inplicuisse comas

Syrtis
    III 4.91   te conceptam . . . tulit / barbara nec Scythiae tellus horrendave *Syrtis*

Syrus
    I 7.18   alba Palestino sancta columba *Syro*

T

tabella
    I 3.28   nam posse mederi / picta docet templis multa *tabella* tuis
    II 6.45   furtimque *tabellas* / occulto portans itque reditque sinu
    III 13.7   non ego signatis quicquam mandare *tabellis* / . . . velim

taceo
- I 7.57 nec *taceat* monumenta viae, quem Tuscula tellus / candidaque antiquo detinet Alba Lare
- II 4.34 nec prohibent claves, et canis ipse *tacet*
- [II 5.109] taceo *pro* iaceo
- III 20.4 quid miserum torques, rumor acerbe? *tace*
- [Pr I 6] taceo *pro* tento

taciturnus
- I 2.34 non labor hic laedit, reseret modo Delia postes / et vocet ad digiti me *taciturna* sonum
- I 6.60 multoque timore / coniungit nostras clam *taciturna* manus

tacitus
- I 6.6 iam Delia furtim / nescio quem *tacita* callida nocte fovet
- I 6.12 didicit . . . / cardine nunc *tacito* vertere posse fores
- (I 7.13*) an te, Cydne, canam, *tacitis* qui leniter undis / caeruleus placidis per vada serpis aquis?
- I 8.18 num te pallentibus herbis / devovit *tacito* tempore noctis anus?
- I 9.4 a miser, et siquis primo periuria celat, / sera tamen *tacitis* Poena venit pedibus
- (I 9.25*) ipse deus *tacito* permisit lene ministro
- I 10.34 inminet et *tacito* clam venit illa pede
- (II 1.89) postque venit *tacitus* furvis circumdatus alis / Somnus
- [III 5.16] tacito *pro* tardo
- III 12.16 illa aliud *tacita*, iam sua, mente rogat
- III 19.8 qui sapit, in *tacito* gaudeat ipse sinu

taeda
- I 2.63 et me lustravit *taedis*, et nocte serena / concidit ad magicos hostia pulla deos

taedet
- II 5.93 nec *taedebit* avum parvo advigilare nepoti
- III 13.10 sed peccasse iuvat, voltus conponere famae / *taedet*

taedium
- I 4.16 sed ne te capiant, primo si forte negabit, / *taedia*
- III 2.8 nec mihi vera loqui pudor est vitaeque fateri / tot mala perpessae *taedia* nata meae

Taenarus
- III 3.14 quidve domus prodest Phrygiis innixa columnis, / *Taenare* sive tuis, sive Caryste tuis?

talis
- (III 8.13*). (*fem.*) (I 5.45*). **tales** (*acc. masc.*) II 4.7.

talus
- III 4.35 ima videbatur *talis* inludere palla

tam
    I (6.7*); 10.56. II 5.62, [110]. III [[15.3]]; [18.1].
tamen
    I 1.29; 2.43, 59; 3.13; (4.54*); 5.7; 6.2, 56, 66; 8.27; 9.4, 75. II 3.36; 6.14. III 1.6; 4.11; 6.56; 7.3, 40, 114, 118, 206; 9.11; 12.6.
Tamyris
    (III 7.143)   nec qua regna vago *Tamyris* finivit Araxe
Tanais
    III 7.146   quaque Hebrus *Tanais*que Getas rigat atque Magynos
tandem
    II 5.46. III 4.21; 13.1.
tango
    (I 6.26*)   per causam memini me *tetigisse* manum
    [[I 7.13]]   tactis *pro* tacitis
    (I 8.25*)   sed corpus *tetigisse* nocet, sed longa dedisse / oscula
    II 5.17   Phoebe, sacras Messalinum sine *tangere* chartas / vatis
    III 7.97   amplior ... signata cita loca *tangere* funda
    III 9.20   sed lege Dianae, / caste puer, casta retia *tange* manu.
Tantalus
    (I 3.77*)   *Tantalus* est illic, et circum stagna
tantus
    tantae (*gen.*) III 7.177. **tanti** (*neu.*) II (3.66*); 6.42. **tantum** (*masc.*) I 5.33. III 2.3. (*neu.*) III 4.84. **tanto** (*abl. neu.*) III 7.27. **tantis** (*dat. neu.*) III 7.4. **tantos** III 7.48. **tanta** III 4.82. **tantis** (*abl. neu.*) III 7.38. **tantum** (*adv.*) III 4.51.
Tarbellus
    (I 7.9)   non sine me est tibi partus honos: *Tarbella* Pyrene / testis
tardo
    I 2.23   nec docet hoc omnes, sed quos nec inertia *tardat* / nec vetat obscura surgere nocte timor
    [[I 4.27]]   tardueris *pro* tardus eris
tardus
    I 1.30   nec ... pudeat ... / ... stimulo *tardos* increpuisse boves
    I 3.16   quaerebam *tardas* anxius usque moras
    (I 4.27*)   at si *tardus* eris, errabis
    (I 8.16*)   illa placet, quamvis inculto venerit ore / nec nitidum *tarda* compserit arte caput
    I 8.48   non *tardo* labitur illa pede
    II 1.20   neu timeat celeres *tardior* agna lupos
    II 2.19   dum *tarda* senectus / inducat rugas inficiatque comas
    (III 5.16)   nec venit *tardo* curva senecta pede
    III 7.89   quis *tardam*ve sudem melius celeremve sagittam / iecerit
    III 7.92   quis ... / possit ... effusas *tardo* permittere habenas
    III 7.208   seu *tardi* pecoris sim gloria taurus

taurus

I	3.41	illo non validus subiit iuga tempore *taurus*
I	9.7	lucra petens habili *tauros* adiungit aratro
II	1.41	illi etiam *tauros* primi docuisse feruntur / servitium
II	3.11	pavit et Admeti *tauros* formonsus Apollo
II	5.55	carpite nunc, *tauri*, de septem montibus herbas
III	3.5	non // ... ut multa mei renovarent iugera *tauri*
III	7.15	nec illis / semper inaurato *taurus* cadit hostia cornu
III	7.170	hinc et colla iugo didicit submittere *taurus*
III	7.208	seu tardi pecoris sim gloria *taurus*

Taurus

I	7.16	canam ... // quantus ... / frigidus intonsos *Taurus* alat Cilicas?

tegmen

[III	7.121]	sub tegmine *pro* subtegmine

tego

[[I	1.43]]	tecto *pro* lecto
I	3.30	ut ... / ante sacras lino *tecta* fores sedeat
I	4.1	sic umbrosa tibi contingant *tecta*, Priape, / ne capiti soles, ne noceantque nives
I	5.52	et e *tectis* strix violenta canat
I	9.28	ipse deus somno domitos emittere vocem / iussit et invitos facta *tegenda* loqui
[[II	3.62]]	tecta *pro* terra
II	3.76	horrida villosa corpora veste *tegant*
III	2.10	cum ... / candida ... ossa super nigra favilla *teget*
III	3.3	non, ut marmorei prodirem e limine *tecti*
III	6.12	fallat eum *tecto* cara puella dolo
(III	7.13)	Alcides ... / laeta Molorcheis posuit vestigia *tectis*
(III	7.204)	quin etiam mea tunc tumulus cum *texerit* ossa
(III	11.17)	optat idem iuvenis quod nos, sed *tectius* optat
III	13.1	tandem venit amor, qualem *texisse* pudori / quam nudasse alicui sit mihi fama magis
[[Pr	II 20]]	tege *pro* lege
Pr	II 29	vagaque pelle *tectus*, annuo gelu / araneosus obsidet forem situs

tela

I	6.79	firmaque conductis adnectit licia *telis*
II	1.66	atque aliqua ... textrix ... / ... adplauso *tela* sonat latere

tellus

I	2.87	dubitem ... // non ego *tellurem* genibus perrepere supplex
(I	3.36)	quam bene Saturno vivebant rege, priusquam / *tellus* in longas est patefacta vias

tellus (*cont'd*)
- (I 4.65*) quem referent Musae, vivet, dum robora *tellus*, / dum caelum stellas, dum vehet amnis aquas
- I 7.25 te propter nullos *tellus* tua postulat imbres
- I 7.57 nec taceat monumenta viae, quem Tuscula *tellus* / candidaque antiquo detinet Alba Lare
- III 4.91 te conceptam... tulit / barbara nec Scythiae *tellus* horrendave Syrtis
- III 7.19 alter dicat... / qualis in inmenso desederit aere *tellus*
- III 7.53 qua maris extremis *tellus* includitur undis
- III 7.78 non... silantur pascua Solis, // finis et erroris miseri Phaeacia *tellus*
- III 7.139 te... remorabitur... // nec fera Theraeo *tellus* obsessa colono
- III 7.151 nam circumfuso consistit in aere *tellus*
- III 7.154 illic et densa *tellus* absconditur umbra
- III 7.161 non igitur presso *tellus* exsurgit aratro
- III 7.173 et ferro *tellus*, pontus confunditur aere

telum
- I 10.14 et iam quis forsitan hostis / haesura in nostro *tela* gerit latere
- I 10.25 at nobis aerata, Lares, depellite *tela*
- II 5.107 sed postquam sumpsit sibi *tela* Cupido
- II 6.4 cum *telis* ad latus ire volet?
- II 6.15 acer Amor, fractas utinam, tua *tela*, sagittas, / ... aspiciam!

temerarius
- III 4.7 somnia fallaci ludunt *temeraria* nocte
- III 6.27 venti *temeraria* vota, / aeriae et nubes diripienda ferant

temere
- [[I 4.9]] temere *pro* tenerae

temero
- III 5.7 non ego temptavi nulli *temeranda* virorum / audax laudandae sacra docere deae

tempero
- III 6.58 *temperet* annosum Marcia lympha merum
- III 7.168 quas similes utrimque tenens vicinia caeli / *temperat*

tempestivus
- (†III 14.6) neu *tempestivae* saepe, propinque, viae

templum
- I 1.16 corona / spicea, quae *templi* pendeat ante fores
- I 2.85 non ego, si merui, dubitem procumbere *templis*
- I 3.28 nam posse mederi / picta docet *templis* multa tabella tuis

templum (cont'd)

(II	3.22*)	venit et a *templis* inrita turba domum
II	5.1	Phoebe, fave: novos ingreditur tua *templa* sacerdos
[II	5.6]	templa *pro* sacra
III	4.77	quod si vera canunt sacris oracula *templis*
III	5.11	nec nos sacrilegi *templis* amovimus aegros
Pr	1 2	haec tibi Perspectus *templa*, Priape, dico

tempto

I	2.17	illa favet, seu quis iuvenis nova limina *temptat*, / seu reserat fixo dente puella fores
[[I	3.37]]	temptaverat *pro* contempserat
I	3.73	illic Iunonem *temptare* Ixionis ausi / versantur celeri noxia membra rota
I	4.39	tu, puero quodcumque tuo *temptare* libebit, / cedas
(I	4.51)	si volet arma, levi *temptabis* ludere dextra
I	5.37	saepe ego *temptavi* curas depellere vino
I	8.21	cantus et e curru Lunam deducere *temptat*
(III	4.65)	saevos Amor docuit validos *temptare* labores
III	5.7	non ego *temptavi* ... / audax laudandae sacra docere deae
[[III	6.3]]	temptate *pro* medicante
[III	7.55]	temptatos vertere *pro* coeptos avertere

tempus

(I	1.7*)	ipse seram teneras maturo *tempore* vites
I	3.41	illo non validus subiit iuga *tempore* taurus
I	4.6	producis ... / nudus ... aestivi *tempora* sicca Canis
I	4.79	*tempus* erit, cum me Veneris praecepta ferentem / deducat iuvenum sedula turba senem
I	8.18	num te pallentibus herbis / devovit tacito *tempore* noctis anus?
I	8.47	at tu, dum primi floret tibi *temporis* aetas, / utere.
I	10.44	liceatque ... / *temporis* ... prisci facta referre senem
II	4.12	omnia nunc tristi *tempora* felle madent
III	3.9	tum cum permenso defunctus *tempore* lucis / nudus Lethaea cogerer ire rate
III	3.22	nam Fortuna sua *tempora* lege regit
III	5.26	cum ... / ... referam pueris *tempora* prisca senex
III	6.31	at nos securae reddamus *tempora* mensae
[III	7.55]	tempus *pro* coeptos
(III	7.112a)	namque senex longae peragit dum *tempora* vitae
III	7.169	hinc placidus nobis per *tempora* vertitur annus

tempus (tempora)

I	2.3	neu quisquam multo percussum *tempora* baccho / excitet

tempus (tempora) *(cont'd)*

I	7.50	huc ades et Genium . . . / concelebra et multo *tempora* funde mero
II	1.4	spicis *tempora* cinge, Ceres
II	2.7	illius puro destillent *tempora* nardo
II	5.5	ipse triumphali devinctus *tempora* lauro, / . . ., ad tua sacra veni
III	4.23	hic iuvenis casta redimitus *tempora* lauro / est visus
III	6.2	sic hedera *tempora* vincta feras
III	6.63	iam dudum Syrio madefactus *tempora* nardo / debueram sertis inplicuisse comas

tendo

I	6.5	nam mihi *tenduntur* casses
II	5.97	aut e veste sua *tendent* umbracula sertis / vincta
III	4.64	tu modo cum multa bracchia *tende* fide
(Pr	16)	improbus ut si quis nostrum violabit agellum, / hunc tu, sed *tento*—: scis, puto, quod sequitur

tenebrae

I	1.70	iam veniet *tenebris* Mors adoperta caput
I	2.25	en ego cum *tenebris* tota vagor anxius urbe
[post I	2.25]	securum in *tenebris* me facit esse Venus
I	6.59	haec mihi te adducit *tenebris*
I	10.50	at tristia duri / militis in *tenebris* occupat arma situs
II	1.76	hoc duce custodes furtim transgressa iacentes / ad iuvenem *tenebris* sola puella venit

teneo

I	1.2	alius . . . / . . . *teneat* culti iugera multa soli
I	1.29	nec tamen interdum pudeat *tenuisse* bidentem
[[I	1.46]]	tum tenuisse *pro* continuisse
I	1.60	te *teneam* moriens deficiente manu
I	2.29	quisquis amore *tenetur*, eat tutusque sacerque / qualibet
(I	2.49)	iam *tenet* infernas magico stridore catervas
I	2.53	sola *tenere* malas Medeae dicitur herbas
I	3.3	me *tenet* ignotis aegrum Phaeacia terris
I	3.18	aut ego sum causatus aves aut omina dira, / Saturni sacram me *tenuisse* diem
I	5.39	saepe aliam *tenui*, sed iam cum gaudia adirem, / admonuit dominae deseruitque Venus
I	6.35	te *tenet*, absentes alios suspirat amores
I	10.19	tum melius *tenuere* fidem, cum paupere cultu / stabat in exigua ligneus aede deus
I	10.67	at nobis, Pax alma, veni spicamque *teneto*
II	3.1	rura meam, Cornute, *tenent* villaeque puellam
II	3.59	regnum ipse *tenet*, quem saepe coegit / barbara gypsatos ferre catasta pedes

311

teneo (*cont'd*)

II	4.3	servitium sed triste datur, *teneor*que catenis
II	6.52*bis*	tunc mens mihi perdita fingit / quisve meam *teneat*, quot *teneat*ve modis
III	5.1	vos *tenet*, Etruscis manat quae fontibus unda
III	5.21	parcite, pallentes undas quicumque *tenetis*
III	7.82	nam te non alius belli *tenet* aptius artes
III	7.104	dexter uti laevom *teneat* dextrumque sinister / miles
III	7.124	et fera discordes *tenuerunt* flamina venti
III	7.145	ultima vicinus Phoebo *tenet* arva Padaeus
III	7.167	quas similes utrimque *tenens* vicinia caeli / temperat
III	11.15	sed potius valida *teneamur* uterque catena
[Pr	1 6]	teneo *pro* tento

tener

(I	1.7*)	ipse seram *teneras* maturo tempore vites
I	1.46	quam iuvat ... / ... dominam *tenero* continuisse sinu
I	1.64	neque in *tenero* stat tibi corde silex
I	1.68	tu manes ne laede meos, sed ... / ... *teneris*, Delia, parce genis
I	2.75	et te, dum liceat, *teneris* retinere lacertis,
I	3.57	quod facilis *tenero* sum semper Amori
I	3.63	ac iuvenum series *teneris* inmixta puellis / ludit
(I	4.9*)	O fuge te *tenerae* puerorum credere turbae
I	4.14	at illi / virgineus *teneras* stat pudor ante genas
I	4.58	iam *tener* adsuevit munera velle puer
I	5.43	non facit hoc verbis, facie *teneris*que lacertis / devovet
(I	5.62)	te pauper adibit / primus et in *tenero* fixus erit latere
I	6.33	quid *tenera* tibi coniuge opus?
I	7.30	primus ... Osiris / ... *teneram* ferro sollicitavit humum
I	7.33	hic docuit *teneram* palis adiungere vitem
I	7.46	tibi sunt..., Osiri, /// fusa ... ad *teneros* lutea palla pedes
(I	8.36*)	dum timet et *teneros* conserit usque sinus
I	8.51	parce precor *tenero*: non illi sontica causa est
I	9.30	nunc pudet ad *teneros* procubuisse pedes
I	10.16	aluistis et idem, / cursarem vestros cum *tener* ante pedes
I	10.55	flet *teneras* subtusa genas
I	10.64	quater ille beatus / quo *tenera* irato flere puella potest
[II	1.58]	teneras *pro* hircus[1]
II	1.61	rure etiam *teneris* curam exhibitura puellis / molle gerit tergo lucida vellus ovis
II	2.4	urantur odores / quos *tener* e terra divite mittit Arabs
II	3.10	nec quererer quod ... / laederet ... *teneras* pussula rupta manus

tener (cont'd)

II 3.63		et tu, Bacche *tener*, ... / ... devotos ... relinque lacus
II 6.1		castra Macer sequitur: *tenero* quid fiet Amori?
II 6.30		sic bene sub *tenera* parva quiescat humo
III 4.32		ut iuveni primum virgo deducta marito / inficitur *teneras* ore rubente genas
III 9.8		quis furor est, quae mens, densos indagine colles / claudentem *teneras* laedere velle manus
III 10.1		huc ades et *tenerae* morbos expelle puellae
III 12.2		sanctos cape turis acervos, / quos tibi dat *tenera* docta puella manu
Pr II 21		nec tibi *tener* puer / patebit ullus, ... qui ... / ... verset arte mobilem natem

tenor

[[III 7.155]] tenore *pro* liquore

tenuis

I 3.60		passimque vagantes / dulce sonant *tenui* gutture carmen aves
I 9.68		tune putas illam pro te ... / ... *tenues* denso pectere dente comas?
I 10.61		sit satis e membris *tenuem* rescindere vestem
II 3.53		illa gerat vestes *tenues*
(II 6.24*)		haec captat arundine pisces, / cum *tenues* hamos abdidit ante cibus
(III 1.11*)		summaque praetexat *tenuis* fastigia chartae
III 2.9		ergo cum *tenuem* fuero mutatus in umbram

tepeo

[[II 5.59]] tepent *pro* patent

II 5.77		vidit / ... nubilus annus ... / ... simulacra deum lacrimas fudisse *tepentes*
Pr II 3		candidus mihi puer / *tepente* cum iaceret abditus sinu

tepidus

I 2.48		haec cantu ... / ... *tepido* devocat ossa rogo
III 4.96		et iubeat *tepidos* inrita ferre Notos

ter

I 2.56*bis*		*ter* cane, *ter* dictis despue carminibus
I 3.11		illa sacras pueri sortes *ter* sustulit
[I 5.11]		ter *pro* te
I 5.14		somnia *ter* sancta deveneranda mola
III 3.26		O mihi felicem *ter*que quaterque diem!
III 5.28		languent *ter* quinos sed mea membra dies
III 12.14*bis*		*ter* tibi fit libo, *ter*, dea casta, mero
Pr II 31		tibi haec paratur, ut tuom *ter* aut quater / voret profunda fossa lubricum caput.

tercentenus
    I   4.69   et *tercentenas* erroribus expleat urbes
tergeminus
    III   4.88   canis . . . / cui tres sunt linguae *tergeminum*que caput
    [III   7.70]   tergeminae *pro* inter geminae
tergeo
    I   9.38   *tergebam* umentes credulus usque genas
tergum
    [I   6.42]   det mihi terga *pro* stet procul ante
    I   9.22   et pete ferro / corpus et intorto verbere *terga* seca
    II   1.62   molle gerit *tergo* lucida vellus ovis
    III   4.87   canis anguinea redimitus *terga* caterva
    (III   7.116)   te duce non alias conversus *terga* †domator / libera Romanae subiecit colla catenae
terni
    III   7.50   dum *terna* per orbem / saecula fertilibus Titan decurreret horis
    III   7.112   *terna* minus Pyliae miretur saecula famae
tero
    I   5.22   area dum messes sole calente *teret*
    I   8.32   carior est auro iuvenis, cui levia fulgent / ora nec amplexus aspera barba *terit*
    (III   5.10)   nec mea . . . / dextera . . . cuiquam *trita* venena dedit
    III   19.10   qua nulla humano *sit* via *trita* pede
    (*Pr* II 34)   *tereris* usque, donec, a miser miser, / triplexque quadruplexque compleas specum
terra
    I   1.53   te bellare decet *terra*, Messalla, marique
    I   3.3   me tenet ignotis aegrum Phaeacia *terris*
    I   3.39   nec vagus ignotis repetens conpendia *terris* / presserat externa navita merce ratem
    I   3.56   hic iacet inmiti consumptus morte Tibullus, / Messallam *terra* dum sequiturque mari.
    I   3.62   totosque per agros / floret odoratis *terra* benigna rosis
    I   3.75   porrectusque novem Tityos per iugera *terrae* /
    I   4.22   Veneris periuria venti / inrita per *terras* et freta summa ferunt
    I   4.29   quam cito purpureos deperdit *terra* colores!
    I   7.24   Nile pater, quanam possim te dicere causa / aut quibus in *terris* occuluisse caput?
    I   7.31   primus inexpertae conmisit semina *terrae*
    I   9.8   et durum *terrae* rusticus urget opus
    I   9.33   non tibi si pretium Campania *terra* daretur

terra (cont'd)
II	1.48	rura ferunt messes, calidi cum sideris aestu / deponit flavas annua *terra* comas
II	2.4	urantur odores, / quos tener e *terra* divite mittit Arabs
II	3.48	at tibi ... trahant ... / ficta ... Cumana lubrica *terra* rota
(II	3.62*)	at tibi dura seges, Nemesim qui abducis ab urbe, / persolvat nulla semina *terra* fide.
II	4.50	*terra*que securae sit super ossa levis
II	4.56	quidquid et herbarum Thessala *terra* gerit
II	5.42	iam vocat errantes hospita *terra* Lares
II	5.57	Roma, tuom nomen *terris* fatale regendis
II	5.72	multus ut in *terras* deplueretque lapis
II	5.106	modo in *terris* erret inermis Amor
(II	6.3)	et seu longa virum *terrae* via seu vaga ducent / aequora
III	3.6	non, ut ... /// ... magnas messes *terra* benigna daret
III	3.30	nec me ... iuvant ... / ... quas *terrarum* sustinet orbis opes
[III	7.13]	terris *pro* tectis
III	7.21	alter dicat ... /// ... vagus, e *terris* qua surgere nititur, aer
III	7.66	seu supra *terras* Phoebus seu curreret infra
III	7.79	atque haec seu nostras inter sunt cognita *terras*
III	7.86	frontibus ut dulces erumpat *terra* liquores
III	7.138	non te vicino remorabitur ... Marte / ... latis audax Hispania *terris*
III	7.159	seu propior *terris* aestivom fertur in orbem
III	7.162	nec frugem segetes praebent neque pabula *terrae*

terreo
(I	1.3*)	quem labor adsiduus vicino *terreat* hoste
I	1.18	*terreat* ut saeva falce Priapus aves
I	2.37	neu strepitu *terrete* pedum, neu quaerite nomen
I	3.51	parce pater. timidum non me periuria *terrent*
[II	6.3]	terret *pro* terrae
III	5.27	atque utinam vano nequiquam *terrear* aestu!
III	7.2	te, Messalla, canam, quamquam me cognita virtus / *terret*
[Pr	II 34]	terreris *pro* tereris

tertius
III	5.22	parcite ... / dura ... sortiti *tertia* regna dei

testa
I	10.48	funderet ut nato *testa* paterna merum
II	3.47	at tibi laeta trahant Samiae convivia *testae*

testis
    I   7.10   non sine me est tibi partus honos: Tarbella Pyrene / *testis*
    I   7.11   *testis* Arar Rhodanusque celer magnusque Garunna
    III 7.107   *testis* mihi victae / fortis Iapydiae miles
    III 7.108   *testis* quoque fallax / Pannonius, gelidas passim disiectus in Alpes
    III 7.110   *testis* Arupinis et pauper natus in arvis

testor
    III 7.10   ut puro *testantur* sidera caelo

testudineus
    III 8.22   hanc vos, Pierides, ... cantate ... / et *testudinea* Phoebe superbe lyra

testudo
    III 4.37   fulgens *testudine* et auro / pendebat laeva garrula parte lyra

Tethys
    [I   3.36]   Tethys *pro* tellus

texo
    II 3.54   illa gerat vestes tenues, quas femina Coa / *texuit*

textrix
    (II 1.65*) atque aliqua adsidue *textrix* operata Minervam / cantat

textum
    [II 1.65]   textis *pro* textrix

Tharistus
    [III 3.14] Thariste *pro* Calyste

Theraeus
    (III 7.139) te ... remorabitur ... // nec fera *Theraeo* tellus obsessa colono

Theseus
    III 6.39   Gnosia, *Theseae* quondam periuria linguae / flevisti

Thessalus
    II 4.56   quidquid et herbarum *Thessala* terra gerit

Thetis
    (I 5.46*) talis ad Haemonium Nereis Pelea quondam / vecta est frenato caerula pisce *Thetis*.

Tiberis
    [II 5.69]   Tiberis *pro* Tiburs

tibia
    I 7.47   tibi sunt ..., Osiri, //// ... Tyriae vestes et dulcis *tibia* cantu
    II 1.86   nam turba iocosa / obstrepit et Phrygio *tibia* curva sono

Tibullus
I	3.55	hic iacet inmiti consumptus morte *Tibullus*
I	9.83	hanc tibi fallaci resolutus amore *Tibullus* / dedicat
III	19.13	nunc licet e caelo mittatur amica *Tibullo*
Dom. Mar.	1	te quoque Vergilio comitem non aequa, *Tibulle*, / Mors iuvenem campos misit ad Elysios

Tiburs
(II	5.69)	quasque Aniena sacras *Tiburs* per flumina sortes / portarit sicco pertuleritque sinu

tigillum
II	1.39	illi conpositis primum docuere *tigillis* / exiguam viridi fronde operire domum

Tigris
III	6.15	Armenias *tigres* et fulvas ille leaenas / vicit

timeo
I	2.30	insidias non *timuisse* decet
I	4.21	nec iurare *time*: veneris periuria venti / inrita per terras et freta summa ferunt
I	5.69	at tu, qui potior nunc es, mea fata *timeto*
I	6.21	exibit quam saepe, *time*
I	6.24	tunc mihi non oculis sit *timuisse* meis
I	6.46	nec acrem / flammam, non amens verbera torta *timet*
(I	8.36)	dum *timet* et teneros conserit usque sinus
II	1.20	neu *timeat* celeres tardior agna lupos
III	4.8	somnia... ludunt... / et pavidas mentes falsa *timere* iubent
III	6.22	qui *timet* irati numina magna, bibat
III	10.7	quicquid triste *timemus*, / in pelagus rapidis evehat amnis aquis

timidus
I	2.15	tu quoque ne *timide* custodes, Delia, falle
I	3.51	parce pater. *timidum* non me periuria terrent
III	3.33	adsis et *timidis* faveas, Saturnia, votis

timor
I	2.24	nec docet hoc omnes, sed quos nec inertia tardat / nec vetat obscura surgere nocte *timor*
I	6.59	multoque *timore* / coniungit nostras clam taciturna manus
II	1.77	et pedibus praetemptat iter suspensa *timore*
(III	4.13*)	efficiat vanos noctis Lucina *timores*
III	6.25	sed procul a nobis hic sit *timor*
III	19.18	iuravi stulte: proderat iste *timor*

tingo
    I   8.44   coma tum mutatur, ut annos / dissimulet viridi cortice *tincta* nucis
    I   8.52   sed nimius luto corpora *tingit* amor
    II 4.28   O pereat quicumque ... / ... niveam Tyrio murice *tingit* ovem
    III 3.18   quid ... / *tincta* ... Sidonio murice lana iuvat?

Tisiphone
    I   3.69   *Tisiphone*que inpexa feros pro crinibus angues / saevit

Titan
    III 7.51   dum terna per orbem / saecula fertilibus *Titan* decurreret horis
    III 7.113   centum fecundos *Titan* renovaverit annos
    III 7.157   quippe ubi non umquam *Titan* super egerit ortus

Titius
    (I 4.73)   haec mihi, quae canerem *Titio*, deus edidit ore
    (I 4.74)   sed *Titium* coniunx haec meminisse vetat

titulus
    II 4.54   ite sub imperium sub *titulum*que, Lares
    [[III 1.11]] *titulus pro* tenuis
    III 7.33   at tua non *titulus* capiet sub nomine facta

Tityos
    (I 3.75)   porrectusque novem *Tityos* per iugera terrae / adsiduas atro viscere pascit aves

toga
    I   6.40   tum procul absitis, quisquis ... / ... fluit effuso cui *toga* laxa sinu
    II 3.78   si copia rara videndi, / heu miserum, laxam quid iuvat esse *togam*
    III 16.3   sit tibi cura *togae* potior ... / ... quam Servi filia Sulpicia

tollo
    I   3.11   illa sacras pueri sortes ter *sustulit*
    (I 8.45*)   *tollere* tum cura est albos a stirpe capillos
    III 2.21   parent / post haec carbaseis umorem *tollere* velis
    III 15.1   scis iter ex animo *sublatum* triste puellae?

Tomyris
    [III 7.143]   *Tomyris pro* Tamyris

tondeo
    III 1.10   pumex et canas *tondeat* ante comas
    III 7.172   *tondetur*que seges maturos annua partus

tormentum
    [[I 9.25]]   tormentum admovit *pro* tacito permisit

torqueo

I	4.81	heu heu quam Marathus lento me *torquet* amore!
I	5.5	ure ferum et *torque*, libeat ne dicere quicquam / magnificum post haec
I	6.46	nec acrem / flammam, non amens verbera *torta* timet
I	6.78	at, quae fida fuit nulli, post victa senecta / ducit inops tremula stamina *torta* manu
(I	8.49*)	neu Marathum *torque*: puero quae gloria victo est?
II	6.17	tu miserum *torques*, tu me mihi dira precari / cogis
III	9.12	ipsa ego per montes retia *torta* feram
III	10.11	neu iuvenem *torque*, metuit qui fata puellae
III	20.4	quid miserum *torques*, rumor acerbe? tace.

torreo

I	4.42	neu comes ire neges, quamvis … / … Canis arenti *torreat* arva siti
I	9.50	illa velim rapida Volcanus carmina flamma / *torreat*
[[I	10.37]]	tosto *pro* uro
II	3.55	illi sint comites fusci, quos India *torret*

torus

I	1.44	satis est, requiescere lecto / si licet et solito membra levare *toro*
I	2.58	ille nihil poterit de nobis credere cuiquam, / non sibi, si in molli viderit ipse *toro*
I	2.77	quid Tyrio recubare *toro* sine amore secundo / prodest
I	3.26	quidve (prodest), pie dum sacra colis, pureque lavari / te —memini—et puro secubuisse *toro*?
I	8.62	quid prosunt artes, miserum si spernit amantem / et fugit ex ipso saeva puella *toro*?
[II	1.88]	toro *pro* choro
II	5.100	festas extruet alte / caespitibus mensas caespitibusque *torum*
II	6.38	ne … / maesta … sopitae stet soror ante *torum*
III	6.60	ignotum cupiens vana puella *torum*
[III	8.24]	toro *pro* choro
III	16.6	solliciti sunt pro nobis, quibus illa dolori est / ne cedam, ignoto, maxima causa, *toro*
Pr	II 22	nec tibi tener puer / patebit ullus, imminente qui *toro* / iuvante verset arte mobilem natem

torvus

III	6.19	convenit ex aequo nec *torvos* Liber in illis
[[III	7.125]]	torva *pro* curva

tot

I 6.82. III 2.8

totiens
 i 3.24. iii 6.51.
totus
 i 2.65, 71*bis*. iii 7.201. **tota** (*nom. sing. fem.*) iii 10.17; (12.3).
 totum (*masc.*) ii 2.13. **toto** (*abl. masc.*) iii 7.152. **totā** i 2.25; 5.30;
 6.32. iii 6.61; 18.3. **toto** (*abl. neu.*) iii 1.20. **totos** i 3.61.
trabes
  iii 3.16 (quid prosunt) aurataeque *trabes* marmoreumque solum?
tracto
  i 1.73 nunc levis *est tractanda* Venus, dum frangere postes / non pudet
  i 4.57 heu male nunc artes miseras haec saecula *tractant*
trado
  ii 1.2 ritus ut a prisco *traditus* extat avo
traduco
  (i 1.5*) me mea paupertas vita *traducat* inerti
  i 8.19 cantus vicinis fruges *traducit* ab agris
traho
  i 6.20 caveto // ... digito ... liquorem / ne *trahat* et mensae ducat in orbe notas
  [i 6.42] se trahat *pro* stet procul
  i 6.80 *tracta*que de niveo vellere ducta putat
  [i 7.13] tractis *pro* tacitis
  i 10.13 nunc ad bella *trahor*
  ii 3.47 at tibi laeta *trahant* Samiae convivia testae
transeo
  i 4.27 *transiet* aetas / quam cito non segnis stat remeatque dies!
  i 5.73 et simulat *transire* domum, mox deinde recurrit / solus
transgredior
  ii 1.75 hoc duce custodes furtim *transgressa* iacentes / ad iuvenem tenebris sola puella venit
transilio
  ii 5.90 ille levis stipulae sollemnis potus acervos / accendet, flammas *transiliet*que sacras
tremo
  i 7.4 cecinere diem Parcae ... /// quem *tremeret* forti milite victus Atax
  [[ii 3.43]] tremenda *pro* tumultu
tremor
  [[iii 4.13]] tremores *pro* timores
tremulus
  i 2.93 vidi ego ... / ... senem ... / ... sibi blanditias *tremula* conponere voce

tremulus (*cont'd*)
    I 6.78   at, quae fida fuit nulli, post victa senecta / ducit inops *tremula* stamina torta manu

trepidus
    (II 3.21*)   saepe duces *trepidis* petiere oracula rebus

trepito
    [[II 2.17]]   trepitantibus *pro* strepitantibus

tres
    III 4.88   canis ... / cui *tres* sunt linguae tergeminumque caput

tribuo
    [II 3.40]   cum tribuit dubiae bellica rostra rati *pro* bellica cum dubiis rostra dedit ratibus
    III 7.192   nec solum tibi Pierii *tribuentur* honores
    III 10.19   laus magna tibi *tribuetur* in uno / corpore servato restituisse duos

trini
    [I 3.12]   trinis *pro* triviis

Triphallus
    (Pr II 9)   at, O *Triphalle*, saepe floribus novis / tuas sine arte diligavimus comas

triplex
    [[III 3.35]]   triplices *pro* tristes
    Pr II 35   tereris usque, donec, a miser miser, / *triplex*que quadruplexque compleas specum

tristis
    (I 1.50*)   sit dives iure, furorem / qui maris et *tristes* ferre potest pluvias
    I 1.62   *tristibus* et lacrimis oscula mixta dabis
    I 2.51   cum libet, haec *tristi* depellit nubila caelo
    I 3.19   O quotiens ingressus iter mihi *tristia* dixi / offensum in porta signa dedisse pedem
    I 5.9   ille ego, cum *tristi* morbo defessa iaceres, / te dicor votis eripuisse meis
    I 5.50   ore cruento / *tristia* cum multo pocula felle bibat
    I 6.2   post tamen es misero *tristis* et asper, Amor
    I 7.43   non tibi sunt *tristes* curae nec luctus, Osiri
    I 8.28   persequitur poenis *tristia* facta Venus
    I 10.11   tunc mihi vita foret, vulgi nec *tristia* nossem / arma
    [[I 10.36]]   tristis *pro* turpis
    I 10.49   at *tristia* duri / militis in tenebris occupat arma situs
    II 3.33   cui *tristi* fronte Cupido / imperat, ut nostra sint tua castra domo
    (II 3.65*)   haud inpune licet formonsas *tristibus* agris / abdere
    II 4.3   servitium sed *triste* datur, teneorque catenis

tristis *(cont'd)*

II	4.12	omnia nunc *tristi* tempora felle madent
III	2.27	sed *tristem* mortis demonstret littera causam
(III	3.35*)	*tristes*que sorores / stamina quae ducunt quaeque futura neunt
(III	4.42)	edidit haec *tristi* dulcia verba modo
III	6.34	difficile est *tristi* fingere mente iocum
III	6.38	odit Lenaeus *tristia* verba pater
III	10.7	quicquid *triste* timemus, / in pelagus rapidis evehat amnis aquis
III	10.22	lacrimis erit aptius uti, / si quando fuerit *tristior* illa tibi
III	14.2	invisus natalis adest, qui rure molesto / et sine Cerintho *tristis* agendus erit
III	15.1	scis iter ex animo sublatum *triste* puellae?
III	17.3	a ego non aliter *tristes* evincere morbos / optarim, quam te si quoque velle putem

tristitia

(I	7.40)	Bacchus et agricolae magno confecta labore / pectora *tristitiae* dissoluenda dedit

triumphalis

II	5.5	ipse *triumphali* devinctus tempora lauro, / ..., ad tua sacra veni

triumphus

I	7.5	novos pubes Romana *triumphos* / vidit
II	1.33	gentis Aquitanae celeber Messalla *triumphis*, // huc ades
II	5.118	lauro devinctus agresti / miles 'io' magna voce '*triumphe*' canet
III	7.136	non idem tibi sint aliisque *triumphi*
III	7.175	ergo ubi per claros ierint tua facta *triumphos*

Trivia

(I	5.16*)	vota novem *Triviae* nocte silente dedi

trivium

I	1.12	nam veneror, seu stipes habet desertus in agris / seu vetus in *trivio* florida serta lapis
(I	3.12*)	illi / rettulit e *triviis* omina certa puer.
I	5.56	post agat e *triviis* aspera turba canum

Troia

[[II	5.21]]	*Troiam pro* Romam
II	5.61	*Troia* quidem tunc se mirabitur

Troianus

II	5.46	tandem ad *Troianos* diva superba venit

Troicus

II	5.40	inpiger Aenea... / *Troica* qui profugis sacra vehis ratibus

trux
    I 9.76   hunc ego credam / cum *trucibus* venerem iungere posse feris

tu
    I (1.67); 2.15, 59, (89); (3.83); 4.39, (59); 5.59, 69; 6.15; 7.63; 8.27, 33, 47; 9.(51), 65, 67, 77, 78. II 3.33, 63, 64; 5.11, 13, 79, 113; 6.17*bis*. III [[1.26]]; 4.64; 6.62; 8.3; 9.23; 10.16; 11. [12], (13), 19; 12.7; 17.5; 19.3, 11*bis*, 12, 19*bis*. *Pr* I 6.   **tibi** I 1.15, 64; 2.11, 90, 99; 3.31, 85, 90; 4.1, 4*bis*, (53), [[54]]; 5.[61], 76; 6.3, 27, 33, 55, 57; 7.(9*), 43, (53*), 55; 8.9, 47; 9.(23), [31], 33, 34, (43*), 47, 66, 71, 83. II 2.9, 13, 15, [[17]]; 3.(47), 61; 4.39, 43; 5.11, 41, 48, 121, 122; 6.37, 53. III 1.23, [26]; 4.51, 54, 79, 83; 6.1, 29; 7.16, 25, 27, (28), 32, 34, [39], 40, 100, 136, 148, 179, 192, 198, 201; 8.1, 4; 9.3; 10.16, 19, 22; 11.4, 6, 14; 12.2, 3*bis*, 5, 14; 15.4; 16.(1), 3; 17.1; 18.1; 19.(15), [16]. *Pr* I 2. II 11, 15, 17, 21, 31.   **te** (*acc.*) I 1.53, (59, 60); 2.7, 8, 13, 67, 75; 3.26; 4.(9), 15, [29], 47; 5.(7), 10, (11, 61); 6.19, 29, 35, 57, 59, 65*bis*, 73, 76; 7.7, 13, 23, 25, 27, 61; 8.17*bis*, 77; 9.(31), 53. II 3.28; 5.3, 9, 13, 43, 51, 65; 6.35. III 1.25; 3.25; 4.55, 85, 90; 7.1, 5, 137, 149, 150, 191, 203; 10.3, 17, 25; 11.[[1]], 1, 7; 17.4; 18.5; 19.3; [20.2]. *Pr* II 24, Dom. Mar. 1.   **te** (*abl.*) I 1.57; 2.66, 73; 6.63, 9.56, 67. II 5.15. III 3.7, 23, 24; 6.41, 53, 54; 7.(39), 82, 116, 193, 195, 211; 9.11, 15; 10.9; 11.3.   **vos** I 1.19, (33*), 37, 75; 4.75. II 1.18, 83. III 6.9; 8.21;   **vestrum** III 6.18.   **vobis** I 1.23; 10.29. III (5.29); [12.20].   **vos** I 10.17. II 1.11; 4.16; 5.62. III (1.15); (5.1); 6.43, (45).   **vobis** III [4.4]; [[12.20]].

tuba
    I 1.75   vos, signa *tuba*eque, / ite procul, cupidis volnera ferte viris
    I 10.12   nec tristia nossem / arma nec audissem corde micante *tubam*
    II 5.73   atque *tubas* atque arma ferunt strepitantia caelo / audita
    II 6.10   et mihi sunt vires, et mihi facta *tuba* est

tueor
    III 7.95   quis parma, seu dextra velit seu laeva, *tueri* // amplior

tum
    I 1.[[46]], [67]; (2.79*); 3.(71*), [[71]], (89), [91]; 4.(7), [53], (53); [5.41]; 6.[12], (13, 39); 8.(43*bis*, 45); 9.(31, 45, 79, 81); 10.3*bis*, (4, 19, 53).
    II 1.(43*bis*, 44, 45); [2.21]; 3.(15, 71); (4.41); 5.[110], (119); 6.[51*bis*, 53].
    III (3.9); (7.100); (10.25); (11.12).

tumeo
    [I 8.36]   tumet *pro* timet
    (I 8.68*)   et tua iam fletu lumina fessa *tument*
    III 7.194   adversis hiberna licet *tumeant* freta ventis

tumor
    Pr II 43   et inquietus inguina arrigat *tumor*
tumultus
    (II 3.43*)   urbisque *tumultu* / portatur validis mille columna iugis
tumulus
    II 4.48   annua constructo serta dabit *tumulo*
    II 6.33   illius ad *tumulum* fugiam supplexque sedebo
    III 7.204   quin etiam mea tunc *tumulus* cum texerit ossa
tunc
    I 1.21; [2.79]; 3.[71, 89], (91), [93]; 4.[7], (53), [53]; 5.[[33]], [34], (41); 6.[11, 12, 13], 24, [39]; 8.[43*bis*, 45], 66; 9.[31], [45, 79, 81]; 10.[3*bis*, 4], 11, [19, 53].
    II 1.21, [43*bis*, 44, 45], [[58]]; 3.[15, 71]; [4.41]; 5.25, 61, 88, 95, [119]; 6.[46], (51*bis*, 53).
    III [3.9]; 4.69; 7.[100], (204); 9.15*bis*, 17, [19]; [10.25]; [11.12].
tundo
    I 2.88   non ego . . . dubitem . . . /// . . . miserum sancto *tundere* poste caput
    II 4.10   (cautes) naufraga quam vasti *tunderet* unda maris
tunica
    I 5.15   ipse ego velatus filo *tunicis*que solutis / vota novem Triviae nocte silente dedi
turba
    I 2.97   hunc puer, hunc iuvenis *turba* circumterit arta
    I 3.32   (ut) bisque die resoluta comas tibi dicere laudes / insignis *turba* debeat in Pharia
    I 3.70   Tisiphoneque inpexa feros pro crinibus angues / saevit et huc illuc inpia *turba* fugit
    I 4.9   O fuge te tenerae puerorum credere *turbae*
    I 4.80   tempus erit, cum me Veneris praecepta ferentem / deducat iuvenum sedula *turba* senem
    I 5.56   post agat e triviis aspera *turba* canum
    I 5.63   pauper in angusto fidus comes agmine *turbae*
    I 10.38   errat ad obscuros pallida *turba* lacus
    II 1.16   cernite, fulgentes ut eat sacer agnus ad aras / vinctaque post olea candida *turba* comas
    II 1.23   *turba*que vernarum, saturi bona signa coloni, / ludet
    II 1.85   nam *turba* iocosa / obstrepit et Phrygio tibia curva sono
    II 2.22   ludat et ante tuos *turba* novella pedes
    (II 3.22*)   venit et a templis inrita *turba* domum
    II 5.119   tum Messalla meus pia det spectacula *turbae*
    III 10.18   et frustra credula *turba* sedet
    III 10.25   tum te felicem dicet pia *turba* deorum
    III 19.12   et in solis tu mihi *turba* locis

turbo (*subst.*)
    (I 5.3)   namque agor ut per plana citus sola verbere *turben*

turbo (*vb.*)
    I 3.91   tunc mihi, qualis eris, longos *turbata* capillos, / obvia nudato, Delia, curre pede
    III 9.18   ne Veneris cupidae gaudia *turbet*

turma
    III 7.195   pro te vel densis solus (ausim) subsistere *turmis*

Turnus
    II 5.48   iam tibi praedico, barbare *Turne*, necem

turpis
    I 4.83   parce, puer, quaeso, ne *turpis* fabula fiam
    (I 10.36*)   est infra ... audax / Cerberus et Stygiae navita *turpis* aquae
    III 4.15   si mea nec *turpi* mens est obnoxia facto
    III 6.37   quid queror infelix? *turpes* discedite curae
    III 8.4   at tu, violente, caveto, / ne tibi miranti *turpiter* arma cadant

turris
    I 7.19   quid referam ... // ut ... maris vastum prospectet *turribus* aequor / ... Tyros

tus
    I 3.34   at mihi contingat ... / reddere ... antiquo menstrua *tura* Lari
    I 7.53   sic venias hodierne: tibi dem *turis* honores
    I 8.70   nec prodest sanctis *tura* dedisse focis
    II 2.3   urantur pia *tura* focis, urantur odores
    III 3.2   quid prodest ... / blanda ... cum multa *tura* dedisse prece?
    III 11.9   mane Geni, cape *tura* libens votisque faveto
    III 12.1   Natalis Iuno, sanctos cape *turis* acervos

Tusculus
    I 7.57   nec taceat monumenta viae, quem *Tuscula* tellus / candidaque antiquo detinet Alba Lare

Tuscus
    III 4.6   venturae nuntia sortis / vera monent *Tuscis* exta probata viris
    III 5.29   at vobis *Tuscae* celebrantur numina lymphae

tutela
    II 5.113   nam divum servat *tutela* poetas

tutus
    I 2.29   quisquis amore tenetur, eat *tutus*que sacerque / qualibet
    III 7.83   qua deceat *tutam* castris praeducere fossam

tutus (*cont'd*)

[III 11.17] tutius *pro* tectius
III 19.6 displiceas aliis: sic ego *tutus* ero

tuus

tuos (*nom. sing. masc.*) I 2.43; 6.66. III 19.21. **tua** (*nom. sing. fem.*) I 3.23; 4.3; 6.32, 57; 7.25; 9.65, 81. II 3.27; 5.122. III 7.[1], 29, 81; 10.17; [[12.16]]. **tuom** (*nom. sing. neu.*) II 5.57. III 7.197. **tuae** (*gen.*) II 6.29. III 17.1; 19.15. **tuo** (*dat. masc.*) I 4.39. [III 15.2]. **tuae** (*dat.*) [III 15.2]. **tuom** (*masc.*) III [6.44]; 19.1. **tuam** I 6.65; 9.72. **tuom** (*neu.*) (III 1.12*). *Pr* II 31. **tuo** (*masc.*) I 9.57. III 3.8; (6.44). **tuā** I 3.24. II 5.105. III 3.34. **tuo** (*neu.*) I 9.(40*), 80. III 4.84; 6.4. **tua** (*nom. pl. neu.*) I 1.63; [7.9], (8.68*). II 3.34, (66*). III 6.30; 7.175. **tuis** (*dat. masc.*) III 7.87. (*fem.*) III 7.132; 8.1. (*neu.*) III 7.129. **tuos** I 9.46. II 2.22; 5.53. III [6.44]; 11.8; 12.4. **tuas** I 2.100. II [[2.1]]; [5.4]. III 7.35; 10.26. *Pr* II 10. **tua** I [4.59]; 6.33. II 4.41; 5.1, [4], 6; 6.5, 6, 15. III 7.5, 33. **tuis** (*abl. masc.*) (III 1.8*). (*fem.*) I 7.59. III 3.14*bis*; [4.59]. (*neu.*) I 3.28. II 1.3. III 4.57; 7.47.

Tyrius

I 2.77 quid *Tyrio* recubare toro sine amore secundo / prodest, cum fletu nox vigilanda venit?

I 7.47 tibi sunt . . ., Osiri, //// . . . *Tyriae* vestes et dulcis tibia cantu

I 9.70 ista haec persuadet facies, auroque lacertos / vinciat et *Tyrio* prodeat apta sinu?

II 4.28 O pereat quicumque . . . / . . . niveam *Tyrio* murice tingit ovem

[III 4.28] Tyrio *pro* Syrio
[III 6.63] Tyrio *pro* Syrio

III 7.121 nam modo fulgentem *Tyrio* subtegmine vestem / indueras

III 8.11 urit, seu *Tyria* voluit procedere palla

Tyros

I 7.20 prima ratem ventis credere docta *Tyros*

II 3.58 illi selectos certent praebere colores / Africa puniceum purpureumque *Tyros*

III 8.16 sola puellarum digna est, cui mollia caris / vellera det sucis bis madefacta *Tyros*

U

uber

I 3.46 ultroque ferebant / obvia securis *ubera* lactis oves

ubi (*loc.*)
 II 3.27*bis*. III 7.157.
ubi (*temp.*)
 I 4.31; 6.45. II 4.(17*), (57*); 5.83; 6.49. III 7.[86], 175.
udus
 [III 7.142] uda *pro* una
Ulixes
 III 7.49 non Pylos aut Ithace tantos genuisse feruntur / Nestora vel parvae magnum decus urbis *Ulixem*
ullus
 [[I 2.90]]. II 4.43. *Pr* II 22. **ulla** (*nom. sing. fem.*) I 1.52; 3.43. II 1.9. III 4.25, [26]; [7.127]; 19.4. **ulli** (*masc.*) I 7.2. **ulli** (*fem.*) [III 12.9]. **ullae** (*dat.*) (III 12.9). **ullam** I (4.36); 6.69. **ulla** (*nom. pl. neu.*) [III 7.164].
ultimus
 III 7.145 *ultima* vicinus Phoebo tenet arva Padaeus
ultor
 I 8.72 nescius *ultorem* post caput esse deum
ultra
 III 7.25 seu tibi par poterunt seu, quod spes abnuit, *ultra* / sive minus
ultro
 I 3.45 *ultro*que ferebant / obvia securis ubera lactis oves
ululo
 I 5.55 currat et inguinibus nudis *ululet*que per urbes
ulva
 [[I 7.13]] ulvis *pro* undis
umbra
 I 1.27 contentus ... // ... Canis aestivos ortus vitare sub *umbra* / arboris
 [I 5.55] umbras *pro* urbes
 II 4.11 nunc et amara dies et noctis amarior *umbra* est
 II 5.27 lacte madens illic suberat Pan ilicis *umbrae*
 II 5.96 arboris antiquae qua levis *umbra* cadit
 III 1.16 per vos ... oro / Castaliamque *umbram* Pieriosque lacus
 III 2.9 ergo cum tenuem fuero mutatus in *umbram*
 [III 5.21] umbras *pro* undas
 (III 7.68) vidit, ut ... / magna deum proles levibus discurreret *umbris*
 III 7.154 illic et densa tellus absconditur *umbra*
umbraculum
 II 5.97 aut e veste sua tendent *umbracula* sertis / vincta

umbrosus
I	4.1	sic *umbrosa* tibi contingant tecta, Priape, / ne capiti soles, ne noceantque nives
II	3.72	tum, quibus adspirabat Amor, praebebat aperte / mitis in *umbrosa* gaudia valle Venus
III	9.2	parce meo iuveni, ... / seu colis *umbrosi* devia montis aper

umeo
I	9.38	tergebam *umentes* credulus usque genas

umerus
I	4.50	nec ... / dum placeas, *umeri* retia ferre negent
(I	4.64*)	carminia, ni sint, / ex *umero* Pelopis non nituisset ebur
I	8.33	huic tu candentes *umero* subpone lacertos

umidus
(I	8.37*)	Venus invenit ... // ... dare anhelanti pugnantibus *umida* linguis / oscula

umor
III	2.21	parent / post haec carbaseis *umorem* tollere velis

umquam
(III	7.157)	*quippe* ubi non umquam Titan super egerit ortus

unda
I	3.1	ibitis Aegaeas sine me, Messalla, per *undas*
I	3.37	nondum caeruleas pinus contempserat *undas*
(I	3.78*)	Tantalus est illic, et circum stagna, sed acrem / iam iam poturi deserit *unda* sitim
I	4.45	vel si caeruleas puppi volet ire per *undas*, / ipse levem remo per freta pelle ratem
(I	7.13*)	an te, Cydne, canam, tacitis qui leniter *undis* / caeruleus placidis per vada serpis aquis?
[II	2.15]	undis *pro* Indis
II	2.16	nec tibi (malueris), gemmarum quidquid felicibus Indis / nascitur, Eoi qua maris *unda* rubet
II	4.10	(cautes) naufraga quam vasti tunderet *unda* maris
II	5.44	illic sanctus eris, cum te veneranda Numici / *unda* deum caelo miserit Indigetem
II	5.59	qua fluitantibus *undis* / Solis anhelantes abluit amnis equos
III	5.1	vos tenet, Etruscis manat quae fontibus *unda*
III	5.2	*unda* sub aestivom non adeunda Canem
(III	5.21)	parcite, pallentes *undas* quicumque tenetis
III	5.30	et facilis lenta pellitur *unda* manu
III	7.53	qua maris extremis tellus includitur *undis*
III	7.60	nobilis Artacie gelida quos inrigat *unda*
[III	7.68]	undis *pro* umbris
III	7.72	(Scylla) cum canibus rabidas inter fera serperet *undas*

unda *(cont'd)*

    III 7.123   splendidior liquidis cum Sol caput extulit *undis*
    III 7.126   quin rapidum placidis etiam mare constitit *undis*
    [III 7.142]   unda *pro* una
    III 7.155   et nulla incepto perlabitur *unda* liquore
    III 7.193   pro te vel rapidas ausim maris ire per *undas*

undique

    III 1.3; 7.36.

unguentum

    I 7.51   illius et nitido stillent *unguenta* capillo

unguis

    I 8.11   (prodest) quid *ungues* / artificis docta subsecuisse manu?

unus

    I [2.90]; 6.23. **una** [[I 9.75]]. III 6.32; (7.142). **uni** *(masc.)* I 2.9, (90*). III 19.5. **uno** *(masc.)* [I 1.43]; 2.60. *(neu.)* III 10.19. **unis** *(dat.)* [[I 2.90]]. **una** *(adv.)* III 6.20.

urbs

    I 2.25   en ego cum tenebris tota vagor anxius *urbe*
    I 3.9   Delia non usquam, quae me cum mitteret *urbe*, / dicitur ante omnes consuluisse deos
    I 4.69   et tercentenas erroribus expleat *urbes*
    (I 5.55)   currat et inguinibus nudis ululetque per *urbes*
    I 7.17   quid referam, ut volitet crebras intacta per *urbes* / ... columba
    II 3.2   ferreus est, heu, heu, quisquis in *urbe* manet
    (II 3.43*)   *urbis*que tumultu / portatur validis mille columna iugis
    II 3.51   utque per *urbem* / incedat donis conspicienda meis
    II 3.61   at tibi dura seges, Nemesim qui abducis ab *urbe*, / persolvat nulla semina terra fide
    [II 4.17]   urbem *pro* orbem
    II 5.23   Romulus aeternae nondum formaverat *urbis* / moenia
    II 5.56   hic magnae iam locus *urbis* erit
    III 1.4   discurrunt ... / perque vias *urbis* munera perque domos
    III 7.49   non Pylos aut Ithace tantos genuisse feruntur / Nestora vel parvae magnum decus *urbis* Ulixem
    III 7.52   ille per ignotas audax erraverit *urbes*
    III 14.3   dulcius *urbe* quid est? an villa sit apta puellae?
    [[III 14.6]]   quae procul urbe *pro* saepe propinque
    III 19.3   nec iam te praeter in *urbe* / formonsa est oculis ulla puella meis

Urbs

    I 7.61   te canit agricola, magna cum venerit *Urbe* / serus

urgeo
    I   4.60   at tu, qui venerem docuisti vendere primus, / quisquis es, infelix *urgeat* ossa lapis
    I   9.8   et durum terrae rusticus *urget* opus
    II   1.79   a miseri, quos hoc graviter deus *urget*!
    III   7.43   inaequatum si quando onus *urget* utrimque

uro
    I   2.100   at mihi parce, Venus: ... / ... quid messes *uris* acerba tuas?
    I   5.5   *ure* ferum et torque, libeat ne dicere quicquam / magnificum post haec
    I   8.7   deus crudelius *urit* / quos videt invitos subcubuisse sibi
    I   9.15*bis*   *uretur* facies, *urentur* sole capilli
    I   9.21   *ure* meum potius flamma caput et pete ferro / corpus
    (I 10.37*)   illic percussisque genis *usto*que capillo / errat ad obscuros pallida turba lacus
    II   2.3*bis*   *urantur* pia tura focis, *urantur* odores
    II   4.5   et seu quid merui seu quid peccavimus, *urit*
    II   4.6   *uror*, io, remove, saeva puella, faces
    II   6.5   *ure*, puer, quaeso, tua qui ferus otia liquit
    III   8.11   *urit*, seu Tyria voluit procedere palla
    III   8.12   *urit*, seu nivea candida veste venit
    III   11.5*bis*   *uror* ego ante alias: iuvat hoc, Cerinthe quod *uror*, / si tibi de nobis mutuos ignis adest
    III   12.17*bis*   *uritur*, ut celeres *urunt* altaria flammae
    III   19.19   nunc tu fortis eris, nunc tu me audacius *ures*

usquam
    I   3.9   Delia non *usquam*

usque
    I 2.[[*post* 25]], 90; 3.16; (5.74); 6.8; (8.36*); 9.38. II (4.14*); 5.(32*), 63, [[72]], 111; 6.35. III 19.21. Pr II [17], 34, 44.

usus
    I   9.55   et cum furtivo iuvenem lassaverit *usu*

ut (*c. indic.*)
    I 2.43; 5.3; 6.53, 54; [10.41]. II 1.2; [[2.17]]; (6.36*). III 1.8; 4.31, [33], [[34]]; 7.10, [97], 119, [[145]], 182; 12. 17.

ut (*c. subj.*)
    I 1.(18), 54; 2.2; 3.(29); 4.52, [[56]]; 6.1, 11, 16; 7.17, 19; 8.30, [36], 43, 57, 58; 9.26; 10.[[15]], 31, 48.
    II 1.15, 25, (50), (54*); 2.[17, 22]; 3.[[5]], (34*, 42*, 45*), 51*bis*; 4.16, (38*); 5.(72*), [81], 115; 6.42.
    III 1.12; 3.3, 5, 7; 7.(2*), 6, 16, [[21]], [22], 23, 38, 67, (86, 87), [88], (102), [104], 111; 9.11; [[11.16]]; 12.4, [19, 20]; [13.8].
    Pr I 4, 5. II 31.

uti (III 7.104)

utcumque
    III 4.11   *utcumque* est, sive illi vera moneri, / mendaci somno credere sive volent

uterque
    I 6.86. III (5.18*); 10.24; 11.14, 15.   **utriusque** [III 7.167].
    utrumque (*masc.*) I 4.38; 10.58.   **utroque** (*abl. masc.*) III 7.176.

utilis
    III 4.19   nec me sopierat menti deus *utilis* aegrae

utinam
    I 3.2, [[93]]. II (2.17*); 6.15. III 5.27; 19.5.

utor
    I   5.18   et precibus felix *utitur* ille meis
    I   5.75   nescio quid furtivus amor parat. *utere* quaeso, / dum licet
    I   8.24   forma nihil magicis *utitur* auxiliis
    I   8.48   at tu, dum primi floret tibi temporis aetas, / *utere*
    III 10.21   lacrimis erit aptius *uti*, / si quando fuerit tristior illa tibi

utrimque
    III 7.43, (167).

uva
    I   4.19   annus in apricis maturat collibus *uvas*
    I   5.23   aut mihi servabit plenis in lintribus *uvas*
    I   5.27   illa deo sciet agricolae pro vitibus *uvam*, / . . . ferre
    I   7.36   illi iucundos primum matura sapores / expressa incultis *uva* dedit pedibus
    (I 10.21)   hic placatus erat, seu quis libaverat *uva*
    I 10.47   pax aluit vites et sucos condidit *uvae*
    II 1.3   Bacche, veni, dulcisque tuis e cornibus *uva* / pendeat
    II 1.45   aurea tum pressos pedibus dedit *uva* liquores
    II 3.63   et tu, Bacche tener, iucundae consitor *uvae*
    II 5.85   oblitus et musto feriet pede rusticus *uvas*
    III 5.19   quid fraudare iuvat vitem crescentibus *uvis*?

uxor
    I 9.54   at te . . . / rideat adsiduis *uxor* inulta dolis
    I 10.42   et calidam fesso conparat *uxor* aquam
    (I 10.52*)   rusticus . . . vehit . . . / *uxorem* plaustro progeniemque domum
    II 2.11   auguror, *uxoris* fidos optabis amores

V

vacca
- II 3.14a   ipse deus solitus stabulis expellere *vaccas*
- II 5.25   sed tunc pascebant herbosa Palatia *vaccae*

vacuus
- [[I 2.90]]   vacuus *pro* uni
- [*Pr* II 29]   vacua *pro* vaga

vadum
- I 7.14   an te, Cydne, canam, tacitis qui leniter undis / caeruleus placidis per *vada* serpis aquis
- II 5.34   ire solebat / exiguos pulsa per *vada* linter aqua

vae
- [I 8.53]   vae *pro* vel

vagor
- I 2.25   en ego cum tenebris tota *vagor* anxius urbe
- I 3.59   passimque *vagantes* / dulce sonant tenui gutture carmen aves
- III 9.11   ut tecum liceat, Cerinthe, *vagari*, / ipsa ego per montes retia torta feram

vagus
- I 3.39   nec *vagus* ignotis repetens conpendia terris / presserat externa navita merce ratem
- II 3.39   praeda *vago* iussit geminare pericula ponto
- II 5.29   pendebatque *vagi* pastoris in arbore votum
- II 6.3   et seu longa virum terrae via seu *vaga* ducent / aequora
- III 1.3   et *vaga* nunc certa discurrunt undique pompa / ... munera
- III 7.21   alter dicat ... /// ... *vagus*, e terris qua surgere nititur, aer
- III 7.76   non violata *vagi* sileantur pascua Solis
- III 7.143   nec qua regna *vago* Tamyris finivit Araxe
- (*Pr* II 29)   *vaga*que pelle tectus, annuo gelu / araneosus obsidet forem situs
- *Pr* II 37   superbia ista proderit nihil, simul / *vagum* sonante merseris luto caput

valeo
- I 4.23   vetuit pater ipse *valere*, / iurasset cupide quidquid ineptus amor
- I 10.56   sed victor et ipse / flet sibi dementes tam *valuisse* manus
- [II 1.1]   valeat *pro* faveat
- [II 2.21]   valeat *pro* veniat
- II 3.67   O *valeant* fruges, ne sint modo rure puellae

valeo *(cont'd)*
    II 4.2   iam mihi, libertas illa paterna, *vale*
    II 4.20   ite procul, Musae, si nihil ista *valent*
    II 6.9*bis*   castra peto, *valeat*que Venus *valeant*que puellae
    (III 6.17)   haec Amor et maiora *valet*
    III 6.26   illaque, si qua est, / quid *valeat* laesi sentiat ira dei
    [III 7.2]   valeant *pro* nequeant
    III 7.55   nec *valuit* lotos coeptos avertere cursus
    [III 11.10]   valet *pro* calet
    Pr II 14, 15   *vale*, nefande destitutor inguinum, / *vale*, Priape

Valgius
    III 7.180   est tibi, ..., / *Valgius*: aeterno propior non alter Homero

Valgus
    [I 10.11]   Valgi *pro* vulgi

validus
    I 3.41   illo non *validus* subiit iuga tempore taurus
    II 2.14   quaecumque ... / fortis arat *valido* rusticus arva bove
    II 3.6   quam fortiter illic / versarem *valido* pingue bidente solum
    (II 3.44*)   urbisque tumultu / portatur *validis* mille columna iugis
    II 6.25   spes etiam *valida* solatur compede vinctum
    (III 4.65*)   saevos Amor docuit *validos* temptare labores
    III 7.115   *validis*que sedet moderator habenis
    III 11.15   sed potius *valida* teneamur uterque catena

valles
    I 4.49   nec, velit insidiis altas si claudere *valles* / ... umeri retia ferre negent
    (II 3.19*)   O quotiens ausae, caneret dum *valle* sub alta, / rumpere mugitu carmina docta boves
    II 3.72   tum, quibus adspirabat Amor, praebebat aperte / mitis in umbrosa gaudia *valle* Venus

vallum
    III 7.85   quemve locum ducto melius sit claudere *vallo*

vallus
    I 10.9   non arces, non *vallus* erat

vanus
    [I 2.90]   non vanus *pro* non uni
    I 4.84   parce, puer, quaeso, ne turpis fabula fiam, / cum mea ridebunt *vana* magisteria
    [[II 3.59]]   vana *pro* nota
    (III 4.3)   ite procul, *vani*, falsumque avertite visum
    [III 4.4]   vanis *pro* nobis
    [III 4.9]   vanum *pro* natum
    III 4.13   efficiat *vanos* noctis Lucina timores

vanus *(cont'd)*
    III 4.56   *vanum* nocturnis fallit imaginibus
    III 4.68   me quondam Admeti niveas pavisse iuvencas / non est in *vanum* fabula ficta iocum
    III 5.27   atque utinam *vano* nequiquam terrear aestu!
    III 6.60   ignotum cupiens *vana* puella torum

varius
    I 7.45   tibi sunt..., Osiri, // ... *varii* flores et frons redimita corymbis
    I 9.64   illa nulla queat melius... / ... operum *varias* disposuisse vices
    [I 10.10]   varias *pro* sparsas
    [[III 4.65]]   varios *pro* validos

vasto
    III 7.153   atque duae (partes) gelido *vastantur* frigore semper

vastus
    I 7.19   quid referam... // ut ... maris *vastum* prospectet turribus aequor / ... Tyros
    (II 4.10*)   (cautes) naufraga quam *vasti* tunderet unda maris
    III 3.37   me vocet in *vastos* amnes nigramque paludem / ... Orcus
    [[III 4.65]]   vastos *pro* validos
    III 4.85   nam te nec *vasti* genuerunt aequora ponti

vates
    II 5.18   Phoebe, sacras Messalinum sine tangere chartas / *vatis*
    II 5.65   haec cecinit *vates* et te sibi, Phoebe, vocavit
    II 5.114   at tu, ... / praemoneo, *vati* parce, puella, sacro
    [III 4.9]   vatum *pro* natum
    III 4.49   quare ego quae dico non fallax, accipe, *vates*

vaticinor
    I 6.44   sic magna sacerdos / *est* mihi divino *vaticinata* sono

-ve
    I 1.31*bis*, [41]; 2.95; 3.[18], 25; 4.[2], [28]; [6.25]; [[7.58]]; 8.2. II 3.12, [4.2]; 6.52*bis*. III 3.13, 17; 4.91; 7.(39), 39, 40*bis*, 85, 89*bis*, (91), [[92]], 163*bis*, 201*bis*; 9.9; [11.20*bis*]. *Pr* II 12*bis*, 25.

veho
    I 4.66   quem referent Musae, vivet, dum robora tellus, / dum caelum stellas, dum *vehet* amnis aquas
    (I 5.46*)   talis ad Haemonium Nereis Pelea quondam / *vecta est* frenato caerula pisce Thetis
    (I 10.51*)   rusticus e lucoque *vehit*, male sobrius ipse, / uxorem plaustro progeniemque domum
    II 5.36   illa ... / ad iuvenem festa *est vecta* puella die

veho (cont'd)
II	5.40	inpiger Aenea... / Troica qui profugis sacra *vehis* ratibus
III	3.34	et faveas concha, Cypria, *vecta* tua
III	7.58	*vexit* et Aeolios placidum per Nerea ventos
III	7.130	Iuppiter ipse levi *vectus* per inania curru / adfuit
III	7.209	sive ego per liquidum volucris *vehar* aera pennis

vel

I 4.45; 8.(53*), 63; 9.60, [[10.11]]. II 4.9, [[38]]. III 7.49, 62, 63, 74, 75, (140*), 140, [144], 193, 195, 196, 202*bis*; 11.13, 14; 19.11.

Velabrum
II	5.33	at qua *Velabri* regio patet, ire solebat / exiguos... linter

vello
[[I	8.45]]	vellere *pro* tollere
III	5.20	quid... iuvat... / ... modo nata mala *vellere* poma manu?

vellus
I	6.80	tractaque de niveo *vellere* ducta putat
II	1.62	molle gerit tergo lucida *vellus* ovis
III	8.16	sola puellarum digna est, cui mollia caris / *vellera* det sucis bis madefacta Tyros

velo
I	5.15	ipse ego *velatus* filo tunicisque solutis / vota novem Triviae nocte silente dedi
III	4.55	cum te fusco Somnus *velavit* amictu

velox
I	5.24	aut mihi servabit... / pressa... *veloci* candida musta pede
III	7.114	ipse tamen *velox* celerem super edere corpus / audet equom
III	9.13	ipsa ego *velocis* quaeram vestigia cervi

velum
[I	9.25]	vela *pro* lene
(III	2.21)	parent / post haec carbaseis umorem tollere *velis*

velut (*c. subj.*)

(I 6.25*). II 1.71. **veluti** III 7.41.

vendo
I	4.59	at tu, qui venerem docuisti *vendere* primus, / quisquis es, infelix urgeat ossa lapis
I	4.67	at qui non audit Musas, qui *vendit* amorem, / Idaeae currus ille sequatur Opis

vendo (*cont'd*)
I	9.32	tunc mihi iurabas ... te ... / ... non gemmis *vendere* velle fidem
I	9.51	tu procul hinc absis, cui formam *vendere* cura est
I	9.77	blanditiasne meas aliis tu *vendere* es ausus?
II	4.53	quin etiam sedes iubeat si *vendere* avitas

venenum
II	4.55	quidquid habet Circe, quidquid Medea *veneni*
III	5.10	nec mea ... / dextera ... cuiquam trita *venena* dedit

veneror
I	1.11	nam *veneror*, seu stipes habet desertus in agris / seu vetus in trivio florida serta lapis
I	5.33	et tantum *venerata* virum, hunc sedula curet
(I	7.56)	at tibi succrescat proles, quae facta parentis / augeat et circa stet *veneranda* senem
II	4.47	atque aliquis senior veteres *veneratus* amores / annua constructo serta dabit tumulo
(II	5.43)	illic sanctus eris, cum te *veneranda* Numici / unda deum caelo miserit Indigetem
III	8.10	seu compsit, comptis est *veneranda* comis

venio
I	1.59	te spectem, suprema mihi cum *venerit* hora
I	1.70	iam *veniet* tenebris Mors adoperta caput
I	2.78	quid Tyrio recubare toro sine amore secundo / prodest, cum fletu nox vigilanda *venit*?
I	3.65	illic est, cuicumque rapax mors *venit* amanti
I	3.89	tum *veniam* subito, nec quisquam nuntiet ante
I	4.31	quam iacet, infirmae *venere* ubi fata senectae
I	4.44	quamvis praetexens picta ferrugine caelum / *venturam* amiciat imbrifer arcus aquam.
(I	5.31)	huc *veniet* Messalla meus
I	5.48	*venit* in exitium callida lena meum
[I	5.57]	et venient *pro* eveniet
I	6.62	proculque / cognoscit strepitus me *veniente* pedum
I	6.73	non ego te pulsare velim, sed, *venerit* iste / si furor, optarim non habuisse manus
I	7.53	sic *venias* hodierne: tibi dem turis honores
I	7.61	te canit agricola, magna cum *venerit* Urbe / serus
I	7.64	at tu, Natalis multos celebrande per annos, / candidior semper candidiorque *veni*
I	8.15	illa placet, quamvis inculto *venerit* ore
I	8.65	dum mihi *venturam* fingo, quodcumque movetur, / illius credo tunc sonuisse pedes
I	9.4	a miser, et siquis primo periuria celat, / sera tamen tacitis Poena *venit* pedibus

venio (cont'd)

(I	9.43*)	saepe insperanti *venit* tibi munere nostro
I	10.34	inminet et tacito clam *venit* illa pede
I	10.67	at nobis, Pax alma, *veni* spicamque teneto
II	1.3	Bacche, *veni*, dulcisque tuis e cornibus uva / pendeat
II	1.13	casta placent superis: pura cum veste *venite*
II	1.76	ad iuvenem tenebris sola puella *venit*
II	1.81	sancte, *veni* dapibus festis, sed pone sagittas
(II	1.89)	postque *venit* tacitus furvis circumdatus alis / Somnus
(II	2.1*)	dicamus bona verba: *venit* Natalis ad aras
(II	2.21*)	hic *veniat*, Natalis, avis prolemque ministret
(II	3.22*)	*venit* et a templis inrita turba domum
II	3.38	hinc cruor, hinc caedes mors propiorque *venit*
(II	3.50*)	iam *veniant* praedae, si Venus optat opes
(II	4.43)	seu *veniet* tibi mors, nec erit qui lugeat ullus
II	5.2	huc age cum cithara carminibusque *veni*
II	5.6	dum cumulant aras, ad tua sacra *veni*
(II	5.7)	sed nitidus pulcherque *veni*
II	5.46	tandem ad Troianos diva superba *venit*
II	6.40	qualis ab excelsa praeceps delapsa fenestra / *venit* ad infernos sanguinolenta lacus
III	1.1	Martis Romani festae *venere* kalendae
III	2.11	ante meum *veniat* longos incompta capillos / ... maesta Neaera rogum
III	2.13	sed *veniat* carae matris comitata dolore
III	4.5	*venturae* nuntia sortis / vera monent Tuscis exta probata viris
[III	4.9]	ventura *pro* in curas
III	4.39	hanc primum *veniens* plectro modulatus eburno
III	5.16	nec *venit* tardo curva senecta pede
[[III	6.19]]	non venit *pro* convenit
[III	6.21]	non venit *pro* convenit
III	6.32	*venit* post multos una serena dies
(III	7.96)	sive hac sive illac *veniat* gravis impetus hastae
(III	7.98)	iam simul audacis *venient* certamina Martis
III	8.2	spectatum e caelo, si sapis, ipse *veni*
III	8.12	urit, seu nivea candida veste *venit*
III	9.17	tunc *veniat* licet ad casses, inlaesus abibit, / ... aper
III	10.9	sancte, *veni*, tecumque feras, quicumque sapores, / ... corpora fessa levant
III	12.13	adnue purpureaque *veni* perlucida palla
(III	12.19*)	sis iuveni grata: *veniet* cum proximus annus
[[III	12.19]]	diva, veni grata, ut verteret *pro* sis iuveni grata, veniet

venio (*cont'd*)
    III 13.1   tandem *venit* amor, qualem texisse pudori / quam nudasse alicui sit mihi fama magis
    [III 13.8]   venio *pro* nemo
    III 15.4   qui nec opinanti nunc tibi forte *venit*

venor
    (III 9.5*)   sed procul abducit *venandi* Delia cura
    III 9.23   at tu *venandi* studium concede parenti

ventus
    I 1.45   quam iuvat inmites *ventos* audire cubantem
    (I 3.38)   nondum caeruleas pinus contempserat undas, / effusum *ventis* praebueratque sinum
    I 4.21   Veneris periuria *venti* / inrita per terras et freta summa ferunt
    I 6.54   adtigerit, labentur opes, ... / ... ut hic *ventis* diripitur ... cinis
    I 7.20   prima ratem *ventis* credere docta Tyros
    I 9.9   lucra petituras freta per parentia *ventis* / ducunt instabiles sidera certa rates
    I 9.14   pulvisque decorem / detrahet et *ventis* horrida facta coma
    II 4.9   quam mallem ... / stare vel insanis cautes obnoxia *ventis*
    II 4.40   at tibi, quae pretio victos excludis amantes, / eripiant partas *ventus* et ignis opes
    [III 2.21]   ventis *pro* velis
    [III 4.4]   ventis *pro* nobis
    III 6.27   *venti* temeraria vota, / aeriae et nubes diripienda ferant
    III 6.50   periuria ridet amantum / Iuppiter et *ventos* inrita ferre iubet
    III 7.58   vexit et Aeolios placidum per Nerea *ventos*
    III 7.124   et fera discordes tenuerunt flamina *venti*
    III 7.194   adversis hiberna licet tumeant freta *ventis*

venus
    I 4.59   at tu, qui *venerem* docuisti vendere primus, / quisquis es, infelix urgeat ossa lapis
    I 5.8   parce tamen, ... / per *venerem* quaeso conpositumque caput
    I 6.14   livor ... / quem facit inpresso mutua dente *venus*
    I 8.57   nota *venus* furtiva mihi est, ut lenis agatur / spiritus
    I 9.76   hunc ego credam / cum trucibus *venerem* iungere posse feris
    III 9.19   nunc sine me sit nulla *venus*
    III 19.2   hoc primum iuncta est foedere nostra *venus*

venus *(cont'd)*

Pr II 4   *venus* fuit quieta nec viriliter / iners senile penis extulit caput

Pr II 45   neque incitare cesset usque dum mihi / *venus* iocosa molle ruperit latus

Venus

I 1.73   nunc levis est tractanda *Venus*, dum frangere postes / non pudet

I 2.16   audendum est: fortes adiuvat ipsa *Venus*

[*post* I 2.25]   securum in tenebris me facit esse *Venus*

I 2.36   celari volt sua furta *Venus*

I 2.42   nam fuerit quicumque loquax, is sanguine natam, / is *Venerem* e rapido sentiet esse mari

I 2.81   num *Veneris* magnae violavi numina verbo?

I 2.92   vidi ego, qui iuvenum miseros lusisset amores / post *Veneris* vinclis subdere colla senem

I 2.99   at mihi parce, *Venus*: semper tibi dedita servit / mens mea

I 3.58   sed me, ... / ipsa *Venus* campos ducet in Elysios

I 3.79   et Danai proles, *Veneris* quod numina laesit, / in cava Lethaeas dolia portat aquas

I 4.21   *Veneris* periuria venti / inrita per terras et freta summa ferunt

I 4.71   blanditiis volt esse locum *Venus* ipsa

I 4.79   tempus erit, cum me *Veneris* praecepta ferentem / deducat iuvenum sedula turba senem

I 5.40   saepe aliam tenui, sed iam cum gaudia adirem, / admonuit dominae deseruitque *Venus*

I 5.58   saevit et iniusta lege relicta *Venus*

I 6.83   hanc *Venus* ex alto flentem sublimis Olympo / spectat

I 8.5   ipsa *Venus* magico religatum bracchia nodo / perdocuit multis non sine verberibus

I 8.28   persequitur poenis tristia facta *Venus*

(I 8.35*)   at *Venus* invenit puero concumbere furtim

I 9.20   asperaque est illi difficilisque *Venus*

I 9.81   *Venerique* merenti / fixa notet casus aurea palma meos

I 10.53   sed *Veneris* tum bella calent

I 10.66   sed manibus qui saevos erit, ... / ... miti sit procul a *Venere*

II 1.12   discedat ab aris, / cui tulit hesterna gaudia nocte *Venus*

II 3.3   ipse *Venus* latos iam nunc migravit in agros

II 3.29   felices olim, *Veneri* cum fertur aperte / servire aeternos non puduisse deos

II 3.35   ferrea non *Venerem*, sed praedam saecula laudant

II 3.50   iam veniant praedae, si *Venus* optat opes

Venus (cont'd)

[[II 3.61]]   Venerem *pro* Nemesim
II 3.72   tum, quibus adspirabat Amor, praebebat aperte / mitis in umbrosa gaudia valle *Venus*
II 4.24   sed *Venus* ante alios est violanda mihi
(II 4.57*)   ubi indomitis gregibus *Venus* adflat amores
II 6.9   castra peto, valeatque *Venus* valeantque puellae
[[III 6.8]]   Idaliis hic Venus *pro* hic niveis Delius
III 6.48   etsi per ... fallax iuravit ... / Iunonemque suam perque suam *Venerem*, / nulla fides inerit
III 8.3   hoc *Venus* ignoscet
III 9.18   ne *Veneris* cupidae gaudia turbet
III 11.13   nec tu sis iniusta, *Venus*
III 13.5   exsolvit promissa *Venus*
III 19.14   mittetur frustra deficietque *Venus*
III 19.23   sed *Veneris* sanctae considam vinctus ad aras

ver

III 5.4   cum se purpureo *vere* remittit humus

verax

I 2.43   nec tamen huic credet coniunx tuos, ut mihi *verax* / pollicita est magico saga ministerio
III 7.119   maiora peractis / instant, conpertum est *veracibus* ut mihi signis
III 7.133   Iuppiter ... /// cuncta ... *veraci* capite adnuit

verber

I 5.3   namque agor ut per plana citus sola *verbere* turben
I 6.38   non saeva recuso / *verbera*, detrecto non ego vincla pedum
I 6.46   nec acrem / flammam, non amens *verbera* torta timet
I 8.6   ipsa Venus magico religatum bracchia nodo / perdocuit multis non sine *verberibus*
I 9.22   et pete ferro / corpus et intorto *verbere* terga seca
II 3.80   non ego me vinclis *verberibus*que nego
III 4.66   saevos Amor docuit *verbera* posse pati

verbero

I 2.7   ianua difficilis, domini te *verberet* imber
I 10.60   a, lapis est ferrumque, suam quicumque puellam / *verberat*

verbum

I 2.22   docet ... /// blanda ... conpositis abdere *verba* notis
I 2.81   num Veneris magnae violavi numina *verbo*?
I 3.52   timidum non me periuria terrent, / non dicta in sanctos inpia *verba* deos

verbum (cont'd)
I	5.6	ure ferum et torque, libeat ne dicere quisquam / magnificum post haec: horrida *verba* doma
(I	5.43)	non facit hoc *verbis*, facie tenerisque lacertis / devovet
I	5.67	heu canimus frustra, nec *verbis* victa patescit / ianua
I	8.2	non ego celari possum, quid nutus amantis / quidve ferant mihi lenia *verba* sono
[I	9.25]	verba *pro* lene
(I	9.26)	ederet ut multo libera *verba* mero
I	9.35	illis eriperes *verbis* mihi sidera caeli / lucere
(I	9.41*)	*verbis* ne quisquam conscius esset
I	10.57	at lascivus Amor rixae mala *verba* ministrat
II	1.32	nomen et absentis singula *verba* sonent
(II	1.52*)	agricola adsiduo primum satiatus aratro / cantavit certo rustica *verba* pede
II	1.74	hic dicere iussit / limen ad iratae *verba* pudenda senem
II	2.1	dicamus bona *verba*: venit Natalis ad aras
II	3.4	*verba*que aratoris rustica discit Amor
II	5.4	te ... / nunc precor ad laudes flectere *verba* meas
II	5.94	nec taedebit avum ... / balba ... cum puero dicere *verba* senem
II	5.112	usque cano Nemesim, sine qua versus mihi nullus / *verba* potest ... reperire
II	6.12	sed magnifice mihi magna locuto / excutiunt clausae fortia *verba* fores
II	6.36	illius ut *verbis*, sis mihi lenta, veto
III	1.22	atque haec submisso dicite *verba* sono
III	4.42	edidit haec tristi dulcia *verba* modo
[III	4.65]	dominae fera verba minantis *pro* validos temptare labores
[[III	6.20]]	verba *pro* vina
III	6.36	nec bene sollicitis ebria *verba* sonant
III	6.38	odit Lenaeus tristia *verba* pater
III	6.51	ergo quid totiens fallacis *verba* puellae / conqueror?
III	6.52	ite a me, seria *verba*, precor
III	7.47	seu iudicis ira / sit placanda, tuis poterit mitescere *verbis*
III	10.14	dicit in aeternos aspera *verba* deos
III	11.18	nam pudet haec illum dicere *verba* palam

Vergilius
Dom. Mar. 1 te quoque *Vergilio* comitem non aequa, Tibulle, / Mors iuvenem campos misit ad Elysios

verna
 I 5.26 consuescet amantis / garrulus in dominae ludere *verna* sinu
 II 1.23 turbaque *vernarum*, saturi bona signa coloni, / ludet
vernus
 II 1.49 rure levis *verno* flores apis ingerit alveo
 (II 1.59*) rure puer *verno* primum de flore coronam / fecit
 [III 7.84] vernos *pro* cervos
verso
 I 3.74 illic Iunonem temptare Ixionis ausi / *versantur* celeri noxia membra rota
 I 5.4   turben / quem celer adsueta *versat* ab arte puer
 I 5.70 *versatur* celeri Fors levis orbe rotae
 (II 1.64*) hinc et femineus labor est, hinc pensa colusque / fusus et adposito pollice *versat* opus
 II 3.6   quam fortiter illic / *versarem* valido pingue bidente solum
 Pr II 23 nec tibi tener puer / patebit ullus, imminente qui toro / iuvante *verset* arte mobilem natem
versus
 II 5.111 usque cano Nemesim, sine qua *versus* mihi nullus / verba potest ... reperire
 III 1.8 gaudeat, ut digna est, *versibus* illa tuis
 III 2.26 sic ego conponi *versus* in ossa velim
 III 7.17 sit gratus ... labor, ut tibi possim / inde alios aliosque memor conponere *versus*
 III 7.34 aeterno sed erunt tibi magna volumina *versu*
 III 7.201 quod tibi si *versus* noster, ... / ... bene sit notus
vertex
 I 7.15 aetherio contingens *vertice* nubes
 [II 1.8] vertice stare boves *pro* stare boves capite
verto
 I 2.10 neu furtim *verso* cardine aperta sones
 I 2.46 fluminis haec rapidi carmine *vertit* iter
 I 5.38 at dolor in lacrimas *verterat* omne merum
 I 6.12 didicit ... / cardine nunc tacito *vertere* posse fores
 I 9.12 at deus illa / in cinerem et liquidas munera *vertat* aquas
 I 10.6   nos ad mala nostra / *vertimus*, in saevas quod dedit ille feras?
 (II 4.18*) nec refero ... qualis, ubi orbem / conplevit, *versis* Luna recurrit equis
 III 4.95 haec deus in melius crudelia somnia *vertat*
 [III 7.55] vertere *pro* avertere
 III 7.61 solum nec doctae *verterunt* pocula Circes
 (III 7.169) hinc placidus nobis per tempora *vertitur* annus
 [[III 12.19]] diva, veni grata, ut verteret *pro* sis iuveni grata, veniet

Vertumnus
    (III 8.13*)   talis in aeterno felix *Vertumnus* Olympo / mille habet ornatus

veru
    I 6.49   statque latus praefixa *veru*, stat saucia pectus

verus
    I 6.31   nec me iam dicere *vera* pudebit
    I 10.2   quam ferus et *vere* ferreus ille fuit!
    II 4.51*bis*   *vera* quidem moneo, sed prosunt quid mihi *vera*?
    II 5.63   *vera* cano: sic usque sacras innoxia laurus / vescar
    III 2.7   nec mihi *vera* loqui pudor est
    III 4.1   nec sint mihi somnia *vera*, / quae tulit hesterna pessima nocte quies
    III 4.5   divi *vera* monent
    III 4.6   venturae nuntia sortis / *vera* monent Tuscis exta probata viris
    [[III 4.9]]   verum *pro* natum
    III 4.11   sive illi *vera* moneri, / mendaci somno credere sive volent
    III 4.50   accipe . . . / quod . . . deus *vero* Cynthius ore feram
    III 4.77   quod si *vera* canunt sacris oracula templis

vescor
    (II 5.64)   vera cano: sic usque sacras innoxia laurus / *vescar*

Vestalis
    II 5.52   te quoque iam video . . . / Ilia, *Vestales* deseruisse focos

vester
    vestro (*abl. masc.*) (III 8.24). **vestros** I 10.16. **vestra** I 1.20; 9.6.

vestigium
    I 9.57   semper sint externa tuo *vestigia* lecto
    III 7.13   Alcides . . . / laeta Molorcheis posuit *vestigia* tectis
    III 8.7   illam, quicquid agit, quoquo *vestigia* movit, / conponit furtim subsequiturque Decor
    III 9.13   ipsa ego velocis quaeram *vestigia* cervi

vestis
    I 2.28   nec sinit occurrat quisquam, quo corpora ferro / vulneret aut rapta praemia *veste* petat
    I 7.47   tibi sunt . . ., Osiri, //// . . . Tyriae *vestes* et dulcis tibia cantu
    I 8.13   frustra iam *vestes*, frustra mutantur amictus
    I 9.56   tecum interpostia languida *veste* cubet
    I 10.27   hanc pura cum *veste* sequar
    I 10.61   sit satis e membris tenuem rescindere *vestem*
    (II 1.13)   casta placent superis: pura cum *veste* venite

vestis (*cont'd*)

II	3.53	illa gerat *vestes* tenues, quas femina Coa / *texuit*
II	3.76	horrida villosa corpora *veste* tegant
(II	4.30*)	hic dat avaritiae causas ... Coa puellis / *vestis*
(II	5.7)	nunc indue *vestem* / sepositam, longas nunc bene pecte comas
II	5.97	aut e *veste* sua tendent umbracula sertis / vincta
III	2.18	ossa / incinctae nigra candida *veste* legent
III	4.36	namque haec in nitido corpore *vestis* erat
III	7.121	nam modo fulgentem Tyrio subtegmine *vestem* / indueras
III	8.12	urit, seu nivea candida *veste* venit

veto

I	2.24	nec docet hoc omnes, sed quos nec inertia tardat / nec *vetat* obscura surgere nocte timor
I	4.23	*vetuit* pater ipse valere, / iurasset cupide quidquid ineptus amor
I	4.74	sed Titium coniunx haec meminisse *vetat*
(I	9.24)	est deus, occultos qui *vetat* esse dolos
II	6.36	illius ut verbis, sis mihi lenta, *veto*
[II	6.45]	vetat *pro* necat

vetus

I	1.12	nam veneror, seu stipes habet desertus in agris / seu *vetus* in trivio florida serta lapis
[I	3.38]	veteris *pro* ventis
I	8.42	cum *vetus* infecit cana senecta caput
I	8.50	in *veteres* esto dura, puella, senes
(I	10.18)	sic *veteris* sedes incoluistis avi
II	1.27	nunc mihi fumosos *veteris* proferte Falernos / consulis
II	3.69	glans aluit *veteres*, et passim semper amarunt
II	4.47	atque aliquis senior *veteres* veneratus amores / annua constructo serta dabit tumulo
III	7.63	apta vel herbis / aptaque vel cantu *veteres* mutare figuras
III	7.111	quem siquis videat *vetus* ut non fregerit aetas
(III	12.20)	hic idem votis iam *vetus* extet amor

vexo

III	17.2	quod mea nunc *vexat* corpora fessa calor

via

I	1.26	iam possim contentus ... / nec semper longae deditus esse *viae*
I	1.52	O quantum est auri pereat potiusque zmaragdi / quam fleat ob nostras ulla puella *vias*
[[*post* I 2.25]]		ille deus certae dat mihi signa *viae*

via (*cont'd*)

I	3.14	est deterrita numquam / quin fleret nostras respiceretque *vias*
I	3.36	pruisquam / tellus in longas est patefacta *vias*!
(I	3.50*)	nunc mare, nunc leti mille repente *viae*
I	4.41	neu comes ire neges, quamvis *via* longa paretur
I	5.64	pauper in angusto fidus comes agmine turbae / subicietque manus efficietque *viam*
I	6.42	stet procul aut alia† stet procul† ante *via*
(I	6.72*)	et siquid peccasse pudet, ducarque capillis / inmerito pronas proripiarque *vias*
I	7.57	nec taceat monumenta *viae*, quem Tuscula tellus / candidaque antiquo detinet Alba Lare
I	9.16	deteret invalidos et *via* longa pedes
I	9.36	illis eriperes verbis mihi ... / ... puras fulminis esse *vias*
I	10.4	tum brevior dirae mortis aperta *via* est
II	1.78	explorat caecas cui manus ante *vias*
II	3.16	raraque per nexus est *via* facta sero
II	3.54	illa gerat vextes tenues, quas femina Coa / texuit, auratas disposuitque *vias*
(II	4.17*)	nec refero Solis ... *vias*
(II	5.62)	et sibi dicet / vos bene tam longa consuliusse *via*
II	6.3	et seu longa virum terrae *via* seu vaga ducent / aequora
III	1.4	discurrunt ... / perque *vias* urbis munera perque domos
III	12.12	fallendique *vias* mille ministret Amor
(†III	14.6)	neu tempestivae saepe propinque *viae*
III	19.10	qua nulla humano sit *via* trita pede

vicinia

III	7.167	quas similes utrimque tenens *vicinia* caeli / temperat

vicinus

I	1.3	quem labor adsiduus *vicino* terreat hoste
I	8.19	cantus *vicinis* fruges traducit ab agris
III	7.131	Iuppiter ... / ... caelo *vicinum* liquit Olympum
III	7.137	non te *vicino* remorabitur obvia Marte / Gallia
III	7.145	ultima *vicinus* Phoebo tenet arva Padaeus

vicis

I	4.20	annus agit certa lucida signa *vice*
	9.64	illa nulla queat melius ... / ... operum varias disposuisse *vices*
III	7.93	quis ... / possit ... / in ... *vicem* modo derecto contendere passu

victor

I	6.28	at ipse bibebam / sobria subposita pocula *victor* aqua

victor (cont'd)
I	10.55	sed *victor* et ipse / flet sibi dementes tam valuisse manus
II	1.34	Messalla / ... magna intonsis gloria *victor* avis, / huc ades
II	5.10	qualem te memorant Saturno rege fugato / *victori* laudes concinuisse Iovi
III	7.37	sim *victor* in illis, / ut nostrum tantis inscribam nomen in actis

victoria
III	7.105	sitque duplex gemini *victoria* casus

Victoria
II	5.45	ecce super fessas volitat *Victoria* puppes

victrix
I	7.7	at te *victrices* lauros, Messalla, gerentem / portabat nitidis currus eburnus equis

victus
II	1.43	tum *victus* abiere feri

video
I	2.45	hanc ego de caelo ducentem sidera *vidi*
I	2.58	ille nihil poterit de nobis credere cuiquam, / non sibi, si in molli *viderit* ipse toro
I	2.91	*vidi* ego, qui iuvenum miseros lusisset amores / post Veneris vinclis subdere colla senem
I	3.90	sed *videar* caelo missus adesse tibi
I	4.33	*vidi* iam iuvenem, premeret cum serior aetas, / maerentem stultos praeteriisse dies.
I	6.81	hanc animo gaudente *vident* iuvenum ... catervae
I	7.6	novos pubes Romana triumphos / *vidit*
I	8.8	deus crudelius urit, / quos *videt* invitos subcubuisse sibi
I	9.71	non tibi, sed iuveni cuidam volt bella *videri*
[I 10.49]		*videns pro* bidens
II	1.25	*viden* ut felicibus extis / significet placidos nuntia fibra deos?
II	2.5	ipse suos Genius adsit *visurus* honores
[II 2.17]		*viden* ut *pro* utinam
II	3.49	heu heu divitibus *video* gaudere puellas
II	3.77	si copia rare *videndi*, / heu miserum, laxam quid iuvat esse togam?
II	4.1	sic mihi servitium *video* dominamque paratam
II	4.59	si modo me placido *videat* Nemesis mea vultu
II	5.11	tu procul eventura *vides*
II	5.51	te quoque iam *video*, Marti placitura sacerdos / Ilia, Vestales deseruisse focos

video (*cont'd*)
- II 5.75   ipsum etiam Solem defectum lumine *vidit* / iungere pallentes nubilus annus equos
- III 4.24   hic iuvenis ... / *est visus* nostra ponere sede pedem
- (III 4.26*)   non illo quicquam formonsius ulla priorum / aetas humanum nec *videt* illud opus
- III 4.35   ima *videbatur* talis inludere palla
- III 4.48   at mihi ... aevi ... futuri / eventura pater posse *videre* dedit
- III 4.82   a ego ne possim tanta *videre* mala!
- (III 5.17*)   natalem primo nostrum *videre* parentes
- III 7.67   *vidit*, ut ... / magna deum proles levibus discurreret umbris
- III 7.111   quem siquis *videat* vetus ut non fregerit aetas
- (III 18.2)   ne tibi sim, mea lux, aeque iam fervida cura / ac *videor* paucos ante fuisse dies
- III 19.5   atque utinam posses uni mihi bella *videri*!

vieo
- [Pr II 4]   vieta *pro* quieta

vigeo
- I 3.59   hic choreae cantusque *vigent*
- [I 10.49]   vigent *pro* nitent
- III 7.88   laudis et adsiduo *vigeat* certamine miles

vigil
- [[I 3.71]]   vigil *pro* niger
- [[I 10.11]]   vigili *pro* vulgi

vigilo
- I 2.78   quid Tyrio recubare toro sine amore secundo / prodest, cum fletu nox *vigilanda* venit?
- III 12.11   nec possit cupidos *vigilans* deprendere custos

vilicus
- (Pr I 1)   *vilicus* aerari quondam, nunc cultor agelli

vilis
- I 4.70   et secet ad Phrygios *vilia* membra modos
- [[II 1.58]]   vilis pro hircus[1]

villa
- II 3.1   rura meam, Cornute, tenent *villae*que puellam
- III 14.3   dulcius urbe quid est? An *villa* sit apta puellae?

villosus
- II 3.76   horrida *villosa* corpora veste tegant

vimen
- II 3.15   tum fiscella levi detexta est *vimine* iunci

vincio

(I	1.55)	me retinent *vinctum* formonsae vincla puellae
(I	1.64)	flebis: non tua *sunt* duro praecordia ferro / *vincta*
[I	5.67]	vincta *pro* victa
I	9.70	ista haec persuadet facies, auroque lacertos / *vinciat* et Tyrio prodeat apta sinu?
I	9.79	tum flebis, cum me *vinctum* puer alter habebit
I	10.28*bis*	myrtoque canistra / *vincta* geram, myrto *vinctus* et ipse caput
II	1.16	cernite, fulgentes ut eat sacer agnus ad aras / *vincta*que post olea candida turba comas
II	5.98	aut e veste sua tendent umbracula sertis / *vincta*
II	6.25	spes etiam valida solatur compede *vinctum*
III	6.2	sic hedera tempora *vincta* feras
(III	7.36)	convenientque... / undique quique canent *vincto* pede quique soluto
[III	7.103]	seu vinctum *pro* seiunctim
III	11.14	vel serviat aeque / *vinctus* uterque tibi, vel mea vincla leva
(III	19.23)	sed Veneris sanctae considam *vinctus* ad aras

vinclum *v.* vinculum

vinco

[I	1.55]	victum *pro* vinctum
I	2.2	occupet ut fessi lumina *victa* sopor
I	2.9	ianua, iam pateas uni mihi *victa* querelis
I	2.69	ille licet Cilicum *victas* agat ante catervas
(I	4.40)	obsequio plurima *vincet* amor
I	4.52	si volet arma, levi temptabis ludere dextra: / saepe dabis nudum, *vincat* ut ille, latus
I	5.60	nam donis *vincitur* omnis amor
(I	5.67)	heu canimus frustra, nec verbis *victa* patescit / ianua
I	6.58	sed tua mater / me movet atque iras aurea *vincit* anus
[I	6.67]	victa *pro* vitta
I	6.77	at, quae fida fuit nulli, post *victa* senecta / ducit inops tremula stamina torta manu
I	7.4	cecinere diem Parcae... /// quem tremeret forti milite *victus* Atax
I	8.49	neu Marathum torque: puero quae gloria *victo* est?
I	8.55	'quid me spernis?' ait. 'poterat custodia *vinci*'
II	3.14	quidquid erat medicae *vicerat* artis amor
II	4.33	sed pretium si grande feras, custodia *victa est*
II	4.39	at tibi, quae pretio *victos* excludis amantes, / eripiant partas ventus et ignis opes!

vinco (*cont'd*)

[II	5.53]	victas *pro* vittas
II	5.116	cum praemia belli / ante suos currus oppida *victa* feret
II	6.28	ei mihi, ne *vincas*, dura puella, deam
III	4.76	*vincuntur* molli pectora dura prece
[III	6.1]	victis *pro* vitis
III	6.4	saepe tuo cecidit munere *victus* amor
III	6.16	Armenias tigres et fulvas ille leaenas / *vicit*
III	7.31	sed generis priscos contendis *vincere* honores
III	7.57	cessit... Neptunius incola... / *victa* Maroneo foedatus lumina baccho
[[III	7.63]]	victas *pro* aptaque
[III	7.103]	seu victum *pro* seiunctim
III	7.107	testis mihi *victae* / fortis Iapydiae miles
(III	7.200)	posse Meleteas nec mallem *vincere* chartas

vinculum (vinclum)

I	1.55	me retinent vinctum formonsae *vincla* puellae
I	2.92	vidi ego, qui iuvenum miseros lusisset amores / post Veneris *vinclis* subdere colla senem
I	5.66	*vincla*que de niveo detrahet ipse pede
I	6.38	non saeva recuso / verbera, detrecto non ego *vincla* pedum
II	1.7	solvite *vincla* iugis
II	1.28	Chio solvite *vincla* cado
II	2.18	utinam strepitantibus advolet alis / flavaque coniugio *vincula* portet Amor
II	2.19	*vincula*, quae maneant semper, dum tarda senectus / inducat rugas inficiatque comas
II	3.80	non ego me *vinclis* verberibusque nego
II	4.4	et numquam misero *vincla* remittit Amor
III	9.14	et demam celeri ferrea *vincla* cani
III	11.14	vel serviat aeque / vinctus uterque tibi vel mea *vincla* leva
III	12.8	sed iuveni quaeso mutua *vincla* para

vinea

I	10.35	non seges est infra, non *vinea* culta

vinum

I	1.24	rustica pubes / clamet 'io messes et bona *vina* date'
I	2.1	adde merum *vino*que novos conpesce dolores
I	5.37	saepe ego temptavi curas depellere *vino*
[I	9.25]	vina *pro* lene
II	1.29	*vina* diem celebrent: non festa luce madere / est rubor
III	6.11	aut siquis *vini* certamen mite recusat
(III	6.20*)	qui se quique una *vina* iocosa colunt

violentus

[I	3.4]	violenta *pro* modo nigra
I	5.52	et e tectis strix *violenta* canat
(I	6.47)	ipsa bipenne suos caedit *violenta* lacertos
III	7.73	illum . . . /// nec *violenta* suo consumpsit more Charybdis
III	8.3	at, tu, *violente*, caveto, / ne tibi miranti turpiter arma cadant

violo

I	2.81	num Veneris magnae *violavi* numina verbo?
[I	3.4]	violanda *pro* modo nigra
I	3.81	illic sit, quicumque meos *violavit* amores
[I	6.47]	violata *pro* violenta
I	6.51	parcite, quam custodit Amor, *violare* puellam
I	9.2	quid mihi . . . / foedera per divos, clam *violanda*, dabas?
I	9.19	divitiis captus siquis *violavit* amorem
II	4.24	sed Venus ante alios est *violanda* mihi
III	7.76	non *violata* vagi sileantur pascua Solis
(Pr	15)	improbus ut si quis nostrum *violabit* agellum, / hunc tu, sed tento

vir

I	1.76	vos, signa tubaeque, / ite procul, cupidis volnera ferte *viris*
I	2.21	docet . . . // illa *viro* coram nutus conferre loquaces
I	2.35	parcite luminibus, seu *vir* seu femina fiat / obvia
(I	5.33*)	et, tantum venerata *virum*, hunc sedula curet
I	6.8	sic etiam de me pernegat usque *viro*
(I	8.40*)	non lapis hanc gemmaeque iuvant, quae . . . / . . . nulli sit cupienda *viro*
I	9.60	nec lasciva soror dicatur . . . / . . . plures emeruisse *viros*
II	1.72	fixisse puellas / gestit et audaces perdomuisse *viros*
II	2.2	quisquis ades, lingua, *vir* mulierque, fave
II	6.3	et seu longa *virum* terrae via seu vaga ducent / aequora
III	1.23	haec tibi *vir* quondam, nunc frater, casta Neaera, / mittit
III	2.14	maereat haec genero, maereat illa *viro*
III	4.6	venturae nuntia sortis / vera monent Tuscis exta probata *viris*
III	4.52	tantum cara tibi, quantum nec filia matri, / quantum nec cupido bella puella *viro*
III	4.58	Neaera / alterius mavolt esse puella *viri*
III	4.62	a pereat, didicit fallere siqua *virum*!
III	4.80	felix hoc alium desine velle *virum*
(III	5.7)	non ego temptavi nulli temeranda *virorum* / audax laudandae sacra docere deae

vir (cont'd)
- III 6.42   sic cecinit ... Catullus, / ingrati referens inpia facta *viri*
- III 12.10   ullae non ille puellae / servire aut cuiquam dignior illa *viro*

virga
- II 1.24   turbaque vernarum, ... / ludet et ex *virgis* extruet ante casas

virgineus
- I 4.14   at illi / *virgineus* teneras stat pudor ante genas
- III 4.89   Scyllaque *virgineam* canibus succincta figuram

virginitas
- II 5.64   aeternum sit mihi *virginitas*

virgo
- I 1.66   illo non iuvenis poterit de funere quisquam / lumina, non *virgo*, sicca referre domum
- III 4.31   ut iuveni primum *virgo* deducta marito / inficitur teneras ore rubente genas

viridis
- I 7.34   docuit ... / hic *viridem* dura caedere falce comam
- I 8.44   coma tum mutatur, ut annos / dissimulet *viridi* cortice tincta nucis
- (II 1.40*)   illi conpositis primum docuere tigillis / exiguam *viridi* fronde operire domum
- II 4.27   O pereat quicumque legit *virides* ... zmaragdos
- [[III 7.207]]   virides *pro* rigidos

virilis
- Pr II 4   Venus fuit quieta, nec *viriliter* / iners senile penis extulit caput

virtus
- III 7.1   te, Messalla, canam, quamquam me cognita *virtus* / terret

vis
- II 6.10   et mihi sunt *vires*, et mihi facta tuba est
- III 7.2   ut infirmae nequeant subsistere *vires*, / incipiam tamen
- III 7.168   alter et alterius *vires* necat aer
- [III 14.8]   quam vis *pro* quamvis

viscus
- I 3.76   Tityos ... / adsiduas atro *viscere* pascit aves

viso
- I 6.21   time, seu *visere* dicet / sacra Bonae maribus non adeunda Deae

visus
- (III 4.3*)   ite procul, vani, falsumque avertite *visum*

vita

(I 1.5*)	me mea paupertas *vita* traducat inerti
I 5.19	at mihi felicem *vitam*, si salva fuisses, / fingebam demens
I 10.11	tunc mihi *vita* foret, vulgi nec tristia nossem / arma
II 1.37	his *vita* magistris / desuevit querna pellere glande famem
II 6.19	iam mala finissem leto, sed credula *vitam* / spes fovet
III 2.7	nec mihi vera loqui pudor est *vitae*que fateri / tot mala perpessae taedia nata meae
III 3.7	sed tecum ut longae sociarem gaudia *vitae*
[III 3.32]	vitae munere *pro* cara coniuge
(III 7.112a)	namque senex longae peragit dum tempora *vitae*
III 7.206	seu matura dies celerem properat mihi mortem, / longa manet seu *vita*

vitis

(I 1.7*)	ipse seram teneras maturo tempore *vites*
(I 5.27)	illa deo sciet agricolae pro *vitibus* uvam, / ... ferre
I 7.33	hic docuit teneram palis adiungere *vitem*
I 10.47	pax aluit *vites* et sucos condidit uvae
[II 1.58]	vites *pro* hircus[1]
III 5.19	quid fraudare iuvat *vitem* crescentibus uvis
(III 6.1)	candide Liber, ades—sic sit tibi mystica *vitis* / semper
III 7.171	didicit ... / et lenta excelsos *vitis* conscendere ramos

vitium

[I 9.19]	O viciis (vitiis?) *pro* divitiis
I 9.73	nec facit hoc *vitio*, sed corpora foeda podagra / et senis amplexus culta puella fugit
I 10.7	divitis hoc *vitium* est auri

vito

I 1.27	contentus ... // ... Canis aestivos ortus *vitare* sub umbra / arboris

vitreus

[II 4.10]	vitrei *pro* vasti

vitta

(I 6.67)	sit modo casta, doce, quamvis non *vitta* ligatos / impediat crines
(II 5.53)	iam video ... // concubitusque tuos furtim *vittas*que iacentes
[III 2.21]	vittis *pro* velis

vitula

I 1.21	tunc *vitula* innumeros lustrabat caesa iuvencos

vitulus

(II 3.17*)	O quotiens illo *vitulum* gestante per agros / dicitur occurrens erubuisse soror!

vivo

I	1.25	iam modo iam possim contentus *vivere* parvo
I	3.35	quam bene Saturno *vivebant* rege,
I	4.65	quem referent Musae, *vivet*, dum robora tellus, / dum caelum stellas, dum vehet amnis aquas
I	6.63	*vive* diu mihi, dulcis anus
II	4.46	centum licet annos / *vixerit*, ardentem flebitur ante rogum
(II	6.53)	satis anxia *vivas*, / moverit e votis pars quotacumque deos
III	2.4	durus et ille fuit, ... / *vivere* ... erepta coniuge qui potuit
III	5.31*bis*	*vivite* felices, memores et *vivite* nostri
III	7.50	*vixerit* ille senex quamvis, dum terna per orbem / saecula fertilibus Titan decurreret horis
III	19.9	sic ego secretis possum bene *vivere* silvis

vix

III	10.12	votaque pro domina *vix* numeranda facit

vocalis

II	5.3	nunc te *vocales* impellere pollice chordas, / ... precor
II	5.78	vidit / ... nubilus annus ... // fata ... *vocales* praemonuisse boves

voco

I	1.58	tecum / dum modo sim, quaeso segnis inersque *vocer*
I	2.34	non labor hic laedit, reseret modo Delia postes / et *vocet* ad digiti me taciturna sonum
II	1.83	vos celebrem cantate deum pecorique *vocate* / voce
II	1.84	palam pecori, clam sibi quisque *vocet*
II	5.42	iam *vocat* errantes hospita terra Lares
II	5.65	haec cecinit vates et te sibi, Phoebe, *vocavit*
II	6.6	atque iterum erronem sub tua signa *voca*
[[II	6.45]]	vocat *pro* necat
[[III	2.15]]	vocatam *pro* precatae
III	3.37	me *vocet* in vastos amnes nigramque paludem / ... Orcus

Volcanus

I	9.49	illa velim rapida *Volcanus* carmina flamma / torreat

volgus *v.* **vulgus**

volito

I	5.51	hanc *volitent* animae circum sua fata querentes / semper
I	7.17	quid referam, ut *volitet* crebras intacta per urbes / ... columba
II	5.39	inpiger Aenea, *volitantis* frater Amoris
II	5.45	ecce super fessas *volitat* Victoria puppes

volnus *v.* **vulnus**
volo

I	? 36	eelaii *volt* sua furta Venus
I	2.66	nec te posse carere *velim*
I	2.94	vidi ego . . . / . . . senem // . . . manibus canas fingere *velle* comas
(I	4.45)	si caeruleas puppi *volet* ire per undas
I	4.49	*velit* insidiis altas si claudere valles
I	4.51	si *volet* arma, levi temptabis ludere dextra
(I	4.56)	post etiam collo se inplicuisse *velit*
I	4.58	iam tener adsuevit munera *velle* puer
I	4.71	blanditiis *volt* esse locum Venus ipsa
I	6.64	proprios ego tecum, / sit modo fas, annos contribuisse *velim*
I	6.73	non ego te pulsare *velim*
I	9.32	tum mihi iurabas . . . te . . . / . . . non gemmis vendere *velle* fidem
I	9.49	illa *velim* rapida Volcanus carmina flamma / torreat
I	9.71	non tibi, sed iuveni cuidam volt bella videri
II	5.102	postmodo quae votis inrita facta *velit*
II	6.4	cum telis ad latus ire *volet*?
III	2.26	sic ego conponi versus in ossa *velim*
III	3.24	at sine te regum munera nulla volo
III	4.4	desinite in nobis quaerere *velle* fidem
(III	4.12*)	sive illi vera moneri, / mendaci somno credere sive *volent*
III	4.14	et frustra inmeritum pertimuisse *velit*
III	4.80	felix hoc alium desine *velle* virum
(III	5.32)	memores et vivite nostri, / sive erimus seu nos fata fuisse *velint*
[III	6.17]	volet *pro* valet
III	6.53	quam *vellem* tecum longas requiescere noctes
III	7.7	est nobis *voluisse* satis
III	7.95	quis parma, seu dextra *velit* seu laeva, tueri, // amplior
III	8.5	illius ex oculis, cum *volt* exurere divos, / accendit geminas lampadas acer Amor
III	8.11	urit, seu Tyria *voluit* procedure palla
III	9.8	quis furor est, quae mens, densos indagine colles / claudentem teneras laedere *velle* manus?
[III	11.10]	volet *pro* calet
III	12.6	est tamen, occulte cui placuisse *velit*
III	12.18	nec, liceat quamvis, sana fuisse *velit*
III	13.8	non ego signatis quicquam mandare tabellis / . . . *velim*
III	17.4	a ego non aliter tristes evincere morbos / optarim, quam te si quoque *velle* putem

volo (cont'd)
    III 19.21   iam faciam quodcumque *voles*
    III 20.2   nunc ego me surdis auribus esse *velim*
    Pr 1 4   adsiduos custos ruris ut esse *velis*
voltus *v.* **vultus**
volucer
    (II 6.23*)   haec laqueo *volucres*, haec captat arundine pisces
    III 7.127   nulla nec aerias *volucris* perlabitur auras
    III 7.209   sive ego per liquidum *volucris* vehar aera pennis
volumen
    III 7.34   aeterno sed erunt tibi magna *volumina* versu
volvo
    III 4.86   flammam *volvens* ore Chimaera fero
vomer
    I 10.49   pace bidens *vomer*que nitent
    II 1.6   et grave suspenso *vomere* cesset opus
voro
    Pr II 32   tibi haec paratur, ut tuom ter aut quater / *voret* profunda fossa lubricum caput
vos *v.* **tu**
votiva
    I 3.29   mea *votivas* persolvens Delia voces
votum
    I 5.10   ille ego, cum tristi morbo defessa iaceres / te dicor *votis* eripuisse meis
    I 5.16   *vota* novem Triviae nocte silente dedi
    I 5.36   quae nunc Eurusque Notusque / iactat odoratos *vota* per Armenios
    I 8.78   quam cupies *votis* hunc revocare diem!
    I 10.23   atque aliquis *voti* compos liba ipse ferebat
    II 2.17   *vota* cadunt: utinam strepitantibus advolet alis / ... Amor
    [[II 3.59]]   vota *per* nota
    II 5.29   pendebatque vagi pastoris in arbore *votum*
    II 5.102   postmodo quae *votis* inrita facta velit
    II 6.54   satis anxia vivas, / moverit e *votis* pars quotacumque deos
    III 3.1   quid prodest caelum *votis* inplesse, Neaera?
    III 3.33   adsis et timidis faveas, Saturnia, *votis*
    [III 4.4]   votis *pro* nobis
    III 4.53   pro qua sollicitas caelestia numina *votis*
    III 4.83*bis*   nec tibi crediderim *votis* contraria *vota*
    III 6.27   venti temeraria *vota*, / aeriae et nubes diripienda ferant
    III 7.129   quin largita tuis sunt multa silentia *votis*

votum *(cont'd)*

    III 10.12   *vota*que pro domina vix numeranda facit
    III 11.9   mane Geni, cape tura libens *voti*sque faveto
    (III 12.20*)   hic idem *votis* iam vetus extet amor

voveo

    III 3.27   pro dulci reditu quaecumque *voventur*
    III 7.26   omne *vovemus* / hoc tibi, nec tanto careat mihi carmine charta
    III 10.13   interdum *vovet*, interdum, quod langueat illa, / dicit in aeternos aspera verba deos
    [[III 11.10]]   vovet *pro* calet

vox

    I 2.13   te meminisse decet, quae plurima *voce* peregi / supplice
    I 2.93   vidi ego . . . / . . . senem / . . . sibi blanditias tremula conponere *voce*
    (I 3.29)   mea votivas persolvens Delia *voces*
    I 7.37   ille liquor docuit *voces* inflectere cantu
    I 9.27   ipse deus somno domitos emittere *vocem* / iussit
    [II 1.58]   voces *pro* hircus[1]
    II 1.84   vos celebrem cantate deum pecorique vocate / *voce*
    II 5.118   lauro devinctus agresti / miles 'io' magna *voce* 'triumphe' canet
    II 6.48   cum dominae dulces a limine duro / adgnosco *voces*
    III 4.41   sed postquam fuerant digiti cum *voce* locuti
    III 4.70   poteram . . . / nec similes chordis reddere *voce* sonos
    Pr II 11   abegimusque *voce* saepe, cum tibi / senexve corvos impigerve graculus / sacrum feriret ore corneo caput

Vulcanus *v.* **Volcanus**

vulgus

    (I 10.11*)   tunc mihi vita foret, *vulgi* nec tristia nossem / arma
    III 3.20   falso plurima *volgus* amat
    III 7.45   nam seu diversi fremat inconstantia *volgi*, / non alius sedare queat
    III 19.7   nil opus invidia est, procul absit gloria *volgi*

vulnero

    I 2.28   nec sinit occurrat quisquam qui corpora ferro / *vulneret*

vulnus

    I 1.76   vos, signa tubaeque, / ite procul, cupidis *volnera* ferte viris
    I 3.49   nunc Iove sub domino caedes et *vulnera* semper
    I 6.53   adtigerit, labentur opes, ut *volnere* nostro / sanguis

vultus

I	6.1	semper, ut inducar, blandos offers mihi *voltus*, / . . ., Amor
II	4.59	si modo me placido videat Nemesis mea *vultu*
III	13.9	sed peccasse iuvat, *voltus* conponere famae / taedet

Z

zmaragdus

I	1.51	O quantum est auri pereat potiusque *zmaragdi* / quam fleat ob nostras ulla puella vias.
II	4.27	O pereat quicumque legit virides . . . *zmaragdos*

OTHER PUBLICATIONS
OF THE
AMERICAN PHILOLOGICAL ASSOCIATION

The American Philological Association publishes *Transactions and Proceedings*, *Philological Monographs*, and *Special Publications*.

A. TRANSACTIONS AND PROCEEDINGS

The Association's *Transactions and Proceedings* are published annually; 93 volumes have appeared. The history of the separate publication of *Transactions* and *Proceedings*, which has been abandoned, will be found in *Proceedings* 90 (1959) lix, and on the corresponding page in previous volumes. Single volumes are available at $6.00 each, plus postage and handling charges (domestic $0.50, foreign $0.75 a volume). It is no longer possible to supply complete sets. Volumes 54–92 are available directly from the Cornell University Press, Ithaca, N. Y., with a 20% discount to members. Volumes 1–53 are available at reproduction prices, and without member's discount, directly from Kraus Reprint Corporation, 16 East 46th Street, New York 17, N. Y. European orders for current volumes may be sent to B. H. Blackwell, Ltd., Broad Street, Oxford, England.

B. PHILOLOGICAL MONOGRAPHS

Order all Monographs directly from the Cornell University Press, Ithaca, N. Y. A 20% member's discount is available.

I. **The Divinity of the Roman Emperor,** by LILY ROSS TAYLOR. 1931. Pp. x+296. Cloth $5.00.

II. **NEOI, A Study of Greek Associations,** by CLARENCE ALLEN FORBES. 1933. Pp. ix+75. Cloth $1.50.

III. **Index Apuleianus,** by WILLIAM ABBOTT OLDFATHER, HOWARD VERNON CANTER, and BEN EDWIN PERRY. 1934. Pp. liii+490. Cloth $7.00.

IV. **The Vatican Plato and Its Relations,** by LEVI ARNOLD POST. 1934. Pp. ix+116. Cloth $2.50.

V. **The Critical Edition of the Germania of Tacitus,** by RODNEY POTTER ROBINSON. 1935. Pp. xiv+388. Cloth $6.00.

VI. **Criminal Trials and Criminal Legislation under Tiberius,** by ROBERT SAMUEL ROGERS. 1935. Pp. ix+216. Cloth $5.00.

VII. **Studies in the Text History of the Life and Fables of Aesop,** by BEN EDWIN PERRY. 1936. Pp. xvi+240; Plates I–VI. Cloth $5.00.

VIII. **Scholia Platonica,** edited with preface and indices by WILLIAM CHASE GREENE. 1938. Pp. xlii+569. Cloth $7.00.

IX. Written and Unwritten Marriages in Hellenistic and Post-classical Roman Law, by HANS JULIUS WOLFF. 1939. Pp. vi+129. Cloth $2.50.

X. Philodemus: On Methods of Inference; a Study in Ancient Empiricism, by PHILLIP and ESTELLE DELACY. 1941. Pp. ix+200. Cloth $4.00. Out of print.

XI. The Local Historians of Attica, by LIONEL PEARSON. 1942. Pp. xii+167. Cloth $3.50.

XII. Dunchad: Glossae in Martianum, by CORA E. LUTZ. 1944. Pp. xxx+68. Cloth $2.00.

XIII. Dichtung und Philosophie des fruehen Griechentums, by HERMANN FRAENKEL. 1951. Pp. xii+680. Out of print.

XIV. The Tradition of the Minor Greek Geographers, by AUBREY DILLER, with a new text of the *Periplus of the Euxine Sea*, 1952. Pp. x+200. Cloth $5.00.

XV. The Magistrates of the Roman Republic, by T. ROBERT S. BROUGHTON, with the collaboration of MARCIA L. PATTERSON. Volume I, 509 B.C.–100 B.C. 1951. Pp. xix+578. Cloth $9.00. Volume II, 99 B.C.–31 B.C. 1952, reprinted with Supplement 1960. Pp. x+647. Cloth $11.50. (Copies of the Supplement separately in paperbacked form [pp. v+92] $2.00 plus $0.15 postage and handling.)

XVI. Subjunctive and Optative: Their Origin as Futures, by E. ADELAIDE HAHN. 1953. Pp. xvi+167. Cloth $5.00.

XVII. Exclusus Amator: A Study in Latin Love Poetry, by FRANK O. COPLEY. 1956. Pp. ix+176. Cloth $5.00.

XVIII. The Bronze Tables of Iguvium, by JAMES W. POULTNEY. 1959. Pp. xvi+333. Cloth $10.00.

XIX. Plutarch's Quotations, by WILLIAM C. HELMBOLD and EDWARD N. O'NEIL. 1960. Pp. xiv+76. Cloth $3.50.

XX. The Lost Histories of Alexander, by LIONEL PEARSON. 1960. Pp. xvi+276. Cloth $8.00.

C. SPECIAL PUBLICATIONS

Order all Special Publications directly from the Cornell University Press, Ithaca, N. Y. A 20% member's discount is available.

I. Serviani in Aeneidem I–II Commentarii: Editio Harvardiana, by EDWARD KENNARD RAND AND OTHERS. Volume II (*all so far published*). 1946. Pp. xxi+509. Cloth $10.00.

II. Ilias Atheniensium: The Athenian Iliad of the Sixth Century B.C., edited by GEORGE M. BOLLING. 1950. Pp. x+514. Cloth $7.00.

IMPORTANT

1. For publications still in print, send orders directly to the Cornell University Press, Ithaca, N. Y. Make checks payable to the Cornell University Press. Canadian and foreign purchasers will please make payment by International Money Order or by dollar draft on U. S. banks.

2. Prices are quoted f.o.b. Ithaca, N. Y. Postage and handling charges (domestic $0.50, foreign $0.75 per volume) are additional. Please include payment for these charges.

3. Membership discount (20%) can be accorded only to orders forwarded directly to the Cornell University Press, with the notation "Member's discount applies."

4. For out-of-print volumes of *TAPA* (1-53), send orders and payment directly to Kraus Reprint Corporation, 16 East 46th Street, New York 17, N. Y.